연극비평의 미래

푸른사상 학술총서 51

The Future of Theatrical Criticism

안치운

연극비평의 미래

푸른사상
PRUNSASANG

오늘의 배우와 연극 그리고 비평
레이디 가가에서 하루키를 거쳐 단테에 이르는 길

> "성을 쌓고 사는 자는 반드시 망할 것이고
> 끊임없이 이동하는 자만이 살아남을 것이다."
> – 돌궐족의 명장 톤유쿠크의 〈비문〉 중에서

1. 사람이 아니라 개

두 해 전, 사람의 연극의 아니라 개의 연극이 있었다. 이름하여 〈그, 개〉(김은성 작, 김광보 연출, 서울시립극단 정기공연, 2018) 세상과 불화하는 연극, 연출가가 이 희곡을 어떻게 분석하고, 무대화할지가 희곡을 다 읽고 나서도 궁금해졌다. 처음에는 '말을 해야 하는 인간'과 '말이 필요 없는' 동물과의 이야기쯤으로, 그러다가 말하고자 하는 참을 수 없는 욕망의 문제로, 나중에는 '세상의 공기가 물로 변'한 문제로 관심을 이리저리 돌려서 읽기도 했다. 희곡을 읽는 내가 경중경중 뛰는 것은 아닌지 모르겠다는 생각이 들었다. 개를 등장시킨 이유가 무엇일까? 작품 제목처럼, 주인공은 사람이 아니라 그 개이다. 여기서 '그'는 등장인물 사람이고, 작가는 개도 사람처럼 보였으면 좋겠다고 희곡에 썼다. 희곡의 맨 앞, 등장인물에 사람과 개의 구분이 없다. 모두 이름이 있고, 암수 구별이 있고, 출생지가 있고, 태어난 연도가 표기되어 있다. 출생지가 재미있는데, 사람들은 서울, 예산, 평택, 원주, 성남, 부천 출신이고 사람 같은 두 마리 개는 파주, 춘천에서 태어났다.

이 연극은 '난한 세상'을 살아가는, '숨을 쉴 수 없는' 이들의 고통과 불화의 연극이지만, 무엇보다도 작가가 스스로와 불화하는 연극으로 보였다. 연극은 반성의 산물. 틱 장애를 앓고 있는 여중학생 해일은 저 자신과, 그의 아버지는 모시는 회장과, 그 역시 제 가족들과 수학과 미술을 전공한 '민주 시민' 젊은 부부는 '탱크와 미사일, 날벼락 소리'가 가득한 세상과 싸우고 있다. 제약회사 회장이라는 인물과 에세이 작가와의 대화는 불화의 절정을 보여준다. 피천득의 수필 「인연」을 가지고 둘이 나누는 말들은 착란이고 막말이다. 감추는 것이 없는 그 말들이 가없는 쓴웃음을 불러일으킨다. 그 둘의 대화는 '그 개'의 '멍멍' 소리로 희화화의 극치에 가닿는다. 회장의 반려견도 급기야 "소화도 잘 안 되고, 살만 찌고, 자꾸 화가 나고, 이유 없이……똥이 먹고 싶을 때가 있어"라고 말한다. 이들은 모두 '면이 뭉개져 망한' 세상 속 '유기견'들이다. 한 시인은 "모든 게 다 썩어도 뻔뻔한 얼굴은 썩지 않는다"고 했다. 서로 마주 보고, '가슴에 손을 얹고 눈을 감'으며 심장 뛰는 소리를 듣고, 상대방 '눈을 닦아 주'고, '밤에는 방에서 같이 자'는 인물들은 하일과 '노을만 보면 외로운 늑대가 되'는 그 개뿐이다. 민주 시민인 젊은 부부의 어린 아들 별이는, 이름처럼 하늘의 별이 된다. 그 한구석, '골목 어귀에 꽃집 화단과 줄지어 늘어선 화분의 제철 꽃'이 있다. 불화의 세상 속, '그리운 게 많고, 더 멀리 보고 싶고, 더 많이 듣고 싶고, 더 깊이깊이 느끼고, 더 잘 듣고, 더 잘 맡'는 인물은 사람이 아니라 그 개일 뿐이다.

불화의 세계 속에서, 작가는, 세상에는 '사람이 변한다고 믿는 사람'과 '절대 변하지 않는다고 믿는 사람'이 있고, 자신은 '변한다고 믿는 사람'이라고 말한다. 이 연극에서 불화의 반대편은 '바닷속'이다. 그곳은 '신비롭고, 역동적이고, 포근한' 그래서 '말이 필요없는' '완전히 다른 세상'이다. '서로의 손바닥을 맞대고, 서로의 손가락 끝을 맞대고' '세상의 저주에서 풀려날 수 있'는 이들이 있는 곳이다. '더 가지게 됐을 때 더 가지려고 욕심내지 않는, 저 벽 위에 섰을 때 벽 아래 나를 이해할 수 있는, 지금보다 더 잘 살고 있을 때 지금의 나를 기억할 수 있'는 그래서 '우리가 함께 잘 지낼 수 있는' 곳이다. 주인공 이름이 물로 몸을 적시는 해일이다.

연극의 끝, 인적 드문 해변, 파도 소리가 들리는 곳, 해일과 '그 개'는 바다를 향해 서 있다. 절망의 끝자리, 파도 소리가 희망의 소리처럼 들리는 곳, 잊혀지지 않는 엄마같은 바다에서 해일은 '몸속 파도 소리'를 듣는다. '바다가 만들어준 지문'을 기억한다. 지워지지 않는 지문과 같은 바다를 바라본다. 너른 면의 바다에 몸을 낮추는 해일…… 남은 존재는 사람이 아니라 '그 개'. 노을을 바라보면서 숨 쉬는 '그 개'. 잔잔한 파도가 일고, 노을이 번진다. "방부제가 썩는"(최승호의 시 제목처럼) 지금, 여기 우리들 모두 막막할 따름이다. 지금은 지독한 세상, 독한 바이러스가 기승을 부리고 있다.

2. 밤과 함께할 거야

가수 레이디 가가가 〈*Marry the night*〉를 노래하는 동영상을 보면, 맨 앞에서 간호사와 이런 말을 주고받는다. "저는 스타가 될 거예요, 왜 그런지 아세요? 왜? 왜냐하면 전 잃을 것이 아무것도 없으니까요(Because I have nothing left to lose), 필요한 것 뭐 없니? 약간의 음악뿐이지요(Just un petit peu de la musique)" 그러고 나서 밤과 함께할 거야라고, 노래 제목처럼 일그러진 밤과 같은 삶을 펴고, 온 힘을 쏟아 노래한다. 노래 제목의 'Marry'는 결혼하다라고 간단하게 번역할 수 있지만, 이 단어의 어원은 누군가에게 다가가서 합쳐지는(join with someone) 것이고, 그렇게 하기 위해서 자신을 타인에게 주는 대상(to give, to be given)으로 여기는 즉 자신을 기증하는(gift) 것이다.

레이디 가가는 밤 혹은 어둠에게 다가가서, 자신을 기꺼이 내던지겠다고 노래하고 있다. 그렇게 해서, "나는 인생을 포기하지 않을 거야, 어둠과 함께 할 거야, 더 이상 울지 않을 거야……"라고 노래하고 있다. 이 가수의 노랫말을 마음속 깊은 우물 속에다 넣어두고, 외울 수 있게 된 것은 그 다음에 이어지는 빼어난 언어 덕분이다. "I am a soldier to my own emptiness. I am a winner." 직역하면 나는 내 공허함(을 무기로 여기는)의 투사이고, 그래서 나는 승리자라는 뜻이다. 참 놀라운 발언이다. 자신의 빼어남이 아니라 약점인 공허함을 무기로 삼아 생과 사투를 벌이고, 그래서 나는 이생을 이끄는 승자라는 것을 당당하게 말하는 이 가수는 도대체 산 자인가, 죽은 자인가?

공허함은 채우지 못한 텅 빈 감정을 뜻한다. 이 개념을 정신분석학적으로 풀면, 사회 속 개인이 감당할 수 없거나 수용할 수 없어 회피하는 감정, 즉 의식적 경험으로 대치되는 감정이고, 욕구 충족에 대한 요구 또는 대상에 대한 역겨움이다. 그리고 자기 자신과 타인과의 관계가 퇴화되거나, 믿음을 지닌 대상이 없을 때 나타나는 감정이다. 레이디 가가는 젊은 시절 그런 삶을 안고 살았지만, 그것을 결코 숨기거나 패배자의 감정으로 여기지 않는다. 그것이 레이디 가가의 매력이고, 장점이고, 개성이고, 아름다움이다. 그것이 밤 혹은 어둠과 같은 자신을 지키는 자존감과 같은 무기인 셈이고, 그것이 몹쓸 세상과 비겁하기 이를 데 없는 속물들과 구별되며, 그런 대상들과 싸우는 흘릴 수 없는 눈물과 같은 무기인 셈이다. 내가 연극을 배우던 학생일 때나, 공부하고, 글 쓰고, 가르치는 선생일 때나 연극과 세상은 공허하기 짝이 없다. 그런 탓일까? 언제 어디서나 나는 이웃들과 배우들에게 이 노랫말을 들려주곤 한다. 더 이상 아무것도 잃을 것이 없는 공허함을 무기로 삼으라고. 그리하여 생의 패배자가 아니라 승리자가 되라고. 연극은 이 남루한 세상에서 더 이상 잃을 것이 없는 예술일 터이므로. 그 맨 앞에 배우가 존재한다.

공허함, 투사, 승리자의 마지막 모습은 무엇일까? 이 물음은 곧 오늘의 배우에 대한 존재론적 물음이기도 하다. 이 여성 가수는 노래 말미에 "(삶의) 길 위에 아무것도 남기지 않고 떠날 것(Leave nothing on theses streets to explore)"이라고 말한다. 플라톤은 철학은 죽음의 연습이라고 했다. 죽음이야말로 참되게 철학하는 것이라고 했다. 레이디 가가는 이 명제를 알고 있음이 분명하다. 연극을 10년이 아니라 20년씩이나 했다면 무엇을 배워야 했고, 무엇을 터득했어야 했겠는가? 내 자신이 부끄러울 뿐이고, 그런 삶을 추구하는 배우를 존경하고, 배우들이 고마울 뿐이다.

3. 하루키와 소설 그리고 배우

소설가 하루키는 이렇게 쓴 적이 있다. "그의 손이 아내의 벗은 몸을 쓰다듬었다." 배우는 어떤 존재인가? 하루키는 이 질문에 이렇게 답한다. "아니 그건 그냥 육체잖아. 가후쿠는 스스로에게 되뇌었다. 끝내는 작은 **뼈**와 재가 될 뿐인 것을. 그것 말고 더 중요한 것이 분명 있을 터였다."[1] 오랜만에 소설을 읽었다. 집 식탁 위에서 널브러져 있는 하루키의 소설집 『여자 없

---

1   무라카미 하루키, 「드라이브 마이 카」, 『여자 없는 남자들』, 양윤옥 역, 문학동네, 2014, 52쪽.

는 남자들」. 그의 소설은 이미 한국에서 널리 유명해졌고, 많은 소설이 번역된 터였지만 새삼스럽게 손이 가지는 않았었다. 몇 년 전부터 「소설 속의 연극, 삶 속의 배우」란 제목의 글을 쓰고자 했었는데, 정찬, 장정일, 이승우, 김원우 등의 소설에 나오는 연극에 관한 내용들을 정리했던 것도 오래된 일이 되고 말았다. 하루키의 이 단편소설을 읽으면서 올해에는 이 주제로 꼭 글을 써야겠다는 다짐을 하게 되었다.

이 소설을 단숨에 다 읽게 된 것은 소설 속에 연극배우, 연극에 관한 정의들이 재미있어서였지만, 그 밖에도 요즘 내 나이 또래의 배우들이 겪고 있을 세상과 식구들과의 불화, 가정에서 가장이 아내와 자식들로부터 속절없이 버림받는 경우가 솔직하게 묘사되어 있기 때문이기도 했다. 젊은 날, 나는 가정에서 가족들로부터 버림받은 존재, 방기된 것이 아니라 완전하게 버림받아 쫓겨나 홀로서기를 하는 배우란 존재의 절망과 슬픔을 꼭 글로 남기고 생을 마감하고 싶었다. 아주 오래전 배우 추송웅에 대한 책을 단박에 쓰게 된 것도 그런 맥락이었다. 이 소설은 내게 이 두 가지 감정을 속 깊게 들여다보게 한 기회를 제공해주었다.

연극에서 주인공은 언제나 배우이다. 소설의 줄거리는 이렇다. 유명하고 잘 나가서 소속사에서 차를 제공해준 주인공 마흔일곱 살의 배우 가후쿠는 그 차를 타고 전속 운전기사인 스물네 살의 여드름 자국이 남아 있는 여자, 미사키에게 자신의 이야기를 한다. 주인공은 얼마 전 자궁암을 앓다가 죽은 아내, "의지가 강하고 속 깊은 여자, 시간을 들여 차근차근 조용하게 생각할 줄 알"(58쪽)았던 죽은 아내에 관해서 새로 들어온 기사에게 말한다. 가후쿠는 한자로 '家福'이라고 쓰는데, 그는 복이 많을 것 같지만 정반대로 집에서의 행복을 잃어버린 남자이다. 가후쿠는 과묵하고 감정이 겉으로 드러나지 않는 미사키의 "무표정하고 무뚝뚝한" 면을 고마워했다. 가후쿠는 아내와의 사이에서 딸 한 명을 낳았지만 출생 사흘 만에 심장판막으로 죽었다. 그 딸이 살아 있다면, 미사키 나이와 같았다. 가후쿠와 아내는 그 후, 아이를 낳지 않기로 했고, 자신들의 연기에 더욱 매진했다. 동시에 다른 남자와 관계를 가지게 되었다.

가후쿠의 아내는 가후쿠처럼 배우였다. 가후쿠보다 더 유명한, 더 잘생긴, 더 수입이 많은…… 가후쿠는 아내가 살아 있었을 때, 아내의 외도 사실을 알았지만, "그 이유를 마음먹고 물어"보지 못했다. "당신은 대체 그들에게서 뭘 원했어? 도대체 내가 뭐가 부족했어?"라는 질문을 하지 못했다. 가후쿠는 극심한 고통에 시달리는 아내에게 차마 그런 말을 할 수 없었고, 아내는 아무 말도 하지 않은 채 세상을 떠났다. 하루키는 이 부분에서 이렇게 썼다. "하지 못한 질문과 듣지 못한 대답."(27쪽)

아내가 다른 남자와 잠자리를 같이하고 있다는 것을 알고 있는 남편이 아내의 그 모습을 상상하는 것은 괴로운 일이었다. "눈을 감으면 이런저런 구체적인 이미지가 머릿속에 떠올랐다가 사라졌다. 상상하고 싶지 않았지만 상상하지 않을 도리가 없었다. 상상은 예리한 칼날처럼. 시간을 들여 사정없이 그를 저몄다. 끝까지 아무것도 몰랐더라면 얼마나 좋을까 생각할 때도 있었다." "하지만 상상보다 더 괴로운 것은, 아내가 품고 있는 비밀을 알고 있으면서도 자신이 안다는 걸 아내가 눈치채지 못하도록 아무렇지도 않게 생활하는 것이었다. 가슴이 갈기갈기 찢겨 속으로는 보이지 않는 피를 흘리면서도 얼굴에는 항상 온화한 미소를 짓는 것, 아무 일도 없었던 것처럼 크고 작은 일상의 일들을 하고, 별 내용 없는 대화를 나누고, 침대에서 아내를 품에 안는 것, 그것은 살아 있는 몸뚱이를 지닌 평범한 인간이 할 수 있는 일이 아니었다. 그러나 가후쿠는 진정 배우였다."(28쪽) 배우인 남편은

"있는 힘을 다해서 연기했다. 관객이 없는 연기를"(28쪽). 그리고 이렇게 생각했다. 배우의 삶은 "일단 나를 벗어났다가 다시 나로 되돌아온다. 하지만 돌아온 곳은 정확하게는 이전과 똑같은 장소가 아니다."(60쪽)라고.

3.1 소설에 나오는 연기하는 배우에 대한 정의들

미사키가 가후쿠에게 묻는다. 왜 배우가 되었는지를. 가후쿠는 "연기를 하면 내가 아닌 다른 것이 될 수 있어. 그리고 끝나면 다시 나 자신으로 돌아오지. 그게 좋았어."(31쪽) 이 말을 들은 미사키가 되묻는다.

> "내가 아닌 것이 되는 게 좋아요?"
> "다시 원래대로 돌아갈 수 있다는 걸 안다면."
> "원래로 돌아가고 싶지 않았던 적은 없어요?"

참 매력적인 질문에 가후쿠가 대답한다.

> "그런다고 달리 돌아갈 데도 없잖아."

가후쿠는 배우를 "다른 인격이 되"는 존재라고 여긴다. "그리고 다시 원래 인격으로 돌아오는" 존재라고 말한다. "싫더라도 원래로 되돌아 와. 하지만 돌아왔을 때는 그전과 조금 위치가 달라져 있어. 그게 룰이야. 그전과 완전 똑같을 수는 없어."라고 정의한다. 그리고 죽은 아내의 애인과 계속 친구로 지내는 것에 대하여 말한다. "일단 진지하게 연기를 시작하면, 그만둘 계기를 찾기 어려워. 아무리 정신적으로 힘들다 해도, 그 연기의 의미가 마땅한 형태를 이루기 전에는 흐름을 멈출 수가 없거든. 음악이 어떤 특정한 화음에 도달하지 않고서는 올바른 결말을 맞을 수가 없는 것처럼…"(38

쪽) 하루키에 의하면, 좋은 배우는 "한밤중에 깊은 함정을 파놓고 누군가 지나가기를 기다릴 타입"(41쪽)이다. 배우는 그토록 열심히 왜 술을 마시는가? 두 종류의 술꾼에 대한 정의, "하나는 자신에게 뭔가를 보태기 위해 술을 마셔야 하는 사람들이고, 또 하나는 자신에게서 뭔가를 지우기 위해 술을 마셔야 하는 사람들이다."(44쪽) 상습적인 술꾼이 대부분 그렇듯이 "알코올이 들어가자 입이 가벼워졌다. 말해서는 안 될 것까지도, 묻지도 않았는데 자진해서 말했다."(45쪽) 그리고 이런 글귀도 있다. 배우란 "타인의 기억을 수집하고 관리하는 사람."(47쪽)

3.2 연극은 죽은 아내의 애인 만나기와 같은 것

이제부터 가후쿠는 아내와 잠자리를 같이한, 아내의 정부들을 만난다. 정부 입장에서는 "자신이 예전에 동침한 여자의 남편과 단둘이 마주 앉아 술을 마시는 것이다."(44쪽) 그것은 남편이 죽은 아내의 애인을 위로하는 것이고, 두 사람 공통적인 입장에서는 "죽어버린 한 아름다운 여자에게서 헤어 나오지 못했다는 것, 입장은 다르지만 두 사람 모두 그 결핍을 메우지 못하고 있었다." 그 가운데 한 명인 다카쓰키를 자주 만나 이야기를 나누는 것이 소설의 후반부이다. 가후쿠보다 예닐곱 살 아래의 남자, 깔끔한 중년의 배우, 그러니까 가후쿠의 아내가 가후쿠보다 두 살 아래였다. 가후쿠는 아내의 애인이 아내의 죽음 이후, 자기 친구가 되었다고 했다. 다카쓰키는 아내의 맨 마지막 애인이었다. 아내는 그와 관계 후 자궁암에 걸렸다는 것을 알게 되었다. "내가 그 남자와 친구가 된 건 내 아내가 그와 잤기 때문이었어."(36쪽) "어떻게 말해야 할까…… 나는 이해하고 싶었어. 왜 내 아내가 그 남자와 자게 되었는가, 왜 그와 자야 했는가. 적어도 맨 처음 (그를 만나서 친

구가 된) 동기는 그거였어."(36쪽)

가후쿠는 "그런 거 마음이 괴롭지 않아요?"라고 묻는 미시키에게, "괴롭지 않을 리 없지. 생각하기 싫은 것까지 나도 모르게 생각하게 돼. 떠올리고 싶지 않은 일도 떠오르고, 하지만 나는 연기를 했어. 말하자면 그게 내 직업이니까."(37쪽)라고 답한다. 아내의 애인을 만나고, "그는 가졌고, 나는 갖지 못한 것이 몇 가지 있었을 거야"라고 여기는 가후쿠. 남녀가 관계를 맺는다는 건 "보다 총체적인 문제야. 더 애매하고, 더 제멋대로고, 더 서글픈 거야."(37쪽) 다카쓰키를 처음 만나 악수를 했을 때, "그와 악수한 손바닥을 펴고 찬찬히 바라보았다. 그곳에는 다카쓰키 손의 감촉이 생생하게 남아 있었다. 그 손이, 그 손가락이 아내의 벗은 몸을 쓰다듬었다, 고 가후쿠는 생각했다." "시간을 들여, 구석구석".(41쪽)

3.3 누군가를 안다는 것은 가능한 일인가?

가후쿠에게 아내의 죽음은 "아마도 영원히 이해되지 못한 채 끝난" 일, "깊은 바다 밑에 가라앉은 작고 단단한 금고처럼 가슴이 미어지는" 일(49쪽). 다카쓰키는 이렇게 말한다. "우리가 누군가를 완전히 이해한다는 게 과연 가능할까요? 설령 그 사람을 깊이 사랑한다 해도……"(49쪽)

가후쿠는 말한다. "나는 그녀 안에 있는 무언가 중요한 것을 놓쳤는지도 몰라. 눈으로 뻔히 보면서도 실제로는 그걸 보지 못했는지도 몰라."(50쪽) 다카쓰키가 덧붙인다. "타인의 마음을 속속들이 들여다본다는 건 불가능한 얘깁니다. 그런 걸 바란다면 자기만 더 괴로워질 뿐이겠죠. 하지만 나 자신의 마음이라면, 노력하면 노력한 만큼 분명하게 들여다보일 겁니다. 그러니까 우리가 해야 할 일은 나 자신의 마음과 솔직하게 타협하는 것 아닐까요? 진정으로 타인을 들여다보고 싶다면 나 자신을 깊숙이 정면으로 응시하는 수밖에 없어요. 나는 그렇게 생각합니다."(51쪽) 아내는 왜? 소설 속 이런 대사는 참으로 희곡을 읽는 것 같다.

"가후쿠 : 아무것도 아닌 사내에게 마음을 빼앗겨 그 품에 안겼는지, 그 의문이 지금도 가시처럼 마음을 찔러." "미사키 : 그것이 어떤 의미에서는 가후쿠 씨 자신에 대한 모욕으로도 느껴진다, 그런 말인가요?" "부인은 그 사람에게 애당초 마음을 빼앗기지 않았던 게 아닐까요? 그러니까 갔죠." "미사키 : 그건 병 같은 거예요." "가후쿠 : 그리고 우리는 모두 연기를 한다." 미사키 : "그럴 거예요. 많든 적든.'

4. 마음의 시간, 배우의 흔적

떠나는 사람들은 경이로우니…… 그것이 배우의 존재일 터. 나는 지금도 배우들의 이름을 불러볼 때가 있다. 한 사람, 한 사람, 이름을 다 외우고도 끊임없이 용출하는, 함께 한 수수께끼와 같은 시간들. 기억처럼 글을 쓴다는 것은 사라진 것들의 부활이다. 공연이란 배우에게 의례이고, 그것은 하나의 변화이다. 동시에 어떤 곳으로의 귀환이기도 하다. 공연은 언제나 배우에게 곧 흔적이 되고 말 것이다.

요즘, 난 거의 매일 공연을 보러 다닌다. 평소에 볼 수 없었던, 만나지 못했던 작가와 연출가 그리고 배우들을 만날 수 있는 망외의 기쁨이 크다. 연극뿐만 아니라 무용 공연도 찾아다니면서 보는 즐거움, 자기 생명처럼 연극하는 젊은 연극 예술가들의 말을 듣고 새길 수 있는 기쁨을 누리고 있는 지금이다. 연극은 삶 속 외출다운 나들이에 속한다. 외출과 같은 공연이란 만남이고, 재조직이고, 귀환이고, 순환이다. 배우들에게는 직업이 되어야 하는 계기이기도 하다. 연극을 직업으로 삼는 일은, 나라는 존재가 연극하는 공동체 속, 함께 하는 시간의 흐름 속으로 들어감이다. 나는 배우들을 자주 만나고 싶다. 침묵하면서, 드러나지 않고 연극하던 이들을 더 기대하게 된다. 좌절한 이처럼, 제 몸을 밝혀주는 빛조차 없어 보이는 이처럼, 전문성이 떨어지는 이처럼 보이는 배우들에게서 오히려 축적된 무엇인가를 발견하고 싶다. 배우가 모이는 공동체는 한국 연극의 별채와 같다. 가르치는 선생이 제자들의 모든 것을 죄다 기록하는 존재인 것처럼, 평론가는 연극 속 보이지 않는 것을, 사라지는 것을 통째로 기억하는 존재이다. 기억하고 기록하는 장소는 경계가 없다. 학교 안과 바깥에서. 좋은 선생처럼 평론가는 배우들을 아직 보이지 않는 땅처럼 여기는 존재이다. 자만하지 않아야 하는 이는 배우들이 아니라 평론가들이다. 평론가는 답을 알지 못한다.

작년에, 한 극단의 배우와 연출은 가을 공연을 위하여 경기도 문산에서 임진강을 따라 강원도 고성까지 걸었다. 강원도 비무장지대를 군부대의 도움을 받아 걷기도 했던 그들은 자신들의 가늘어진 몸과 그보다 더 긴 그림자가 곁들인 사진을 내게 보내주기도 했다. 나는 '그림자'라는 라틴어로 "나와 함께 걷는(Vade mecum)"이라고 말하는 것으로, 나 역시 길 위를 걷는 배우들과 함께 감각적으로 같이 걷고 있다는 뜻으로 화답했다. 걷는 행위는 누구한테도 방해받지 않는다는 것을 뜻한다. 말없이 걷는 그 연속적 행위의 지속이 조금씩 배우들의 몸, 연출의 가슴 사이로 연극의 열기를 땀과 열정으로 내뿜는다. 그들은 자신들의 땀 흘린 육체의 노고를 바탕으로 지금, 여기, 땅의 현실과 그 위에 서식하는 사람들의 삶을 무대 위로 옮겨놓는 예술적 행위를 하고 있다. 공연 이전에 겪는 사순절의 고난 같은 것이 그들에게는 연극의 시작인 셈이다. 이 극단의 행위와 수고가 맘에 들어, 그들을 따로 만나 작품이 내뿜을 기대를 학수고대하고 있다고 말하기도 했다.

　어떤 젊은 연출가 한 명은, 나랑 오랫동안 우정을 맺고 있는데, 인도 남부 한 도시로 가서 레지던시 프로그램에 참여하면서 여러 나라에서 온 예술가들과 교류하고 있다가, 지금은 잠시 귀국해서 자신의 작업 현장에 외국의 공연 예술가들을 초대해 함께 한국의 레지던시 프로그램을 운영하고 있었다. 덧붙여, 한 여성 연출가는 일 년 동안 가족들과 함께 캐나다로, 그러니까 완전하게 다른 삶과 공연의 한복판으로 자신을 던져놓고 있다. 텔레그램으로 나눈 대화에서, 그이는 거의 일상적 혁명을 겪고 있다고 했다. 낯선 곳을 여행하는 경험이 그의 남은 삶을 매혹한다. 그곳에 도착 후, 그이가 보내준 이런 내용, '알고 있던 지식이 모두 벗겨져 나가 알몸이 된 것 같다'라고 한 것을 보면. 그이는 자신을 가둔 문을 열고 나가, 지금 새로운 문을 열고 있다. 나는 일 년 후, 용감한 그이가 어떤 경험의 복합체로 돌아올지, 우리가 만나 어떤 이야기들을 나눌 수 있을지 자못 궁금해졌다. 나는 무심하게 기다릴 수만은 없을 것 같다. 어떤 늙은 제자는 일본의 대학에 가서 공연하고, 연극과 춤의 경계를 넘나드는 워크숍 등을 지도하는 기회가 더러 있었는데, 지금은 일본에서 교수가 되었다. 그를 만나기 위해서는 내가 일본으로 가야 한다. 이들의 공통점은 무엇인가를 집어던졌다는 데에 있다. 그것도 때가 되면, 혹은 언제나, 되찾으려고 한 것이 아니라, 그냥 제 스스로에게 묻고 있는 것이다. '내가 지금 어디에 있는가?'를.

4.1 개들은 끊임없이 늑대들을 찾아 대초원을 누빈다. 늑대를 개로 만들기 위하여(앙토냉 아르토, 〈통과〉에서)

공연을 앞둔 배우들은 풍전등화일 듯하다. 바람 앞의 등불로 번역되는 이

뜻은 불안, 초조를 뜻하지만, 결백함을 보여주기도 한다. 가식이 없는, 쓸데없는 덧붙임이 없는 초연함 같은 것 말이다. 배우에게 공연은 덧붙이는 것이 아니라 그냥 흔적과 같은 것이 되어야 할 것이다. 비유하자면 겨우살이와 같은 공연이다. 배우인 내가 이렇게 저렇게 하고자 하는 것이 아니라, 내 앞에 선행된 것들을 그냥 보여주는 공연이다. 배우들이 공연을 볼 수 있어야 한다. 연극하면서 자신들을 볼 수 있어야 한다. 관조할 수 있으면 더 좋겠다. 그럴 수 있는 이들은 자신의 삶을 새롭게 발견할 수 있게 된다.

나는 불고 싶은 대로 부는 바람을 좋아하고, 제 스스로 타서 존재를 소멸하는 불이 좋다. 사실 불장난은 장난 가운데 최고의 수준을 지닌 것임에 틀림없다. 불장난을 아무나 하는 것이라고 여겨서가 아니라, 불장난의 결과는 예상한 것을 벗어나기 때문이다. 그래서 집안 어른들은 불장난을 못하게 했고, 나쁜 의례로 만들어버렸다. 앞의 첫 번째 단락에서 언급한 배우들은 연극이란 '난(亂)'을 불장난으로, 삶의 획기적 계기로 만들고 있는 존재이다.

4.2 배우는 어디로 가는가? 새들이 노래한다(베르나르 마리 콜테스, 〈로베르토 쥬코〉에서)

어느덧 연극평론을, 연극 가르치는 일을 생의 일로 30년쯤 하고 있다. 고마운 것은 무엇보다도 '불' 장난과 같은 연극을 하는, 난이라는 의식을 치르는 저 가난하고도 고결한 사람들인 배우라는 존재가 보여주는 헌신과 정성이다. 그들 덕분에 언제나 끊이지 않고 연극을 만났고, 그 연극 앞에서 내 자신을 저울질 할 수 있었다. 분명히 말하건대, 연극이론과 평론은 연극에, 연극과 기생하는 사이이다. 기생(parasite)은 곁에서(para) 먹기(sitos). '그' 곁이 없으면 결코 '그'의 한쪽을 먹을 수 없어 '내'가 존재할 수 없는 기생의 필연성을 인정하는 데 30년이라는 마음의 시간이 걸렸다.

내가 꿈꾸었던 것은 연극공연과 배우, 연출가를 포함한 작가들과 이론과 평론의 기생적 관계를 서로 까놓고 저버리지 않는 바이다. 셈법과 당리당략에 익숙한 사판이 이판에 기생하는 이판사판이나, 선과 악이 공존하는 것이라고 말하지만, 실은 악이 선에 기생하는 지옥과 같은 세상이나, 죽음의 세계인 지옥에서 삶의 세계로 오는 연옥을 거쳐 빛으로 가득한 하늘로 오르는 천국이 서로 기생하는 '신곡'을 겨우 받아들이는 데는 마음의 시간이 움터야 했고, 세속적인 성숙도 필요했다. 그러나 언제나 삶의 구체성은 좌절과 반성일 뿐이다. 거대한 현실에서나 좁고 작은 내 서재에서나, 옳고 순결한 정신적 가치들은 지각없는 이들에 의해서 분열되고 부서지고 말았기 때문이었다. 내가 겪은 시간은 곧 방황의 시간이다.

4.3 인간의 모든 불행은 자기 방에 머물러 있을 줄 모른다는 데서 비롯된다는 것을 나는 깨달았다(파스칼, 『팡세』에서)

여태껏 난 한 번도 품위 있는 한국 사회에서 살아본 적이 없다. 삶은 불안한 마음처럼 언제나 방황이었다. 하나의 예외가 있다면, 그것은 연극일 듯하다. 타락한 현실 영역에서 순수한 삶의 일상을 발견할 수 있는 곳이 극장 속 연극이기 때문이다. 긴 현실에서 한두 시간 공연하는 덧없는 연극은 희망과 같은 행복이기 때문이다. 『추송웅 연구』를 쓸 때도 그러했다. 연극이 우연적이고, 일시적인 것이라고 할지라도, 정성을 다한 연극은 현실의 혼돈을 규명하고, 조화롭게 만들려는 인간적인 시도라는 것을 굳게 믿었기 때문이다. 신자유주의를 내세워 현실 사회의 순수한 가치들을 부정하고,

예술가들을 타락시킨 지난 세월 속에서, 배우에게 극장과 연극은 삶의 망명지와 같았으리라. 그런데도 현실은 결코 배우의 삶을 품위 있게 만들지 못하고, 배우의 삶을 품위로 귀환시키지 못한다는 것이 내 삶의 결론이다. 하지만, 삶과 품위와의 소통을, 삶 속에서 새로운 형태의 관계를 모색하는 것이 있다면 연극을 포함한 예술이라고 감히 말할 수 있다. 좋은 연극, 구체적 연극은 삶의 좌절과 반성에서 태어난다는 것이 내 믿음이다. 연극은 삶속에 놓여있는 쓸쓸한 비탈길이다. 연극은 여기서부터 삶을 순례한다. 삶을 앞장서서 순례하는 이가 곧 배우일 터.

5. 반고비 나그넷길에서

나도 이제 옛날이 많은 늙은 존재가 되어가고 있다. 무엇이 가장 무서운 것일까? 『신곡(La divina commedia)』, 『속어론(De vulgari eloquentia)』을 쓴 단테는, 예전에 '반고비 나그넷길'이라고 번역했던, "인생의 반평생을 지냈을 무렵, 바른 길에서 벗어나 들어선 어두운 숲속(Midway upon the journey of our life, I found myself within a forest dark, For the straightforward pathway had been lost, 불어 번역으로는 Au milieu du chemin de notre vie, je me retrouvai par une forêt obscure, car la voie droite était perdue.)"을 『신곡』 지옥 편 1곡의 첫 문장으로 썼다. "두려움이 절로 솟아나는, 죽음도 그보다는 더 무섭지 않"은 그곳에서 그가 만난 것은 '귀중한 선(善)'이었다.

어릴 적부터 책에서 읽은 숱한 문구 가운데, "어느덧 아침이 밝아왔다"라는 것을 나는 연극에서 가장 분명하게 느낀다. 오늘날에도 배우들 삶이 놓인 현실의 1곡은 두려움, 무서움, 좌절감일 터이다. 여기 어두운 숲에서 벗어날 수 없는…… 희망을 조금씩 버리면서 고통스러운 방랑으로 이어질 것이다…… 그러나…… 그러나, "의지와 소망"만이 배우들을 나아가게 할 것이라고, 그것이 연극이 될 것이라고. 단테는 지옥에서 연옥을 거쳐 천국에 이르는 『신곡』의 마지막 33곡, 그것도 맨 끄트머리에 숨겨두었던 무기처럼 썼다. '의지와 소망', 이는 결코 미래를 먹고 살라고 하는 말이 아니다. 꾸벅꾸벅 졸며 읽었던 이 책을 여기까지 읽고 덮을 때가 되면, 아주 조심스럽게 운명이란 단어를 생각하게 된다. 책이 날 사로잡은 것처럼, 배우와 평론가가 서로 자양분처럼 만난 것처럼, 함께 삶으로 만든 연극을 공부한 것처럼…… 잊을 수 없는 이름들이 스스로 말한다. 그들이 배우이다. 연극이란 무엇일까? 그것은 우리들 사이에 존재했던 그것 Fuit hic.

이 책 속 글들은 오로지 무대 아래, 위에서 연극을 살고, 연극이 되는 이들의 존재 덕분이다. 공연이 끝나면 남는 것은 기억과 기록이다. 이 책을 만들어준, 푸른사상사에 고마운 인사를 드린다. 한봉숙 대표님, 김수란 팀장님, 그 인연은 곱고 소중하다.

2020년 3월
안치운

차례

제1부
연극의 본질과 시선

제1부

연극의 본질과 시선

좋은 삶, 좋은 연극

"엄마, 저쪽으로 가아, 기왕이면 햇빛 있는 데
로…… 엄마아, 저기 밝은 데는 꽃도 많이 폈네. 왜 캄
캄한 데로 가아, 저쪽으로 가, 꽃핀 쪽으로."
— 한강, 『소년이 온다』, 창비, 2014, 192쪽

1. 화천, "그 낯설고 생생한 밤이 끝나갈 무렵"(49쪽)

극단이 힘들게 만들어지고 쉽게 사라지는 무모하고 무목한 시절이다. 배
우들이 극단을 떠나 집에만 있는 상황을 어떻게 말해야 할지 모르겠다. 한
국 현대 연극사에서 극단은 단원들과 함께하고 동시에 각자 '존재(Simul et
singulis)'하는 형태로 유지되었다. 오늘날 극단은 어떠한가? 장소가 없을 뿐
만 아니라 배우 없이 존재하는 무형의 비존재이다. 이는 연극에 제약이 하
나도 없어 보이지만, 연극을 무(無)로 돌려놓는 결과를 낳는다.

극단 '뛰다'가 훌륭한 바는 장소와 배우를 하나로 이어놓은 연극을 실천
한 데에 있다. 산골마을에서 함께 모여 연극하고 따로 떨어져 살면서, 연
극을 왜곡하지 않는 정신이 그곳에 있다. 한 곳에 무리지어 연극한다는 것
은 개인과 사회 사이의 관계가 무화되면서까지 가능했다는 것을 의미하지
않을 것이다. 10년 동안 화천에서 이룩한 '뛰다'의 실천은 개인의 사적 경
험, 자아, 성숙 등 모든 것을 공동 작업에 더하고, 그것을 극대화하는, 그렇

게 해서 연극의 원형을 지켜내려는 데 있었다. 지난 10년의 역사는 삶의 주변으로 밀려나서, 연극의 상징적 질서에서 벗어나 어슬렁거리는 것이 결코 아니었다. 감히 이 10년의 역사를 연극적 진보라고 믿는다. 연극은 미래에 완성되는 예술이 아닐 것이다. 오늘의 삶과 연극, 그 정통적인 질서에서 벗어나는 하나의 '탈중심화' 같은 것에 훨씬 가까울 것이다. 그것은 산 정상에 올라 정복을 자축하기 위한 극적인 자세를 취하는 것이 결코 아닌, 어떤 감각의 흡수, 알지 못했던 자유의 만끽, 자연스러운 모든 것에서 새로운 질서를 발견하는 일이다.

극단의 꿈이란? 그것은 "인간다운(인간에게 어울리는) 일이면 무엇이든 하겠어. 그 이상의 시도는 아무런 의미도 없어"(1막 7장 46~48행)라고 말하는 맥베스처럼, 사라진 시간인 과거를 꿈과 육체로 환기시키는 데 있다. 극단의 생성과 소멸이야말로 한국 현대 연극사의 연대기일 터이다. 공연창작 집단이라는 이름을 붙인 '뛰다'도 그 연대기의 가장자리에 있다. 다른 극단들과 비교하면 연극의 중심인 서울에 있지 않고 저 멀리 북쪽 강원도 화천읍 신읍리 동지화 마을(옛 신명분교)에 살면서 연극하고 있었다는 점이 두드러진다. '뛰다'는 서울에서 시골로 가 연극하면서 살고, 극단이 있는 마을 공동체에 편입해서, 보다 나은 마을 공동체를 꿈꾸었다. '뛰다'와 연극, 삶, 마을, 공동체는 이율배반이 아닌 한통속이다. 그 이유는 "우리는 좋은 연극을 위해" 2010년 도시에서 이곳 산골로 왔고, 그것은 좋은 연극을 위해서는 "좋은 삶이 가능한 곳이기도 해야 했다"(이하 겹따옴표 속 인용은 『띄움』에서 가져온 글이다.)라는 말에 담겨 있다. 실제로, 산골마을에서의 삶은 "집단의 성격, 집단 구성원들의 생각과 삶의 방식을 바꿔 놓"았다. 그렇다고 극단의 모든 이들을 무차별적으로 종용하는 것은 아니었을 터, 언제나 개개인의 자율적 척도를 중요하게 여겼을 것이다. 그렇게 해서 과거를 재현하는 연극을, 사회를 재생하는 연극을 실천할 수 있었다.

1.1

지난 몇 년 사이, 때가 되면 혹은 때를 무시하고 '뛰다'가 살고 있는, 연극하는 폐교로 초대받고 혹은 춘천역에 내려 옛길을 따라 자전거를 타고 간 적이 있었다. 고개를 지나 산을 넘어야 마을에 이를 수 있었다. 한 번 들어가면 돌아올 수 없을 것 같았던, 시간이 오랫동안 퇴적된 정원인 그곳에 학생들과 함께 가서 워크숍을 하기도 했다. 극단이 화천 산골마을에 정착한후, 마을과 마을 사람들도 조금씩 변모했다. 해가 지나면서 교실과 관사 그리고 운동장은 스튜디오 극장이 되고, 사무실, 식당으로 쓰이게 되었다. 여름날 배우들의 얼굴은 햇빛에 검게 변했고, 마을 사람들의 주름살은 배우들의 목소리에 묻혀 단어가 되고, 언어가 되고, 이야기가 되었다. 폐교는 사람들이 모여서 접촉하고, 자연언어와 문어(文語) 사이를 오고가는 공간이 되었다. 고요한 산촌 마을에 많은 사람들이 모여들었던 것은 오로지 연극과 연극하는 이들의 자유로움과 숨결 그리고 마을 사람들이 베푼 나눔 덕분이었으리라. 그들은 김장을 하던 겨울에도 찾아온 손님들을 따뜻하게 맞이했고, 먹을 것들을 아낌없이 나누어주었다. 통틀어 말하자면, 매일 함께 노동하고, 밥 같이 먹고, "먼 데서 온 예술가들과 동고동락하며 지내는 축제의 시간들"이었고, "군인들과 화천의 주민들, 동네 어르신들"과 함께 보낸, 멀리 떠나는 공연 여행 등과 같은 잊을 수 없는 시간들이 있었다.

기억 속 그곳에서 연극과 삶은 두동지기는커녕 서로 마주하며 서서히 익어가고 뿌리내리고 있었다. 삶이 먼저이고 연극이 나중이 아니라 그 두 개가 아무렇지도 않게, 앉아서 혹은 서서 피는 꽃들처럼, 정신적 자유는 실천적 의지와 함께 어우러졌다. 군인들도 총을 내려놓고 정당하게 연극했던 화천도 조금씩 달라지기 시작했다. 사회에서 교환되는 것과 이곳 화천 산 골마을에서 연극을 통하여 교환되는 것은 사뭇 달랐지만, 이곳에서의 삶은 이 두 개의 교환가치를 균형 있게 만들어주었다. 달리 보면, 장소와 환경으로서 그곳은 실제적 가치로 존재하지 않는, 그래서 글로 쉽게 옮길 수 없다. 가장 가치가 높은 곳은 존재하지 않는 곳이어야 하므로. 화천에서의 10년 실천이 지닌 의미를 어떤 척도를 가지고 말하기 위해서는 더 많은 시간이 필요할 것이다.

2. 연극, "더 많은 기억이 필요했어"(56쪽)

2001년 2월부터 지금까지 공연창작집단인 '뛰다'의 역사를 돌이켜보자. 연극하는 "예술가들의 유기적인 공동체, 창작, 공연, 교육 활동을 통해 이 땅에 예술의 밭을 가꾸는 문화예술집단"이라고 불렸고, 2010년에 강원도 화천으로 이주 후 만든 〈하륵이야기〉〈또채비 놀음놀이〉〈노래하듯이 햄 릿〉, 그리고 2019년 11월, 이곳 남산예술센터에서 하는 공연 〈휴먼 푸가 (Human Fuga)〉에 이르기까지가 그들 역사의 일부분이다. 그 밖에도 해외로 나가 "연극이라는 장르에서 벗어나 다양한 공연예술가들과 네트워크를 형 성하고 공동창작"하는 국제 교류 창작 활동(일본 극단 '새의 극장'과 함께 제작한 〈시의 교실〉, 인도에서 한 〈바후차라마타〉 등), 여러 나라 예술가들을 화천으로 초 청해서 창작방법을 교환했던 레지던시 프로그램('무빙 아시아 프로젝트', '크리 에이티브 프로듀서 캠프', '시골마을 국제공연예술 레지던시' 등)이 있었고, 매년 연 극생활지 『띄움』을 발행했다.

연극하는 삶을 기록한 이 작은 책은 "연극과 더불어 삶과 예술을 구분치 못하고 살아가는 사람들을 위한 연극생활지"이지만, "순수 도시혈통, 대도시 출신 '뛰다'들이 강원도 작은 시골마을에서 어찌 살고 있는지, 어떤 꿈을 꾸고 있는지를" 고스란히 담고 있는 귀중한 자료이다. 이 기록물을 통하여 이 시기 동안, "복잡한 도시를 떠나 외딴곳으로 떠나올 때…… 고립, 외로움, 심심함, 결핍, 답답함, 먹먹한 가슴이란 말들이 불안하게 떠오르기도" 했지만, "그런 말들은 고독, 한가로움, 여유란 말들로" 바뀌고, "어느새 이 마을의 공동체에 슬그머니 끼어들게 되고" "연극에서도 새로운 관계가 생겨난" 이들의 연극적 연대기를 알 수 있다. "좋은 연극은 좋은 삶을 이끌어줄 수 있다는 믿음이 지금의 우리를 지탱해준다"고 당당하게 말하는 이들, 그리하여 백석의 시를 이렇게 "가난한 내가 연극을 사랑해서 눈이 푹푹 나리는 것이다"라고까지 말하게 된다. 연극이 이끄는 참 아름다운 삶의 여정이 이 작은 책 안에 있다.

2.1

"연출가 배요섭을 주축으로 한 공연창작집단 '뛰다'는, 그동안 오브제와 배우의 몸을 관통하는 본질에 대해 질문하고 답하는 방식의 작업을 계속해왔다. 연극과 미술의 중간에서 텍스트의 해체, 본질의 투영을 시도……"(남산예술센터 홈페이지에 실린 안내문 인용), 이 정도의 글이면, 이 단체에 대한 설명으로 부족하지 않을 듯하다. 창작 방법을 통한 집단의 뜻이 고스란히 드러나기 때문이다. 그 사이에 〈노래하듯이 햄릿〉(2005), 〈하륵이야기〉(2001), 〈그림자, 그림자〉(2006), 〈또채비 놀음놀이〉(2003), 〈내가 그랬다고 너는 말하지 못한다〉(2010), 〈고통에 대한 명상〉(2012) 등이 대표적 작품으로 자리 잡았다. 이들의 실천방안을 정리하면, "배우의 몸과 소리에 대한 탐구, 광대 및 오브제 연기에 대한 연구, 관객과 소통하기 위한 다양한 연극형식에 대한 실험"이라고 할 수 있다. 〈고통에 대한 명상〉(2012)은 소수자, 변방인, 주변인으로서 연극과 연극하는 이들에 대해서 들리는 고통의 소리를 말하고 있는 연극이다. "고통이 소리가 되고, 소리가 말이 되고, 그 말이 다시 고통을 불러오는 것" 그것이 배요섭 연극의 핵심일 터이다. 그 고통의 무게를 안고 있었던 곳이 화천의 폐교 시골 마을 예술텃밭이었다. 그는 이를 위해서 배우가 혼자 있을 때, 아니면 연습하는 과정에서 가장 고통스러운 말들을 할 수 있도록 했다. 아주 작은 방 안이라고 설정해도 좋고, 어둠을 밝히는 불빛 아래에서도 좋고, 그 음영 속에서 떨리는 손과 발, 몸의 움직임, 마치 고행하는 은둔자들의 세계를 경험하도록 했다. 그렇게 해서 배우들 스스로 크게 아니 희미하게 들리는, 고통과 같은 삶의 소리를 들을 수 있도록 했다. 이를 위해 필요했던 것은 지속적인 훈련이었다. 그것은 제한과 제약 그리고 자유 안에서 배우 스스로가 답을 구해가는 과정이었다. 그렇게 하면 전혀 예상하지 못한 결과를 만날 수 있다는 믿음, 그것의 최댓값은 배우의 몸으로 쓰는 시가 곧 연기라는 데 이르는 것이었다.

'뛰다'가 스스로 내걸고 있는 바는 다음과 같이 비교적 엄밀한 편인데, 이것은 그들에게 의무와 구속으로 작용했을 것 같다. ① 연극의 본질을 끊임없이 묻고, 새로운 연극을 발견하기 위하여 더 묻고 묻는 "열린 연극"의 자세, ② 새로운 생명의 에너지가 태어나는 자연, 자연의 재활용, 자연의 순환의 원칙을 일상생활에 환원하려는 "자연친화적 연극"의 생출, ③ 사람들을 만나기 위하여 찾아 나서고, 낯선 관객을 만나서 낯설지 않은 이웃이 되게 하는 공연, 이를 위한 "움직이는 연극"의 실천, 이 세 가지이다. ① "열린 연극"은 배우의 살아 있는 몸과 사물인 오브제가 "서로 만나 숨을 나누는" "삶과 죽음의 경계를 흐리게 만들기도 하고 뒤집어놓기도" 하면서 생성하고 소멸되는 진화된 연극을 낳고, 누구나 "무대 위에서 함께 잘 존재하는 것이 우선"인 연극이다. ② "자연친화적 연극"은 "그냥 흘러가는 것, 존재하는 것, 변화해가는 것, 스스로 있는 것"들을 생각하면서, "움직임 명상이라 이름 붙인, 몸과 마음에… 잘 벼려진 인식을 기본으로" 한, 숭고한 노동으로 만들어진, "누구나 소유하거나 강요할 수 없는" 성스러운 건축물로서의 연극을 향한다. 이러한 체험은 상처받은 삶이 치유될 수 있는 저항과 치유의 연극에 이르게 된다. ③ "움직이는 연극"은 연극이 삶의 공동체 안에 있고, 창작자 스스로의 삶을 투영하여 연극이 삶 속의 축제가 되고, 제의되도록 이끈다. 이렇게 내건 의지가 연극과 삶을 재발견하는 계기를 만들어 줄 수도 있었을 것이고, 물질세계 속에 살면서 그 의지가 좌절될 수 있었을 것이다. 시적 상징으로서의 연극과 물질적 구조에 뿌리내린 일상적 삶과의 간극, 어떤 공리도 그것을 쉽게 거저 메꿀 수는 없었을 것이다.

2.2 푸가, "수많은 그림자들이… 서로의 그림자들에 스며들었어"(61쪽)

한강 소설 『소년이 온다』를 바탕으로 한 이번 공연 〈휴먼 푸가(Human Fuga)〉. 그 사이 소년은 휴먼이 되었고, 동사 '오다'는 반대의 의미인 '가다(fuga)'로 바뀌었다. "'뛰다'와 연출가 배요섭은 여기까지 왔다. 이 공연에 이르기까지 그가 남긴 실재는 무엇인가? 1980년에 소년이 오고, 2019년에 휴먼이 가고, 그렇다면 오늘날, 우리에게 영원히 남는 것은 무엇인가? 우리에게 지나가지 않은 과거이면서 한국 현대사의 최대 비극인 1980년 "5·18 광주민주화운동 당시의 상황과 그 이후 남겨진 사람들의 이야기, '푸가(Fuga)'

라는 음악적 형식으로 해체, 조립하는 일종의 퍼포먼스…… 각기 다른 시대와 공간에서 일어났던 거대한 죽음과 사회적 고통의 이미지들… 인물들의 말과 기억, 행동을 재료로 조금씩 변주하며 반복하는 장면들은 독립적으로, 혹은 동시다발적으로, 혹은 교차되는"(남산예술센터 홈페이지에 실린 안내문 인용) 것이다. 다른 말로 하면 "네가 죽은 뒤 장례식을 치르지 못해, 내 삶이 장례식"(102쪽)이 된, 인간의 존엄과 자유를 위하여 무력과 싸워야 했던, 그 당시 실존의 순간을 뛰어넘어 지금도 떠돌고 있는 불모의 역사, 즉 과거이다. 이 작품은 1980년 5월 18일 이후, 무거운 짐을 지닌 역사 속 인물의 고통이 푸가처럼 돌고 흐르는 영원한 현재성, 그 시간에 관한 것일 터. 배요섭의 연극은 역사가 푸가처럼 가고 다시 오면서, 매순간, 끊임없이, 새롭게 혹은 무겁게 환기되어 지금 여기를 돌아다니는 현재진행형의 과거이다.

2.3

오래전부터 한강의 소설과 배요섭의 연극을 고맙게 읽고 보았다. 한강과는 몇 년 전, 한 낭독 모임에서 텍스트를 같이 읽은 적이 있었고, 그가 소설집을 보내줘 고맙게 받아 읽기도 했다. 배요섭과는 그가 연극을 꿈꿀 때부터, 서울과 화천에서 두루 만났더랬다. 배요섭의 삶과 연극을 한마디로 정리하면 '좋은 삶, 좋은 연극'이다. 그는 이것에 대하여, "좋은 삶이나 좋은 연극 역시 뭔가 정해진 어떤 상태가 아니다. 자연을 거스르는 것들을 찾아 걸러내고, 좋은 연극이 무엇인지 끊임없이 고민하고 찾아가는 과정이 우리에게 중요하다. 좋은 삶도 마찬가지다."라고 말한다. 이번 공연 제목을 빌려 말하면, 그는 고통스러운 삶이 가고, 좋은 연극이 오는 것을, 좋은 연극이 가고 더 나은 삶이 오는 것을 기대하고 있다고 말해도 될 것 같다. 이를 위해서, 그는 서울에서, 경기도로, 다시 강원도로 삶과 연극의 텃밭을 옮겨 가며 지난 20년 동안 쉼 없이 연극을 해왔다. 연극하는 좋은 공동체를 만들기 위하여. 그것은 그가 달리 말한 "공연예술미학에서 삶의 미학으로"의 변화이고, 실천이다. 이제 그가 은둔의 뿌리에서 벗어나고 있다. 배요섭의 연극은 휴먼 푸가, 과거에서 돌아온 이의 마지막 노래, 우리들의 삶이 비로소 고유해지는 과거의 귀환이다.

연극, 축제, 경제

1. 연극제란 무엇인가

연극은 가을과 만나야 제맛이 난다. 이번 연극제의 특징은 지금까지 진행된 도토리 키를 재는 경쟁이 아니라 나누고 노는 축제 형식에 있다. 볼거리를 좋아하는 이들에게 연극제와 더불어 국제 무용 페스티벌도 좋은 계기가될 것이다.

연극제는 해마다 열린다. 우리나라에는 국제적 명성을 지닌 연극 축제가거의 없다. 지방자치 시대가 되면서 늘어나는 것은 향토색 짙은 연극제를치르는 행사들이지만 독특한 축제를 고르는 일은 힘들다. 지방자치 단체들이 주최한 연극제 행사들은 연극이나 축제보다는 경제적 손익을 중요하게여긴다. 군청의 문화예술행정을 맡은 부서는 문화예술경제과로 이름을 바꾸었다. 참 웃기는 일이다. 모든 것을 상품으로 여기는 시대가 되었기 때문일 터이다.

이쯤 되면 문제를 원점으로 되돌릴 필요가 있다. 연극제는 왜 하는가, 그 전통은 무엇인가를 되물어야 한다. 그 답이 적확하지 않다면, 그 결과가 답에 이르지 못한다면 달리해야 하고, 만족할 만한 결과를 얻을 수 있도록 입장과 계획을 바꾸어야 한다. 그렇지 않다면 행사를 위한 돈의 낭비일 뿐이며 축제는 허장성세로 끝을 맺을 것이다.

2. 관객은 속고 싶은 존재

연극은 관객을 섬기고 받드는 예술이다. 좋은 연극이란 관객을 압도해서 무장해제 시킨다. 그것은 관객의 눈과 귀 그리고 온몸을 몽땅 열어놓는 정복자의 무기와 같다. 관객은 공연에 속아 넘어가고 싶고, 공연에 패배하는 스스로를 확인하고자 극장에 온 존재라고 할 수 있다. 배우들이 습득하는, 관객을 숨돌릴 틈도 없이 몰고 가는 연기 훈련이란 관객을 감동시킬—그것은 일시적인 죽음의 경험이다—무기를 만들고 갈고 닦는 일이다. 그것은 비유하면 일당백(一當白)과 같다. 배우들이 외롭다는 말은 배우는 혼자인데 관객은 여럿인 것을 인식할 때부터 생겨난다.

연기란 관객을 감동시키기 위하여 관객을 찌르고, 패배시키기 위하여 싸움을 거는 기술일 터이다. 그 싸움의 시작과 끝이 공연이다. 공연은 감동과 진리의 싸움터와 같다. 하여 관객은 좋은 연극 앞에서 패잔병이 되어 스스로를 되돌아볼 때 행복해진다. 그것을 위하여 관객은 돈을 내고, 시간을 쪼개서 자리에 앉는다. 관객은 자기 자신을 희생할 준비를 갖춘 연극의 마지막 등장인물이다.

연극제란 무엇인가. 연극과 춤을 좋아하는 이들 앞에 게걸스럽게 먹어 치울 요리상과 같다. 이 잔치에 초대받을 이들은 다른 나라에서 온 관객들도 아니고, 공연하는 이들도 아니다. 국가의 많은 예산을 들여 벌어지는 연극 축제 앞에서 연극이란 무엇인가, 연극이란 관객들이 감동과 진리의 싸우는 것이라는 점을 질문하고 대답할 수 있는 이가 주인이다.

우리가 경계해야 할 것은 국제적 단위의 연극제를 마련해놓고 질문을 포기하거나 질문은 하면서 대답을 기다리는 태도일 것이다. "이것이 연극이군요, 이렇게 하면 연극이 되는군요"라고 고개를 끄덕이는 일은 전근대적인 연극인과 관객의 모습이다. 그것은 돈은 돈대로, 사람의 품은 품대로, 터는 터대로 내주고 스스로 노예가 되어가는 것과 다르지 않다.

연극 축제에는 결코 적대국이 있을 수 없다. 우열을 가리기 위하여 모인 것이 아니기 때문이다. 우열을 가리고, 패배와 승리를 구가하는 것은 오로지 우리들뿐이다. 그것이 축제를 마련한 이들의 의무이며 권리이다. 다른 연극과 연극인들을 만나 저 스스로 질문하고 스스로 답하는 그런 전쟁을 치르는 것일 뿐이다. 따라서 진리와 함께 기뻐하는 것도 우리들 문제이고, 패배해서 고개를 숙이는 것도 우리들 문제일 따름이다. 우리가 다른 나라의 연극을 지지하지 않으면 안 되는 것도 아니고, 그것을 연극의 모범답안으로 여겨 추종하는 것도 우리들의 몫이 아니다.

우리는 지금까지 다른 연극, 연극인들을 보는 시선만 강조하면서 자기 자신을 보는 시선을 잃어버렸다. 그것은 한국 연극인들은 가난하다고 말해왔고, 그렇게 인정하고 있었기 때문이다. 연극축제는 가난이 아니라 풍요의 결과이다. 가난한 연극과 연극인들이 갑자기 풍요의 자리에 선다면, 그 자리에서 가난을 잊을 수 있을까, 아니 가난을 극복할 수 있을까? 가난은 있어야 할 것이 결핍되었다는 뜻이다. 가난은 비교의 결과이다. 따라서 한국 연극과 연극인들이 가난하다고 말하는 것은 가난하기 때문에 가난해서는 안 된다는 저항과 가난하기 때문에 어쩔 수 없다는 거세의 논리가 동시에 작용하게 한다. 가난한 한국 연극이 외국 연극들과 만났을 때 저항은 굽어들고, 거세는 자취를 감춘다. 한국에서 열리는 세계 연극제에서 한국 연극과 연극인들은 저항과 거세의 계곡에서 연극의 세계로 직등한 결과와 우회한 결과의 차이를 뼈저리게 깨닫게 될 것이다.

연극과 연극인의 가난은 자유의 충분조건인 결핍과 같다. 연극하는 이들의 자유 없이는 연극의 자유가 있을 수 없다. 한국 연극과 연극인들은 이번 세계 연극제를 통하여 지금까지 연극과 만났을 때 지녔던 거짓 싸움을 버려야 한다. 싸움을 포기하면서, 그럴 필요가 없다고 여기면서 스스로를 질문과 대답 이전과 동일시하는 것을 멸시해야 한다. 그대들이여 오라, 나 여기에 있다. 그대들과 모든 만남에 대한 질문은 내가 하고 내가 답한다라는 당당한 자세를 지녀야 한다. 서구의 연극, 아메리카의 연극, 변방의 다른 나라에서 온 연극들에서 연극하는, 연극제를 마련한 이들의 정신을 거세당해서는 안 될 것이다. 자기 자신을 보고, 읽지 못하는 것이야말로 시선을 잃어버린 노예가 아닌가.

3. 97 세계 연극제

1997년 9월 1일부터 열리는 '97 세계 연극제'는 그야말로 풍성한 연극제를 연상케 한다. 이 세계 연극제는 1988년 올림픽을 기념하기 위한 세계 연극제 이후에 열리는 가장 커다란 국제적 단위의 연극제라고 할 수 있다. 이 세계 연극제는 세계극예술협회(ITI)의 총회가 우리나라에서 열리는 것을 기념하고, 그것의 부대행사로 열리는 연극축제이다. 4년 전 총회는 베네수엘라의 카라카스 해변에 있는 호텔에서 열렸다. 보는 사람도 적었고, 참가한 인원들도 많지 않았을 만큼 소박한 회의였다. 그로부터 4년 후 서울에서 열리는 이 행사는 엄청나게 확대되었다. 이번 세계 연극제는 총회로부터 시작해서 공식 초청 공연(9.1~10.15), 세계 마당극 큰잔치(9.6~9.28), 서울연극제(9.1~10.15), 베세토 연극제(9.2~9.29), 세계 대학연극 축제(9.7~9.18) 등으로 나누어져 있다. 아니 채워져 있다고 하는 것이 옳은 표현이 될 것이다.

'97 세계 연극제'는 사실상 경연대회의 성격을 분명히 하고 있는 국내의 연극제들과 다르다. 대상(작품상), 희곡상, 음악상, 연기상, 신인상에 덧붙여 무대미술, 안무 등에 관한 특수부문상과 같은 시상이 없다. 국내 연극제들은 한국 연극의 질을 향상시키고 아울러 연극제를 활성화시킴으로써 연극예술 발전을 위한 것이라고 할 수 있다. 이들 연극제는 철저하게 경연을 통해 연극예술의 수준 향상을 꾀한다는 입장을 견지하고 있다.

정부의 엄청난 예산으로 마련된 이번 세계 연극제를 통하여 우리가 공부해야 할 것은 많다. 첫째로, 이번 총회의 주제인 "문명의 전환과 21세기 공연예술"에 주목해야 할 것 같다. 한마디로 연극이 과연 21세기 산업 사회, 정보화 사회, 문명의 전환기에 어떻게 변화될 것인가를 묻기 때문이다. 여기서 새로운 매체에 의한 연극이 발화자와 수신자 간의 정보 교환과 의사소통을 가능하게 할지, 친밀해지면 친밀성의 공간을 열어놓을 수 있는가 하는 물음이 제기될 것이다. 하이데거의 말을 빌리면, 존재 사유의 거주의 가능성을 조성할 수 있을까 하는 질문이다.

21세기 정보 사회, 산업 사회에서 연극이란 매체의 변화는 피할 수 없다. 연극 매체로서 말과 몸 등에 커다란 변화가 있을 수밖에 없기 때문이다. 마셜 매클루언의 언명처럼, "매체는 삶의 방식이다" 같은 것이 아니겠는가. 문자매체, 인쇄매체의 도입에 이은 새로운 매체가 가능하게 하는 삶의 방식 속에서 연극의 방식이 이전의 매체와 다른 점을 내포하고 있다는 사실의 징후들을 이번 세계 연극제를 통하여 관객들은 체험하게 될 것이다.

두 번째로는 이번 세계 연극제를 통하여 한국 연극은 가장 짧은 시간에 가장 많은 다른 나라의 연극들을 만나게 되는데, 이 만남을 통하여 한국 연극은 상징적 교환으로서 연극의 구체성이 무엇인가에 대하여 질문하고 답해야 한다. 그것은 무엇보다도 연극이 지닌 기호학적 질서의 일의성에 반하는 다의성 의미 전달 가능성을 체험하는 데 있다. 공식 초청 공연이나 베세토 연극제, 세계 대학연극 축제와 같은 것들이 좋은 기회가 될 것이다.

세 번째로는 외국 연극을 향하여 우리나라 연극들이 집중적으로 소개되고 평가를 받는다는 점이다. 세계 마당극 큰잔치와 서울연극제에 참가하는 작품들이 그럴 것이다. 세계 마당극 큰잔치는 우리나라의 마당극과 다른 나라에서 뽑은 거리에서 행해지는 연극 등이 참석할 예정이다. 여기에서 보여질 작품들은 지금까지 고정된 장소인 극장을 중심으로 만들어지고 보이던 연극들과 달리 어느 곳에서도 가능한 연극들, 그리하여 연극이란 제도를 새롭게 한 연극들이라 많은 주목을 필요로 한다.

네 번째로, '97년 세계 연극제'를 맞이하면서 우리는 지금까지 국내에서 벌어지는 연극제들을 반성할 필요가 있다. 국내 연극제들이 지닌 특징이라면 관객 없는 텅 빈 극장과 고정된 한국 연극의 틀을 들 수 있다. 공식 참가 작품들 가운데 주제나 표현의 새로움을 찾아볼 수 있는 작품이 없다. 아니 찾지 않아야 한다. 반 이상이 이미 공연되었던 구태의연한 작품들로 똑같은 이들에 의하여, 똑같은 장소에서 공연되었기 때문이다. 그래서 연극제를 통한 연극예술의 새로운 가능성을, 변모하는 모습을 확인할 수 없다. 20년 가까이 공연은 문예회관극장 중심으로부터 벗어나 본 적이 없다. 특히 서울 연극제의 많은 작품들은 동숭동 문예회관 중심의 지겨운 연극과 판에 박힌 무대로 꾸며진 연극들이다.

그리고 우리나라 관객들의 태도이다. 예상으로는 우리나라 공연보다는 외국의 공연에 더 많은 관객들이 모여들 전망이다. 지금까지 우리나라 연극인들과 관객들은 외국의 공연으로부터 연극의 모범답안과 같은 것을 요구하고, 확인받았다고 해도 과언이 아닐 것이다. 그러나 연극의 양식과 실천방법에 정답이란 있을 수가 없다. 그것은 그것대로 존재하는 하나의 양식이며 방법일 뿐이다.

오늘날 진정한 연극제가 더욱 필요한 이유는 우선 잃어버린 관객을 찾아서 그들에게 봉사해야 할 의무가 연극인 모두에게 있기 때문이다. 둘째로는 오늘날의 다양한 연극의 현상을 파악하기 위해서다. 그래서 새롭게 준비된 작품들을 한자리에 모아 개방하고 군소극단의 실험적이고 창의적인 연극을 가능케 할 수 있을 것이다. 즉 연극적 이념을 달리하는 새로운 연극단체들의 공연작품도 수용함으로써 폭넓은 연극을 공유하는 하나의 공동체를 형성할 수 있는 것이다. 그럼으로써 한국 연극의 전통을 현대화하는 데도 기여할 수 있을 것이다. 또한 연극인 간의 오만과 아집에서 탈피, 다른 나라, 다른 연극과 연극인을 상호 이해할 수 있는 장이 될 것이다.

이번 세계 연극제는 기간이 정해졌음에도 불구하고, 공연 장소도 다양하고, 공연작품의 성격과 연출의 의도도 풍부한 것으로 보인다. 관객들은 문예회관 대극장과 소극장을 중심의 공연이 아니라 거리에서도 많은 공연들을 볼 수 있다. 연극제 본래 의미를 회복하는 계기가 될 것을 바라며, 특히 연극인들만의 친목축적이라는 비판을 듣고 있는 국내 연극제들과 달리 침체된 한국 연극을 활성화 시키고, 관객들에게는 삶의 활력을 주는 역할, 그리고 고정된 연극의 틀을 벗어나서 모든 연극을 발견하고 경험할 수 있는 중요한 역할을 이번 세계 연극제가 할 수 있어야 할 것이다.

다섯 번째로, 이 세계 연극제는 연극은 겉으로는 희곡과 배우 그리고 극장에서 관객들과 만나는 예술이지만 속으로는 말과 글과 몸으로 만들어지는 예술임을 보여줄 것이다. 연극에서의 말이란 배우가 전달하려는 지배적인 욕망과 같다. 배우의 말이란 관객을 지배하는 가장 직접적인 무기라고 할 수 있다. 배우의 입에서 흘러나온 말은 관객들에게 절대적으로 들어간다. 들어가는 것은 배우의 또 다른 존재라고 할 수 있다. 확대해서 보면 배우의 말은 흘러나와 다른 곳으로 들어가는 배우 그 자신, 배우의 모습과 같다. 연극 속 등장인물들은 말의 지배권을 장악하기 위하여 무대에서 상대방을 지배하려고 한다. 말의 지배는 곧 무대라는 세상의 지배와 같다. 우리가 흔히 말하는 이성중심주의 서양 연극과 중국식으로 말해 화극(話劇)은 자기 자신인 말로서 상대방과 세계를 지배하려는 연극 형식이라고 할 수 있다.

여섯 번째로, 이 연극제가 관객들에게 언어가 달라도 쉽게 연극을 접할 수 있는 연극예술의 보편성을 확인시켜줄 것이다. 연극에서 글은 곧잘 희곡으로 대표된다. 희곡은 소설과 시와 같은 문자화된 글쓰기와 같되 읽으면서 서로 갈라지고 다른 곳으로 향한다. 희곡은 무대 위에 있는 배우의 몸을 타고 울리면서 소설과 시와는 다른 갈림길에 이른다. 문자화된 글이 시각적으로 찍혀 보이는 것이라면 문자들의 소리는 울려 귀에 들리고 금세 사라진다. 희곡 쓰기와 읽기는 글로 쓰되 사라지는 소리들의 집합, 소리들의 울림과도 같다. 희곡 읽기의 매혹이란 눈으로 읽되 사라지는 소리를 동시에 들어야 한다.

일곱 번째로, 연극에서 말과 글의 비중과 달리, 한국 연극이 홀대하고 있는 몸의 중요성을 회복할 수 있을 것이다. 배우의 몸은 무대 위에서 허구를 실제로 환원하고, 그것을 관객들이 체험할 수 있게 하는 근원적인 것이다. 연극이 일정한 시간과 공간 속에서 관객들에게 연속성을 체험하게 하는 것은 배우의 몸에 의해서 가능하다. 현대 연극에서 배우의 몸이 지닌 비중은 점점 커지고 있다. 말과 글이 반복적이, 재현적일 수 있는 면에 반하여 배우의 몸은 그것이 불가능하기 때문이다. 말이 시각적으로 기억되면 글이 되지만 몸은 항상 현재적으로 존재한다. 연극은, 이제부터 몸으로부터의 출발이고, 흔한 몸에서 몸다운 몸이 되기 위한 싸움이 아니겠는가.

관객이란, 연극의 언어

왜 하필 연극의 관객론인가 아니면 연극 연구에 있어서 '이제, 비로소 그리고 오직' 연극의 관객론인가. 이렇게 묻는 것은 연극과 연극을 만드는 작가의 존재가 더 이상 문제가 되지 않는다는 것인가? 지금까지 작품에 대한 전사적(前史的) 전제였던 연출가와 희곡작가 그리고 배우에 대한 존재를 더 이상 의식하지 않고도 작품에 대해서 자유롭게 언급할 수 있다는 뜻인가? 저자의 죽음이 아니라 연극의 죽음을 말하는 지금, 연극을 만든 '숨어 있는' 작가를 중심으로 하는 연극의 내재적 연구보다는 '숨어 있지 않은' 관객 중심적인 외재적 연구를 주장하기 위함인가? 관객의 탄생을 말하면서, 관객에게 읽히지 않은 연극은 존재하지 않는 것과 같다고 말하면서 해석의 무한한 가능성과 해석자의 자유를 말하는 것은 당연한가? 발판이 없는데 도약하려는 것처럼. 한 가지 희곡작가와 연출가 그리고 배우는 작품을 평가하는 데 있어서 부적절하다는 것은 분명하다.

연극의 생산자들은 작품을 극단(極端)의 끝자리에 놓는 것으로 평가한다. 반면에 관객들은 작품의 평가를 극단과 극단의 너른 스펙트럼 사이에 놓는다. 관객을 연극 담론의 하나로 논한다는 것은 연극 연구의 대상이 창작 이론, 역사 분석과 같은 테두리에 한정되지 않는다는 것, 공연을 통해 형성되는 관객들의 반응적 언표에 이르기까지의 모든 것을 포함한다는 것을 의미한다. 이제 연극으로 말함이 아니라 연극을 봄이 더 중요한 것이 되었다. 연극에 대한 진리의 결정권은 행함이 아니라 봄에 있다. 관객이 연극 담론의 대상이 되는 것은 이제 소홀하게 다루었던 관객의 존재, 관객들의 언표 층이 두꺼워졌기 때문이다. 이 부분은 긍정적이기도 하고 부정적이기도 하다. 긍정적인 면은 관객의 존재가 중요하게 여겨진다는 데 있고, 부정적인 면은 가상 공간에 익숙한 오늘날 관객들에게 있어서 사물과 인간에 대한 깊은 응시와 사유가 사라지고, 인간과 삶에 대한 종합적인 인식을 찾아보기 힘든 데 있다. 연극과 관객이 모두 획일화되어가고 있는 바는 이런 탓이다.

나아가 이것이 연극문화를 결정짓는 중심적인 특징으로 자리 잡고 있기 때문이다. 그 특징은 다음과 같다. 오늘날 난무하는 것은 불량의 연극만이 아니라 익명의 관객들이기도 하다. 관객들은 연극을 깊게 사유하지 않는다. 그들은 연극을 일회용으로, 즉물적으로 보고 소비한다. 관객들의 반응은 즉각적이다. 문제는 관객의 즉물적 반응이 연극의 언어들을 일반화하는 데 있다. 이렇게 되면 연극은 빠른 속도로 존재하고 사라진다. 연극은 빠르게 흘러가는, 빠르게 소비되는 이마주들에 불과하다. 가스통 바슐라르의 표현을 빌리면, 이것은 참된 연극과 관객을 가로막는 '인식론적 장애물'이다. 가스통 바슐라르는 이마주를 사물을 감성적 언표의 차원에서 경험했을 때 생성되는 흐릿한 인식질료라고 했다. 사물에 대한 이해, 즉 연극에 대한 이해는 이 이마주가 합리적인 개념들의 틀에 복속될 때 가능한데, 오늘날 관객들은 연극에 대한 이마주와 개념을 혼동한다. 다시 말해 사물, 그러니까 연극에 대한 이마주를 곧 인식으로 여긴다. 이것은 한국 연극에 관한 깊은 담론이 생성되지 않는 이유가 될 것이다.

그러나, 우리는 관객을 말해야 한다. 물질을 뜻하는 라틴어 materia는 어머니(mater)에서 비롯되었다. 관객은 연극의 큰 물질이다. 연출가, 극단, 희곡작가, 배우, 연극평론가, 무대미술가들이 모두 연극의 권력이 되고, 그 권력을 행사하는 지금, 관객은 연극의 근원적인 에너지라고 할 수 있다. 관객만이 조직이 없고, 협회가 없다. 그것은 연극에 대한 헌신적인 사랑의 결과일 것이다. 원래 연극 행위는 평론가를 포함해서 연극을 창조하는 작가들이 지닌 연극 사랑의 실천이라고 할 수 있다. 그러나 그것은 오늘날 위선, 조잡한 연극 이념을 내세운 권력과 위선적 다툼으로 변질되었다. 그런 연극은 진리가 아니라 권력의 변형이다. 그 앞에서 연극인들은 자유롭지 못하다. 우리들은 연극하고, 연극을 말하면서 연극을 사랑하지 못하는 연극의 허세 앞에 놓여 있다. 연극을 아무런 대가 없이 사랑하는 관객들 앞에 부끄러울 따름이다. 연극과 관객의 소통은 무대와 객석, 배우와 관객의 성적인 주고받음을 환기시킨다. 그것은 인공적인 것도 아니고 생물의 분자식처럼 표기되는 반복적으로 고정된 것도 아닌, 에로틱한 관계로 비유할 수 있다. 연극의 관객론을 말해야 하는 이유는 여기에 있다.

관객은 일차적으로 연극이라는 은폐된 권력의 자장 바깥에 있는 이들을 뜻한다. 연극작가들이 연극이라는 이름으로 연극동네를 만들어 권력을 연습하고, 연극을 제도화하면서 권력을 생산하는 순간, 관객들은 연극을 본다. 연극을 좋아한다는 사랑의 이름으로, 연극의 허구 속에 담긴 자유의 정신으로. 그러므로 관객에 대한 연구는 연극 현실의 이해보다는 연극의 이상으로 되돌아가게 한다. 재현(représentation/vorstellung)이란 개념으로 말한다면, 관객은 연극을 다시(re) 나타나게(présentation) 하는, 앞으로(vor) 불러세우는(stellung) 존재이다. 그러니까 관객은 연극을 매개로 자신을 재현한다. 관객은 연극이란 공간 안에 자신을 불러세워 대상화하는 존재이다. 오늘날 연극의 진리를 추구하는 이들은 교만과 독신의 욕망을 지닌 연극작가가 아니라 연극 속에 자신을 옮겨다 놓는, 그러한 연극적 공간을 조작할 수 있는 소박한 관객들이다. 관객들은 연극 앞에서 겸손한 자세를 지닌다. 그것은 관객은 볼 권리와 읽을 자유가 있을 뿐이지 연극을 지배하겠다는 어떠한 권력도 지니고 있지 않기 때문이다. 관객이 지닌 최고의 것은 시간과 공간의 조작을 가능하게 하는 상상력이다. 관객이 지닌 이런 심미적 경험이야말로 야우스가 말한 "근원적인 불복종성"이라고 할 수 있다.

관객에게 가장 필요한 교육이 있다면 그것은 "기억에 관한 교육"이다. 연극의 관객은 희곡을 듣고, 배우가 행하는 것을 본다. 관객은 무엇을 말하고자 하는 희곡작가의 의도와 무엇인가를 행하려는 배우의 행동을 동시에 읽는다. 관객의 기억에 의한 발견이라고 할 수 있는 이것은 관객이 본 것, 들은 것에 의해서 생긴다. 기억은 부재와의 투쟁이다. "인간을 만드는 것은 기억이다. 프로이트에 의하면 기억은 무의식 속에서 모든 상처를 억압하고, 베르그송에 의하면 기억은 자라서 행동에 봉사하고, 미래를 향하여 빙빙 돌고, 보들레르식으로 말하면 기억은 향기와 음악 속에서 과거를 되찾고, 과거를 살아 있게 하고, 샤토브리앙식으로 말하면 나이가 들면 기억은 더 이상 위로하지 않는 것"이 된다. 이와 같은 기억을 통해서 관객은 경험한 것을 의식 속에 지니거나 다시 생각해낼 수 있고, 과거에 받은 인상을 재생한다. 따라서 관극 행위는 관객이 과거에 받은 인상들을 선택함으로써 구성되는 기억에 의존한다. 이 기억의 재생은 다시 경험하는 것이지만 최초의 경험과 다른 방식으로 경험하는 것이 된다.

희곡작가가 말하는 것과 배우가 행동하는 것 사이에는 거리가 있다. 관객은 희곡작가의 말하는 것과 배우의 행하는 것 사이의 거리를 좁히면서 그것을 통합한다. 그러니까 관극 행위는 공연의 의미를 수수께끼 풀듯이 찾아가는 행위가 아니라 공연의 구조와 관객의 구조가 얽혀 짜이는 "공동의 유희이다." 글을 쓴다는 면에서 주석을 덧붙이는 연극비평가와 희곡작가의 거리는 연극과 관객과의 거리보다 가깝다. 그것은 연극비평가와 희곡작가 사이에 존재하는 글이 명백한 친화력을 발휘하기 때문일 것이다. 반면에 관객은 배우들의 말과 행동을 듣고 보면서 끊임없이 작품과 자신을 연결하는 무형의 끈과 통로를 발견해야 한다. 그것은 연출가와 작가의 고의적인 의도를 훨씬 벗어나는, 관객이 작품과 자신을 비교하는 평온한 것이 아니라 스스로 자신을 관찰해야만 하는 불안과 같은 것이다. 관극은 이러한 능동적인 힘에 의해서 가능하다. 그렇다면 연극은 오직 관객의 주석에 의해서만 풍부해진다. 이 글의 뒷부분에서 언급하고 있는 관객의 반응으로서 감성적 언표들은 연극을 엉뚱하게 만들기도 하고, 놀라운 충격을 안겨다 주기도 한다. 이렇게도 말할 수 있겠다. 관객의 주석이 있기 전에는 연극의 과거가 있었고, 관객의 주석이 끝난 후에는 연극의 미래가 있을 것이다. 연극의 과거와 미래는 사실 존재하지 않는다. 그리고 연극의 현재는 오로지 관객의 기억 속에 존재한다. 연극의 시간은 곧 관객이 겪는 현재의 시간이다. 관객의 시간 경험은 공연의 실제시간과 재현된 허구 시간 사이에서 형성된다. 그리하여 연극의 끝은 모두 무(無)로 되돌아간다.

연극은 관객의 현실(現/實)이다. 관객에 관한 사유는 연극이라는 현실 속에서 전개될 수밖에 없다. 연극은 관객이 드러나는[현(現)] 존재이고, 관객은 연극을 넘어서는 실질적인[실(實)] 존재이다. 그런 뜻에서 연극 바깥의 관객도 없고, 관객 바깥의 연극도 없다. 연극이 극장에서 관객들과 만나는 예술인 한에 있어서는 그렇다. 연극이란 텍스트는 관객의 앞에도 뒤에도 없다. 연극은 관객을 넘어서는 곳에 있다. 관객이란 존재의 역할과 의미를 질문할수록 그 대답인 연극은 생명을 연장하면서 존재하게 된다. 그러므로 관객은 연극의 빛이다. 관객 없는 연극은 한낱 순수한 "목소리의 숨결(flatus vocis)"에 불과하다. 관객이 연극을 밝히는 빛과 같은 존재라면, 연극은 매우 불투명한 존재이다. 관객은 불투명한 존재인 연극을 가로질러 간다.

연극은 관객을 거부하지 않는다. "관극 행위는 원한다면 언제든지 내가 널, 네가 날 거부하지 않고 받아들이는 황홀경의 체험이다. ……그러므로 공연이 창조적이라면 그것의 읽기는 더 창조적이다. 즉 창조적 연극은 세상의 혼돈과 싸운다면 관객은 그 혼돈의 주인공이 되고자 싸운다. 이때 관극 행위는 완성되고, 관객은 공연과 소통하고 공연은 이루어지고 죽어가고 최후로 관객만이 남는다." 빛이란 연극과 관객 사이에 얽힌, 그러니까 그늘진 매듭을 푸는 필수조건이다. 매듭이란 연극이 재현한 현실의 주름이다. 관객은 이렇게 해서, 연극을 통해서 배운다. 다시 태어난다. 그것은 관객만이 체험할 수 있는 일종의 자기 확장이다. 연극을 통한 관객의 앎(connaissance) 속에 관객의 태어남(naissance)이 있다. 그 가운데에서도 가장 중요한 순간은 관객의 거듭남(renaissance)이라고 할 수 있다.

연극은 몸의 예술

몸의 울림

좋은 연극이란 무엇인가? 나는 좋은 연극은 울림이 있는 연극이라고 믿는다. 울림은 공명이며 공감이며 감동이다. 좋은 연극이 주는 공명은 그대로 관객의 몸으로 들어가는 들숨과도 같다. 몸속으로 들어간 들숨은 다시 날숨으로 되돌아 나와 배우에게 간다. 다가가는 공명에게 몸은 일차적으로 저항의 대상이기도 하고 울림의 변조를 가능케 하는 장(場)이기도 하다. 날숨은 몸으로부터 나오면서 그냥 나오지 않고 소리를 동반한다. 그 소리는 몸을 떨게 하고, 숨을 가쁘게 한다. 소리에 저항하기 시작한 몸이 점차 소리에 종속되어 결국에는 몸 역시 울림으로 반향(反響)한다. 소리는 호흡으로 짧게, 호흡으로 길게 이어지고 끊기면서 다시 이어진다. 좋은 연극의 소리는 이렇게 울림으로 넓게 퍼진다. 그것은 무대와 객석을 잇는 보이지 않는 파장과도 같다. 파장은 텍스트에서 공연으로, 무대에서 객석으로, 배우의 몸에서 관객의 몸으로 넓게 물결친다. 소리의 진원지, 소리의 체험은 오로지 몸이 맡는다. 몸이 울려야만 소리는 사라진다.(이 글을 쓰기 전, 종로에 있는 보신각종이 크게 훼손되었다는 신문 기사를 읽었다. 그것은 종소리가 주변의 콘크리트 건물에 갇혀 울려 퍼지지 못한 채 종으로 되돌아온 탓이라고 한다.) 소리는 몸을 울리기 위하여, 몸이 울릴 때까지 몸으로 향한다. 그리고 몸은 소리를 받아 가두지 않고 밖으로 내보낸다. 좋은 연극 역시 떨리는 몸을 지닌 관객을 바로 보고 그 관객의 날숨을 들어야 한다. 연극의 공감은 연극이 내는 소리가 관객의 몸에 닿아 되울려 퍼지는 물결과도 같아 잔잔한 평정을 이루기도 하지만 때로는 폭포처럼 용솟음쳐 구토를 일으키기도 한다. 구토는 몸이 반응하여 내보여주는 미적 본능의 하나일 것이다. 아르토가 도달하려고 한 페스트에 걸린 배우란 관객이 구토할 수 있게끔 하는 이를 뜻한다. 이것은 가장 절실한 배우의 표상이다.

연극의 들숨과 날숨은 배우의 몸으로 들어가고 나온다. 관객은 배우의 숨소리를 듣는다. 길게 혹은 짧게 울리는 배우의 숨소리는 극장 바깥으로 나가지 않는다. 그 숨소리는 고스란히 관객에게 전이된다. 그런 면에서 배우와 관객에게 중요한 것은 몸의 존재이다. 메를로 퐁티식으로 말하면, 인간의 몸이 이 세계의 축(軸)인 것처럼 일차적으로 배우의 몸은 연극의 축이다. 축인 몸은 이 세계에서나 연극에서나 떨어지지 않아야 한다. 몸이 부재하면 연극은 이루어지지 않는다. 그것은 관객에게도 적용되는 언급이다. 배우의 몸, 관객의 몸이 부재하면 연극은 존재할 수가 없다. 배우의 몸이 떨어지지 않으면서 좌우, 상하로 움직여야만 연극은 기계처럼 숨쉬기를 이어갈 수 있게 된다.

연극은 비교적 배우의 몸의 좌우 경계를, 춤은 몸의 상하 경계를 넘나들고 확대하려 한다. 춤은 상승하고 추락하는 몸의 희망과 절망의 교차점에 존재한다. 오르기 위하여 떨어져야 하고, 추락하기 위해서 다시 상승해야 한다. 그 숨바꼭질 같은 몸의 상승과 추락이 율동이다. 춤은 가장 높이 오르고 가장 낮게 떨어지려 하는 수직과 상승의 예술이다. 위로 올라가려는 열망보다는 밑으로 떨어지는, 떨어질 수밖에 없는 절망이 더 큰 예술이다. 반면에 연극은 몸의 좌우, 그 방향에 조건 지어진다. 좌우의 연극에서 몸은 높이보다 자신의 주변과 관계 맺어진다. 더 이상 떨어질 수 없는 바닥에서 연극은 배우의 몸을 빌려 오르지 않고 좌우 옆으로, 앞뒤 길이로 관계망을 펼쳐간다. 여기서 배우의 몸은 사방으로 찢기고 힘의 균형을 잃고 한쪽으로 치우치기도 한다.

몸이 바닥에 놓여 있기 위해서는 바닥의 법칙, 즉 균형을 이루어야 한다. 그러나 현대 연극과 춤에 등장하는 인물들은 마치 오르다 떨어져 균형을 잃어버린 그대로 앉아 있거나 드러누워 있다. 불편한 몸 그대로 즉물(卽物)로 존재한다. 그런 그들의 몸 자체가 즉물적 언어로 관객에게 보여지고 말을 한다. 몸의 언어는 형이상학적 언어가 아니다. 다시 말해 삶을, 몸을 언어를 빌려서 말하는 것이 아니라 삶이, 몸이 언어가 되는, 수식과 논리와 문법이 필요 없는 원초적 본능의 언어인 셈이다. 회화로 치자면 미니멀 아트와 같은 것이 되는 셈이다. 여기에 몸 같지 않은 몸들이 상형문자로 몸의 내면을 드러내 보여준다. 반복적으로. 그리고 몸의 부재를 오브제를 통한 이미지로 대신 채운다. 여기에 몸의 절망과 아픔이 있다. 또한 몸과 의식의 분열이 있다.

우리는 현대 연극이 형이상학적인 언어에서 물리적인 몸과 같은 즉물적 언어로 이전해 오고 있음을 주목할 필요가 있다. 오늘날 한국 연극이 몸으로 되돌아오는 데 걸리는 시간은 오래 걸리고 힘이 든다. 그만큼 몸 밖으로 나간 세월이 길었기 때문이다. 몸에서 멀어진 만큼 몸은 잊힐 수밖에 없었고 홀대받을 수밖에 없었다. 그동안 잊힌 몸은 연극이 되돌아오길 기다리다 지금은 지쳐 누워 있다. 힘이 들고, 분열되어 몸이 몸 같지 않다. 몸 떠난 연극의 언어는 그 투명성과 절대성을 앞세워 오만해질 대로 오만해졌다. 말이면, 말로 뭐든지 다할 수 있다는 언어의 가능성을 과신했기 때문이다. 그럴수록 몸은 오그라들 대로 오그라들어서 몸이 몸 같지 않게 되었다.

공연과 공간

현실과 허구, 그 이중적인 공간

연극을 비롯한 공연 공간은 마술적이다. 그 속에 실제와 허구, 진짜와 가짜가 섞여 있기 때문이다. 이론적으로 말하자면, 공연 공간은 현실 속의 공간과 환영 속 공간의 복합이다. 배우와 관객은 특정한 장소, '현실'에 들어온 존재이다. 그곳은 마당이 될 수도 있고, 실내에 있는 극장이 될 수도 있다. 또는 원래 극장 용도로 꾸며지지 않은 강당이나, 사람들이 오가는 거리가 될 수도 있다. 극장 공간은 미결정된 공간으로 무궁무진하다. 배우와 관객이 마주할 수 있는 곳이라면 물리적 조건은 충족되는 셈이다. 배우와 관객이 한곳에서 만나는 곳이라면 모든 공간은 극장 공간이 될 수 있다. 서로 마주 볼 수 있는 한 장소에서, 허구의 공간을 상상하는 이 만남은 그래서 이중적이다. 실제와 허구라는 두 차원의 공간은 서로 맞물린다. 물리적인 공간은 상상적인 공간에 영향을 미치고, 상상적인 공간은 물리적인 공간의 지평을 넓힌다.

사람들이 오가는 거리에서 공연을 한다면, 우리가 사는 집이나 사무실 같은 일상 환경을 사실적으로 꾸미기 어렵다. 안정되지 않은 주변 환경과 소음으로 인해 닫힌 세부 공간을 묘사하기 힘든 까닭이다. 하지만, 그렇다고 해서 상징적인 세계를 창조할 수 없는 것은 아니다. 거리는 배우가 이끄는 대로 먼 바닷가로 변할 수도 있고, 깊은 숲이 될 수도 있다. 현실 속에 환상이 있고, 환상 너머에 현실이 있는 셈이다. 공연이 이루어지는 공간이 어디인가 하는 것은 미학적 경험뿐만 아니라, 배우와 관객의 상호작용에도 깊은 영향을 준다. 무대예술은 본질적으로 배우와 관객이 함께 있음에서 출발하기 때문이다.

우리나라의 가면극은 무대를 꾸미는 데 특정한 조건을 요구하지 않았다. 그 무대 공간은 무대와 객석을 물질적으로 구분하지도 않았다. 연기자들을 가운데 두고 관중이 빙 둘러싸면 연기 영역과 관극 영역은 자연스럽게 분리된다. 이 두 영역은 서로 감시하고 침투한다. 한쪽에서 반대쪽으로 시선이 향하는 것이 아니라 모든 방향에서 중심을 향할 수 있다. 상상 공간 역시 꽉 차 있지 않다. 극 중 중심인물이 바뀌면 상상 공간 역시 자연스럽게 바뀐다. 그리고 중심은 주변으로, 주변은 중심으로 끊임없이 힘을 이동시킬 수 있다. 우리나라 전통 가면극이 유동적인 공간에서 헐렁한 상상 공간을 창출한다면, 서구 사실주의 연극은 정해진, 각박한 공간을 필요로 한다. 서구적 연극 전통을 지닌 사실주의 공연들이 창조하는 환영의 공간은 시각으로 북돋워진 공간이다. 눈에 보이는 현실을 복제한 장치들이 환영의 공간을 묘사하고 설명한다. 시각적 체험은 관객의 다른 감각들을 압도한다. 가시적인 세계는 헐겁다기보다는 꽉 짜인 세계이다. 극장이라는 물리적 공간이 건축과 무대기술 면에서 정교해지고 무대가 시각적 요소로 채워질수록, 관객의 자리와 책임도 고정된다. 극장과 바깥세상 사이에는 굵은 금이 쳐진다. 무대와 객석 사이에도 보이지 않는 벽이 세워진다. 하다못해 앉는 자리도 구분되면서 그 값도 정해진다.

오늘날 많은 공연예술가들은 공연이 고정된 극장을 벗어날 수 있는지, 일상 공간에서 해방될 수 있는지 묻고 시도한다. 거리, 마당, 지하철 역사 등 도시민이 오가는 공간이 공연 무대로 다시 태어나고 있다. 극장을 탈출한 공연은 배우와 관객의 자리도 뒤흔든다. 배우가 있는 곳을 찾아가는 사람이 관객이었다면, 이제 관객을 찾아가는 사람이 배우이다. 사람들이 모이는 트인 곳에 가설무대가 세워진다. 배우들이 눈에 띄는 복장을 하고 목청을 높인다. 빛이 쏟아지고 음악이 대기를 가로지른다. 지나가던 사람들이 발을 멈춘다. 여럿이서 찾아온 관객은 벌써 새로운 발견의 기쁨으로 고양되어 있다. 여기서 공연은 자연이나 환경과 분리된 문명이 아니라, 그것들과 함께인 문화가 된다. 열린 객석은 관극 체험을 공동체적인 것으로 팽창시킨다. 이것을 개방과 평등의 원리를 추구하려는 예술의 민주주의라고 해도 좋을 것이다.

오늘날 공연은 크게 보아 둘로 나눌 수 있다. 하나는 극장에서 하는 공연이고, 다른 하나는 극장이 아닌 거리에서 하는 공연이다. 거리에서 진행되는 공연들은 대개가 관객의 시각에 호소한다. 관객의 귀에 호소하여 정교한 언어 전달을 하는 게 아니라, 사물과 인물의 크기를 확대해서 일상적인 삶과 구별한다. 무대에서 배우가 발화하여 서로 의사를 전달하고 그것을 관객이 듣는 것은, 극장을 중심으로 한 지극히 서양적인 연극예술의 전통이다. 여기서 말(言)은 이성이고, 이성중심주의의 산물이다. 반면에 시각적 볼거리는 보는 이의 감각에 호소한다. 이것은 사유를 불러일으키기 전에, 보는 이들과 배우들이 같은 장소에서 사건을 함께 겪는다는 동질감을 체험하게 한다. 안의 극장으로 들어갈수록 공연은 내밀해지고, 공연이 삶을 지배한다면, 바깥의 극장으로 나올수록 공연은 외연의 폭을 지니면서 삶과 일치하려는 경향이 커진다.

들에서 하는 공연

공연은 극장이라는 공간에서도 할 수 있고, 극장이 아닌 아무 데서나 할 수도 있다. 공연의 역사를 보면, 연극을 비롯한 춤은 동서양을 막론하고 사람이 모일 수 있는 곳에서 행해졌다고 기록되어 있다. 그것이 점차 자연의 기후조건에 구애받지 않는 곳으로, 공연을 만드는 데 쓰이는 정교한 무대나 장치를 발전시킬 수 있는 곳으로, 공연을 하는 이들이 돌아다니면서 하는 대신 한곳에 정착하여 보는 이들이 찾아오도록 하는 곳으로 변모되었다. 오늘날 공연이라고 하면 사람들은 대부분 극장에서 하는 것을 떠올린다. 요사이 많은 공연들이 극장에서뿐만 아니라 들판 혹은 길거리에서 이루어진다.

극장에서 하는 공연과 길, 거리, 들판, 잔디, 마당에서 하는 공연의 차이는 무엇인가. 왜 오늘날의 공연들은 다시금 시원의 터로 되돌아가려고 하는 것일까. 단순히 전기조명을 달빛으로 대체하기 위한 것인가? 편안하게 자리에 앉아서 관극하는 관객들을 왜 움직이게 하고, 스스로 자리를 찾아가게 하는가. 관객들이 보는 것, 보는 행위를 새롭게 달리하고자 하는 것인가? 극장이라는 폐쇄된 공간을 빠져나온 공연들은 하나같이 모든 것을 보는 이들에게 숨김없이 노출한다. 관객들 보는 앞에서 분장을 하고, 옷을 입고, 장신구를 몸에 걸친다. 관객들이 서 있는 자리와 배우들이 준비하는 터에 경계란 없다. 그야말로 기웃기웃하면서 서로가 서로를 본다. 배우와 관객이 서로 본다는 것, 관객과 배우 사이에 구분이 없다는 것은 그들이 시간을 공유한다는 뜻이다. 마치 공연과 삶 사이에 아무런 차이가 없는 것처럼, 배우와 관객 사이에 아무런 구별이 없는 것처럼. 이를 좀 더 풀어 쓰면, 길, 거리, 들판, 잔디, 마당에서 하는 공연은 시간을 그대로 펼쳐 보인다. 여기서 시간의 흐름은 관객과 배우를, 연극과 삶을 구분하지 않고 똑같이 흐른다. 관객에게 지각되는 시간의 흐름은 공연 속, 이야기와 배우들의 연기 속에서도 그대로 진행되고 기억된다.

극장에서 하는 공연은 시간을 보이지 않는 곳에서 내면화한다. 등장인물과 관객이 경험하는 시간은 강요된 것이고, 미리 정해진 것일 수밖에 없다. 그런 면에서 극장의 공연은 시간의 지배를 받는다. 짧게는 한 시간에서 길게는 두세 시간 동안. 고대 희랍연극이 지켜야 했던 원칙 가운데 하나는 극이 스물네 시간 동안 이루어지고 끝나야 한다는 시간의 일치였다. 반면에 열린 공간에서의 공연과 관객의 경험은 시간을 그대로 받아들이고, 체험한다. 시간의 체험이란 마치 낫으로 자른 벼들이 논두렁에 가지런하게 누워 햇볕에 몸을 말리는 것처럼 시간과 싸우는 일이다. 그 시간은 곧 씨가 뿌려져 싹을 틔우고, 열매를 맺을 때까지의 기간을 자기 안에서 견뎌내는 힘을 뜻하고, 과거와 현재를 개척해서 얻어지는 미래에 대한, 미래와 같은 경험이다.

젊음, 꽃과 같은 연극

"젊음은 곁에 뉘 없어도 자기에게 반항해". 레어티스는 〈햄릿〉 1막 3장에서 이렇게 말했다. 곁에 뉘 없다는 것을 알면서, 자기 자신에게 반항하면서 젊음은 시작되기 마련이다. 젊음의 언어가 고귀했던 것은 그것이 아름답기보다는 상처의 언어였기 때문이리라. 6월과 7월, 전국의 대학에서 연극을 공부하는 학생들이 서울에 모여 제10회 '젊은 연극제'를 열었다. 연극은 수공업 가운데 가장 원시적인 상태에 머물러 있는 장르가 아닌가. 그런 연극을 하려고 하는 젊은이들이 기존의 것에 기대지 않고, 당당하게 하고 있다면 이는 시대를 역행하는 것으로 보아야 할 것이다. 아무튼 연극을 한다는 것은, 그런 젊은이들이 계속 이어오고 있다는 것은 놀라운 일이 아닐 수 없다. 그것은 독립, 그러니까 독립군 정신과 같다. 이 시대에 감히 이런 일을 하다니! 독립연극을 하려는 젊은이들은 도대체 누구인가? 왜 연극을 하려고 하는 것일까? 아직도 할 만한 가치가 있는 것일까? 하고 있다면 어디서 어떤 모습을 취하고 있는가? 그리고 그들의 연극을 어떻게 보아야 할 것인가?

그들의 연극을 보면서 나는 5월에 피어난 풀잎, 나뭇잎처럼. 여러해살이

풀처럼 봄이 되면 파릇한 생명의 잎으로 태어나고 싶다는 생각을 했다. 학생들의 연극을 보면서 나는 내 젊은 날을 떠올렸다. 연극 공부를 하고, 연극에 관해서 글을 쓰는 것이 직업이 된 이래, 내 글은 젊은 날 간직했던 연극에 관한 요구와 상처와 희망의 언어일 뿐이라고 여길 때가 있다. 낯부끄러운 일이지만, 돌이켜보면 내 젊은 날과 지금은 별 차이가 없다. 공부의 깊이와 넓이도 그러하다. 가까이서 혹은 멀리서, 젊다는 것을 내세워 연극으로 무엇인가를 말하려고 하는 이들은 누구인가? 암만 생산해도 이익이 되지 않을 연극 행위를 하는 젊은이들은 누구인가? 태어나자마자 늙어버리는 이들이 양산되는 시대에 늙지 않겠다고 버텨내는 이들이 아닌가. 도시 한복판에서 연극하는 젊은이들을 만날 수 있다는 것은 놀라운 일이 아닐 수 없다. 세상은 언제나 큰길에서 한 발 비껴나 있는 뒷골목을 오고 가는 이들이 있는 법. 화전민처럼 자연 속에서 스스로를 한 그루 나무로 여기며 온전한 삶을 꿈꾸고, 무정부주의자처럼 권력과 싸우며 아나(ana)의 삶을 추구하는 이들이 아닌가. 이처럼, 젊음의 연극은 나 있는 길을 따라가는 것이 아니라 길이 되어 떠도는 일에 비유할 수 있다. 젊음의 연극은 중앙에서 보면 소외이지만 스스로 중심이 되고자 하는 적극적인 노력일 터이다.

젊은이들이 내세우는 정신의 하나인 실험은 그러므로 바깥이되 안이다. 위와 아래를 구분하는 경계가 분명한 것은 아니지만, 실험은 아래이면서 위이고, 바깥이면서 안인 경계라고 할 수 있다. 살며시 큰 세상과 등 돌리고, 좁고 어두운 극장으로 숨어 들어가 길을 찾는 일이다. 위 단락에서 열거한 꽃들은 산속, 숲속에 늘 이맘때쯤이면 어김없이 피어나지만, 보고 만지고 이름을 부를 수 있는 이들은 많지 않은 법이다. 불우한 시대일수록 땅 위로 솟아오르려는 이들이 많다. 그들은 대개가 얼굴이 비슷비슷하고, 생각의 얼개가 같다. 반면에 땅 밑으로 내려가려는 이들도 있다. 고시나 행시에 필요한 과목을 수강하려는 이들이 폭발적으로 늘어나 대학본부의 슈퍼컴퓨터가 열 받아 다운되는 풍경을 아랑곳하지 않고 취업에 도움이 되지 않는 책을 찾아 읽으며 잠 못 이루고 고민하는 이들이 있다. 인연이니 학연이니 하면서 앞서간 사람들과 연을 맺기에 혈안이 되어 있는 이들과 달리 배낭을 메고 두메산골 길 위에서 바람에 흔들리는 억새풀처럼 외로움과 벗하는 이들이 있다. "속삭이듯 서걱이는 나무의 그늘에서"(박남수의 「새」) 새처럼 연극과 남은 삶을 노래하는 이들이 있다. 아스라이 내 몸을 덮쳐오던 봄날, 봄꽃이 주는 현기증과 같았던 연극을 기억하는 젊은이들은 얼마나 될까?

젊은, 땅속의 그리움

실험, 그것은 오만함이 아니라 겸손함이며 그리움에 지치는 것. 그러므로 '젊은 연극제'에 모인 젊은이들은 한국 연극이라는 땅 아래에서, 위에서, 바깥에서, 안에서 의지하지 않은 채 존재하겠다는 이들의 축제일 터이다. 기존의 길을 버린 언더의 문화는 안에서 안으로(그리움으로), 안에서 밖으로(희망으로), 밖에서 안으로(미래를 회상하며) 흐르는 파장과 같다. 때로는 저 밑바닥에 자리 잡고 미래를 예감하지 않고 회상하기도 한다. 그것은 정상적이지 않는 세계 안에 비정상적으로 살아남겠다는 뜻일 것이다. 예로부터, 땅 아래는 체제의 반항이거나, 체제로부터 벗어난 공간을 뜻한다. 그곳에도 사람들이 모여 산다. 프랑스 영화 〈바이올린 연주자〉처럼, 땅 위의 화려한 무대를 저버리고 땅 아래 어둠 속에 사는 이들의 삶의 마지막 순간을 위하여 열정적으로 바이올린을 켜는 이가 있다. 땅 위의 검열이 커지면 사람들은 땅속에 지하왕국을 세운다. '지하에 숨는다'라는 말처럼. 여기 모인 이들의 연극은 아래인 언더(under)이면서 위인 쉬르(sur)에 자리 잡고 언더를 말하고, 쉬르와 마주한다. 그것도 독립적으로.

누가 '우리 기쁜 젊은 날'이라고 노래했는가. 세상은 늘 비슷비슷하고, 젊음은 여름날 장맛비처럼 단번에 오고 가고, 몸은 꼬부랑길처럼 휘어가면서 늙어갈 터인데. 아직도 연극을 대단한 것으로 여기면서 이를 실천하려고 하는 젊은이들이 있는 것을 보면 난 할 말을 잊는다. 한동안 그들(과 같은)을 만나 말로써 연극을 축제처럼 할 때가 있었다. 연극의 요구에 나는 말로 다 답할 수 있었다고 믿었을 때였다. 요사이 난 그들을 만나면 말하지 않고 그것만큼 물을 마신다. 그럼에도 우리들은 이들의 만남과 행위를 매우 놀라운 느낌으로 받아들여야 할 것이다.

연극을 포함한 많은 예술 장르가 몰락하는 시대에 언더에 있는 젊은 예술인의 등장은 그것만으로 우리의 삶을 위로하고 관객들로 하여금 새로운 정신을 기대하게 한다. 그것은 젊은이들이 확 트인 공간에서 자신들을 새롭게 발견하고 예술을 달리 실천하려고 하기 때문이다. 그러나 모든 것은 쉽지 않다. 우리의 천박한 삶의 풍토에서 젊은이들이 연극을 제작해서 관객들에게 선보이는 일은 매우 어렵게 되어 있기 때문이다. 물론 새롭게 연극을 시작하려는 이들은 어느 시대에나 항상 있어왔다. 아직도 연극에 대하여 순정을 품고 많은 젊은이들이 무대로 향한다. 연극이 번창했던 시대와 연극이 몰락을 거듭하는 시대를 막론하고 연극을 하려는 이들은 늘 있다. 연극이 번창하면 극장은 길 중심에 있고, 연극이 몰락하면 극장은 구멍가게처럼 골목이나 지하에 자리 잡는다. 오늘날 한국 연극의 근간을 이루는 대학로의 극장이 건물의 지하에 많이 있다는 것은 한국 연극의 일반적인 현상일뿐만 아니라 연극의 성격을 이해하는 중요한 단서가 된다. 지하에 있는 극장에 연극을 남겨놓고 연극인들은 길가로 나와 오가는 이들을 호객

한다. 한국 연극의 역사 가운데 이런 품위 없는 짓거리를 버젓이 드러내놓고 하는 현상은 거의 찾아보기 힘든 예에 속한다. 그러나 어찌하랴! 누가 이런 현상을 막을 수 있으랴! 연극의 오류는 연극인들이 저지른다. 연극이 상업주의에 물들었다면 연극인들은 화려함에 더 물들어 들떴다.

다시, '젊은 연극제'를 생각한다. 이 자리는 변두리이면서 동시에 경계가 없는 자리일 것이다. 아무렇지도 않은 곳, 무엇이라고 이름 붙여지지 않아 미결정된 채로 남아 있는 곳, 굳이 말하자면 삶의 한 컷, 한 자리. 그러므로 이들을, 이들의 공연을 눈여겨볼 이들은 저곳에 있지 않고 이곳에도 있지 않다. 이곳에는 이들만이 있는 것처럼 보인다. 이들만이 있는 곳에서 이들만의 짓이라면 그것은 고독한 몸부림과 같다. 카프카의 〈단식 광대〉에서 광폭한 시대의 변모와 상관없이, 관객의 호기심과 동떨어진 굶은 연기를 해 보이는 광대의 짓, 그의 숨 넘어감과 같으리라. 왜 이 짓을 하는가? 이 시대 연극은 정말이지 할 가치가 있는 것인가? 어느 시대에나 중앙에 있지 못하고, 아니 중심을 인정하지 않고 자기 자신 속에다 중심을 세우면서 힘들게 살아가는 이들이 있기 마련이다. 기차역 앞 광장에 항상 오도 가도 못 하고 맴도는 이들이 있는 것처럼. 힘든 세월을 네 탓으로 돌리지 않고, 자신의 외피로 삼으면서 살아가는 이들은 젊지만 안으로 반성할 줄 안다. 나는 그것을 굳게 믿는다.

연극과 철학 : 몸의 풍경

연극과 철학의 문제는 몸으로 귀결된다. 연극과 몸의 풍경? 그것은 매우 친숙하면서 동시에 낯설다. 연극은 태생부터 몸으로 시작했고 앞으로도 몸과 더불어 이어질 것이기 때문이다. 연극이 먼저 몸을 말하기 시작했고, 현대 철학이 이를 뒷받침했다. 연극과 연극배우에 관한 철학적 연극담론은 사실 새로운 것이 아니다. 그럼에도 불구하고 이를 다시 문제 삼는 것은 연극과 연극배우들이 턱없이 가벼워진 시대─이렇게 말하는 것이 서글프지만─에 놓여 있기 때문이며, 몸이 몸 같지 않고, 연극이 연극답지 않기 때문일 터이다. 그러므로 연극과 철학은 무엇보다도 몸에 관한 담론이다.(몸에 관한 담론은 연극과 춤의 경계를 무화시킨다. 이 부분은 연극과 춤의 미분이 아니라 통합을 가능하게 한다. 이것은 연극과 춤의 숨길 수 없는 미래의 모습일 터이다.) 연극과 철학을 말하기 위해서, 몸을 말하기 위해서는 연극동네의 풍경을 먼저 말해야 할 것이다. 연극과 연극동네를 말하지 않고 연극의 몸, 몸의 연극에 대한 질문도 근원적이되 낯설다. 시대와 풍경을 뒤로하고 연극의 몸, 배우의 몸 속으로 들어가야 하기 때문일 것이다.

왜 철학은 연극을 맞이하여 몸을 말하는 것일까? 그것은 배우의 몸을 비롯하여 이 시대 헐벗은 우리들의 몸을 따뜻하게 쓰다듬고 위로하는 일이며, 부재한 몸을 실재하는 몸으로 바꾸어놓는 일이다.

세계와 같은 몸이 보이도록, 몸과 같은 세계를 볼 수 있도록, 몸이 곧 세계이고, 세계가 곧 몸이라는 등식이 성립할 수 있도록.

이것이야말로 오늘날 연극이 잊고 있는 연극의 핵심이다. 몸이 남루해지면 연극이 비루해지고, 연극이 천박하면 몸은 너무나 가벼워진다. 이 시대 왜 연극이 필요하냐고 묻는다면 대답은 하나, 몸의 회복이다.

연극의 몸이란 연극을 이루는 핵심을 뜻하고, 몸의 연극이란 연극을 실천하는 배우의 몸에 비중을 두는 연극을 뜻한다. 연극과 철학은 이렇게 묻는다. 몸은 어디에 있는가? 적게는 무엇으로 오늘날 한국 연극에서 몸을 말할 수 있는가? 몸이 아니라면 연극은 무엇으로 스스로를 지탱하고 있는가? 등받이처럼 연극을 받쳐주는 것, 골조처럼 보이지 않는 힘으로 작용하면서 연극을 연극답게 유지하는 것은 무엇인가? 대상의 중심을 이루는 것을 뿌리와 같이 근간이라고 하고, 허리에 해당하는 중추라고도 하고, 전체를 이루는 몸이라고도 한다. 그렇다면 한국 연극을 이루는 근간, 중추, 몸은 무엇인가?

연극에서 몸의 회복이란 서양 연극식으로 말하면 디오니소스(Dionysos)의 재발견, 그와의 만남이라고 할 수 있을 것이다. 연극의 신, 디오니소스는 애초부터 몸에 상처를 내기 위하여 술을 마시는 반신반인의 존재였다. 그는 자신을 신으로 알아주지 않는 것에 고통과 불만을 느끼고 자기 주위에 몰려든 제자들에게 술의 미학을 가르쳐주며 방랑했던 술꾼 호모 비불루스(Homo bibulus)였다. 때로는 광폭하고 무절제하게, 피에 굶주린 자가 되기도 하였다. 어떤 축제 때, 그와 그의 제자들이 술에 만취해 광란의 주연을 벌이

자 왕이 그들을 내쫓아버렸다. 그는 나중에 그 나라의 모든 여인들을 인사 불성의 상태로까지 술에 취하게 만들어 광란의 소용돌이 속에서 왕에게 덤벼들게 하고, 그 왕을 갈기갈기 찢어 죽이게 함으로써 자기를 괄시했던 왕을 파멸시키기도 했다. 디오니소스는 이렇게 삶의 일상적 구속과 한계를 파괴시켜버리는 상태의 황홀감을 인간에게 주었다. 인간은 이때 자신의 모든 상징 능력을 최고로 발휘하도록 자극받는데, 그것이 상징으로서의 몸짓이다.[1]

몸이 상징을 잃어버리면 타락하고 추락한다. 몸의 상징이 과거에 묶이면 제의가 되고, 미래에 연결되면 환상이 된다. 하비 콕스에 의하면 제의와 환상이 합치면 축제가 된다. 축제는 몸에 관한, 몸에 의해서만 이루어지는 행위의 결과이며 절정에 오른 행동 양식이다. 상징으로서의 몸짓은 다른 말로 하면 '지나친 몸짓'이다. 축제는 그러한 내용적인 측면을 유도해내기 위해 그것을 표현할 실제적 도구인 몸에 부딪히게 된다. 서양 연극의 기원인 디오니소스 찬가는 인간이 자기의 몸이 모든 상징 능력의 소산자로서, 능산자로서의 능력을 발휘하도록 노래한 자극이었다. 상징은 신체 부분부분이 각기 개별성을 지니고 행동하지만 광란, 광기의 세계를 지향한다. 이때 솟구쳐 오르는 행위가 춤이고(그러므로 모든 행위를 춤이라고 하면 춤은 독립된 실제로서 존재할 수 없다. 춤의 정의는 지적인 질서가 아니라 몸의 질서에 의해서만 가능하다.), 몸을 자극하는 가장 쉬운 것은 음악일 것이다. 음악은 몸을 자극하고, 몸은 음악에 복종한다. 음악은 몸을 움직이게 하는 매개물로서 가장 친근하기 때문이다. 춤에 관한 연구 역시 몸의 철학적 담론으로 귀결되는 이유는 여기에 있다.

---

1   안치운,『한국연극의 지형학』, 문학과지성사, 1988, 88~89쪽.

연극의 몸, 몸의 연극에 대하여 묻는 것은-그것도 춤과 연극의 만남을 통해서-춤과 연극에 내재된 결정론적 사유를 반성하기 위한 것이다. 춤과 연극은 공통적으로 몸만이 가능하게 하는 유일한 예술이다. 춤과 연극에 있어서 고유하고 독창적인 표현 기제는 몸이다. 춤과 연극은 배우의 몸으로 반응해서, 몸으로 기억(저장)하고, 몸을 통하여 바깥으로 드러내 전달한다. 그런 면에서 배우의 몸은 안과 바깥이 중첩되어 있는 셈이다. 몸은 주어이며 술어인 것처럼 안이 되며 동시에 바깥도 된다. 사물과 세계를 보고, 관객과 주체적으로 마주하고 보는 것도 몸이며, 반대로 그것들에 대상적인 것으로 보이는 것도 역시 몸이다. 춤과 연극은 광활하고 텅 빈 무대 위에서 보고, 보여지는 몸의 움직임을 통하여, 그러니까 이중적인 몸의 움직임이 자음과 모음처럼 교직되어 의미를 생산하고 수용한다. 혹은 그 반대의 순서로 반복될 수도 있을 것이다. 비유하자면, 글이 쓰이는 것처럼 춤과 연극은 몸이라는 언어로 쓰는 글, 몸으로의 글쓰기라고 해도 좋을 것이다.

몸으로 춤추는 춤, 몸으로 글 쓰는 연극이란 곧 몸으로 사물과 세상을 기록하고 저장하고 표현한다는 것을 의미한다. 색과 음과 문자가 아니라 몸이라는 원초적인 것으로, 안으로 저장하고 밖으로 드러낸다. 배우들은 몸으로 사유하고, 그들의 몸은 사유가 머무는 거주지 그 자체가 된다. 행위(performance)란 몸의 체험, 몸의 사유, 몸의 표현을 궁극적으로 종결(parfournir)하는 그 무엇이다.(performance는 완성하다, 종결하다라는 parfournir에서 파생된 말이다.) 그러므로 몸의 체험과 사유는 그것이 어떤 식으로라도 표현되어야만 하고, 공연은 그것을 최종적으로 종결하는 그 무엇이다. 춤과 연극은 몸으로 하는 사유이다. 사유의 거주지가 넓을수록, 사유의 공간이 깊을수록 배우의 몸은 관객들의 몸을 풍요롭게 한다. 밖으로 사유를 드러내기 위해서 몸으로의 표현은 몸을 달리하고, 파괴하고, 재구성한다. 그러므로 몸으로의 표현(ex/press/ion, Aus/druck)이란 몸을 왜곡, 희생, 과장하는 일이다. 그냥 몸이 아니라, 몸을 움직이고 쥐어짜서(press, ausdrucken) 밖으로(ex, aus) 드러내 보이는 일이다. 이를 위하여 배우들은 몸의 긴장과 이완, 율동성과 유동성 그리고 지구력과 같은 연습을 한다.

몸으로 쓰는 글과 같은 춤과 연극은 고정된 문자로 쓰는 글인 문학, 조각 등과 구별된다. 이른바 알로그라피(allographie)와 오토그라피(autographie)의 구분이다. 문자로서 글쓰기나, 몸으로 글쓰기나 그 대상은 사물과 세계라는 면에서 같다. 몸과 글로 쓴다는 행위는 사물과 세계를 다시 기록하고 재현한다는 것을 뜻한다. 있는 그대로가 아니라 달리한다는 것이다. 실제보다 더 많이 부풀려서, 실제와 달리 왜곡해서 사물과 세계를 해석한다. 다른 점은 사유를 옮겨놓는 글쓰기는 복제와 위조가 가능한, 완성된 오토그라피이고(그러므로 자서전auto/bio/graphie은 진실이 아닌 진실의 위조, 즉 그것을 가능하게 하는 유일하고 합법적인 거짓 글쓰기의 전형이다. 극단적으로 말하면, 독자로서는 그가 이렇게 살았다가 아니라 이렇게 살고 싶었다라고 이해해야 할 책일 것이다.) 몸으로의 글쓰기는 몸 이외의 것으로 저장과 복사가 불가능한 알로그라피이고, 몸과 공연처럼 일회적이며 순간의 제국에 입성하는 완성이 불가능하고, 불안하고 나약하기 이를 데 없는, 사라짐으로써 완성되는 허무의 빛이자 긍정이다. 오토그라피의 예술과 알로그라피의 예술을 분류하는 기준은 자필(自筆)과 대필(代筆)의 차이라기보다는 몸의 부재와 존재이다.

오늘날 연극의 위기는 일차적으로 몸의 존재가 몸의 부재로 이행하는 데에서 오고, 이차적으로 복제 가능한 시뮬레이션화된 가상의 몸이 몸의 존재를 대신할 때 더욱 증폭된다. 저질의 연극이란, 가상의 몸이 실재의 몸을 구축하면서 관객들의 몸까지를 마비시키는 연극이다. 관객들 입장에서는 실재의 몸을 잠시 잊을 수 있는 배타적 경험과 실재의 몸을 마비시키는 의

타적 경험을 동시에 한다. 전자의 경험은 수동적이다. 반면에 후자의 경험은 능동적이기 때문에 관객들로서는 이를 쉽게 인정하고 싶지 않게 된다. 상품으로 치환된 저질의 연극은 이러한 관객들의 약점을 비집고 들어가 관객들의 몸을 아예 잊어버리게 만든다. 다시 몸이다. 그렇지 않은가?

연극과 축제

1. 여름과 맨몸

무더운 여름은 옷을 벗는 때이다. 옷을 벗는 일은 몸을 비워놓기 위한 첫 번째 단계이다. 옷을 벗고 나면 숨이 크게 된다. 사실 옷을 벗고 할 수 있는 일은 많지 않다. 한여름에는 물속에 들어가거나, 바닷가, 숲속에 모여 놀고 자는 일이 최적이다. 휴가라는 단어가 언제부터 쓰인지는 모르겠지만, 휴가는 겨울보다 여름에 더 어울린다. 나는 휴가(休暇)라는 단어에서 발음하면 입안 바람이 쏙 빠지는 '휴' 자에 주목한다. 이 글자는 입속을 텅 비워놓는다. 그것도 짧은 것이 아니라 길다. 이어 '가'는 살짝 덧붙여진다. 이 글자는 입속에 남아 있던 마지막 숨도 다 쏟아내게 한다. 그래서 휴가(vacance)는 라틴어 어원대로 텅 비어 있는(vacare) 몸의 상태를 뜻한다.

연극이 축제와 만나는 지점은 보태는 것이 아니라 빼기이다. 삶의 유용성을 알려주는 것이 아니라 오히려 무용성을 말하는 것이 연극이 여름과 축제에 할 일이다. 연극도 여름이 되면 연극의 옷을 벗기 마련이다. 연극의 옷이란 의상을 뜻하는 것이 아니라 연극이 그럴듯하게 보이기 위한 숱한 위장과 같은 것이다. 극장, 무대, 분장, 장치 등이 이에 속한다. 여름에 하는 연극이란 이런 모든 위장술을 가급적 줄이고, 그냥 맨몸으로 보여주고, 맨몸으로 맨몸의 관객과 만난다. 한여름, 야외에서 하는 연극은 위장이 줄어든 맨 연극이다. 바람 소리, 매미 소리, 물 흐르는 소리, 갑자기 비 내리는 소리야말로 한여름 연극의 뜻하지 않았던 자연이 보내주는 울림이다. 밀양 연극제와 거창 연극제가 그러했다. 밀양과 거창은 우선 지리적으로 산속에 있다. 도시를 중심으로 삼자면 이곳은 가장자리인 셈이다. 밀양 연극제가 벌어지는 곳이 강과 맞붙어 있어, 강바람이 관객들 머리 위로 불었고, 거창 연극제 곁으로는 남덕유산에서 발원된 계곡물이 관객들 발 아래로 쉼 없이 흘러'가는' 시간이 되고 있었다.

관객들은 어찌 알고, 이곳까지 찾아온다. 버스도 흔하지 않은 오지 산골에 사람들이 꾸역꾸역 모여든다. 아이스크림조차 파는 가게가 없는 강가와 산속에 연극을 매개로 사람들이 만난다. 반바지에 슬리퍼를 신고 극장에 들어가면 그만이다. 관객들은 대부분 맨손, 맨발이다. 연극을 보다가 비가 오면 우비를 몸에 걸치고 그냥 앉아 있으면 된다. 배우들도 비를 맞고, 관객들도 비를 피하지 않는다. 비도 제 스스로 긋지 않는다. 밀양 연극제에서는 한일 우정의 해를 기념하기 위하여 한국을 순회공연 하는 일본의 저명한 극단 신주쿠 양산박의 〈바람의 아들〉을, 거창 연극제에서는 부산 시립극단의 〈선착장에서〉를 보았다. 관객들은 참 많았다. 앉을 자리가 없어 되돌아가는 이들조차 있었다. 물론 모든 관객들이 다 표를 구입한 것은 아닐 성싶다. 이런저런 이유와 기회로 극장에 처음 온 관객들도 많아 보였다. 그러나 그런 것을 구분하는 것은 쓸데없는 일로 여겨졌다. 중요한 것은 자연이다. 연극이 여름과 축제와 만나 보여주는 귀중한 가치는 '자연'과의 만남이다.

2. 자연과 비언어

도시 중심적인 오늘날 한국 연극은 형편없다. 연극이 날로 지역의 범위를 넘어 번창하고 있지만 팽창만 할 뿐 진정한 연극의 현실을 펼쳐 보여주지는 못하고 있다. 연극의 타락이란 연극이 문화적, 미학적 그리고 인간적인 존엄성을 지니지 못하고 있기 때문에 야기된 결과일 터이다. 연극을 언어연극과 비언어연극으로 나누고 상위와 하위의 연극으로 설정하는 것, 연극을 서양 연극과 동양 연극으로 잘라 말하는 것은 더 이상 가치가 없어 보인다. 앞서 언급한 것처럼, "동양 연극과 서양 연극은 더 이상 따로 분리될 수 없다." 그것은 서양 연극의 동양화도 아니고, 동양 연극의 서양화도 아니다. 연극의 비언어화는 이러한 경계를 넘어 새로운 연극의 가치를 찾는다. 그것은 연극의 근원적인 전통이다.

밀양·거창 연극제가 풀어야 문제는 아직 많다. 그 가운데 중요한 문제는 일상생활에서 몸의 활용과 같은 비언어적 고찰을 통하여 탈일상이라고 말하는 연극 속에서 몸에 대한 기술을 배우는 일이다. 연극과 마임 그리고 춤 사이에는 아무런 구분이 없다. 연극의 비언어화는 배우의 움직이지 않는 부동성도 하나의 행위로 본다. 그리고 그 산실인 몸을 인위적, 예술적인 것으로 신뢰하는 것, 그것이야말로 연극의 비언어화가 지니는 본질이다. 그런 면에서 연극의 비언어적 특성이란 곧 연극이 지닌 몸과 같은 고고학적 잔재에서 가치를 찾는 일이다. 고고학적 가치란 실재적 유용성이 사라진 후부터 평가되는 가치를 말한다. 연극의 비언어적 가치란 물질적 조건인 몸의 유용성의 상실 그 자체가 아니라 몸의 역학을 확장시키고, 몸에 새로운 가치를 부여하는 일이다. 이것이 자연의 연극, 두 연극제가 지닌 숙제가 될 것이다.

연극이란 도구

1. 삶과 같은 연극

연극은 하나의 예술이기에 앞서 삶의 도구와 같다. 삶을 살고, 삶을 짓는 도구로써 연극의 역사는 아주 오래되었다. 연극은 관객들 앞에서 이루어지는 공연이다. 이제는 그렇게 굳어졌다. 공연은 시작되자마자 흔들리고 무너져버린다. 이것이 연극예술의 특징이다. 사라진다는 것, 일회적이라는 것, 나약하다는 것, 저장되지 않는다는 것, 복사되지 않는다는 것, 사람의 몸으로 한다는 것, 하는 사람과 보는 사람이 같은 장소에 있다는 것, 글을 몰라도 볼 수 있다는 것은 곧 삶과 연극을 같은 값으로 여기게 한다. 공연은 불안하게 긴장하고 있는 존재와 같아 그것을 이해하기 위해서 관객들은 긴장 상태를 유지하고 긴 호흡을 필요로 한다. 긴 호흡이란 산에 오를 때 자신의 몸이 내는 소리이다. 관객이 연극을 보고 이해한다는 것은 연극 공연을 통하여 자신의 몸이 내는 소리를 듣는 것, 곧 자신의 내면의 풍경을 읽는 것이다.

2. 극장이라는 공간

극장은 어두운 곳이며 극장 바깥의 밝음과 대비되는 곳이다. 어떤 사회에나 극장은 존재한다. 실외에 있는 극장으로, 실내에 있는 극장으로, 혹은 원형으로, 사각형으로. 극장은 항상 변모해왔다. 이런 변모는 그 나라, 사회, 역사와 밀접한 관계를 지니고 있다. 극장이 있는 곳에 연극을 하는 이들이 모인 극단이 있다. 역사적으로 보면 극장은 고정적인 데 반해 극단은 유동적이다. 한곳에 머무르지 않고 떠돈다. 우리의 남사당이 그렇고, 서양의 코메디아 델라르테와 같은 경우가 그렇다. 이를 유랑극단이라고 한다. 반면에 연극을 보는 관객들은 떠돌지 않고 한곳에 머무르는 이들이다. 이런 경우 누가 누구를 유혹하겠는가? 당연하게도 떠도는 자가 멈추어 있는 자를 유혹하기 마련이다. 옛날 유랑극단 시절의 이야기를 들으면, 연극 한 편 보고 보따리 싸 들고 집을 뛰쳐나와 극단에 들어간 이들이 많았다고 한다. 그들은 한결같이 연극에 매혹되었고, 연극하는 떠도는 삶에 유혹되었기 때문이다.

극장은 연극의 공장이다. 소극장들은 건물 지하에 있는 편이고, 국가가 지은 어마어마한 극장들은 대중이 이용하기 불편한 곳에 자리 잡고 있다. 국립극장, 예술의전당 등이 그런 예에 속할 것이다. 그리고 각 시도, 각 지역마다 건립된 문예회관, 구민회관 안에 있는 극장들은 건물의 외벽부터 일정하고 극장 공간 역시 거의 한 가지 형태만 유지하고 있어서 극장으로서의 다양성을 지니지 못한다고 볼 수 있다. 극장을 우리 삶의 곁으로, 가까운 곳으로, 한복판으로 옮겨놓는 일은 연극을 살리는, 극장을 부흥하는 가장 시급한 일이다.

왜 극장이 필요한가? 밝은 곳에서 우리들이 일한다면, 어두운 극장에서는 일하지 않고 놀고 꿈꾼다라고 말할 수 있다. 일하는 것이 효용을 얻기 위하여 조건에 억압당하는 것이라면, 놀고 꿈꾸는 공간은 효용이 아니라 무용(無用)이고, 억압이 아니라 즐거움을 낳는 곳이다. 극장에는 형태가 정해져 있지 않은 상상력이 존재하기 때문이다. 따라서 밝은 곳에서 소통하는 언어와 어두운 곳에서 소통하는 언어는 다르다. 달리 말해, 밝은 곳에서의 걸음걸이가 직립보행이라면, 어두운 곳에서의 그것은 몸을 뒤틀고, 뒹굴고, 기고, 뛰고, 날고 하는 짓이다. 당연히 극장에는 후자의 몸짓들이 더 많을 수밖에 없다. 춤도 그러하다.

농담을 하면, 극장에서 교육을 하면 교육받는 대다수는 졸기 마련이다. 꿈꾸는 장소에서의 교육은 듣는 이의 몸을 극도로 피로하게 만든다. 그렇기 때문에 고개를 떨군 채 잠을 청할 수밖에 없다. 극장에서 행해지는 예비군 혹은 민방위 교육이 그런 예에 속한다.

3. 배우와 연기

연기, 그것은 놀이이다. 중요한 것은 놀이와 연기는 배우의 몸으로 한다는 점이다. 연극은 몸으로 하는 예술이라고까지 말할 수 있다. 몸으로 하는 연기를, 놀이를, 배우를 강조하는 것은 우리의 몸을 회복하기 위함이다. 한 배우의 예를 들자. 그는 초등학교 시절에 남들로부터 따돌림을 당했다. 태어날 때부터 사팔뜨기였던 것이다. 교실에서 구구단을 외울 때마다, 학우들은 '사팔(4×8)'에 '32'라고 외치는 대신 그의 얼굴을 쳐다보았다. 이미 집에서 자신의 얼굴이 드러나는 거울을 무수히 깨뜨렸던 그는 교실을 박차고 나와 떠돌다가 영화관 안으로 들어갔다. 영화관 안은 어두워 남들이 자신을 볼 수 없는 공간이기 때문이었다. 그는 다른 사람들의 시선을 피하는 대신 화면의 배우들을 볼 수 있었다. 그는 유일하게 극장에서 편안함을 느꼈다. 어두운 극장 안에 슬그머니 숨어서, 자신의 아름다움이 아니라 상처를 드러내는 것, 그리고 보여지는 것에서 보는 것으로 시선의 방향을 바꾸는 것. 그것이 그를 배우로 만든 최초의 경험이었다. 그는 화면 속의 배우를 본 것이 아니라 화면 안으로 들어간, 변모한 자기 자신을 본 것이었다. 극장에서 그는 자기 자신이 변할 수 있다는 가능성을 발견했던 것이다.

연극은 인간이 놀이를 통해 즐거움을 느끼고, 자기와 타인, 그리고 주변 환경과 조정과 동화를 할 수 있도록 한다. 배우란 그 가운데 있는 인물이다. 연극의 특성은 참여하는 이들을 기쁨 속에 몰입할 수 있게 한다는 점이다. 여기에는 일상의 틀에서 벗어나 자유로워지기 위한 해방의 몸짓이 있기 때문이다. 전래 동화 중에서 "임금님 귀는 당나귀 귀" 같은 내용은 자유롭기 위한 놀이의 원칙을 설명하고 있는 이야기라고 볼 수 있다. 말하지 않으면 안 되는 것, 그러나 말해야 할 것을 금지당할 때 병이 생기고, 금지를 위반할 수 있을 때 삶은 다시 회복된다는 이야기이다. 이처럼 개인의 표현 능력이 절실하게 요구되는 사회에서 이야기, 놀이의 가치는 더욱 커지고 있다. 그 역할을 하는 이가 배우라고 할 수 있다.

배우란 주어진 역할을 수행하는 이라고 정의할 수 있다. 주어진 역할이란 일상에서의 그것과 다르다. 거칠게 말하면 일상에서의 역할을 위반한다. 이른바 주어진 역할을 반성하게 한다. 우리 사회는 인물과 가면을 다른 것을 오해하고 있다. 가면이란 단어에는 부정적인 인식이 깃들어 있어, 뭔가 거짓된 것을 가면으로 여기고 있다. 그러나 가면과 인물이란 단어는 같은 어원을 지닌다. 인물이란 일상생활에서 자기에게 주어진 가면을 잘 쓰고 그 가면에 맞게 행동해야 하는 이를 의미한다. 주어진 역할과 그 가면은 참여하는 이들에게 사고와 행동이 과연 옳은 것인가 끊임없이 반성할 것을 요구한다. 이 반성적 요구는 개인에게 창의성이라는 능력을 발휘하도록 한다.

극장 : 곳과 터, 개인의 부활에 대하여

꽃들 가운데, 그해밖에는 살지 못하는 한해살이 꽃이 있다. 벌레 가운데 몇 시간에서 며칠 동안 사는 하루살이가 있다. 한해살이 꽃과 하루살이 벌레에게 과거가 있을까? 인간의 얼굴에는 시간의 흔적이 담겨 있다. 그것은 나이를 먹은, 철이 든 때의 흔적이다. 사람의 얼굴이 시간을 담고 있는 얼굴인 것처럼, 극장은 인간의 과거를 담고 있는 삶의 얼굴이다. 그러므로 극장은 과거의 기억을 공연을 통하여 용출한다. 우리가 박물관이라고 번역하는 뮤지엄(museum)은 많은 오브제를 전시하는 박물(博物)에 앞서 과거의 시간을 담은 기억의 공간이다. 극장은 인간 사회에서만 존재하는 시간의 뮤지엄이다. 인간은 살아 있는 동안 시간의 흐름처럼 앞으로 나아가야 하지만 극장으로 뒤돌아가기도 한다. 극장은 과거로 향하는 삶의 빗장이다. 인간은 극장으로 돌아와서 자신의 유래를 찾는다. 극장의 역사가 곧 인간의 역사이다. 그곳에 유래가 있고, 파생과 잉여의 역사가 있다. 극장은 과거를 향해 열려 있는 공간이다. 극장마다 고유한 냄새가 있다고 말하는데, 그것은 과거의 냄새이며, 삶을 위한 통과의례이다.

세상 도처에는 오래된 극장들이 그대로 혹은 흔적으로 남아 있다. 무엇을 보여주고, 무엇을 보기 위하여 사람들은 극장을 세우고, 그곳에 모였을까? 극장에 관한 정의 가운데, 카뮈가 "이 세상에서 순진무구해지는 유일한 장소"(추락』)라고 말한 정의는 참 아름답다. 극장은 어둡지만 볼 것이 많다. 밝은 곳에서 어둡고 신비로운 곳으로 이동하는 성스러운 의식이 행해지는 곳이 극장이다. 그곳은 적나라하게 보여주는 곳이며, 숨어서 보는 곳이다. 극장의 역사와 공간의 의미는 인간의 욕망을 행사하는 매혹과 같다.

극장이란 삶과의 격리이며, 삶과의 연결이다. 그런 뜻에서 극장은 섬과 같은 세상 속의 세상이다. 그곳에서 삶은 무엇인가를 잉태한다. 분만과 같은 볼거리들이 드러난다. 인간에게 과거가 필요한 이유는 과거가 삶의 시간을 축적하고 동시에 확대하고 있기 때문이다. 그 속에는 삶을 위한 희생양이 있고, 영웅도 있다. 다가올, 그리고 다가오고 있는 시간과 삶을 위해서는 희생양과 영웅을 동시에 필요로 한다. 공연이란 희생양과 영웅에 대한 거짓말과 같은 서술이다. 그것이 이른바 드라마라고 하는 것이다. 그것은 나와는 직접 관계가 없을 수도 있지만, 내 삶을 유지하는 데 필수적이다. 이를 위해서 양들을 죽여 비극을 노래하고, 함께 살고 있는 동시대라는 것을 내세워 결속한 이들이 소란스럽게 거리를 행진하면서 희극을 노래하기도 한다. 여기서 삶과 죽음은 분리되지 않고 오로지 덧없을 뿐이다.

앞서 쓴 것처럼, 극장이란 공간은 과거를 저장한다. 그곳에 가면 과거가 된 세계가 현재진행형으로 다시 보여진다. 쓰인 문자가 보호되는 곳, 문자가 이미지나 청각적인 언어들로 대체되어 인지되는 곳, 인간의 꿈으로 형성된 문학이 인간의 다종다양한 언어로 해석되는 곳이다. 관중 입장에서는 숨겨진 것을 몰래 들여다보는 쾌락을 보호하는 곳이 극장이다. 더러 그곳에는 불안, 흥분, 탈선도 있다. 그곳에는 정해진 시간이 없다. 극장에서는 하나의 시간에 지배되지 않는다. 바람이 불 때마다 지형이 바뀌는 사막과 비슷하다. 그런 뜻에서 극장은 시간을 초월하는 공간이다. 작가와 그곳을 찾아오는 관중들은 행복의 샘과 같은 곳에서 자신들을 해방하며 함께 만난다. 그곳에는 끊임없이 해방시켜야 할 반사회적인 것들이 있다. 극장의 열정은 현재 일어나는 살아 있는 열정이되, 일어나서 곧 사라지는 죽음과도 같은 열정이다.

　사람들에게 가장 하고 싶은 일에 대한 목록을 쓰게 한다면, 여행이 빠지지 않을 것이다. 여행은 집을 나와 멀리 떠났다가 다시 되돌아오는 일. 그것은 동시에 공간을 내 안에 마련해서 자신을 확장하고 지속하는 일이다. 다른 곳으로 가기. 먼 곳을 보기. 보면서 자신을 초월하기. 끼리끼리 모이기. 그러고도 자신의 존재를 넘어서고 자유로운 그런 공간이란 무엇일까? 피난처와 같았던 소도(蘇塗)[2]라고 했던가. 모두와 함께하려는 공간이면서, 모두에게서 벗어나서 주변인이 되려는 공간이 태초부터 있었다. 그런 '곳(場)'은 삶의 동굴로부터 벗어나 빠져나오는 출발이었고, 다시 삶의 동굴로 돌아가는 귀결이기도 했다. 삶의 동굴이 움푹한 공간이라면, 그 바깥의 공간은 텅 비어 있어 중립적이다.

　일상적인 삶의 공간이든, 비일상적인 예술의 공간이든, 공간은 모두 사회로 편입되어 있다. 그 공간에는 집단에 소속되어 있는 이들과 일치된 모습을 보여주기도 하고, 그렇지 않기도 하다. 공간은 구성원들을 보호하는 체계화된 곳이다. 그곳에는 반드시 교환질서가 있다. 이 등식으로 말한다

2　삼한 때에, 천신에게 제사를 지내던 성지 여기에 신단을 설치하고, 그 앞에 방울과 북을 단 큰 나무를 세워 제사를 올렸는데, 죄인이 이곳으로 달아나더라도 잡아가지 못하였으며, 후대 민속의 '솟대'가 여기에서 기원한 것이라고 한다.

면 민주주의와 극장의 발전은 비례한다고 할 수 있다. 오늘날 의회 제도를 채택하고 있는 나라의 의석 배치는 그리스 극장의 형태에서 따온 것이다. 고대 그리스 민주주의와 연극의 영광은 우연한 만남이 아니었다.

극장은 누구나 자신 바깥의 세계와 통화할 수 있는 공간이다. 그리고 다종다양한 인간의 관심을 하나로 집중시킬 수 있는 평등의 장소이다. 확대해서 말하자면 극장은 그 민족의 사유와 꿈의 형식이고, 그것이 그 나라 공연의 형식이다. 극장의 형식처럼 삶은 이루어지고 꿈꾸어진다는 진술은 옳다. 따라서 극장은 시민인 관중과 연기자의 공간이 함께 공존하는 민주적인 터전이다. 과거의 시간을 저장하지 않으면 추억과 기억이 있을 수 없다. 우리나라 극장사에서 가장 아쉬운 점은 오래된 극장의 부재이다. 이것은 삶이 경험한 시간의 부재이며, 과거의 삶과 존재들이 오늘의 삶과 존재와 이어지지 못하고 있음을 뜻한다. 극장에서 이루어지는 춤과 연극, 이른바 공연의 역사는 시간의 역사를 말한다. 극장의 역사가 삶과 연극의 역사이다. 극장은 늘 삶과 연극을 꿈꾸고, 사유하는 곳이다.

그것을 구체화하고 지금 여기에 옮겨다 놓는 것이 공연이다. 시간을 기억하고 추억하면서 미래의 관객들에게 경험하게 하는 것이야말로 극장예술의 매력이다. 극장은 공연과 관객이 모이고, 사라지는 공연을 대신해서 시간을 봉인한다. 공연이 끝나면 부재하는 공연을 대신해서 극장 공간 안에 기억되고 저장되는 것은 시간이다. 관객들은 극장에서 과거의 시간과 만난다. 관객들은 오래된 극장에 들어오면 마치 사원에 들어온 것과 같은 전신 감각을 경험하게 된다. 인도의 산스크리트 연극에서는 극장을 '예술의 사원(temple de l'art)'이라고 하고, 서양에서는 극장을 천국이라고 말한다.

그런 뜻에서 극장과 공간이란 자신이 보면서 보여지고 있다는 것을 깨닫는 곳이다. 과밀한 공간 속에서 나 자신이 타인에게 보여지고 있다는 것은 이웃의 관심이 끊임없이 내 안으로 침입한다는 것을 뜻한다. 극장은 사람처럼 눈을 가지고 있는 집이다. 극장이 사회 속 하나의 눈처럼 보일 때가 있다. 공간은 사회적이되 동시에 비사회적이다. 사람들은 혼자라서 다른 이들을 만날 수 있는 공간을 필요로 한다는 말은 옳고 틀리다. 공간은 고립된 사람들을 모아놓는 곳일 수도 있지만, 고립을 원하는 이들이 모여 행복해지는 목적을 위해서 존재할 수도 있다. 공간은 허락된 장소이되 금지된 장소이기도 하다. 특히 비일상적인 예술의 공간은 자신들의 소속된 삶과 집단으로부터 벗어난, 그곳으로부터 이탈한 곳이다. 그런 공간은 어느 시대에도 있었다. 그러므로 극장은 개인이 다시 태어나는 곳이다. 그곳에서는 '우리'의 결속보다 '나'의 고독이 먼저이다. 개인은 집으로부터 떨어져 있으므로 사회적 공간인 '곳'에서 외톨이가 되어 고독해진다. 자신의 시간과 떨어져 있으므로 고독해져야 한다. 그리고 침묵해야 한다. 그렇게 해서 극장 가까이 가면, 삶 가까이 가면, 그것도 가장 가까이 가면 무엇이 있을까? 삶의 공간이든, 예술의 공간이든 가까이 가면, 가장 가까이 가면(proximité) 그곳에 길이 있다. 그러므로 '곳(장)'과 같은 극장은 삶 가까운 곳에 있어야 한다. 극장은 삶으로 가는 가장 가까운 길이다.

연극과 춤의 만남

오늘날 연극은 춤과 크게 다르지 않다. 현대 연극과 춤의 특징은 주어진 드라마적 텍스트의 재현을 넘어 표현 주체의 행위와 상태를 상징적으로 보여주는 즉각적인 언어에 있다. 그것은 이야기라는 우회로를 거치지 않은 즉각적인 현존의 언어다. 재현의 경계에 서 있는 연극과 춤이 만들어내는 이미지의 표면은 이야기와 같다.

예컨대 우리나라에 와서 몇 번 공연한 피나 바우쉬의 작품들은 춤이되 연극이다. 동시에 춤을 영화처럼 한다. 등장하는 인물들은 더 이상 어떤 특정인을 가리키는 것이 아니라 과거의 우리, 현재의 우리의 자화상인 보편적 인물로 존재한다. 배우와 등장인물 사이가 불분명하다. 이들이 전면화하는 이미지들은 관객들에게 직접적인 체험을 전해준다. 이들의 춤은 몸으로 써 낸 글과 그림과 같다.

연극의 비언어적 요소인 배우의 생명력의 흔적들에 대해서 유제니오 바르바는 "① 균형 속에서 작용하는 힘들의 활성화와 확장, ② 움직임들의 역학을 지배하는 대항들, ③ 일관성 있는 비일관성의 적용, ④ 탈일상적인 등

가물들을 통해 무의식적인 운동과 결별하는 것"[3] 등을 말하고 있다. 결과적으로 연극의 비언어화는 연극에 있어서 언어와 비언어를 구분하는 박약한 이원성을 극복하는 출발이라고 볼 수 있다. 특히 현대 연극에 있어서 연극의 비언어화는 연극의 기원과 문자와 미디어로 문명화된 연극 사이의 형태론적 중간을 나타내기도 한다. 그것은 말과 글이 아니라 사회적 행위의 총화인 몸 안에서, 몸을 통해서 그리고 몸과 더불어 사고하고 표현하는 과정을 지닌다.

1. 춤의 시대

라 퐁텐의 우화 가운데 우리에게 잘 알려진 「매미와 개미」는 흔히 알고 있는 내용과 달리 끝을 맺는다. 개미는 매미에게 이렇게 말한다. "노래를 했으면 이제부터 춤을 추도록 해." 이 우화는 개미의 예언처럼 춤의 시대가 올 것이라고 말하고 있다. 춤의 시대가 오고 있다는 것은 사실이다. 새로운 미디어 시대가 삶을 송두리째 바꾸어놓을 것 같은 지금, 몸뚱어리만 가지고 쓴 시(詩) 같은 춤의 바람이 크게 불고 있다. 춤은 하고 싶은 모든 것을 몸으로 말할 뿐만 아니라 언어로, 이미지로 표현의 영역을 확대한다. "타인의 삶 속에서 보낸 짧은 순간(un instant dans la vie d'autrui)"과 같은 춤이 20세기를 넘어서는 예술이 될 수 있는 것은 모든 것을 한순간에 표현할 수 있기 때문이다.

몇 년 전부터 춤바람은 불기 시작했고, 보는 이들은 행복했다. 마기 마랭,

---

3 위의 책, 69쪽.

필립 드쿠플레, 조세 몽탈보, 네덜란드 댄스 테아트르의 지리 킬리안 등의 공연을 서울에서 볼 수 있었다. 그 유명한 피나 바우쉬도 몇 번 우리나라를 다녀갔다. 그의 '부퍼탈 춤연극'은 바야흐로 춤과 연극이 하나가 되어 춤의 시대임을 알리는 전령이었다. 말라르메는 춤이 있는 곳을 '순수한 터'라고 했다. 그곳은 하고 싶은 말을 줄일 수도 있고, 한없이 늘어놓을 수도 있는 몸이 매달려 있는 대기와 같다. 몸이 몸 같지 않아 위험하고, 낯익은 것들이 낯설어지면서 의미심장해지고 절박해지고, 모든 것이 과민하게 인식되는 공간이다. 춤은 그런 뜻에서 언제나 새로운 발견이며 재창조이다.

현대 춤의 고전이 된 피나 바우쉬의 춤연극은 춤이 한없이 재미있다는 것을 조용하게 보여준다. 우리들이 매일 겪는 경험, 남자와 여자가 서로 융합·분열과 같은 경험을 바탕으로 한 관찰, 대수롭지 않은 여러 사건들, 수많은 인물들이 서로 다른 형태로 무대 위에 나타난다. 배우들의 몸은 우리들의 아픔과 아름다움을 관리해주고, 무대는 그것을 추억하는 터와 같다. 피나 바우쉬의 춤연극은 일상의 삶과 일치하는 것이 아니라 그것으로부터 태어난다. 그것은 기록이 아니라 일어날 수 있는 가능성을 지닌 발견이며 창조일 터이다. 배우들의 자율적인 상상력과 그 표현의 치밀한 조직망이 춤의 원천이라고 할 수 있다. 춤은 몸을 매개로 해서 무엇인가를 말하는 것이지만, 매개하는 몸이 춤 그 자체이기도 하다. 춤은 인간적인 언어인 몸으로 보편적인 언어를 만들어 낸다. 사람과 사람을 잇고자 하는 기획과 계약 같은 것이 복잡한 지금 춤은 얼마나 고귀하고 유혹적인가? 춤은 바람이다. 그 춤은 다른 존재들과 만난다.

춤의 정의는 늘 아름답다. 춤에 관한 책을 읽을 때나 춤을 보게 되면 춤을 추는 경험을 하게 된다. 서양 철학에서 니체가 춤을 논했고, 말라르메와 폴 발레리가 춤에서 헤어 나오지 못했다. 그때만 해도 춤과 철학 사이는 가까웠다. 그러나 오늘날 우리나라 춤은 아름답지 않을 때가 더 많다. 춤이 순수한 터에서 이루어지는 표현이 되려면 몸이 아름다워야 하는데, 몸들이 처연하다. 아름다운 몸은 모델처럼 밋밋한 몸이 아니라 사유하는 상처 난 몸이다. 춤은 몸뚱어리로 텅 빈 그러나 순수한 터에서 사유하는 철학이다. 기계처럼 뱅뱅 돌아가는 몸은 춤추는 몸이 아니다. 발레와 같은 고전과 현대 무용을 적절하게 혼합한 춤연극은 일상으로 돌아간다. 피나 바우쉬의 춤연극은 일상생활, 그 현실의 반영이라고 할 수 있다. 춤연극에서 일상적 모습의 반복은 가장 중요한 볼거리이다. 일상적 현실이란 몸이 경험할 수 있는 가장 정직한 것이기 때문이다. 춤연극을 읽는 중심어들은 몸의 움직임, 얼굴 표정, 다른 사람과의 관계, 관객의 반응과 같은 것들이다. 그녀가 영화로 만든 〈황후의 탄식〉에서 잘 드러난다. 이제 춤은 영화와 만나 절묘한 이미지가 된다.

2. 춤과 이미지

이 영화는 시칠리아 장례 음악과 함께 커다란 나무들 사이로 낙엽이 쌓인 공원의 잔디밭에서 시작한다. 검은 원피스 차림의 여자가 바람을 일으키는 기계로 힘겹게 낙엽을 이리 저리로 흩는다. 같은 음악이 계속 흐르는 가운데 영상은 바뀐다. 검은 코트를 입은 여자 두 명이 커다란 개들을 몰고 간다. 다시 낙엽에 바람을 일으키는 여자, 그리고 나서 바니 걸, 진흙밭을 걸어 언덕을 올라간다. 쓰러졌다가도 다시 일어나 헤매는 그녀. 음악은 계속되고, 어두운 숲 나뭇가지들이 깔린 빈터에서 파란 수영복을 입고 엄마를 부르며 애타게 찾는 여자가 있다. 다음 장면은 큰 온실과 작업장으로 연결된 길이다. 위에는 성장했지만 아래는 팬티만 입은 여자가 담배를 피우며 걸어간다. 어느 집 마당에서는 하이힐을 신고 스카프를 맨 여자가 양을 들어 옮긴다. 다시 염소를 옮긴다. 염소는 안 끌려가려 버티지만 그녀는 염소의 뿔을 잡고 잡아끈다. 한 집에서는 여장을 한 남자가 일을 하고 있다.

이 영화에서의 춤을 통한 이미지들은 남녀관계에 대한 관찰들로, 인간관계의 본질을 보여준다. 한 여성의 얼굴이 클로즈업되어 있다. 아무것도 보고 있지 않은 눈. 사랑을 속삭이는 한 남자의 목소리가 들린다. 냉담한 여자의 표정은 리드미컬한 남자의 속삭임과 함께 남자의 손길이 얼굴에, 코에, 뺨에 닿음에 따라 조금씩 누그러지고 웃음기를 띤다. 여자의 시선은 점점 분명해져 이제 그녀는 그 남자의 움직임을 본다. 남자는 여자의 입술을 손가락으로 짚는다. 행복한 표정의 여자, 다음 순간에 여자는 혼자 울고 있다. 눈을 내리깔고, 그녀의 시선은 사라졌다. 눈물을 흘리며 웃다가 한숨 쉰다. 또 다른 버전의 장면에서는 그녀는 남자와 침대에 함께 누우면서도 옷이 구겨질까 봐, 화장이 지워질까 봐 마음을 쓰느라 정작 상대방에게는 집중하지 못한다. 이렇게 피나 바우쉬의 춤은 마음의 심연을 뚫고 직접적인 체험을 전해준다. 고통스럽되 절망하지 않고, 죄의식을 품고 있지만 영원성을 기약하는 사람들의 춤, 그것이야말로 몸으로 써낸 글과 그림이다.

연극과 죽음

"죽는다고 사라지는 것은 아닐 터, 타인들이 있기 때문이다."

— 루이 아라공

1. 죽음, 삶에의 보충

글을 쓰기 위하여 책과 잡동사니들이 흩어져 있던 책상 위를 깨끗하게 한 것은 처음 있는 일이다. 컴퓨터 모니터만이 정물처럼 책상 위에 놓여 있다. 죽음이란 단어를 발음해본다. 죽음이란 단어의 울림은 밖으로 퍼져나가지 않고 오히려 안으로 들어와 박힌다. 두 입술이 붙는다. 소리는 입안에서 목구멍을 타고 안으로 안으로 들어가버린다. 그리고 한참 후 한숨이 새어 나온다. 그리고 나서 오래전 릴케의 『두이노의 비가』를 읽으면서 기억한 "죽음처럼 흔한 것은 없다"는 말을 떠올린다. 죽음? 사위가 조용하다. 내 몸도 그러하다. 연극은 삶과 죽음의 경계에 있다. 공연은 그 경계의 상징이다. 죽음은 와서 당신의 눈을 빼앗아 간다고 말한 시인도 있지만, 무대는 우리들에게 잊혀진 인물들을 다시 만나게 하는 장소이다. 희곡 속 인물들이 되살아나는 곳이 무대이다.

나는 글을 쓰기 전 책을 찾아 읽는 편이고, 공연을 보기 전에도 희곡을 읽는다. 그리고 극장에 가서 공연을 보는 순간 서서히 죽음을 경험한다. 거칠게 말하자면, 희곡은 죽은 자들이 남긴 어록과 같고, 극장은 그들의 영원한 거주지와 같다. 대개 젊은 사람들은 희곡 읽기를 주저하는 편이고, 나이가 들수록 희곡 읽기를 좋아하게 된다. 희곡은 단순명료하게 말로 되어 있기 때문이다. 희곡 속에 등장하는 인물들은 독자가 읽기 전까지, 무대 위에서 배우가 인물을 맡아 움직이기 전까지는 누워 있다. 독자는 눈으로 읽으며, 배우는 인물을 연기하며 누워 있는 고인들을 세워놓는다. 삶과 연극에서 죽어 있는 것은 누워 있고, 살아 있는 것은 나무처럼 서 있다. 희곡은 누워 있는 잠재적인 것이고, 공연은 서 있는 현재적인 것이다. 그러나 공연도 시작되고 나면 죽음으로 향한다. 공연은 그래서 죽음에서 삶 그리고 죽음으로 이어지는 긴 행렬과 같다.

따라서 죽음과 같은 삶과 공연을 말하는 것은 큰 지식을 필요로 하지 않는 법이다. 극장은 평등한 삶을 실천하는 민주주의의 텃밭이다. 삶을 밀어내는 죽음, 삶 속에 자리 잡고 있는 죽음을 말하는데 무슨 예비된 지식이 필요하겠는가? 삶이 곧 죽음이고, 죽음은 다시 삶의 시작이라고 말할까? 그러나 자신이 없다. 한동안 머뭇거릴 수밖에. 공연을 볼수록, 죽음은 매혹이된다. 죽음 속에는 무언가 변하지 않는 고정적인 점이 있다. 연극을 공부할수록, 공연을 가까이 볼수록 어지러운 삶 속에서 죽음을 통해 고정적인 불변성을 배우고 싶어진다. 난 그것을 매혹이라고 여긴다. 연극을 말하기 위해서, 만약 그 주제어들이 물질적으로 진실이 아니라면, 죽음이야말로 이러한 결점을 바꾸어주는 더 높은 차원에서의 보충이라고 믿는다. 난 얼마나 죽음에 가깝게 혹은 멀리 떨어진 채 살고 있는 것일까? 얼마나 많은 희곡을 읽고, 공연 앞에서 있어야 하는 것일까?

글을 쓰기 전, 지금 우리 곁에 없는 희곡 속 인물들을 떠올린다. 언젠가는 우리들도 땅 위에서 사라져 땅 밑으로 가 그들처럼 잊혀질 것이다. 연극과 죽음의 상관관계는 무엇인가? 연극은 지금, 여기에 살아 있는 예술의 절정처럼 보이지만 실은 죽음의 도가니 속에서 펄쩍펄쩍 뛰고 있는 것이 아닌가? 살판과 죽음판을 가로지르는 경계의 예술이 연극이 아닌가? 연극과 죽음에 관한 상상은 남사당처럼 떠돎과 소외를 몸으로 기억해야 했던 광대들의 삶으로 이어지고, 무대 이쪽에서 저쪽을 걸어가는 것이 마치 죽음의 벌판을 기어가는 것과 같았다고 고백하는 어느 배우를 떠올리게 한다. 극장과 무대가 제각기 지니고 있는 고유한 냄새가 죽음의 유혹과 같은 것이라고 말했던 한 작가에 이르러서는…… 몸에는 열이 나기 시작했다. 그리고 심란하고 복잡한 상태에 빠졌다. 그런 탓일까. 현대 연극에서 극장의 내부는 죄다 검은색이다. 이를 블랙박스형 무대라고 하는데, 무대 위아래뿐만 아니라 바닥과 객석마저 검다. 그렇게 검게 칠한 것은 조명의 효과를 극대화하기 위한 배려이기도 하지만, 죽음과 무관하지 않을 듯싶다. 저 밖의 삶을 극장 안 무대에다 옮겨다 놓는 일이 연극일 터인데, 이 무대 위의 삶은 저 바깥의 삶과 같되 훨씬 다른 것이 아닌가. 같되 다른 삶을 구현하기 위한 바탕색은 흰색이 아니라 검은색이다. 검은색은 허무의 색이며 동시에 그 위에다 새롭게 갈무리하는 욕망의 색이다. 연극이 오늘날 다른 예술에 비해서 남루해 보이지만 영속하는 것은 바탕이 죽음과 같은 검은색이기 때문일 터이다.

그럴 수밖에. 죽음에 대해서 글을 쓰는 것은 사진처럼 보이는 것을 보이지 않은 것으로 변모시키는 일이 아닌가. 연극이, 무대가 죽음에 대해서 말한다는 것은 본질적으로 보이는 것을 보이지 않는 것으로 변화시키는 작업이 아닌가. 필자가 이 장에 연극과 죽음을 화두로 삼은 것은 오늘날 연극이 삶의 경쾌함, 발랄함, 가벼움만을 내세운 나머지 그 반대의 가치들을 잊고 있지 않을까 하는 염려 때문이다. 사실 그러하다. 우리나라 연극은 죽음과 동떨어져 있다. 속절없이 삶을 노래하는데 그 주조는 날렵한 희망이다. 그것을 노래하고 춤추는 공연이 허다하다. 이런 공연의 노래는 말하지 않아도 다 말하고 있는 것처럼 보여주고, 춤은 위로 솟아오르는 기쁨을 보여주되 바닥으로 떨어질 수밖에 없는 낙망의 고통을 잊고 있다. 그것을 뒤집어 말하면 죽음에 대한 회피이다. 젊은 작가들은 남의 작품들을 베끼는 데 혈안이고, 이리 베끼고, 저리 구성을 달리하는 것을 각색이니 실험이니 하면서 인정하는 것이 한국연극이 지닌 제도적 모습이다. 늘 죽어서도 부활하는 인물들을 통해서 다시 연극과 연극 속 삶들을 되새겨볼 수 있으면 좋겠다. 연극의 공간은 죽음의 체험이자, 죽음의 공간에로의 끊임없는 불가능한 접근이다. 고인인 인물들은 이렇게 말하는 것 같다. 연극하는 이들은 가나안으로부터 추방당하고 사막으로 배척당하여, 그 경계선에서 짓밟힘을 느끼는 자인지도 모른다고. 해서 이 불가능한 것을 완전히 표현하는 데 성공한다면 그것이야말로 유일한, 위대한 작품을 만들게 되는 것이다라고. 셰익스피어가 "내가 죽어야 한다면, 어둠을 아내로 맞이하여 내 두 팔로 껴안을 것입니다"(〈눈에는 눈, 이에는 이〉, 3:1:80~83)라고 말하는 것처럼. 그러나 난 아직 이렇게 말할 자신이 없다.

2. 삶은 누군가의 죽음

죽음의 가치로 연극과 인물들에 대해서 글을 쓴다는 것은 참 위험한 일인 것 같다. 어차피 죽음은 모든 가치들을 평준화시키는 것일 터이므로. 우리가 작품 속 죽은 이들에 대해서 관대한 것은 우리도 죽을 존재인 탓도 있지만 죽음이 모든 가치의 우열을 무화시키기 때문이다. 그러나 죽음을 통해서 배울 수 있는 관대함이란 실은 살아 있는 이들의 삶으로 이어져야 하는 것, 연극은 그것을 삶의 주체가 되도록 실험하는 것이라고 보아도 좋을 것이다. 죽음에도 오래된 것이 있다. 오래된 죽음, 그것이 고전이다.

오래된 작품을 읽을수록, 오랜만에 공연되는 희곡의 공연을 볼수록 나는 내가 지닌 '살아 있는' 삶과 '드높은' 연극의 가치들이 한꺼번에 상실되는 느낌을 받는다. 그리고 연극 공부를 통해서 성숙해야 하는 내 삶을 반성하게 된다. 나는 얼마나 두동진 삶을 살았고, 허튼 연극 공부를 해왔던가? 삶과 죽음이 별개의 것이 아닌 것처럼 가치와 가치의 무화, 즉 무(無)는 한 몸 속에 동거한다. 연극은 그곳에서 태어나고 죽는 것 같다. 죽음은 "지독하게 더러운 살덩이"(〈햄릿〉 1:2:129)의 무게도, 쓸모없는 삶에 대한 유혹도 아니다. 죽음은 부정의 근본적인 순간이 아닌가. 나는 오랫동안 그것을 잊고 살았다. 희곡 속의 인물들은 한결같이 고통스러운 삶으로 고독했을 것이다. 고독에의 의무는 평화롭게 살기 위해서가 아니라 평화롭게 죽을 수 있기 위해서라고 말하는 것이 인물들과 지금 연극하는 이들을 위로할 수 있을까? 연출가 칸토르는 연극을 죽음의 예술이라고 말했다. 죽은 이들은 살아 있는 이들에게 끊임없이 말하는 존재들이다. 억울하게 죽은 이들은 유령처럼, 자유로운 죽음은 마녀처럼. 우리는 지금 그들의 얼굴을 떠올리고 그들의 소리를 들어야 한다.

아주 오래전 연극에 대한 글쓰기는 절망적 시도라고 쓴 적이 있다. 공연처럼 사라졌으므로, 죽음처럼 부재하므로. 다시금 희곡 속 등장인물들을 떠올리고 그들의 죽음에 대해서 글을 쓰는 행위도 마찬가지이다. 말이 사물을 부재케 하고, 스스로 사라짐으로써 사라진 것을 나타나게 하듯이, 고인인 인물들은 자신의 언어 속에 사라졌다. 살아 있는 우리들은 죽은 이들이 남긴 자리에 있는 그들의 언어 속에서 우리들 자신을 발견해야 한다. 죽은 이들의 언어란 말 없는 명상 즉 거대한 속삭임과 같다. 이 거대한 속삭임 위에서 이미지는 열리고, 상상은 깊어진다. 그런 뜻에서 우리들은 그들의 삶과 죽음에 이르는 모든 기억과 흔적들을 다시 꺼내 공부해야 한다. 앙토넹 아르토식으로 말하면 연극은 죽음이고 연극에서 보여지는 삶은 그 누군가의 죽음이다. 우리들의 삶은 고인인 인물들의 죽음으로부터 오는 어떤 것이다. 그래서 죽음은 삶보다 훨씬 무한하며, 죽은 이들의 정신 또한 무한하다. 나는 믿는다. 내가 살아 있는 동안 삶은 죽음의 지배력 아래에 놓여 있다는 것을. 삶과 연극의 천박함은 이것을 잊을 때 생긴다는 것을. 필자는 구체적으로 고인인 인물들이 등장하는 공연을 끝내 보지 않고 이 글을 쓴다. 죽음에 관한 국내외 희곡들을 읽어보고 죽음에 대하여 덧붙여 쓰고 싶었지만 뒤로 미루었다. 희곡에 등장하는 인물들의 삶과 연극에 관한 글은 다음 기회에 꼭 쓰고 싶다. 고대 라틴어 경구처럼, 술 속에는 진리뿐만 아니라 일시적인 죽음의 경험이 있다. 연극은 영원한 죽음에서 일시적인 술로 늘 순환한다. 마시면 취하는 것, 취하면 절멸의 상태가 오는 법. 하여 "말수가 적을수록 헛되지 않"(〈리처드 2세〉, 2:1:7)은 법, 그 최댓값은 죽음이 아닌가. 그렇다면 적게 쓸수록 좋을 것이다. 죽음이 진리가 되는 순간에는…….

춤, 삶의 눈

창문이라고 번역하는 영어 윈도우(window)는 바람(wind)의 눈(ow)이다. 바람도 눈을 지니고 있다. '바람 부는 대로'라는 표현은 아무 곳이라도 간다는 뜻이 아닐 터이다. 바람 그 자체가 아니라, 바람이 지닌 눈의 방향으로 간다는 것으로 이해해도 좋겠다. 바람의 눈을 발음하면 그 소리가 가볍게 들린다. 더러 춤이 삶의 창문 그러니까 삶의 눈과 같다는 생각을 한다. 춤은 삶을 통해서 태어나고 삶의 너머를 향하니까. 삶의 눈은 곧 몸의 눈인데, 이는 보는 것으로 한정되지 않고, 움직임으로 향한다. 몸은 대상을 보는 대로 움직이는 보이는 대상이다. 춤은 삶의 바람이다. 춤추는 대로 삶이 일렁거린다. 춤은 예측 불허이다. 고정된 삶을 흔들어놓는 춤바람은 부드럽지만 강력한 힘을 지니고 있다. 삶을 흔들어놓는 춤이라니, 그것이 바람이라니. 그것은 세상을 요동치는 일이다. 멈춤이 죽음이라면, 춤은 멈춘 삶과 세상을 진행 중인 것으로 만드는 매혹이다. 바람 그 자체도 큰 매력이다. 바람은 가차가 없이 길을 휘저어 가고, 산을 넘고, 꽃과 꽃 사이를 나비처럼 나아간다. 바람은 가고, 오고, 멀리 가고, 흩어지고, 다시 돌아오고, 구석구석을 훑어 지나간다. 춤 앞에서 많은 이들은 당황하게 된다. 바람처럼 삶으로 틈입하기 때문이다. 삶을 교란하는 춤, 어떤 삶과도 거리낌 없이 교환하는 그런 이유인지는 몰라도 춤바람이라는 말은 듣기 좋은데, 영 안 좋은 뜻으로만 새기는 터라 불만이다.

춤은 어느 정도 사회적 소외를 인정한다. 내 주변에는 춤추는 이들이 많지 않다. 은둔은 아니지만, 춤과 춤추는 이들은 존재하지 않은 듯 존재한다. 독일의 시인 횔덜린은 평생 고통받고 살았었다. 그의 삶은 궁핍했지만, 그의 시는 시대를 말하고 있었다. 나는 그가 한 말 가운데, "신들의 말은 눈짓이다"라고 시구를 참 좋아한다. 연극(theatre), 신(theos), 이론(theory)과 같은 단어들의 어원은 모두 눈이다. 신들의 말은 눈이 아니라 눈의 짓이다. 눈이 모든 것의 본질이므로, 눈짓은 본질을 주변화시키면서 본질을 넘어서는 언저리를 말한다. 모든 주변성을 무화시키면서, 인간의 지배를 받지 않는 언어가 신의 말인 눈짓이다. 그러므로 본질은 말이 아니라 말을 초월하는 그 무엇이다. 말을 초월하는 것이 눈이라는 표현은 틀리지 않다. 그러므로 눈의 짓인 눈짓은 눈의 지배를 받은 언어이다. 몸짓인 춤은 몸의 지배를 받는 언어이지만 게 중에서 눈의 지배를 가장 많이 받는 언어일 터이다.

나는 춤을 보면서, 애매하게 여길 때가 한두 번이 아니었다. 그때마다 춤의 무엇을 하려고 하는지를 금세 알려고 하기보다는 뒤틀린 몸이 말하려는 바를 전해 받으려고 애를 썼다. 춤추는 몸을 삶의 눈이라고 보면, 그 춤은 분명 무엇을 보고 있고, 그것을 통해서 몸을 움직이고 있다는 것을 알게 된다. 눈이 말한다면, 몸은 숨김없이 말한다. 눈이 순수의 창이라면 몸은 절대의 창이다. 그러므로 춤은 자신이 제 몸을 움직여야만 하는 절대적인 예술이다. 춤추는 이는 춤의 지배를 받고, 춤은 춤추는 이의 절대적 지배를 받는다. 관객들이 시선은 춤과 춤추는 몸 위에 머물러 있다.

몇 해 전, 나는 홍승엽이 이끄는 '댄스 씨어터 온'의 〈말들의 눈에는 피가…〉라는 춤연극을 본 적이 있다. 그리고 아래와 같은 글을 썼다.

　　댄스 씨어터라고 이름 붙인 것처럼, 이들의 춤은 춤이되 연극이고, 연극이되 춤이다.('온'은 헤아려 밝힌다는 셈, 즉 백(百)을 뜻하는 우리말이었으면 좋겠다.) 〈말들의 눈에는 피가…〉에서 돋보이는 것은 춤추는 배우들이다. …(중략)… 등장인물들은 춤출 뿐만 아니라 연극의 배우처럼 말한다. 어정쩡한 스노비즘에 빠진 한국 춤의 경향으로 보면 파격적이라고 할 수 있지만, 관객들에게는 낯선 경험이되 신선할 것이다. 길고 어려운 희곡을 가지고, 정확하게 말하면, 희곡을 잘라서 춤을 만들었으나 역시 어렵다. 춤에 있어서 관객들과의 소통을 가로막는 것은 몸이라는 추상적인 언어일 터이다. 그렇다면 춤은 말로서 움직임을 설명하기보다는 몸과 더욱 겨루어야 하는 것 아닌가. …(중략)… 여기서 춤은 몸의 안이며 사유의 바깥이다. 그는 상실과 희생을 상징하는 피를 흩뿌리는 대신 무대 바닥에 흰 소금을 깔아놓았다. 관객들에게 읽혀지도록 놓여 있는 오브제이며 상징인 셈이다.

　이러한 경향은 이제 보편적인 것으로 여러 공연에서 확인할 수 있게 되었다. 오늘날 한국 춤에서 연극과 춤은 따로 가기도 하지만, 이렇게 하염없이 같이 간다. 춤을 보면 연극이 나타나고, 연극을 보면 춤을 기억하게 된다.
　아르코 대극장에서 공연된 장선희 발레단의 〈파우스트〉는 발레라고 한정 지을 춤도 아니고, 말만 하는 연극도 아닌 춤연극이었다.
　춤을 유형화하는 노래도 서양 고전음악에서 팝에 이르기까지 다양했다. 무대장치도 고정화된 것이 아니라 배우들의 조정으로 유동적이었다. 나는 이 작품을 보면서 춤이 연극을 추억하고, 연극이 춤을 발견하는 것과 같은 느낌을 지니게 되었다. 춤으로서만 보면, 이 공연에서 춤은 쾌활함을 되찾았고, 춤의 내면으로부터 빠져나와 버린 것 같다. 연극과 춤이 같이 있는 이유로, 이 둘은 쉽게 어울리고, 서로 바라보고, 서로의 부름에 답한다. 괴테가 쓴 원텍스트에서 가져온 말들이 배우의 입을 통해 간헐적으로 들리는데, 배우의 말과 무용수의 춤이 서로 화답하는 형태를 지녔다. 말이 춤을 추동했고, 춤이 말을 뜻을 구현했다. 춤과 연극이 한데 어울리는 것은 인간의 뜻도, 안무를 맡은 이의 의도가 아니라, 몸의 아름다움 덕분일 터이다. 나는 그렇게 믿는다.

결론적으로, 이제 춤의 시대가 다가오고 있다는 것은 분명해 보인다. 우리와 같은 몸을 지닌 배우들이 우리들의 시선을 해체한다. 우리들의 몸을 달리 보게 한다. 그 몸은 흔한 몸이되, 인간의 자취를 남기는 흔하지 않은 몸이다. 춤은 이렇게 해서 문화에 의해 길들여진 모든 행위들과 엇갈린다. 삶에 대한 놀라운 방향 상실과 같은 춤의 몸은 걷되 달리 걷고, 움직이되 달리 움직인다. 그렇다면 춤은 고정된 문자가 아니다. 그것은 기상천외한 몸의 언어이다. 그리하여 춤도 길들이는 문화에 저항한다는 서술은 틀리지 않는다.

다시 연극으로

연극을 정의하는 고전적인 수사는 '연극은 세상의 거울이다'라고 말하는 것이다. 이는 거울은 세상을 있는 그대로가 아니라 거꾸로 보여준다는 것을 뜻한다. 연극의 매력은 거꾸로 말하는 데 있다. 배우가 무대에 등장해서 이렇게 저렇게 살아야 한다는 것을 교훈적으로 결코 말하지 않는다. 오히려 연극은 저렇게 살아도 되는가를 관객 스스로가 반문하게 한다. 현대 연극이라는 것은 그 거울이 온전하지 않다는 것이 특징이다. 따라서 깨진 거울을 통하여 되비친, 재현된 세상의 모습은 갈기갈기 파편화된 모습이 될 것이다.

이 부분을 잘 설명하고 있는 희곡이 있다. 최인훈의 희곡 「달아 달아 밝은 달아」에서 효녀 심청은 눈먼 아버지를 위해서 바다의 제물이 되는 것이 아니라 청나라의 유곽, 한 색주가에 팔려간다. 심청이는 앞 못 보는 아비의 장님 신세를 설워하다가, 눈 뜨고 사는 자신의 몸으로 이를 볼 수 없어 공양미 삼백 석에 자신의 몸을 팔았기 때문이다. 어느 날 자신의 몸값을 치러준 조선인 김 서방을 만나게 된다. 김 서방이 먼저 고국으로 떠나면서 증표로 심청에게 전하는 귀한 물건은 "나 본 듯이 지니"라는 거울이었다. 그러나 맨 끝부분, 김 서방은 돌아오지 않고, 심청이는 제 품속을 더듬어 "반동강짜리 거울을 꺼내 보이지 않는 눈으로 들여다 보"게 된다. 하나의 얼굴이 깨진 조각처럼, 잘려 나간 부분들로 난반사되는 순간이다.

거꾸로 비추어서 바로 보게 하는 것, 우리는 그것을 모순어법이라고 말한다. 배우가 가장 깨끗한 수건으로는 무대를 닦고, 가장 더러운 걸레로는 자신의 몸을 닦는 것, 진실을 말하되 허구로 말하는 것, 스스로 정상이라고 믿을 때는 사리를 판단하지 못하다가 아예 미쳐버렸을 때 비로소 진리를 깨닫는 것 등이 모순어법 표현이다.

셰익스피어는 "세상에 태어날 때 우리는 울고불고하네. 멍청이뿐인 크나큰 무대로 나오게 되어 우는 것이네"[4]라고 했다. 세계를 멍청이들이 모인 무대라고 여기고, 그렇기 때문에 울고불고한다는 것은 어른이 아니라 아이로 태어날 때부터 이미 세상을 알고 있다는, 오래 산 어른보다는 방금 태어난 아이가 더 현명하다는 것을 말해주는 모순어법이다.

그리고 "사람살이는 걸어다니는 그림자, 불쌍한 광대다. 무대 위에서 한껏 재보고 큰소리쳐도 종 치면 끝장이다. 천치가 지껄이는 이야기, 소리와 노여움은 요란하지만 의미하는 것은 아무것도 없다."[5] 사람을 그림자, 광대로 여기고, 세상을 연극의 무대라고 여기고, 말하고, 소리치는 것 모두 종치면 끝장이라는 것, 그 순간 세상은 의미가 없다는 것을 말하는 것도 모순어법이다. 모순어법은 연극을 정의하는 용어이면서 동시에 연극을 하나의 사유이며 은유로 여기게 한다.

---

4   셰익스피어, 「리어 왕」, 4막 6장.
5   셰익스피어, 「맥베스」, 5막 5장.

또 다른 연극의 매력은 배우에게서 찾아볼 수 있다. 배우의 존재 그것은 인물의 존재, 그 정체성의 분열과 같다. 흔히들 배우는 여러 인물을 사는 존재라고 말한다. 한 명의 배우가 여러 인물로 살 수 있다는 것은 배우 입장에서 보면 연기한다는 것이 곧 산다는 것을 뜻하지만, 연극 밖에서는 매우 불안한 일이 아닐 수 없다. 그 이유는 세계의 질서는 정체성의 분명함으로 가능하기 때문이다. 우리들 각자가 하나의 주민등록번호를 가지고 있듯이, 하나의 이름으로 불리듯이. 그러나 배우는 여러 개의 아이디(ID)를 가지고 있는 존재이다. 배우의 존재는 곧 정체성에 대한 도전과 같다.

〈신촌 비둘기〉(서울교육극단, 박은희 구성·연출)은 오늘날 한국 연극의 위기를 말하는, 모순어법으로서의 연극이 부재하는 대표적인 예라고 할 수 있다. 이 연극은 관객들을 모두 '술을 제대로 마시는 모임'의 회원 혹은 가족으로 여긴다. 그리하여 술의 역사부터 시작해서 술에 취했을 때 갖가지 태도들, 술을 마시는 이유들을 정리해서 장면을 구성했다. 공연의 목적은 '좋은 음주문화 정착을 도모'하기 위함이고, 관객들에게는 술로 '고달픈 인생사를 잊'으라고 말한다. 최종적으로는 연극이 관객들에게 술을 제대로 마시는 주도까지 강의하고 있다.

연극은 과연 '좋은 음주문화 정착을 도모'하기 위함인가. 공연의 끝부분에는 스폰서인 술 회사의 술을 관객들에게 나누어주고 시음하도록 하는 것이 관객이 소통하는 것인가. 이런 풍경들은 연극이 연극임을 스스로 포기하는 일이라고 할 수 있다. 연극이 술을 말하는 것은 술을 통하여 일상의 구속과 한계로부터 벗어나는 경험을 하기 위해서이다. 그때 몸은 상징이다. 그런 면에서 〈신촌 비둘기〉는 몸과 술에 대한 상징을 잃어버리고 있다. 이외에도 연극의 폐쇄성은 출연하는 배우들의 자전적인 내용을 다룬 연극이 많은 것도, 경력이 짧은 젊은 배우들조차 과감하게 자신의 삶을 되돌아보는 자서전을 출판하는 추세도 이에 속할 것이다.

오래전부터 공연되고 있는 연극이 있다. 이주실의 자서극 〈쌍코랑 말코랑, 이별연습〉(오은희 작, 박용기 연출). 이 연극은 공연 이전에 많은 신문지상을 통해서 출연하는 배우의 삶이 공개되었다. 관객들은 신문에 난 그 많은 기사를 통하여 관극 이전에 이미 유방암을 이겨낸 인간 승리의 배우를 기억하고, 죽음이 아니라 자식들과의 결별을 더 두려워한 배우의 존재를 떠올리게 된다. 배우 이주실이 혼자 출연하는 이 연극은 암으로 죽어가면서 삶을 정리하는 이야기를 엄마가 딸에게 들려준다. 오죽하면 한 평론가는 이렇게 말할까. "의학적으로 걱정할 근거가 없다면 공연을 중단할 것을 권하고 싶다"라고. 그 이유는 무엇인가. 자서극이라고 이름 붙여진 이 연극은 자신의 삶을 가장 진솔하게 말하는 것처럼 보이지만, 그것은 거꾸로 말하는 연극의 원칙과 어긋나기 때문이다. 연극은 결코 자신의 삶과 일치하는 것이 아니라 고정된 삶과의 불일치에 가까울 것이다.

오늘날 한국 연극의 위기는 모순어법과 허구의 부재로 인한 것이라고 말할 수 있다. 자본주의 시장의 모든 (예술)상품은 기록, 저장, 복사가 가능해야 팔릴 수 있다. 대량생산이 불가능한 '연극'은 복사에 저항하는 예술로 남지 않고 오히려 팔리는 상품으로 전락한 셈이다. 연극은 분명 별 볼일 없는 예술인가. 일견 그렇게 보일 수 있다. 하루에 한 번 혹은 두 번의 공연을 할 수밖에 없고, 동시에 할 수 없다는 것이 이를 증명한다. 그러나 다시 연극으로라면, 그것은 복사되지 않고, 진실을 포용하는 허구의 정신을 본받는 것이다.

요즘의 한국 연극은 어디로 흘러가고 있는가, 흘러가되 어떻게, 어디로 향하고 있는가를 물어야 한다. 그러나 흘러가되 아예 돌아오고 있지 않다면 문제는 심각하다. 평면의 짧은 원고를 가로질러 한국 연극의 흐름과 경향이라는 입체를 말하는 것은 애초부터 힘든 일이다.

첫 번째 흐름과 경향의 한 단면은 영화 〈돌아오지 않는 해병〉처럼 연극과 연극인들이 돌아오질 않고 있다는 점이다. 그들은 말(馬)처럼 앞으로만 갈 뿐, 가서 되돌아오지 않고 갇힌 말(言)처럼 소리로 빙빙 돌 뿐이다. 연극은 없고, 힘들게 생존하고 있는 왕년의 연극만이 있을 뿐이다. 연극을 출발해서 TV로, 영화로 가고, 예술에서 연예로의 탈바꿈을 시도한다. 마치 아무런 일도 없는 것처럼. 연극이란 문이 없는 탓일까? 연극과 주변 장르 사이를 나누는 경계가 없는 탓일까? 가기만 할 뿐, 그것도 빨리. 뒤돌아오는 것이 없다. 연극은 많지만 연극이라 이름 붙일 수 있는 것은 보이지 않는다. 이러한 흐름이야말로 연극의 위기가 될 것이다.

두 번째 단면은 분열하고 있다는 점이다. 너무나 많은 것들이 한꺼번에, 급속하게 변해 가는 것을 목격하고 체험할 수 밖에 없는 시점에 이 땅의 현대 연극과 연극인들 모두 분열하고 아파하고 깨지는 뚜렷한 징후를 나타내고 있다. 흘러가기만 할 뿐, 그러나 그 모든 것은 보이지 않는다. 위기의 정점에서 연극은 과연 세상 안으로 깊숙이 들어가야 하는가? 아니면 세상 밖으로 뛰쳐나와야 하는가? 세상이 일그러질 때 연극은 어떻게 자신을 변모시켜 나아가는가? 어떻게 대항력을 지니는가? 그러나 한국 연극의 모든 것은 잘 보이지도 들리지도 않는다. 그래서 불안하고 불확실하다. 놀라운 것은 많은 연극들이 연극이라고 말해지면서, 그러니까 자신들에 대해서는 결코 말하지 않으면서 공연되고 있다는 사실이다. 스스로를 연극인이라고 말하면서 연극을 하지도 않는 이들이 많은 것처럼. 연극을 할 때는 예술인이고, TV나 영화에 출연하면 연예인이 되어 자기분열을 감수하는 것처럼. 또 다른 분열의 증후는 연극 공연으로 적지 않은 손해를 보면서도, 쓸데없는 제작비를 줄여야겠다고 하면서도, 최고급 종이로 만든 포스터와 프로그램에서도 볼 수 있다.

분열의 자기 증언은 더욱 심각하다. 예를 들면, 한 연출가는 "동숭동에 나오면 차라리 눈을 감아버리고 싶어진다"[6]라고 했다. 연출가가 연극동네에 와서 눈을 감아버리겠다는 것은 정상의 짓이 아니다. 우리 인체의 가장 중요한 감각기관인 눈을 감아버리겠다니! 그것도 연극을 앞에 두고. 연극은 보는 것이고 읽는 것인데, 하물며 연극을 생산하는 그가 눈을 포기하겠다니! 이는 연극을 포기하고, 시각 지배적인 영장으로서 위치를 포기한다는 뜻이다. 눈을 감아 바깥 세계, 즉 자신과 연극 세계를 단절하겠다는 의사표시이다. 눈을 감아버리겠다는 의지는 눈의 긴장을 더 이상 견뎌내지 못하겠다는 고통을 암시한다. 연출가의 눈을 긴장하게 하는 연극은 멀리 있지 않고 가까이 있어 부딪치는 것이다. 정확하게 말하면 연극이 아니라 가짜 연극이다.

연극은 공연 후 텅 빈 무대와 모든 것의 부재를 경험하는 예술이다. 그러나 장기 공연되는 연극은 그 부재와 소멸을 잊고 있다. 병든 연극, 저질의 연극을 거부하는 것이 아니라 최대 관객 동원, 최다 관객 수입, 최장기 공연이라는 기록을 위해서 전투적으로 대항한다. 더 멀리 가기 위하여 힘든 길을 택하는 것이 아니라 쉬운 길로 가면서 지루함을 견뎌내는 장기 공연은 운동경기의 연장전이라기보다는 몇 판, 몇 쇄씩 똑같이 찍혀 나가는 베스트셀러와 같다. 배우가 해거리로 자신의 고정 레퍼토리를 반복하거나, 극장을 이리저리 옮겨 다니며 계속하는 공연은 가파른 숨결의 끝에 완성되는 것이 아니라 이미 기록으로 스스로를 만족시키고 있다. 그러므로 연극

6　권오일, 「연극시론 : 포스터 공해로 찌든 문화의 거리」, 『한국연극』 1994년 11월호, 10쪽.

의 넓이와 깊이를 새롭게, 달리 증가시키는 것이 아니라 연극을 패션화하고 공연을 유행처럼 복사한다. 최종적으로 장기 공연은 나약한 연극과 무지한 관객을 마취시킨다. 연극이 지닌 허구정신이 실제의 기록으로 대체되고, 관객들은 순진하게도 그것을 믿게 되기 때문이다.

만약 춤이 〈불 좀 꺼주세요〉 〈고도를 기다리며〉, 뮤지컬 〈아가씨와 건달들〉처럼 장기 공연된다면 그것은 한국 춤계를 갈묻이하는 사건이 될 것이다. 춤과 연극은 공히 극장에서 관객과 만나 존재했다 사라지는 것이 숙명인 공연예술이다. 그런데 왜 춤은 장기 공연이 불가능하고, 연극은 가능한가? 단순히 공연이 연장되는 만큼 관객들이 늘어나기 때문에, 아니면 관객들이 늘었기 때문에 공연은 연장될 수밖에 없는 것인가? 만약 그것이 아니라면 어찌하여 몇몇 연극은 사라지지 않고 길게 달리는가? 죽어 사라져야 할 공연이 질질 목숨을 연명하는 것은 꽃이되 꽃이 아닌 조화와 같은 것. 그러므로 연극이되 연극일 수 없는 것이다.

"산울림의 〈고도…〉는 세계의 〈고도…〉"라고 말하는 것처럼, 장기 공연의 특징은 공연에 덧붙여진 화려한 수사와 코팅된 공연의 겉모습에 있다. 옷을 달리 입고, 미용과 화장을 달리한 것만으로 변신할 수 있다고 선전하고 믿는 것처럼, 연극의 장기 공연은 변신과 같은 이미지일 뿐이다. 이미지가 결핍과 가짜인 만큼, 연극의 실체는 고정되어 있다. 다만 분위기가 바뀐 것처럼 느끼고 싶고, 보이고 싶을 뿐이다. 그것도 스스로의 힘이 아니라 바깥의 힘을 빌려 자신은 그냥 시키는 대로 주저앉아 있을 뿐이다.

장기 공연이 가능한 것은 연극의 내재적인 실체가 아니라 외재적인 자본의 논리가 권력을 행사하기 때문이다. 그 힘은 사물과 세상을 달리 보여주는 연극정신을 마취시키면서 배우의 몸을 벗기고, 연극을 복사해서 대량생산한다. 아름답게 벗기 위하여 옷을 입어야 한다고 말하는 광고의 달콤함처럼 장기 공연은 관객을 교활하게 유혹한다. "여기 관객인 당신이 머물 천국의 연극이 있으니, 기회를 놓치지 말라"라고 말하는 것 같다. 그리하여 중산층 이상의 삶의 여유란 똑같은 체험에 더해지는 관례적인 은유와 상징임을 믿게 한다. 광고 선전에 출연하는 배우처럼, 장르를 겁 없이 통일한 유명의 연극배우들이 순진한 관객을 유혹한다. 그래서 장기 공연되는 연극들은 화장과 포장과 같은 가면으로 덮여 있다.

장기 공연되는 연극의 특징은 모노드라마와 같은 모노의 연극이란 점이다. 배우의 말, 연극에서의 대화는 사라지는 말을 방해하는, 가로막아 되돌아오게 하는 또 다른 말이 낳는 갈등이다. 사라지기 위하여 울리는 독백은 대화보다 길다. 고백이 끊어지고 그 정당성을 잃어버릴 터이니까. 독백은 끊김 없이 이어지고 돌아오지 않을 뿐이다. 반면에 대화는 끊긴다. 끊기면서 이어지고 이어지면서 되돌아온다. 대화는 자신의 의지와는 다르게 상대방의 의지와 내 의지의 갈림길에서 야기된다. 대화는 그 울림이 상대방에 반향을 일으켜 되돌아온다. 그렇기 때문에 대화는 나보다 말들을 되돌아오게 하는 상대방의 존재를 더욱 강조하게 된다. 독백이 나로부터 나와서 사라지고 나를 울린다면(고백의 끝에는 항상 눈물이 고백하는 이의 몸을 적신다) 대화는 나로부터 나와서 상대방을 울린다. 오늘날 장기 공연되고 있는 공연들은 이렇게 끊김과 사라짐을 불안해하면서 질질 이어지는 독백의 연극에 속한다. 끊김과 사라짐을 두려워하면 연극은 복제되고 대량생산될 수밖에 없다. 그것이 장기 공연의 또 다른 실체이다. 지금 우리에게 절실한 것은 힘든 길을 오르는 거친 숨결로 통조림 같은 저장과 제록스와 같은 복사에 저항하는 연극이다.

오늘날의 한국 연극은 관객을 포함한 연극인들에게조차 보는 눈을 감게 하는 비정상의 짓을 강요하고 있다고 볼 수 있다. 아무렇지도 않게, 지속적으로. 또 다른 극작가는 연극하는 모든 이들을 향해서 "우리 다 함께 폐업합시다"[7]라고 제안했다. 이런 제안은 그리 흔한 것이 아니다. 그런 만큼 절실하기도 하고, 폐업합시다라고 제안한 이후 한 사람도 폐업신고를 하지 않았다는 것으로 보아서 설득력을 얻지 못한 것으로 볼 수밖에 없다. 정말이지 폐업할 사람들은 누구이며 폐업할 것은 무엇인가? 이것이 분명하지 않기 때문에 절실하게 보이는, 한국 연극사상 가장 무게감이 실린 연극 폐업이라는 발언이 그만 저만큼 가고 만다. 위기를 위기로 보지 못하면 갇혀 있게 된다. 갇혀 있는 연극과 연극인들은 밖을 보지 못하고, 밖으로 나오지 못하고 그 안에서만 흐름을 반복한다. 그것은 가는 짓이 아니라 흘러가고 있다고 믿는 착각이다. 그런 이유로 연극인이 연극을 쓰레기 공해로 보든, 폐업하자고 해도 연극은 연극대로, 연극인들은 연극인들대로 갈 수밖에 없다. 이를 언제까지 두고 볼 것인가?

연극은 볼거리를 보여주어야 하는가? 아니면 이 세상을 바라보는 시선으로 존재해야 하는가? 어떻게 연극은 자신의 존재를 확인할 수 있는가? 아니면 확인시켜야 하는가? 세상을 바라보는 시선은 벌써부터 텔레비전 같은 것이 독점하지 않았는가? 그렇다면 연극은? 연극은 저장되지 않은 말들이 모여 있는 장소이다. 연극의 말이란 살아 있고, 유일하고, 모방할 수 없는 말이다. 사회와 그 비극적 정황들과 사람들의 고통과 원한, 사랑과 죽음을 이야기하는. 이런 것들이 결핍의 시대가 요구하는 아주 귀중한 연극의 반성이 아니겠는가? 그리하여 연극은 흐름과 경향을 거슬러 원초적 역할로 돌아가야 한다고 말할 수밖에 없다. 돌아온 해병처럼 배우로, 극장으로, 몸의 아름다움으로, 순간의 제국으로.

---

7   윤대성, 「연극시론:쓰레기 공해가 된 연극」, 『한국연극』, 1994년 9월호, 10쪽.

연극과 여름 밤

여름은 책 읽기 참 좋은 계절입니다. 여름은 덥기 때문에 그 뜨거운 열기가 사물을 증발시켜버리듯 한때입니다. 여름날 독서는 어떤 계절보다도 책을 읽고 있는 동안 읽는 이의 갈망을 모두 드러내게 합니다. 증발한다는 사실은 가벼운 독서를 재미있게 만들고, 무거운 독서를 지배하지 않습니다. 새로 산 셰익스피어 전집을 꺼내 읽습니다. 부드럽고 얇은 종이에서 향기가 납니다. 한쪽은 영어로, 다른 한쪽은 불어로 쓰여 있는 부켕(Bouquins)판을 손에 들고 편한 자세를 취합니다. 우선 짧은 소네트부터 읽어보았습니다. 그는 여름을 이렇게 노래했습니다. "나는 그대를 여름날에 비유해야 할까요?/그대는 여름날보다 더 아름답고 화창하오/여름날은 너무나도 짧기만 하오……."(「소네트 18」) 여름은 덥지만 참 아름다운 계절인가 봅니다. 여름은 이처럼 일종의 요람입니다. 셰익스피어의 희곡 제목인 "한여름 밤의 꿈"은 잠에서 막 깨어난 몽상의 불합리성을 뜻합니다. 또한 깨져서는 안 되니까 조심스럽게 다루어야 할 꿈이기도 합니다. 끝에 가서는 꿈에서 깨어나 현실과의 괴리감을 깨닫는 괴로움 같은 것이 몰려들겠지요.

아름답지만 짧기만 한 것, 그런 것이 한여름 밤의 꿈과 사랑뿐만 아니라 연극이라면 얼마나 좋겠습니까? 셰익스피어는 「로미오와 줄리엣」 2에서 장미라는 이름, 그리고 장미의 향기를 통하여 사랑에 대해서 다음과 같이 말하고 있습니다. "줄리엣: 이름에 도대체 무엇이 있단 말인가? 장미라 부른 것을 다른 이름으로 부른다 해도 그것의 향기는 변함없이 감미로울 것을."(「로미오와 줄리엣」 2:2:40~48) 이어 줄리엣은 다음과 같이 덧붙입니다. "줄리엣: 로미오 역시 로미오란 이름이 아니라도, 그 이름과는 관계없이 본래의 미덕은 그대로 남을 거예요. 로미오 님, 그깟 이름을 버리고 당신과는 아무 상관도 없는 그 이름 대신에 이 몸을 고스란히 가지세요."(2:2:40~48) "로미오: 그 말대로 당신을 갖겠소. 그렇다면 날 사랑이라 불러주오. 난 거듭 난 것이오. 이제부터 난 로미오가 아니오."(2:2:40~48)

셰익스피어는 사랑에 빠져 눈을 잃은 이들의 대사에서 장미와 그 향기를 통하여 언어의 자의성에 대하여 명쾌하게 말하고 있는 것이지요. 연극이 사랑처럼, 장미의 향기처럼 늘 기쁨 속에서 증거하고, 지속하는 가운데 확신할 수 있는 것이라면 얼마나 좋겠습니까? 재미있어 기쁨을 억누를 수 없고, 끝나는 것을 아쉬워해야만 하는 연극이 어디 없을까요? 삶보다 더 구체적인 허구 앞에서 넋 놓고 눈과 귀를 모두 열어놓은 채 바라볼 수 있는 연극이 어디 없을까요? 그리워할 만한 연극이 있었으면 좋겠습니다. 사랑하는 스완이 집에 담배 케이스를 두고 간 것을 빌려서, "왜 당신의 마음도 잊고 가시질 않았나요. 당신의 마음이라면 돌려드리지 않았을 텐데"(프루스트, 『잃어버린 시간을 찾아서』, 제2부 '스완의 사랑'에서 인용)라고 말하는 오데트의 대사를 한여름 밤에 듣고 싶습니다.

셰익스피어는 여름과 꽃을 이렇게 노래했습니다. "여름철 꽃은 저절로 혼자 피어났다가 시들고 말지만, 그 꽃은 여름을 아름답게 해주게 마련이

오."(『소네트 94』) 그래요. 지금도 극장에서 태양보다 더 뜨거울 법한 조명기 밑에서 땀 흘리며 공연하는 배우들이 많습니다. 그들은 연극을 아름답게 해주는 이들입니다. 책을 덮고 눈을 감아봅니다. 연극을 공부하면서 셰익스피어의 많은 인물이 경험한 "상쾌한 바람이 소리도 없이 나무에 입맞춤하는 밤"(『베니스의 상인』 5:1:1~5)을 떠올립니다. "아, 사랑이 싹틀 무렵의 입맞춤이란 얼마나 자연스럽게 생겨나는가! 그것은 서로서로 매우 바쁜 일, 한 시간 동안 주고받은 키스는 5월의 들판에 핀 꽃처럼 헤아리지 못하리라"라고 프루스트도 말했습니다(『잃어버린 시간을 찾아서』). 마술이나 주술에 걸린 듯한 한여름 밤의 꿈은 대개 비슷한 모양입니다. 부정할 수 없고, 의심할 수 없듯이. 감은 눈을 떠야 하나요, 그냥 두어야 하나요?

연극은 여름과 밤과 꿈의 산물입니다. 여름은 "더운 날, 피도 미친 듯이 끓어올라"(『로미오와 줄리엣』 3:1:4) 길고 덥고, 밤은 "달빛에 걸어 맹세하지 마세요"(『로미오와 줄리엣』 2:2:109)라고 말하는 것처럼, "밤은 여인들 곁에서 생각보다 날샌 날개로 순식간에 날아가 버려"(『트로일로스와 크레시다』 4:2:13~14)는 것처럼 짧고 깊고, 꿈은 "맹목인 사랑처럼, 향기로운 꽃처럼"(『로미오와 줄리엣』 2:1:33, 44) 가볍고 부질없습니다. 더러 사랑을 밤에 비교하면 이상처럼 접근할 수도 없고 보잘것없어 보여 슬프기 그지없습니다. 그러나, "밤의 어둠을 타고 퍼져오는 사랑하는 이의 목소리는 은방울처럼 아름답고 보드라운 음악이 아닌가!"(『로미오와 줄리엣』 2:2:165~166)라고, 나이 어린 줄리엣은 당당하게 말합니다. 그것만이 아닙니다. "사랑이 맹목이라면 밤은 캄캄할수록 어울리는 법"(3:2:9)이라고, 읽는 이를 매혹에 빠뜨리는 말을 합니다. 나는 아주 오래전에 이 대사를 암기했지만 터놓고 말한 적은 없습니다. 매혹당했다는 것은 그것을 잊지 않겠다는 의지이기도 하지만, 그것을 잊게 되면 어떻게 될까를 염려하는 바가 터 큽니다. 그러니까 매혹당하는 그 순간부터 혼란을 경험하게 됩니다.

희곡의 한 줄을 읽는 순간, 그것에 동의하고 매혹당하면 전혀 새로운 어떤 것, 격한 동요의 숨결을 경험하게 됩니다. 로미오와 줄리엣은 그 순간에 서로 기쁨을 나누게 됩니다. 그때가 한여름 밤이지요. 그 두 사람에 대해서 배타적인 기호로 등장하는 이들이 많을수록 사랑의 조건은 실현될 것입니다. 내 나이 반도 안 되는 '어린' 줄리엣은 약속이나 한 듯이 자신이 소망을 실제보다 더 크게 만듭니다. "사랑의 무대인 밤이여"라고 해놓고 나서, 이를 줄여 "밤이여 오라, 온통 검게 옷을 차려입는 엄숙한 밤이여, 순결한 처녀 총각의 승부에 있어서 이기면서도 지는 법을 가르쳐다오"(3:2:10~13)라고 말합니다. 때깔을 부리는 사람과는 전혀 다른 줄리엣, 낭자 같은 이가 존재하나요? 어디……? 가고 싶어요. 난 이미 모든 것을 잊고 잃었어요.

연극은 여름과 만나 사랑에 빠져 놀지만 늘 그런 것만 아닙니다. 때로는 "죽은 듯 황량한"(「햄릿」 1:2:198) 밤과 만나 은밀해지고, 꿈과 만나 꽃처럼 시듭니다. 연극이 한여름 밤과 만난다면 그것은 분별력을 키우는 것이 아니라 미치는 것, 바보가 되는 것, 아예 광기를 지니는 것이 되고 말지요. 마치 반달 모양, 초승달 모양의 따위 뜻을 지닌 단어 lunate, 정신이상이나 광기를 의미하는 단어 lunacy, 미친이나 미치광이를 뜻하는 단어 lunatic의 어원이 모두 달을 뜻하는 라틴어 단어 luna인 것처럼 말입니다. 햄릿은 그 밤에 혼자 남아 "지금은 바로 마법의 밤, 교회마당 묘지가 입 벌리고, 지옥 자체가 세상으로 역병을 내뿜는 때"(3:2:389~391)라고 했습니다. 갑자기 더위가 사라졌습니다. 여름에 공포, 괴기 영화가 상영되는 것을 알 것 같습니다. 그러나 그것은 오래가지 못해요. 바사니오가 없는 밤은 포샤에게 "오늘밤은 병든 낮"(「베니스의 상인」 5:1:126)이 되지만, 곧이어 바사니오와 함께 걷는 밤은 "낮같이 밝은 밤"(5:1:127)이 되기도 하니까요. 젊은 시절, 나는 포샤와 같은 여성을 날마다 흠모했었습니다. 어디 간들 잊은 적이 없었습니다.

다음과 같은 프루스트의 유명한 문장을 기억합니다. "그녀를 포옹하여 자기의 입술을 거기에 대면서 알게 된 것이라고 상상하던 살결의 정결함과 부드러움에 준하여 평가하지 않고, 오히려 그녀의 얼굴을 섬세하고 아름다운 선의 뒤섞임으로 평가하여, 그 뒤섞임을 시선으로 풀어내고, 그 얽힌 곡선을 뒤쫓으며, 목의 흐름을 넘쳐흐르는 머리카락과 눈꺼풀의 곡선에 결합시키면서, 그녀를 그녀의 특징이 명백하게 이해될 것 같은 초상화 속에 넣어보는 것이었다."(프루스트, 『읽어버린 시간을 찾아서』, 제2부 '스완의 사랑'에서 인용) 위 문장의 목적어인 '그녀'를 '자연'으로 바꿔 읽어보면 어떨까요? 자연을 온전한 것으로 여기게 됩니다. 우리에게 필요한 것은 삶과 자연의 온전함 같은 것이겠지요. 상상력의 절정을 보여주는 매력적인 문장을 읽고 나서부터 나는 무대 위 배우를 선으로 봅니다. 이전에는 접근할 수 없었던 꿈의 세계를 발견할 수가 있었습니다.

밤과 만나는 연극은 모험의 예술입니다. 어두컴컴한 곳을 비추는 것은 연극이 지닌 상상력이라는 불빛입니다. 그래서 연극은 한여름 밤에 축제와 같고, 실제로 연극축제가 벌어지는 곳은 대개 열린 자연의 한 터입니다. 연극사적으로 오래된 극장들은 산자락에 자리 잡고 있었습니다. 앙피테아트르, 즉 하늘이 보이는 원형극장에 어둠이 내리고 별이 반짝이면 배우들은 무대에 등장해서 인간의 속을 드러내 보였고, 하늘에 귀 기울였습니다. 희랍 연극이 보여주는 인간의 운명이 그 하나의 예라고 할 수 있습니다. 그들은 "아, 정의를 가져다주는 오늘의 고마운 빛이여, 이제야 인간 세상의 갖가지 고뇌에 올바른 심판으로 보답해주시는 신께서 아득한 하늘 위로부터 내려다보신다"(아이스킬로스의 「아가멤논」에서 아이기스토스의 대사)라고 말할 수 있었습니다.

연극을 포함해서 모든 예술은 자연과 떨어질 수 없습니다. 좋은 문장의 수사는 자연의 아름다움과 품위를 그대로 이어받고 있습니다. 상상력은 우리가 기억하는 자연, 그 풍경으로부터 오는 수가 많습니다. 앞에서 인용한 것처럼, 고전의 명대사들은 자연과의 훌륭한 조화로 태어납니다. 햇살의 색깔, 새들의 울음소리, 저물어가는 하루, 푸른빛이 감도는 구름, 높은 수목들의 그림자, 햇볕 가득한 오솔길, 노란색 수련이 드문드문 잠겨 있는 연못, 곤충들에 의해서 끊임없이 방해받는 낮잠, 딸기꽃의 무늬…… 여름에 만나는 자연은 시골의 순박함, 꽃들, 그윽한 색조, 소박한 화려함으로 채워진 축제와 같습니다. 눈을 들어 여름 숲, 들판을 보면 어리둥절해집니다. 나도 모르는 사이 책 밖으로 나와 그냥 가고 있습니다. 내가 증발되는 것 같습니다. 여름은 참 신기합니다. 눈길 가는 곳곳마다 삶에 친밀성을 가져다주는 것들이 널려 있습니다.

막과 장 혹은 길과 산에 대하여

내가 사는 동네는 산으로 둘러싸인 곳이라 아파트같이 인구가 많지 않아 좋기도 하고 겨울에 춥고 여름에는 더워서 더러 불편하기도 하다. 길도 예전 그대로 좁다란 터라 차들이 들락날락하기에 여간 힘들지 않다. 그럼에도 사람들은 이 동네를 떠나려 하지 않는다. 불편하게 사는 삶이 우리 동네의 주거 조건이다. 만약 우리 동네와 삶을 연결할라치면 무엇보다도 높낮이가 있는 굽은 골목길을 말해야 할 것 같다. 길과 집이 산자락에 있는 터라 길에는 오르막과 내리막이 있다. 이곳에서 저곳으로 가려면 발품을 팔아 에돌아 가야 하는 경우도 많다. 야트막한 산이지만 이곳에 사는 이들의 삶은 산과 길 두 얼품에 놓여 있다고 해도 틀리지 않다. 나는 가끔 이런 지형적 조건이 내 삶에 미치는 영향이 무엇인지 생각하곤 한다. 처음 조용한 이곳으로 이사 왔을 때 하루하루가 힘들었다. 모든 것이 낯설었고, 하는 일마다 실수를 했다. 지금까지 배운 삶의 기술이 이곳에서는 허용되지 않았다. 모든 것을 거의 내 손으로 해야 했다. 삶의 지식이 있다면 여기서는 제 몸으로 그것을 새롭게 터득해야 했던 것이다. 모든 것이 처음이었고, 새로웠다.

그것은 지형이 주는 입체감 덕분이었다. 이 원리를 극장과 공간에 적용하면 어떨까?

연극을 보기 위하여 극장에 가는 것과 산에 오르는 일은 어떤 차이가 있을까? 산이 저기 있기 때문에 산에 가고 오른다는 말은 일차적으로 산과 산에 오르는 나와의 단절을 전제로 해야만 성립된다. 즉 산은 나에게 있어서 정복의 대상이라는 뜻이다. 산을 사랑하는 이들은 이러한 발언을 서양 알피니즘의 소산이라고 말한다. 산을 정복하기 위하여 서양의 알피니즘은 산에 가고 오르는 일을 '등'산이라고 했다. 등정의 결론이 정복인 것처럼. 정복으로서의 쾌감은 당연히 등정의 횟수와 등정의 고난도 방법과 등정의 높이에 따라 증감하기 마련이다. 정복하기 위한 산을 구분해놓은 난이도는 정복한 후에 느껴지는 쾌감의 지수와 같다. 서양의 알피니즘은 5.13a 혹은 5.13b처럼 산을 소수점 아래 세 자리까지 나누어놓으면서 산의 성격을 규정해버린다. 산을 표현하는 '깊고 높다'는 말과 '5.13a' '5.13b'라고 말하는 것은 엄청난 차이가 있을 수밖에 없다. 연극에도 5.13a보다 더 힘든 5.13b와 같은 난이도를 지닌 연극이 있을까? 그것은 불가능할 것이다. 서양 연극에서의 막과 장의 구분은 산의 난이도와 비슷한 개념일 터이다.

나는 연극 보러 그냥 극장에 간다. 관객들은 연극이 저기 있기 때문에 극장에 가는 것은 아닐 것이다. 또한 관객 중 등정의 쾌감 같은 것을 맛보기 위하여 연극을 보러 가는 이들은 없을 것이다. 정복하기 위한 등정의 쾌감과 관극하는 관객의 쾌감은 서로 비교할 바가 아닐 것이다. 그리고 관객의 태도가 관극하는 고난도의 작품과 높이와 방법과 횟수에 따라 결정되는 것은 아닐 것이다. 산에 가서 오르는 일을 등정과 정복의 차원으로 보면 연극을 보기 위하여 극장에 가는 것은 다를 수밖에 없다. 그러나 산에 오르는 일을 등정이 아니라 산과 일치하기 위한 짓이라고 한다면, 그러니까 산에 포개지는 일이라고 전제한다면 연극과 산, 연극을 보는 것과 산에 오르는 일은 일치할 수 있다. 산에 저기 있기 때문이 아니라 산이 바로 나 자신이고 연극이 저기 있기 때문이 아니라 연극이 바로 나 자신인 것이다. 프랑스의 철학자인 사르트르의 구분처럼, 연극과 산이 나의 의미 차원이고, 나는 연극과 산의 존재 차원이라면 연극과 산 그리고 나는, 연극을 보고 산에 오르는 일은 두 개의 차원이 서로 일치하기 위함일 것이다. 산으로 연극을 말하는 것은 두 개의 차원이 일치하기 위한 태도를 밝히기 위함이다. 진정한 산행은 산이 이루고 있는 장관을, 연극적으로 말하면 볼거리인 스펙터클을 보고 체험하기 위함일 것이다. 연극무대는 연극언어를 위치시키는 장소이며 연극의 담론이란 연극언어를 가지고 스펙터클을 만드는 일(mise en spectacle)이다. 아름다운 산은 아름다운 산의 경험에서 이루어진다.

흔히들 연극무대라고 하면 사각형의 무대나 원형의 무대를 떠올리면서 평면을 강조하고, 산을 말할 때는 높이를 재고 오르고 내려오는 것을 말한다. 평면으로서의 연극무대와 입체로서의 산 사이에는 어떠한 차이 혹은 유사성이 가로놓여 있을까? 연극무대에서의 동작이 평면을 오고 가는 짓이라면 산에서는 오름짓과 내림짓이 서로 교차한다. 산에서 이러한 짓들은 전적으로 걸음품에 의해서만 가능하다. 연극을 보는 관객들은 자리에 앉아 가만히 보는 것으로는 충분하지 않다. 관객들도 공연에 참여하기 위해서는 스스로 걸어가야 한다. 숨차게 걸으면서 자신의 몸이 내는 소리를 들어야 한다. 연극무대에서 평면을 가로지르는 짓과 산에서의 오름짓과 내림짓은 사뭇 다르다. 연극무대에서 오름짓과 내림짓을 대신하는 것은 몸으로서의 걸음품이 아니란 말이다. 산은 연극무대를 정의하는 시간과 공간적인 맥락을 아우르는 스펙터클이다. 이러한 문제제기를 해보는 것은 오늘날 한국 연극의 무대가 평면으로 단순하게 고정되어 있기 때문이다.

연극 바깥의 이야기이지만, 서울은 산으로 둘러싸인 곳이다. 북악산, 인왕산, 남산, 낙산, 안산, 북한산, 관악산 등등. 그러므로 산에서 흘러내리는 물이 많기 마련이다. 그 물줄기 언저리에 마을들이 자리 잡았고, 삶이 태동했었다. 모래내, 연신내, 청계천, 신림동 등을 떠올리면 좋겠다. 이것 말고도 대학로, 효자동, 세검정, 삼청동, 삼선교 등 물줄기는 많이 있었다. 크고 작은 물줄기는 거의 복개되어 이제 모든 자취를 감추었다. 서울은 시냇물이 흐르는 아름다운 곳이었는데, 차가 다니는 길을 만들기 위하여 시냇물 위를 덮고 길을 만든 통에 평면적인 도시가 되고 말았다. 산을 지닌 입지적 특성이라는 자연도시의 입체성을 죄다 잃고 만 것이다. 냇물이 사라진 서울이 평면적 삶을 유도하는 것처럼, 오늘날 연극은 막과 장으로 분할되어 평면적이다. 삶이 긴장할 수밖에 없고, 사는 이들끼리 서로 싸울 수밖에 없는 원인은 여기에도 있다. 평면이여 가고, 입체여 오라. 서울에게, 연극에게.

제2부

연극과 결핍

거리극의 매력

연극이 역사를 말한다

1. 연극과 아픈 역사

역사 바로 세우기. 우리나라에서 열리는 과천 세계 마당극 큰잔치는 한결같이 역사를 바라보는 연극의 모습을 보여주고 있다. 좀 더 정확하게 말하면 승리하고 정복한 역사가 아니라 패배하고 지배당한 아픈 역사를 되풀이한다. 연극은 역사와 어떤 관계가 있는가. 연극은 지난 역사를 해석하는 데 어떤 책임을 지니고 있는가.

왜 연극은 그토록 아픈 역사를 잊지 않고 되새김질하는 것일까. 그것은 많은 대중가요가 사랑의 아픔을 노래하는 것과 같다. 일기는 화려한 일과보다는 남루했던 일상에서 쓰인다. 노래는 사랑하게 될 기쁨보다는 이루지 못한 사랑의 고뇌에 대하여 뒤늦게 말한다. 때로는 후회하는 넋두리를, 때로는 불가능한 것에 정면으로 맞서는 의지를 담아내기도 한다. 글과 노래처럼 연극도 일상의 삶과 역사의 결핍된 부분을 채운다.

연극은 섣불리 미래를 말하지 않는다. 연극은 선조적인 시간 위에서 이루어지면서 역사와 함께 가되 그것을 뒤따라간다. 연극은 예언을 하더라도 과거에 대하여 현재형으로 말한다. 그러므로 연극은 언제나 현재형이다. 지나간 역사도 연극 속에서는 현재형의 역사로 바뀐다. 거칠게 말하면 연극에는 과거와 현재만 있을 뿐 미래는 없다. 연극에 있어서 미래는 과거와 현재를 기저로 삼아 관객들로 하여금 추측하게 할 뿐이다.

연극이 다루는 역사는 있었던 그때로부터 오랜 시간이 지난 과거의 역사이다. 연극 속의 역사는 있는 그대로의 역사를 뜻하지 않는다. 연극은 역사를 다루되 재현된－달리 반복된－역사를 다룬다. 연극은 역사를 왜곡하는 것이 아니라 역사를 달리해서 보여준다. 있었던 역사를 달리 만들어 보여주는 것, 그것이야말로 연극의 효용이라고 할 수 있다. 관객의 연극 보는 즐거움이란 실재했던 역사와 달리 만들어진 역사 사이에 존재하는 차이의 양과 모양에 있다. 이 차이를 상상력이라고 부르고, 이 차이를 통해서 연극은 역사와 만나고, 관객들은 역사를 다시 보게 되고 평가하게 된다. 그러므로 과거의 역사는 연극의 소재 가운데 가장 영향력이 큰 것이고, 연극은 역사를 다루면서 오늘을 사는 관객들에게 반성하는 힘을 제공한다.

'97 세계 연극제'는 크게 보아 둘로 나눌 수 있다. 하나는 극장에서 하는 연극이고, 다른 하나는 극장이 아닌 거리에서 하는 연극이다. 이런 연극들은 극장에서 하는 공연들보다 덜한 것으로 여겨지기도 했었다. 이름하여 길거리 연극, 열린 공간의 연극들(open air theatre), 마당극이라고 불리는 연극들이 여기에 속한다. 앞의 대표적인 경우가 서울에서 주로 열리는 '공식 초청 공연'이고, 뒤의 대표적인 경우가 과천 '세계 마당극 큰잔치'였다. 후자에 속하는 작품들 가운데 주목할 만한 것은 과천 종합청사 앞마당에서 공연된 콜롬비아의 〈예언자 포폰〉(타이에르 극단), 프랑스의 〈뚜빕 오어 낫 뚜빕〉(레잘라미스 극단)과 국내 초청 공연 등이다. 특히 해외 초청 공연인 콜롬비아 타이에르 극단의 〈예언자 포폰〉은 연극은 역사 가운데 아픈 역사, 지워지지 않는 역사, 승리의 역사가 아니라 패배의 역사, 지배의 역사가 아니라 피지배의 역사 편에 서서 과거형이 아니라 현재형으로 서술하고 표현하고 있다.

2. 연극과 거리의 유혹

공통적으로 거의 모든 작품들은 극장이라는 어두운 실내 공간이 아니라 과천 종합청사 앞마당과 거리에서 이루어졌다. 그리고 모든 공연은 관객들에게 공짜였다. 우리나라의 연극 전통은 원래 닫힌 공간이 아니라 열린 공간, 이를테면 마당과 같은 곳에서 이루어졌다. 그것이 서양의 연극을 본받은 이래 점차 사라져, 이제 연극은 극장이라는 한정된 공간에서 이루어지는 것으로 굳어지고 말았다. 연극이 행해졌던 거리와 마당과 같은 터는 막힘이 없지만 제약이 많은 연극 공간이다. 여기서는 관객들에게 판단을 요구할 뿐, 연극이 어떤 판단의 결과물로서 진행되지 않는다. 관객들의 신분도 구분되지 않는다. 극장처럼 좌석의 등급에 따라 계급이 정해지는 것도 아니다. 그런 면에서 거리와 마당은, 옛 대중가요의 가사처럼, 무엇인가를 부르는 곳이다. 그것은 정열 혹은 환희와 같은 것일 수도 있다. 거리의 연극은 관객들에게 어떠한 부담도 주지 않기 때문이다.

거리극이 제약이 많다는 것은 관객들에게 호소하는 방법에 관한 질문으로, 거리극은 관객들의 시선에 호소하는 편이다. 섬세한 대사가 불가능하고, 인물들의 사소한 관계가 묻히지는 공개된 터에서의 연극은 당연히 볼거리에 치중할 수밖에 없다. 볼거리는 들을 거리에 비하여 훨씬 민주적이지 않은가. 그리고 보는 이에게 훨씬 자유로움을 주는 것이 아닌가. 귀는 신체의 다른 기능에 비하여 선별하는 특성을 지녔다. 눈에 비하여 귀는 훨씬 다스리기 힘들다.

거리극의 매력은 과장된 인물들과 화려한 의상, 장치 등에 달려 있다. 그 속에서 관객들은 불행했던 역사의 아픔을 고스란히 받아들일 수도 있고, 새로운 역사를 꿈꿀 수도 있게 된다. 거리극의 또 다른 매력은 넓은 관객층을 가지고 있다는 점이다. 거리극은 앞서 말한 것처럼 눈에 호소하기 때문에 남녀노소를 구분하지 않는다. 거리극은 모든 이들을 위한 연극이라고할 수 있다. 그러므로 언어가 다른 것에 따르는 소통의 문제가 없다. 충분한 볼거리, 화려한 의상, 상상력이 듬뿍 담긴 무대장치, 거리에서 편안하게 보는 자유로움 등이 관객들에게 커다란 기쁨이 될 수 있다.

연극이 진행되는 마당과 거리는 과거의 역사가 새로운 역사로, 무엇보다도 시각적으로 펼쳐서 보여주는 곳이다. 아픈 역사는 거리로 뛰쳐나온 이들의 역사이다. 그런 면에서 거리는 대중을 유혹하는 곳이고, 마당은 역사의 광장과 같다. 거리와 마당은 공통적으로 열린 곳이다. 마당은 거리들의 교차로와 같다. 연극은 허구이지만 거리와 마당은 현실이란 터이다. 연극을 보는 이들도 현실 속 존재들이다. 여기서 현실이란 터와 그 속의 존재들은 허구인 연극을 향한다. 허구가 현실에게 말하는 것, 그것이야말로 교과서 바깥의 또다른 역사이고, 거리와 연극 그리고 현실과 허구가 일치하기를 소망하는 것이 될 것이다.

콜롬비아 거리 연극의 대표적인 극단이라고 알려진 타이에르 극단의 〈예언자 포폰〉은 과거 콜롬비아 식민지 역사를 말하는 연극이다. 타이에르 극단이 관객들에게 보여준 것은 잔디마당 이쪽에서 서성대고 있는 관객들 사이로 저쪽에서부터 걸어 들어오는 모습이었다. 배우들이 관객들이 있는 터에 같이 자리를 잡는다는 것은 그 순간 '고정된' 극장이란 공간이 없어진다는 것과 극장이란 '공간'이 새롭게 생성된다는 것을 뜻한다. 시간은 이때부터 관객들과 배우들 사이를 묶어놓으면서 흘러간다. 관객들이 배우가 걸어오는 것을 보고, 그쪽으로 발길을 돌린다. 점차 관객들은 걸어가는 배우들과 같은 방향을 취한다. 자연스럽게 배우들을 중심으로 둥그런, 텅 빈 공간이 마련된다. 그곳은 이제부터 배우들이 뛰고 뒹굴고 말하고 노래하고 춤추는 터가 된다. 연극의 공간이란 배우와 관객들 사이에 흐르는 시간을 공유하는 장소를 뜻한다. 그것은 미리 정해진 약속이 아니라 네가 있어 내가 있을 수 있다는 공존과 만남의 윤리와 같다. 이와 같은 연극이 확대되면 거리극, 축제극, 마당극이라는 이름을 얻는다.

연극이 길거리에서 등장인물과 사물들을 크게 만들어 보여준다면 무엇보다도 식민 통치에 의한 억압과 그 고통이 컸다는 것을 상상해볼 수 있다. 순진한 어린아이들이 가지고 노는 장난감은 거지반 축소된 것들이다. 반면에 병원에 가서 고통을 느끼는 주삿바늘과 같은 것은 종종 확대된다. 거리극의 특징인 화려한 의상, 곡예, 무대장치가 주는 풍부한 상상력은 확대된 주삿바늘, 그 잊히지 않는 고통과 같다. 콜롬비아에서 온 타이에르 극단은 연극을 통하여, 그것도 글을 모르는 이들을 포함해서 모든 관객들에게 지나간 아픈 역사를 환기시킨다. 우리가 이 작품을 통해서 기억해야 할 것은 연극과 아픈 역사와의 관계이다. 연극은 결코 보장받은 미래를 말하지 않는다. 오히려 지워지지 않은 상처와 그 기억을 고스란히 드러내놓고자 한다.

거리에서 공연이 진행되는 연극들은 대개 관객의 시각에 호소한다. 거리극은 청각에 의한 정교한 언어 전달이 아니라 사물과 인물의 크기를 확대해서 일상적인 삶과 구별짓는다. 무대에서 발화되는 말에 의한 의사 전달과 소통은 지극히 극장을 중심으로 하는 서양적인 연극의 전통이다. 여기서 말은 이성이고, 이성중심주의 산물이다. 반면에 시각적 볼거리는 보는 이의 감각에 호소한다. 그리고 사유 이전에 같은 장소에서 보는 이들과 함께 역사적 사건을 함께한다는 동질감을 체험하게 한다.

예컨대 콜롬비아의 식민지 역사─이 부분은 일본제국주의를 경험한 우리나라의 지난 역사를 상정해볼 수도 있다─를 다룬 이 연극에서 정복자들의 모습은 큰 인형처럼 확대되어 있다. 콜롬비아 국민들에게 가해지는 제국주의 정복자의 무력과 강권 그리고 폭력은 확대된 인물과 사물을 통하여 관객들에게 거침없이 전달된다. 관객들은 여기서 축소된, 아니 있는 그대로의 콜롬비아 국민들과 같다는 체험을 하게 된다. 정복자에게 나라를 빼앗기고 지배당하는 슬픔은 커질 수밖에 없다.

역사는 항상 이긴 자와 패배한 자를 구분한다. 억압하는 자가 있었고, 억압당하는 이가 있었음을 증거한다. 콜롬비아는 여기서 제국주의에 패배한 자이고, 침략당하고 억압을 당했던 역사를 지닌 나라이다. 극단은 길거리로 나와서 전통적인 놀이를 통하여 관객들에게 잊히지 않는 과거의 아픈 역사를 다시금 상기시킨다. 완성된 역사가 아니라 미완성의 역사로, 사실을 알려주는 것이 아니라 신화 속 인물을 등장시켜 큼직한 볼거리로 관객들을 유혹한다.

과천 종합청사 앞마당은 잔디가 깔려 있어 발길이 부드럽다. 그 위를 높은 장대다리를 한 배우들이 걸어간다. 북을 치며, 노래를 부르며, 가면을 쓰기도 하고, 윗도리를 벗은 채, 화려한 의상을 입기도 한다. 연극을 보러 나온 과천 주민들과 관객들의 태도는 매우 한가롭다. 배우들이 관객들의 키보다 훨씬 높은 곳에서 걸어 다니기 때문에 줄을 서거나, 앞자리에 앉을 필요가 없다. 길거리를 옮겨가면서 보면 그만이다.

이야기는 정복자 스페인에 의해서 쓰인 콜롬비아 역사와 원래 이곳에 살던 뮤이스카 인디언에 의해서 구전되는 신화를 얼개로 하고 있다. 등장인물은 주인공인 예언자 포폰, 그가 받드는 왕, 콜롬비아 민중들, 침략한 스페인 군인들이다. 왕이 죽는다는 사실을 예언할 수밖에 없는 포폰의 슬픈 운명과 곧 죽게 되는 왕의 분노가 겹쳐진다. 그리고 왕과 예언자 바깥에 침략과 패배의 소용돌이 속에서 불안한 삶을 사는 콜롬비아 원주민들의 아픔이 배경으로 자리 잡는다. 1막은 예언자 포폰이 티케수사 왕의 죽음, 그 비극적 운명을 예언하는 것이고, 2막은 죽음을 앞둔 티케수사 왕이 시달리는 악몽을 보여준다. 사악한 독재정권에 희생된 민중의 삶과 소수민족의 고통을 남미의 보편적인 이야기로 승화시켰다는 평가를 받은 훌륭한 작품이다.

포폰은 왕의 죽음을 예언하는 인디언의 구전설화에 나오는 인물이다. 죽음을 앞둔 왕의 악몽 속에서 지배자와 민중의 대립이 드러나고, 그것은 남미의 아픈 역사로 확대된다. 역사가 공개되는 거리는 역사가 심판을 받는 장소가 된다. 관객들은 스스로 판단하는 이가 된다. 이름하여 거리극. 그것은 관객들에게 끊임없이 자신의 판단을 요구하는 연극이다. 필요하다면, 자신의 판단을 관철하고자 한다면 극 중에 개입해도 큰 무리가 없는 연극이다. 그렇게 관객이 참여할 수 있는 자유를 누리는 연극이다.

〈예언자 포폰〉에 등장하는, 죽음을 앞둔 왕의 몽상에 등장하는 인물들은 과거의 인물들이되 확대된 인물들이다. 지켜보는 관객들보다 키와 몸짓이 훨씬 커다란 인물들이다. 그만큼 인물들의 역사는 관객들에게 확대되어 보인다. 그리고 콜롬비아를 억압했던 제국주의자들의 모습은 거인과 같다. 그것은 제국주의자들의 포악스런 욕망을 그대로 드러내는 효과를 지녔다. 반면에 억압당하는 콜롬비아 민중들은 원래의 모습 그대로다. 그것은 역사가 지녔어야 할 본래의 모습을 비춘 것이라고 해도 좋을 것이다.

타이에르 극단은 자신들의 아픈 역사를 말하기 위하여 말 대신 신화 속으로 걸어 들어간다. 신화는 모든 이들을 공통분모로 하는 이야기와 같다. 신화 속에서는 신분과 계급, 과거와 현재가 모두 하나로 묶인다. 〈예언자 포폰〉은 지배자의 신화라고 할 수 있는 역사를 말하되 지배자에 의해서 잊혔던 고대 신화를 인용함으로써 관객들에게 현실을 다시 읽도록 한다. 그렇게 해서 역사적 실존을 발견하고 체험하게 한다. 아주 쉽고, 아주 재미있게. 이것이 우리의 연극이 배워야 할 점이기도 하다.

3. 극장, 공간의 창출

과천 세계 마당극 큰잔치는 연극은 극장이라는 공간에서 이루어지는 예술이라는 정의가 반드시 옳은 것이 아님을 보여주는 기회였다. 연극은 원래 공간을 가두어놓은 극장이 아니라 안과 바깥이 없는 야외에서 이루어졌었다. 이른바 야외극장이라고 하고, 마당이라고 하는 것들은 조명, 무대장치 등과 같은 고급한 기술을 필요로 하는 연극들에 밀려 자취를 감추게 되었다. 이번 '97 세계 연극제'가 야외에서 하는 연극들을 준비한 것은 한국 연극과 관객들에게 새롭게 연극을 정의하고, 즐길 수 있는 계기를 마련해주었다. 그리고 처음에는 이것도 연극이라고 할 수 있는가를 질문하게 하는 공연들, 보고 나서는 이것도 연극이라고 할 수 있다고 스스로 정의할 수 있었던 공연이 많이 있었다. 관객들이 공연에 대하여 질문과 정의 사이에 놓여 있었다는 것은 행복한 일이다. 그것은 연극 수용에 대하여 어떠한 강요도 없다는 것을 뜻하고, 미적인 감수성을 요구받았기 때문이다.

예컨대 〈뚜빕 오어 낫 뚜빕〉은 연극을 통하여 사물과 인간의 삶이 얼마나 달리 될 수 있는가를 보여준다. 상상력에 의하여 만들어졌고, 관객의 상상력에 불을 지핀다. 연극의 재미란 삶을 고스란히 복사하는 것이 아니라 그것을 변형시키는 데 있다. 이 작품은 신생아실, 분만실, 정신병동, 응급실 등에서 벌어지는 온갖 에피소드들을 우스꽝스럽고도 놀라운 구성으로 보여준다. 예컨대 태어나기를 거부하는 태아를 만나기 위하여 산모의 뱃속으로 들어가는 의사를 상상해보자. 이것은 일상생활에서는 불가능한 일이다. 연극은 무대라는 상상력의 공간에서 불가능한 일을 가능하게 만든다. 이때 웃음이 생성된다. 웃음이란 삶을 뒤집을 때 터져 나온다. 웃음은 삶과의 거리이며, 삶을 되비추는 즐거움이다.

연극과 기억

연극의 매력은 오랫동안 과거의 사건을 항상 현재시제로 재현할 수 있는 데 있었다. 그것은 연극이 과거의 단순한 저장이 아니라 항상 새롭게 기억하고 기억을 재생산하는 장르의 예술이기 때문일 터이다. 연극은 기억의 변증법적 형식이라고 할 수 있다. 기억의 고리가 하나씩 새롭게 형성될 때마다 삶의 사슬은 과거로 옮겨간다.

연극에서 기억의 저장장치는 극장이고, 희곡에서 기억의 저장장치는 글을 비롯한 인물들 자체라고 할 수 있다. 이런 극적 장치들은 모두 기억의 공간을 생성한다. 희곡에 등장하는 문자로서의 인물들을 살아 있는 인물로 만드는 기제는 무엇보다도 기억이다. 표면적으로는 기억을 상실하는 경우도 있지만, 무의식 속으로 자신들이 모든 상처를 억제하기도 한다. 인물들은 "감각기관에 의해 흡수된 경험이 도장을 찍는 것처럼 기억 속에 이미지 (eikon), 즉 상을 남긴다". 이처럼 감각기관을 통해 들어온 상(像), 즉 메타포와 같은 기억은 등장인물들을 행동하게 하는 기제가 된다. 기억은 소리를 저장했다 다시 듣는 것과 다르다. 거대한 공간과 같은 기억에 의한 내러티브는 현재의 행동이기도 하고, 미래를 향하는 회전판과도 같다.

현대 연극과 희곡은 두드러지게 인물들이 지닌 기억으로 독자와 관객들에게 정보를 주고, 인물들을 변형시키기도 한다. 연극 안 인물들은 기억에 의존하고 있으며, 기억은 인물들에게 목표 그 자체가 되기도 하며, 궁극적인 끝이 되기도 한다. 기억은 인물들에게 호소하고, 인물들을 움직이고, 인물들을 추동시켜 다른 행동을 하게 한다. 인물들은 극 중의 흐름 안에 있으면서 나무숲과 같은 기억 속에서 빠져 있기도 하고, 그곳을 나와 사건 진행을 돕고, 또한 사라진 기억처럼 상실되기도 한다. 멀어지기만 하는 과거와 같은 기억 안에서 희미한 메아리처럼 남아 있기도 한다. 이처럼 기억은 구체적인 희곡 속에서, 공연 안에서 인물들의 의사(疑似) 공간, 내적 공간이 된다. 연극이 새로운 현실을 창조한다면, 등장하는 인물들은 기억으로 현실을 판단한다.

그것은 서양의 고전 희곡에서도 예외가 아니다. 소포클레스가 「콜로노스의 오이디푸스」에서 피 흘렸던 과거 이후 평정을 찾은 오이디푸스를 보여주듯, 셰익스피어가 「리어 왕」에 광야에서 자신의 광기를 모든 바람결에 부르짖듯. 광야란 기억이 더 이상 존재하지 않는 터가 아니라 인물과 작품에 새로운 지평선을 열어주고, 폐쇄되지 않을 가능성을 열어주기 위한 공간일 터이다.

필자가 연극을 볼 때나 희곡을 읽을 때 인상적인 장면은 인물들이 가방을 들고 나가고, 들어오는 때이다. 극 중에서 배우와 인물들에게 상징적인 오브제는 손에 든 무거운 가방이다. 그것은 아주 먼 곳에서 온 것을 뜻했고 동시에 언제든지 떠날 수 있다는 것을 암시한다. 손에 든 큼직한 가방은 인물들의 삶이 포개져 들어가는 기억 공간이라고 할 수 있다. 더러 그 크기에 대해서 실망도 했지만 나이가 들면서 오히려 작아야만 한다는 것도 어렴풋

이 깨달을 수도 있었다. 가방 안에 있는 삶에 관한 기억처럼 들어갈 미래의 삶도 간결해야 한다는 것까지. 떠도는 이방인들에게 필수적인 것이 가방이다. 연극에 등장하는 기억의 상징인 가방은 떠날 수밖에 없는 절망과 떠나지 못하게 하는 억압의 상징이라고 할 수 있다.

근대 희곡에 등장하는 인물들이 지닌 공간과 연극하는 이들의 공간은 어느 정도 일치한다. 등장인물들은 한정된 공간에 멈추어 있지 않고 끊임없이 이동한다. 움직여서 공간을 이동하는 것은 이들이 살아 있다는 것의 증거가 된다. 근대 이후 연극들은 광장에서 또 다른 곳으로 옮겨간다. 그곳은 아무도 없는 땅이다. 문패도 번지수도 없는 곳이다. 등장인물들은 정처 없이 떠돈다. 그들에게 여기와 저기의 구별은 불가능하다. 그런 공간의 경계는 애초부터 존재하지 않는다. 아주 먼 옛날 유랑했던 무리들처럼 이곳과 저곳을 구별하지 않고 돌아다닌다. 그것은 유랑극단의 행태와 같다. 정착하지 않는다는 면에서, 고정된 삶을 원하지 않는다는 면에서, 기존의 모든 가치를 존중하지도 인정하지도 않는다는 면에서 그러하다. 교과서적 의미로 하면, 떠도는 이들은 무정부주의적인 삶을 지향한다. 그들은 적의와 체념과 절망의 시선을 지닌 아나키스트들이었다. 앞서 언급한 것처럼, 떠도는 이들에게 경계는 없다. 경계가 무화되면 종족이나 민족, 그리고 국가라는 개념도 상실된다. 근대 연극에서 기억에 멀어져 떠도는 인물들이 확대되는 것은 자민족 중심주의가 서서히 깨지고 있다는 것을 의미한다. 국가가 해체되는 것을 제일 먼저 몸으로 체현하는 이들이 근대 연극에 등장해서 기억 없이 떠도는 이들이다. 그 최댓값을 지닌 인물을 꼽으라고 한다면, 베케트의 희곡 〈고도를 기다리며〉에 등장하는 블라디미르, 에스트라공, 럭키, 포조와 같은 인물들이다.

서양의 근대 연극에 등장하는 인물들은 서서히 자기가 살고 있는 기반을 떠나면서 시작된다. 영화에서 말하는 로드 무비처럼, 여행의 연극, 유랑의 연극인 셈이다. 떠돎은 아무도 아닌 자의 철학 이른바 노마드(nomade)의 삶의 상징이다. 나라와 규범과 같은 경계를 완전하게 벗어나 있으므로 이들의 떠돎은 영원한 휴식과도 같다. 그들은 분명 길 위에 있었다. 이미 있는 길들을 찾아간 것이 아니라 가면 길이 되는 것을 알고 있었고 그렇게 했던 이들이었다. 떠돌기 때문에 그들에게 집과 절과 가족이 없었다. 그리고 고정된 정체성이란 것이 없다. 아니 정체성과 경계에 묶이지 않기 위하여 그들은 집이 아니라 길 위에 머물렀다. 한편으로는 국가와 사회체제로부터 떨어져 있었고, 다른 한편으로 그것으로부터 완전하게 소외된 채 살아야 했다. 그들은 당대에 그야말로 아무것도 아닌 자기 자신이 되었을 것이다. 소외는 일종의 시선 상실이다. 자신의 의지에 따라 자신의 삶을 변화시킬 수 없는 소외된 자는 타자의 시선으로부터 피해 숨기 마련이다. 그래서 그들은 당대에 철저하게 이방인으로 떠돌면서 존재했던 인물들이었다. 헤겔은 서양의 희극은 노예가 무대에 오를 때 시작했다고 했지만, 근대의 비극은 개인이란 공간에서 공동의 공간으로, 이른바 동굴에서 광장으로 나오는 대결과 극복의 미학이라고 할 수 있다. 리어 왕, 오이디푸스 왕과 같은 인물들은 신비한 자연의 의지를 깨닫고 그와 비슷한 세계관을 낳고 그것을 신앙으로 삼는 인물이다. 만약 등장인물들이 아예 자연과 같은 너른 터를 삶의 공간으로 삼고 그 안에서 처음부터 기억을 잃고 헤매고 그것을 운명으로 알고 평생을 살았던 인물들은 누구일까. 〈고도를 기다리며〉 〈리어 왕〉 등에 등장하는 인물들은 거지반 벌판이나 광야 혹은 길 위에 있다. 그들은 길의 끝, 되돌아올 수 없는 지평선 너머까지 가서 방황하고 있다. 비극에 등장하는 인물들은, 헤밍웨이가 쓴 「킬리만자로의 표범」의 첫 구절처럼, "킬리만자로의 높이 1만 9천 7백 피트, 눈 덮인 아프리카 대륙의 최고봉, 서쪽 봉우리에는 말라 얼어붙은 한 마리의 표범의 시체"와 같다. 이러한 희곡들에 등장하는 인물들은 구원의 불가능성으로 불안하고, 스스로 목숨을 끊는 경우가 많다.

현대 연극은 점점 더 기억을 잃은 인물들을 앞에 내세우면서 삶과 세계의 불투명성을 극대화시킨다. 이른바 자아의 위기라고 할 수 있다. 그것의 최댓값은 기억의 완전한 상실이고, 이는 정체성의 혼란으로 이어진다. 그런 인물들은 〈봄이 오면 산에 들에〉에서 "말은 할 수 없고, 그 움직임만으로 무엇인가를 옮겨야 한다는 느낌으로, 아니, 그들이 하는 일이 쉽게 알 수는 없는 어떤 신비한 일이기 때문에 되풀이"[1]하는 느낌을 준다. 들판과 길에서 이런 인물들의 삶은 비극의 복판에 놓인다. 자기반성의 의무가 불가능해질 때, 소멸해가는 역사의 기록이 불가능해질 때 비극은 생성된다. 그때 등장인물들은 기억에 의존한다. 기억이 없는 인물들은 조각과 같은 인형이 될 수밖에 없다. 시각과 청각 혹은 다른 감각에 의해서 저장된 사물들은 우리가 잊은 사물들을 다른 모습으로 되살려놓는다. 기억은 원래의 것과 같을 수도 있지만 대부분 다르게 변용된다. 우리가 위 두 작품에서 본 바와 같이, 기억은 감각과 앎의 소유이되 변용이다. 〈태〉와 〈봄이 오면 산에 들에〉는 공통적으로 시간의 개념과 더불어 고통스러운 과거를 기억하고 있는 희곡이다. 다른 점이 있다면 앞의 희곡과 뒤의 희곡이 지닌 시간의 흐름, 그 차이에 있다. 〈태〉가 아픈 과거의 기억과 재현되는 현재라면, 〈봄이 오면 산에 들에〉는 이를 포함해서 운명의 이질성에서 삶의 동질성으로 옮겨가는 미래의 기다림이라고 할 수 있다. "호쾌한 진달래 산천이 쩌렁쩌렁 울리는"(160쪽) 봄이 겨울의 죽음을 통과한 후 살아 있는 것을 의미하는 것처럼.

---

1   최인훈, 『최인훈 전집 10』, 문학과지성사, 1992, 139쪽.

한국 현대 희곡을 대표하는 두 작품은 모두 과거의 기억이 현재의 앎을 조건짓고 있음을 보여준다. 베르그송식으로 말하자면, 등장인물들의 내러 티브는 "과거를 기억하는 것이 곧 인식"임을 보여준다. 과거를 기억하는 것은 과거에서 무엇인가를 알고자 하는 것에 머물지 않고, 그것을 통해서 현재 너머 미래를 향한 인식의 방법이라고 할 수 있다. 〈태〉는 아픈 과거가 현재에도 반복될 수 있다는 인식과 앎과 등가인 기억을, 〈봄이 오면 산에 들에〉는 기억이 미래를 바라보고 있는 상징적 기억을 보여주고 있다. 인물들은 기억, 그 자체가 되어 하염없이 역사 속에 사로잡혀 있거나, 기억의 기슭에 침묵하거나 희미하게 살고 있는 셈이다. 그런 면에서 두 희곡의 내러티브가 지닌 특징은 끊임없이 밑(sou)에서 솟아오르면서(venir) 재구축되는 기억(souvenir)들을 통하여 현재적으로 행동화하는 기억(mémoire)이다. 희곡(이란 글쓰기)은 기억의 현상학이라고 할 수 있다.

연극과 전쟁

1.

9·11 테러 이후 그 주범으로 빈 라덴을 지목하면서 미국은 아프가니스탄에 신속하게 보복 전쟁을 한 적이 있었다. 이때 미국은 이슬람이라는 문화와 종교가 아니라 반인륜적인 테러에 대항하는 전쟁이라고 했고, 어두운 밤을 기다려 크루즈 미사일을 쏘아 나무가 없는 나라의 여러 곳을 파괴했다. 그런 탓에 아프가니스탄은 20년 전에 시계가 멈춰버린 곳이 되었다. 미국과 아프가니스탄의 전쟁 동안, 나는 텔레비전을 통해서 아프가니스탄의 풍경을 주의 깊게 보게 되었다. 내가 본 바에 의하면 그 나라에는 나무가 없는 산들이 많았다. 사람들이 살고 있는 땅은 사막과 같았고, 그들 뒤로는 만년설이 쌓인 설산이 있었다. 아이와 어른을 구분할 것 없이 대부분 사람들은 굶주렸고, 나라는 오랫동안의 내전과 외전으로 피폐해졌다. 높은 산에서 불어오는 바람 탓으로 이들이 입고 있는 옷들은 헐렁했다. 아이들의 얼굴은 전쟁과 배고픔의 공포로 가위눌려 있었다. 아프가니스탄에서는 다섯

번째 생일을 넘기지 못하는 어린이가 전체의 3분의 1이나 된다고 한다. 헐벗은 그들은 하늘을 나는 미국 비행기에서 내리꽂는 폭탄으로 죽고 다쳤다. 전쟁이 일어나기 전, 파키스탄과 같은 주변 나라로 빠져나간 이들이 많은 터라, 전쟁은 땅뿐만 아니라 가족마저 파괴했다.

　내 경험으로 말하자면, 큰 산이 많은 나라 사람들은 대부분 순하기 이를 데 없다. 타클라마칸 사막에 있는 나라들과 네팔이나 티베트와 같은 큰 산이 있는 나라를 여행하고 나서 나는 이것을 분명하게 깨달았다. 그것은 무엇보다도 산이 크기 때문이고, 그 아래에 사는 이들은 산이라는 자연을 위반하고는 삶을 계속할 수 없다는 것을 잘 알고 있기 때문이다. 그들은 절대적인 신이 거주하는 산을 신성하게 여기고 있었다. 문학평론을 하는 내 친구는 이 지역을 방문하고 나서 이렇게 말했다. "이런 나라에는 민족을 나누는 편견이 없고, 대부분 사람들이 소박해." 그리고 그가 덧붙였다. "우리나라 문학은 소박이라는 미덕을 잃어버렸어". 그가 말한 편견과 소박은 우리나라로 입장을 바꿔 말하면 정반대의 것이 되고 만다. 즉 우리는 민족에 대한 배타적 편견이 심한 편이고, 소박을 잃어버린 채 살고 있다는 뜻이 된다. 나는 그의 말에 전적으로 동의하고 있다. 우리나라 사람들은 편견이 많은 탓에 이웃이 없고, 소박하지 않은 탓에 체면과 허위가 삶 곳곳에 자리 잡고 있다.

　전쟁에 관한 영상을 텔레비전으로 보면서 나는 하루종일 아무 일도 할 수 없게 되었다. 이런 현상은 전쟁이 지속되는 동안 계속될 것이고, 승패가 결정되고 나서도 이어질 것이다. 나도 전쟁을 보면서 전쟁을 하고 있는 셈이다. 전쟁을 보면서 나도 아파하고 있다. 이번 미국의 이라크 침공 이전에도 똑같은 걸프 전쟁이 있었다. 1990년 미국이 이라크를 공격했을 바로 그때 우리들은 생중계되는 전쟁을 보면서 전쟁이 전쟁답지 않다는 것을 크게 말한 적이 있었다. 그렇게 말하면서 우리는 큰 실수를 했다. 사람이 죽는 것이 하찮은 것으로 여겨졌고, 게임 같은 전쟁을 보면서 현실이 현실답지 않게 보여졌기 때문이다. 우리가 범한 큰 실수란 아픔을 같이하지 못했다는 자괴감과 전쟁을 보고 즐긴 오만함이다. 텔레비전 화면에 조준된 장소를 정확하게 파괴하는 과학화된 무기의 실연은 인간의 고통과 죽음을 잊게 한다. 전쟁이란 무엇인가를 질문하지 않게 만들 뿐만 아니라 오히려 전쟁을 오락처럼 즐겁게 보게 한다. 나는 다시 미국의 이라크 침공을 보면서 이루 말할 수 없는 비감에 젖었다. 예술이 무엇을 할 수 있는지, 연극이나 희곡이 무엇을 말할 수 있는지를 생각하지 않으면 안 되었다.

2.

미국과 이라크와의 첫 번째 전쟁이 있기 전에 나는 한 편의 프랑스 희곡을 번역해서 책으로 내놓은 적이 있다. 쓰여지고 공연되었지만 오랫동안 소개되지 않은 희곡이었고, 한국전쟁을 다룬 희곡이라는 점이 끌렸던 까닭에 번역을 하게 되었고, 내가 다니던 학교의 극작법 교수가 쓴 희곡이라 더욱 매달리게 되었다. 1956년에 프랑스 파리에서 공연된 미셸 비나베르의 희곡 「한국 사람들」이 번역 소개되는 것은 늦어도 너무 늦은 일이었다. 한국전쟁을 다룬 이 희곡은 1956년에 파리 갈리마르사에서 출판되어 프랑스와 스위스 그리고 독일에서 여러 번 공연되어 프랑스 공연비평가상을 받았다. 미셸 비나베르는 파리 제3대학에서 극작법을 강의하는 교수였고 지금은 은퇴해서 작품을 쓰고 있는 유명한 작가이다. 그는 프랑스 현대 연극에서 독특한 위치를 차지하고 있는 작가다. 한국전쟁을 다룬 이 작품은 우리들에게 매우 중요한 가치를 지니고 있다.

이 작품은 한국전쟁에 참여한 프랑스 정찰병들의 이야기다. 정찰 중 부상을 당한 주인공은 남쪽과 북쪽이 번갈아 점령하는 지역에 낙오한다. 작가는 등장하는 5명의 정찰대 군인들이 몽상으로 전쟁을 체험할 뿐 실체를 느끼지 못하는 그들의 허위를 폭로한다. 그리고 전쟁의 비극을 당하고도 한국인들이 인간애를 잊지 않고 살아가는 모습과 낙오한 프랑스 군인을 정성스럽게 치료해주어 전쟁터에서 또 하나의 삶이 되살아나는 모습을 감동적으로 보여주고 있다. 이 희곡과 공연은 당시 연극평론가로서 유명했던 롤랑 바르트의 평론에 힘입어 새롭게 연구되기 시작했다.

한국전쟁에 관한 외국 작가의 첫 번째 희곡이라고 할 수 있는 이 작품은 남북한이 화해와 통일의 길목에 있는 오늘의 상황을 많이 닮았다. 희곡의 언어는 정치적·이념적이지 않고 오히려 베케트의 언어와 유사한 점이 많다. 리옹과 파리에서 이 작품을 처음으로 연출한 로제 플랑숑과 장 마리 세로는 프랑스 현대 연극의 가장 유명한 연출가들이었다. 이 책에 실린 당시 공연에 관한 논문, 신문기사, 사진, 팸플릿, 비평 논쟁, 작가와의 인터뷰 등 모든 자료를 읽는 독자들은 이 작품을 더욱 잘 이해하고, 연극사적 의미를 확인할 수 있을 것이다. 한국전쟁이 끝나고 3년 후에 쓰인 이 작품은 그 당시 많은 주목을 받았다. 그리고 공연도 당대의 유명한 연출가들에 의해서 무대에 올려졌던 만큼 관객과 비평가들로부터 찬반이 동시에 쏟아졌다. 필자가 이 작품을 번역하면서 놀란 점은 우선 이 작품에 실려 있는 한국전쟁이란 것이 전쟁을 겪은 우리들이 보건대 시적일 수밖에 없다는 것에 기인한다. 즉 우리들이 경험한 전쟁의 처절한 고통은 사실적으로 담겨 있지 않기 때문이다. 이는 작가가 스스로 밝히고 있는 것처럼 지구의 저편에서 한국의 전쟁을 속살 들여다보듯이 확인할 수 없었다고 하지만, 우리와 작가

사이의 확연한 차이를 드러내 보여준다. 그래서 이 문제를 어떻게 이해해야 할 것인가가 이 작품을 읽게 될 독자들이나 작품을 연출하게 될 연극인들의 고민거리가 될 수밖에 없을 것이다. 단순히 한국 사람들을 착하고 온건하고 아름답다고 한 것은 한국 사람들이 전쟁을 통하여 겪게 되는 고통과는 거리감이 있다. 실제로 우리 소설문학에서 보여지는 한국전쟁에 관한 작품들과는 엄청난 차이가 있다. 따라서 이 작품은 한국전쟁이 외국의 작가에 의하여 어떻게 사실적으로 묘사되고 있는가를 알려는 독자와 관객의 기대에 미치기에는 불충분할 것이다.

롤랑 바르트와 지젤 브레히트와의 논쟁은 바로 이런 거리감의 양쪽 끝에 있는 대표적인 이들로부터 나왔다는 것은 당연한 일로 여겨진다. 전자는 전쟁을 표현하는 언어를 결정하는 이데올로기의 입장에 서 있고 후자는 전쟁을 불러일으킨 이데올로기를 다루는 언어의 입장에 기대고 있다. 논쟁은 이러한 양쪽 끝의 차이에서 온다. 롤랑 바르트가 희곡 「한국 사람들」에 관한 비평을 한국전쟁의 이데올로기나 한국 사람들에 초점을 맞추지 않은 것은 이유가 있었다. 애초부터 그는 이 작품에서 한국전쟁보다는 "오늘"이라는 상황을 더욱 중요하게 여겼기 때문이다. 그들에게 "오늘"이란 바로 문학에 나타난 언어 표현의 문제였다. 전쟁에 참여한 프랑스 병사들의 이야기를 어떻게 드러내는가에 달려 있었다. 그래서 이 작품은 전쟁의 이데올로기나 전쟁에 참여하는 군인들의 무용담과는 거리가 있다. 그것은 작가에게 그리 중요한 문제가 아니었기 때문이다. 이런 면에서 롤랑 바르트의 분석은 작가의 입장을 옹호할 수 있었던 것이다. 다음과 같은 13장의 마지막 대사는 전쟁과 이에 참여하고 있는 프랑스 군인들의 심리적 상황을 언어적으로 잘 드러내고 있다.

로리종	너, 입대하기 전에 뭐했니?
롬므	나? 택시 운전수.
로리종	파리에서?
롬므	그래, 아아… 엉망인 거 있지! 운전은 할 수가 없어.
로리종	뭐가?
롬므	손님이 있어야지, 그냥 빈 차로 다니는 거야.

지금 이들은 포로를 생포하기 위해서 정찰 임무를 띤 채 적군의 지역을 정찰하고 있다. 그러나 적군은 보이지 않는다. 바로 이때 이와 같은 대사가 흘러나온다. 손님이 없어 빈 차로 다니는 운전수나 잡아야 하는 포로가 없어 빙빙 돌아야 하는 이들은 같은 헛된 존재들이다. 전쟁은 그래서 헛되고 헛된 것임에 틀림없다. 이런 점을 간과하지 않는 것이 이 희곡 읽기나 해석을 위하여 매우 중요하다.

3.

전쟁은 예술작품의 단골 주제이다. 이제 전쟁은 다시 시작되었고, 이어지고 파국을 맞게 될 것이다. 이기는 쪽이 있을 것이고, 지는 쪽이 있을 것이다. 이기는 쪽은 얻는 것이 있을 것이고, 지는 쪽은 잃는 것이 더 많을 것이다. 이길 줄 알면서 전쟁을 하는 쪽이 있다면, 질 줄 알면서도 전쟁을 하는 쪽도 있을 것이다. 이런 터에 예술을 말한다는 것은 참 어려운 일이 아닐 수 없다. 나는 지금 전쟁에서 이기는 쪽이 가져다주는 거창한 논리를 다시 가늠하고 있다. 그 논리는 더러 사물을 제대로 볼 수 없게 만드는 경우가 있다. 전쟁은 모든 가치를 압도하는 현실이기 때문이다. 전쟁이 있어서는 안

된다는 사람들의 목소리가 세계 곳곳에서 일어났지만 현실은 그것을 묵과했다. 전쟁은 군말을 필요로 하지 않는다. 이런 전쟁이 일어나는 타락한 시대에 예술작품은 그 사회에 보태는 예외적 소수의 발언이라고 할 수 있다. 전쟁으로 떠들썩한 지금, 우리는 전쟁을 합리화하는 언어가 아니라, 전쟁을 다시금 생각하게 하는 언어에 귀기울여야 할 것이다. 그것은 예술작품의 언어이기도 하다. 사물을 제대로 보려는 언어, 인간의 고통에 대해서 말하는 언어, 전쟁이 헛된 것임을 에둘러 말하는 언어…….

87년 6월 항쟁 20년과 우리–연극

셰익스피어의 〈로미오와 줄리엣〉 3막에 나오는 대사 하나 "모든 게 끝장 나도 내겐 아직 죽을 힘이 있어." 운명 앞에서 줄리엣은 이렇게 외쳤다. 이들의 운명 앞에 비극이 있었다. 20년 전, 많은 이들이 하나로 뭉쳐 피투성이가 되어 독재와 싸웠던 87년 6월의 역사는 당대를 살던 이들의 운명과도 같았다. 그 후 많은 시간이 흘러갔다. 그때 젊었던 이들은 지금 늙어가고 있다. 과연 무엇이 달라졌을까? 집, 거리, 사는 것, 먹는 것, 입는 것?

20년이 지난 지금, 우리는 독재의 억압이라는 운명을 이겨냈을까? 이겨 냈다고 한다면, 6월 항쟁은 운명을 이겨낸 자유라고 할 수 있다. 적어도 겉으로는 그렇게 말할 수 있을 것 같다. 하지만 87년 이후 20년이 지난 지금, 삶은 아직도 힘들게 버텨가고 있다. 우리들은 그러한 삶의 물레바퀴를 돌리고 있다. 혹시 우리는 20년 동안 독재라는 암울한 운명을 이겨냈다고 받아들인 것은 아닌가? 독재를 이기고 민주주의를 이룬 것처럼 여기고 있는 것은 아닌가? 그 순간 이후로 우리들은 항쟁의 흔적을 잊고, 자유의 의미를 잊고, 존재의 실체를 잊고 살았던 것 아닌가?

87년 6월 항쟁 이후, 항쟁의 끝을 본 것처럼 여기는 터라, 대다수 사람들은 고독하지도 않아 보인다. 어떤 것에도 얽매여 있지 않은 것으로 여긴다. 그러나 인간과 인간의 관계가 나아진 것 같지는 않다. 사람들은 유일하게 자기 자신에게만 몰두한다. 87년 항쟁 이후 두드러진 특징은 사람들이 물질적으로 되어가고 있다는 점이다. 유감스럽게도 시간과 역사를 자기 자신에게만 관여하는 것으로 여긴다. 20년이 지난 우리들의 현재는 역사를 모른다. 개인은 물질적으로 환원된 존재가 되었을 뿐이다. 물질이란 사슬에 묶여 있는 존재의 삶은 동어반복의 문장과 같다. 일상의 삶에 철학적 반성은 결여되어 있다. 물질적 풍요는 반성이 결여된 산물로서 물질적 불평등과 한 패를 이룬다. 그 안에 계층의 양극화 현상, 빈부격차의 증가 같은 문제들이 자리 잡고 있다.

87년 이후 2000년이 될 때까지 연극은 적지 않은 이들의 관심사였다. 연극이라는 일차적 생산물과 비평과 저술과 같은 연극에 관한 이차적 생산물들이 서로 균형을 이뤄 연극동네의 풍경을 만들 수 있었다. 연극은 해가 진 다음에 성시를 이루는 장르이다. 연극하는 이들은 저녁나절에 만나 어슴새벽까지 함께 놀면서 이야기를 할 수 있었다. 그 이야기판에는 문학, 건축, 미술, 음악하는 이웃들도 참여해서 경계가 사라지기도 했다. 그런 모습들은 연극에 대한 관심사가 아니라 연극이 품고 있는 다종다양한 삶의 관심사 덕분이었다. 연극을 매개로 이 친구들과 저 친구들이 한데 모일 수 있었다. 그 후 연극은 사람들을 만나게 하지 않는 대신 돈벌이가 되었고, 광장에서 밀실로 숨어들어갔다.

20년이 지난 지금, 바깥의 삶과 마찬가지로 한국 연극동네는 과거에 짓눌린 흔적이 없다. 오늘날 연극은 현재와 결부될 뿐이다. 현재의 연극이 현재와 맞닿아 있을 뿐이다. 연극은 본디 과거를 되비추는 반영과 재현의 예술이다. 연극은 언제나 유동적인 거울인 셈이다. 한국 연극은 2000년 이후 거울의 기능을 잃어버렸다. 연극의 기능을 잊은 채로 속도와 복제의 왕국인 자본주의 시대에 느려터지고 복제가 불가능한 연극의 생존만을 말하는 것도 오래되었다. 6월 항쟁은 맨손과 맨발 그리고 맨정신으로 한 공동체적 저항의 표상이다. 오늘날 연극과 연극인들은 '연극한다'는 이유만으로 정부로부터 적지 않은 개인적 지원금을 받는다. 저항과 지원 사이, 공동체와 개인 사이가 87년 6월 항쟁 이후부터 지금까지의 시간대이다. 겉잡아서 말하자면, 87년 6월 항쟁 이후 한국 연극은 동어반복의 연극이다. 87년 6월 항쟁 이후 우리가 새겨야 할 가장 소중한 것은 무엇인가? 이를 위해서는 우리가 품었던 꿈이 무엇이었을까를 다시 물어야 한다. 항쟁의 연대기가 아니라 항쟁의 뜻이 무엇인지를 알아야 한다. 다시 시작이다.

옷에 대하여

1. 기억의 인장강도

무섭고, 두렵다. 모든 것을 빨리 잊고 사는 것이. 국회에서 있었던 할복 사건, 씨랜드에서 아이들이 불에 타 죽은 일, 탈주범 신창원이 잡힌 일, 청문회의 사기극, 연이은 문산과 연천의 물난리, 김희로의 화려한 귀국, 책임지는 관료가 없는 시화호 사건, 죽은 사람만 있고 죽인 사람이 없는 광주학살, 두뇌한국 21이라고 해서 정부의 천문학적인 예산을 나눠 먹는 데 혈안이 된 대학사회 등등. 열거할 수 없는 수많은 일들이 일회용 반창고처럼 기억의 자장에 붙었다 떨어져 나간다. 기억의 정치경제학이 아니라 기억의 인장강도를 말해야 할 때이다. 좁은 표면에 더 빨리 더 많은 기억의 용량을 입힐 것이 아니라, 상처처럼 지워지지 않는 기억의 밀도를 지녀야 할 것이다. 문명이란 기억의 용량과 함께 밀도의 흔적일 것이다. 쉽사리 기억을 포기하는 우리들과 나라는 아직 철이 들지 못했다.

옷에 대해서 말해보자. 지난달에 열렸던 청문회는 허튼 사기극이었다.

연극도 이런 질 나쁜 연극은 없다. 준 사람도 없고, 받은 사람도 없다, 주려고도 하지 않았고, 받으려고도 하지 않았다, 있으니까 입어보았을 뿐이라는 증인들의 대답은 지난 5공 청문회, 광주학살 청문회에 나왔던 그것과 다를 바가 없다. 증인들은 진실을 말하지 않는다고 파울 첼란은 썼다. 그들이 모르는 것이 많다면 기억나지 않는 일은 더 많다. 도대체 무엇을 기억하고 사는가?

2. 옷 한 벌로 빚을 갚는다

왜 하필 옷인가? 이름을 숨기고 살았던 봉남이 형이 만든 알록달록한 옷이 왜 비싼가? 옷을 만드는 이들을 디자이너라고 하는데, 봉남이 형은 디자이너가 아니다. 그는 많은 이들이 입을 옷이 아니라 극소수를 위한 옷을 만들었기 때문일 터이다. 그가 만든 옷은 너희들과 나를 가르는 경계이며, 내 사회적 신분과 지위의 표상이다. 그 옷은 맨살을 덮는다. 또한 살과 가까이 붙어 있지만 살을 숨기고, 겉옷과 속살을 동일한 것으로 만들어버린다. 옷이 살을 정의하고 또한 부정한다.

옷 입는 것은 순간의 제국을 경험하는 일이라고 말한 미학자가 있다. 순간의 제국이란 옷을 보는 순간, 입고 난 후, 자신이 달리 보이는 지경에 다다르는 황홀한 경험이다. 연극과 춤에서 중요한 오브제 하나가 의상이다. 옷을 다 벗고 나오면 제재가 가해지는데, 옷을 입는 것만큼, 벗는 것도 어려운 것이 몸으로 하는 연극과 춤이다. 그러나 연극과 춤은 옷을 입기보다는 옷을 벗는 예술에 가깝다. 벗기 위하여 입는 것이다. 옷을 벗는 연극과 춤이 많다고 해서 다 나무랄 것은 아니다. 얼치기 뒷골목 연극은 옷을 벗어 살에 붙어 있는 호기심을 확대한다. 그런 연극들은 관객의 성적 호기심을 자극한다. 연극과 춤은 옷을 벗어 모든 사람과 삶의 평등을 실현하는 예술이다. 포르노는 옷을 벗어 밋밋한 몸을 보여준다면, 연극과 춤은 몸에 난 상처를 드러내 읽게 한다. 주름과 같은 상처야말로 시간이 몸을 지나쳐 간 흔적이 아닌가? 관객은 삶의 주름살을 읽는다.

이번 청문회에서 등장한 증인들은 모두 여염집 여자들처럼 옷을 입고 등장했다. 그것은 충분히 상상할 수 있는 일이었다. 고급 밍크 옷이 문제가 된판에, 입고 나온 옷은 싼 것이어야만 했을 것이다. 짧은 기간 동안 고급과 밍크와는 전혀 딴판인 옷은 얼마나 불편했을까? 참아야 했을 것이다. 그래야만 자신이 강제했던 고급 밍크와 아무런 관계가 없다는 것을 강변할 수 있었을 터이니 말이다. 한 증인이 15년 전에 사서 지금까지 입고 있다는 옷을 들고 나와 보여주는 장면은 대다수 국민들의 냉소를 자아냈다. 그 순간, 그가 들고 있었던 옷은 옷이 아닌 것이 되고 만다. 증인들은 유치했고 교활했다. 옷이 그곳에 있었는데, 난 그곳에 없었다고 말하는 태도는 분노와 연민을 불러일으켰다. 증인은 옷 안에 자신을 구겨 넣었던 문명적 사실조차 기억하려 들지 않았다. 청문회에 등장한 옷은 표면적 상징으로만 읽혔다.

왜 그랬을까? 남편의 지위가 높을수록, 경제적인 성공이 뒤따라올수록 그들의 영혼은 황폐해졌고, 주변으로부터 고립되었던 것은 아닐까? 바로 그때 고급 옷은 헐렁한 자신을 숨기고 대신 권력을 드러내는 극단적인 방식이 된 것은 아닐까? 옷을 통한 사치는 권력과 경제적인 부의 확신이 주는 오만함이다. 고급 옷과 권력 그리고 경제적인 부는 외부적인 것으로 일치된다. 우리가 그들의 작태를 잊는다면 큰일이 아닐 수 없다.

러시아의 유명한 작가 체호프는 〈바냐 아저씨〉에서 "백 년 또는 이백 년후에 살 사람들은 우리가 그들을 위해 길을 내고, 산을 깎고 하는 것들을 좋은 말로 기억할까? ……아니 아예 기억조차 하지 않을 거야'라고 말했다. 빨리 잊는 것과 더불어 우리를 기억할 만한 가치조차 없는 것으로 여길 아이들에게, 다음 세대에게 부끄러울 따름이다.

제3부
사람, 그리고 작품의 경험

현대 희곡에 나타난 기억의 양상

오늘날 현대 희곡에 나타난 두드러진 특징은 인물들이 기억과 싸우는 일이다. 기억은 인물들을 옭아매고 있다. 인물들은 기억에 포박당하고 있는 셈이다. 삶을 달리해도, 삶의 터를 옮겨가도 기억은 옭아온다. 현대 희곡에 등장하는 인물들의 기억의 대상은 현재도 미래도 아닌 과거이다. 지금 경험했던 것을 지금 기억하는 것은 아니다. 기억은 박물관처럼 시간의 흔적 위에 놓인다. 희곡에서 기억의 첫 번째 대상은 장소이다. 그만큼 장소는 매우 중요한 의미를 지닌다. 장소는 기억의 내용보다 기억해내려는 작용, 기억의 작용, 기억의 과정이라고 할 수 있다. 장소는 일차적으로 외부 세계이다. 한여름에 읽기 좋은 베르나르 마리 콜테스의 『서쪽 부두』[1]를 추천한다. 이 희곡 작품에서 기억의 주된 대상인 장소는 큰 장소들에서 작은 장소들로 증가하고 이동한다. 이것은 시간의 변화나 운동뿐만 아니라, 기억은 이

---

1   베르나르 마리 콜테스, 『서쪽 부두』, 유효숙 역, 서울:연극과인간사, 2004. 앞으로 인용할 때에는 괄호 속에 쪽수만 표시한다.

것들과 분리될 수 없다는 것을 뜻한다. 『서쪽 부두』의 배경은 "서쪽 항구 도시, 버려진 거리, 도시 중심가와 이곳은 강을 경계로 나누어져 있다. 오래된 포구의 버려진 창고"이고, 백인, 흑인, 아시아인, 라틴아메리카 인디언 등이 등장한다. 등장인물들은 "자본주의 사회를 살아가는" 이들인데, 희곡은 다양한 욕망, 돈과 물질에 대한 갈구, 인간과 인간 사이에 빚어지는 환상, 각각의 등장인물들이 지닌 비밀 등이 강가의 버려진 창고 주변을 중심으로 전개된다.

앞서 언급했듯이, 희곡의 제목인 서쪽 부두처럼 장소는 기억과 밀접한 관계를 지니고 있다. 서쪽은 해가 지는 곳이다. 시간상으로 시작이 아니라 끝을 향한 곳, 즉 끝자리이다. 항구는 배가 닿아 멈춰 있는 곳이다. 서쪽 항구는 움직이는 시간과 배가 정지된 곳이다. 따라서 서쪽 부두는 과거와 현재 시간의 연결고리와 같다. 등장인물들의 과거와 현재를 연결해주는 시간과 장소의 경계선이 서쪽 부두이다. 잠재적으로 부두 이쪽과 저쪽은 구분된 경계이지만, 등장인물들의 삶의 단절과 지속은 반복적으로 이루어진다. 장소인 서쪽 부두는 인물들에게 제 삶을 기억하는 공간이되, 제 삶이 기억되는 곳이다. 그러니까 삶이 지속되면서 삶에 대한 기억이 생출되는 공간이다. 도시 중심가와 부두, 그 경계는 현재의 삶과 기억의 삶이 포개지는 접점이다. "오래된 포구의 버려진 창고"는 인물들이 기억하는 오래된 삶의 풍경이다. 인물들은 더 이상 갈 곳이 없는, 그런 능력을 잃어버린 이들이다. 그들이 버려진 창고와 같은 제 삶들을 기억한다. 그러나 기억하기는 "무언가 비정상적이고 의심스러운"(8쪽), 어려운 일이다. 기억을 하기 전까지 인물들은 "흡사 죽거나 잠이 든 멧돼지를 연상케"(9쪽) 한다. 기억은 동시에 "무언가 알아들을 수 없는 말을 중얼거"리는 것이지만 "온몸에서 강렬한 김을 내뿜으며…… 몸을 웅크리는 것"(9쪽)과 같은 잠재된 것을 뜻한다. 그래서 기억은 벽과 같은 삶 앞의 어둠이다. 『서쪽 부두』는 본격적으로 "어두운 벽 앞, 멀지 않은 곳에서 저속으로 들리는 자동차의 모터 소리"(10쪽)에서 시작된다.

"공연을 위해서도 쓰여졌지만 동시에 읽히기 위해서도 쓰여진"(163쪽) 『서쪽 부두』에 등장하는 인물들은 8명이다. 남미에서 이민 온 일가족(남편인 로돌프와 부인인 세실, 그들의 아들인 샤를르와 딸인 클레르)과 이곳에 죽으러 나타난 이방인 콕과 모니크 그리고 클레르의 남자 친구인 팍이란 별명을 지닌 22세 정도로 보이는 청년, 아바드라고 불리는 말하지 않는 30대 남자가 등장한다. 전체적인 줄거리는 다음과 같다. 첫 장면은, 자살하려고 이곳에 온 콕을 도우려는 모니크의 말로 시작된다. 고급 승용차를 타고 온 콕은 한 종교 단체의 자금 관리를 맡은 회계사로 모든 돈을 탕진하고 자살하려고 한다.

희곡 맨 앞부분에 작가가 붙여놓은 위고의 짧은 경구는 이 부분을 암시한다. "방향을 잡기 위해 그는 멈춰 섰다. 갑자기 그는 자신의 발을 쳐다보았다. 그의 두 발은 사라지고 없었다."(10쪽) 죽음은 이처럼 흔적 없는 멈춤이다. 그때 말은 "어두운 벽 앞"에서 발을 대신한다. 세실과 로돌프는 남미의 한 나라에서 28세 된 아들 샤를르와 14살짜리 딸 클레르와 함께 이민 온 이들이다. 이들은 고향에서 전쟁을 겪었고, 화폐가치의 폭락을 보며 아들과 딸에게 좋은 교육을 제공하기 위해, 삶의 미래를 위하여 이곳으로 왔다. 세실은 가족이 모두 이곳에 온 바에 대해서, "항구에서는 열 척의 배가 각기 다른 열 곳의 방향으로 떠나려 하고 있었어요. 우린 어떤 배를 타야 할지 몰랐어요. 아이가 왼손을 잡아당기더군요, 아이를 따라 배를 타서 이곳에 어둠 속에 도착"(105쪽)했다고 말한다. 지금은 "임시 비자로 어둠 속에서 버려진 불쌍한 개 떼들처럼 헤매고 있"(106쪽)고, "온 가족이 비자가 나오기를 기다리고 있"(104쪽)다고 덧붙여 말한다. 세실의 남편인 로돌프는 "전쟁 때문에 반쯤 망가진"(104쪽), "잊혀진 전쟁에서 다리의 반을 잃어버리고 기력도 다 빼앗겨버리고, 정신까지 거의 잃어버"리고, "이제는 시력까지도 잃어가고 있"(106쪽)는 존재이다.

이처럼 각 장면은 붙어 있고, 인물들은 길고 긴 내적 독백으로 장면들을 이어놓고 있다. 콜테스 연극 세계의 특징은 칠흑 같은 어둠의 벽과 같은 기억 앞에서 오로지 말하고 싶다는 욕망, 말하기로 미답의 영토를 만들기, 말하기 인물들의 불안과 고독의 영토를 들여다보기, 시간의 거래, 배고픈 개의 큰 울부짖음으로 분석하기도 한다. 인물들의 독백은 작가의 말대로 인물들의 "존재 자체(simplement d'exister)"(164쪽)이다. 그러나 이곳에서 이들이 겪고 있는 삶은 과거를 기억해야 견딜 수 있는 굴욕의 삶이다. 세실은 "암흑과 가난 속에 내팽개쳐진" 오늘의 삶을, "기어다니며 길거리의 개 오줌이나 핥고, 쓰레기통에 고인 빗물을 마시며, 소나기가 쏟아지는 하수도 출구에서 죽게"(53쪽) 될 자신의 삶을 증오한다. 세실은 샤를르가 죽으러 온 콕을 달아나게 할 것 같아 안절부절못하고, 이참에 돈이 많아 보이는 콕을 죽이거나, 콕이 죽도록 도움을 주는 계획에 참여해서(57쪽) 제 몫의 돈을 챙기려고 한다. 샤를르는 여동생인 클레르를 보호하고 싶지만 충분하지 않다. 이들 모두는 "시간을 갖고 기다리기에는 너무 늙어버린"(56쪽) 존재들이다. 팍은 샤를르와 함께 불법적인 일을 하고 있는 인물로 샤를르의 여동생인 클레르를 창고 깊은 곳으로 데려가 껴안으며 서로 상대방의 역사 속으로 들어가는 경험을 한다. 불구자로 살아온 샤를르의 아버지인 로돌프는 자신이 몸에 숨겨놓았던 총을 아바드에게 주며 콕을 살해하라고 부탁한다. 콕은 죽어 바다에 뜨고, 세실은 이를 보고 죽어간다. 모니크는 어디론가 사라지고, 아바드는 불법으로 체류하는 흑인으로 대사가 없는 인물로서 극 마지막에 이르러 샤를르를 살해한다. 이어 들리는 "시끄럽게 날아오르는 새들의 소리"(160쪽)가 희곡의 끝이다. 죽음 앞에서 들리는 새들의 소리가 희곡의 맨 앞부분에 나오는 "자동차의 모터 소리"(10쪽)와 "버려진 개 떼들의 소리"(11쪽)와 같은 인물들의 말을 초월한다. 자연의 언어가 인공의 언어를 무화시킨다.

이 작품은 오늘날 유럽의 현대 희곡의 경향을 한눈에 알아볼 수 있는 매우 중요한 작품임에 틀림없다. 『서쪽 부두』에 등장하는 세실 가족들은 불법으로 거주하는 외국에서 온 노동자들이다. 이들이 지닌 기억의 문제는 언어에서 고스란히 드러난다. 이들은 이곳에서 돈을 벌어 "고향으로 돌아가서 거기서 새롭게 시작해볼 생각을 마음속으로"(59쪽) 하고 있다. 이들은 태어나 자란 자신의 나라에서 벗어나 지금 거주하는 낯선 외국이라는 달라진 공간에서, 모국어와 외국어 사이에 방황하고 있다. 모국어가 과거의 기억이라고 한다면 외국어는 현재의 기억이다. 그것은 세실의 아들이 고국에서 '카를로(Carlo)'로, 이곳 외국에서는 '샤를르(Charle)'로 불리는 이름의 차이, 즉 현실과 꿈의 차이와 같다.(60쪽) 그 대표적인 인물이 세실이다. 어머니인 세실은 한편으로는 "우리가 떠나온 우리나라, 거기선 모든 게 쉽고, 그곳에선 모국어를 쓰며 명예롭게 살 수 있다"고 믿으며, "따뜻한 그곳, 우리가 존중받을 수 있는 우리의 고향, 마을의 풍경과 집들, 물, 폭풍우, 그곳의 봄을" 꿈꾸다가도(60쪽), 아들인 샤를르가 이를 반대하자 태도를 바꿔 정반대로 "그러면 난 네가 고향으로 가서 다시 시작하기를 바라지 않겠다. 카를로, 꿈속에서 비밀스럽게 고향 마을의 봄, 강가, 그곳의 폭풍우, 하얀 길들을 보는 것조차 싫다. 우리나라를 꿈꾸는 것도 싫다. 여기 이 더러운 곳에서 함께 살았으면 좋겠다"(61쪽)라고 말한다. 이 상반된 독백은 분명하게 논의할 필요가 있는, 망명자, 강제 이주자 혹은 수용소에 수용된 이들과 같이 외국인으로서 살아야 하는 이들의 정체성을 드러내는 기억의 정서라고 할 수 있다. 고향에 대한 기억의 외관은 같지만, 두 개의 독백 내용은 기억하는 내용과 일치하지 않는다. 기억함으로써 삶의 검은 구멍, 빈 구멍을 메우려고 하는 내용이지만, 세실의 기억은 과거 그 자체가 아니라 왜곡된 과거를 낳기 때문이다. 기억의 환각 효과와 같은 "이 더러운 곳에서 함께 살"겠다는 독백은 고향으로 돌아갈 꿈은 실현 불가능한 것으로서 "삶의 불가시성(l'invisibilité), 장소 없음(le sans-lieu), 비장소성(l'illocalité d'un sans-domicile-fixe)"을 드러내는 독자적 정서라고 할 수 있다. 세실에게 과거는 무거운 형벌과 같다. 그것은 세실이 과거의 기억을 피할 수 없는 존재이기 때문이다. 현실이 고단할수록 기억의 공간에서 자기 자신이 자기의 볼모로 잡히게 된 것이다.

두 번째로 필자가 주목하는 것은 인물들이 내뱉는 길고 긴 독백 속에 들어 있는 기억의 지배력이다. 현실이 남루할 때 인물들은 과거에 지배된다. 과거란 곧 기억이다. 이들을 지배(dominatio)하는 주인(dominus)은 기억이다. 달리 해석하면, 이들의 집(domus)은 기억의 내부 공간이다. 등장인물들은 기억의 내부 공간에 거주하고, 기억도 이들의 삶 속에 있다. 슬픔은 기억의 어머니인 셈이고, 삶은 기억을 반추한다. 한용운식으로 말하면, "쏟아지는 눈물 속에서"[2] 이들은 자신의 삶을 들여다본다. 기억된 과거의 공간에서 그들은 빛이 아니라 어둠을 응시한다. 눈물과 슬픔 속에서 나오는 말들이 곧 내적 독백이다. 등장인물들은 모두 타인들과 소통이 불가능한 사람들이다. 삶이 고통의 연속일 때 인물들이 삶을 위반하는 유일한 규범은 기억하는 행위이다. 오로지 말하면서 쾌락을 느낄 수 있는 인물들의 행위는 가혹한 현실을 벗어날 수 있는 탈출이다.

---

2   한용운, 『님의 침묵』, 서울:미래사, 1991, 50쪽.

『서쪽 부두』는 기억을 먹이로 삶을 지탱하는 이들의 내적 독백으로 이루어진 희곡이라고 할 수 있다. 등장인물들이 내뱉는 내적 독백과 같은 말들을 어둔 삶과 빛나는 기억의 관계야말로 오늘날 현대 연극이 지닌 가장 두드러진 특징이라고 할 수 있다.

웃음과 쓴웃음

희곡작가 고 이근삼 선생을 기리며

말이 사물을 부재케 하고, 스스로 사라짐으로써 사라진 것을 나타나게 하듯이, 희곡작가 고 이근삼 선생은 2003년, 자신의 언어 속으로 사라졌다. 살아 있는 우리들은 돌아가신 선생이 남긴 자리에 있는 희곡 언어 속에서 우리들 자신을 발견해야 한다. 선생이 남긴 희곡들은 말 없는 명상, 즉 거대한 속삭임과 같다. 이 거대한 속삭임 위에서 이미지는 열리고, 상상은 깊어진다. 그런 뜻에서 우리들은 선생의 삶과 죽음에 이르는 모든 기억과 흔적들을 다시 꺼내 공부해야 한다. 우리들의 삶은 고인의 죽음으로부터 오는 어떤 것이다. 그래서 죽음은 삶보다 훨씬 무한하며, 죽은 이들의 정신 또한 무한하다.

고 이근삼 선생은 1960년대 벽두에 미국에서 돌아와 한국 연극계에 등장하였다. 선생은 평양 출생으로 동국대 영문학과를 나와 미국 노스캐롤라이나 대학원을 졸업했다. 그는 1960년 「원고지」를 『사상계』에 발표함으로써 "형식의 분방성과 풍자 비판의 대담성, 풍부한 상상력"을 지닌 작품이라는 평가를 받았다. 많은 이들은 극작가 이근삼의 작품이 새바람을 일으킬 수 있었던 이유로 첫째, 당시 진부할 정도로 정통 리얼리즘을 고수하고 있던 기존 작가들의 경향에 반기를 들고 서사 기법과 같은 희곡의 다양한 형식과 내용을 사용한 작품이라는 점과 둘째로는 과거의 희극 정신을 계승하면서 전통적 희극 양식을 뛰어넘는 새로운 희곡 양식이었다는 사실을 말하고 있다.

고 이근삼 선생의 거의 모든 작품이 말하는 것은 진리, 보편적인 진리의 중요성이다. 가족에서 공화국으로, 집단에서 시민으로, 개인적 존재로 새로워지는 보편적 진리를 작가는 에돌아 말하고 있다. 가족이라는 복종을 강요하는 봉건적 윤리학이 아니라 보편적인 폴리스의 윤리학이 그의 작품들이 지닌 큰 주제이다. 폐쇄적이고 배타적인 가족의 윤리학을 아직도 뛰어넘지 못하고 있는 지금, 선생의 요구는 아직도 유효하다. 근거에 대한 이유를 따지는 것이 서양의 근대 연극의 정신이라고 한다면 고 이근삼 선생의 희곡작품들은 객관성, 정확성, 명료성, 과학성이 우리 사회에 없다는 것을 말하고 있다. 오이코스에 가장이 있다면, 폴리스에는 모든 공적인 문제들을 토론하는 아고라(agora) 혹은 포럼(forum)이라는 광장이 있다. 그는 연극을 토론과 대화의 장으로 여겼던 작가였다.

대화와 토론은 논리적 사고와 언술의 기교를 바탕으로 가능하다. 그것이 불가능할 때, 말들은 터무니없게 된다. 그래서 선생의 희곡은 풍자와 웃음을 낳는데, 풍자는 우리의 현실을 가슴 저미게 깨닫게 하고, 웃음은 웃음이 되 쓴웃음과 같다. 이처럼 이근삼의 희곡은 모든 사회제도의 억압과 구속으로부터 해방과 그것에 대한 비판 및 집단 저항정신이라 볼 수 있다. 선생의 후기 작품들이 지닌 미덕은 낙망과 소외의 그늘을 다루고 있는 인물들을 내세우고 있는 점이다. 예컨대 「소주 그리고 오징어」 「낚시터 전쟁」 등을 꼽을 수 있다. 인물들이 지닌 원질(原質), 그렇게 바라보는 삶의 전통이 모

두 부서졌거나 뒤집혔다는 것은 공연을 바라보는 관객들에게 하나의 질문
이 된다. 이근삼의 후기 희곡들은 이렇게 삶을 질문하되 뒤집어서 한다. 이
근삼의 희곡에서 웃음은 이때 촉발된다. 그리고 웃음은 쓴웃음이 된다. 세
상은 「제18공화국」 이래 조금도 변함이 없다. 삼가 고인의 명복을 빈다.

다시 읽어야 할 희곡

최인훈이 1977년에 발표한 「봄이 오면 산에 들에」는 산에 사는 이들에 관한 희곡이다. 나는 요사이 이 희곡을 다시 읽고 있다. 읽을수록 참 좋은 희곡이라는 것을 알게 된다. 생태학(ecologie)이 집(eco)에 관한 학문(logie)인 것처럼, 이 희곡은 생태희곡이다. 무대 공간인 산은 인물들의 집과 같다. 산은 세상의 한모퉁이, 구석이다. 그곳에서 가시적인 것은 더 이상 시선에 들어오지 않는다. 가시적인 것이 없을 때 만들어지는 것은 소리일 것이다. 이 희곡의 내러티브에서 중요한 것은 소리를 통하여 시간이 태어난다는 것이다. 산에 사는 이들은 산에 갇혀 있으므로 저 멀리 지평선을 보지 못한다. 그것은 갇혀 있다는 뜻이 되면서 동시에 삶과 죽음의 풍경이 산과 더불어 유지되는 운명적 절차와 같다. 「봄이 오면…」의 기억 공간은 산이다. 한국 연극에서 이런 희곡은 요사이 매우 드물다. "깊은 산속"은 읽는 이에게 나무와 숲이 있는 산림을 기억하게 한다. 도시에 사는 대부분 사람들은 깊은 산속의 살림을 편안함과 안락함과는 거리가 먼 것으로 간주한다. 도시의 삭막함이란 편안함과 안락함의 효용가치만을 강조할 때 생겨나는 것이 아닌가.

여기에 산이 지닌, 산 경험이 주는 현실을 넘어서는 삶의 친연성과 자연으로서의 초월성이 있다.

「봄이 오면…」은 달내가 김매는 일로부터 시작된다. 그 일은 단순히 노동으로 끝나지 않는다. 깊은 산속에 있다는 것은 산에 있다는 것이고, 동시에 숲속에 있다는 것을 뜻한다. 이 희곡의 첫 장면에서 바우는 달내를 현재의 삶 속으로 끊임없이 끌어들이려고 하고 있다. 바우는 "이럴 때가 아니라니까. 우리가 내외만 되면 김매기 같은 건 내가 매일이라도 해줄 테니까……"라고 말하고, 달내는 "……" 계속해서 말없이 고개만을 세게 젓는다. 이 장면은 바우로부터 청혼을 받은 달내와 아내가 되어달라는 강요하는 바우 사이의 긴장관계를 묘사하고 있다. 그다음 지문은 다음과 같다.

> 갑자기 달내를 잡고 소나무 뒤로 끌고 간다. 뿌리치는 달내 두 사람
> 모습 소나무 뒤로 매미 소리 뚝 멎는다. 끝내 뿌리치고 나오는 달내
> 바우 우두커니 섰다가
> 사라진다
> 매미 소리 다시 시끄럽게.

소리는 이렇듯 인물들이 어떤 역할이나 규정, 혹은 달내와 바우 사이에 연관된 모든 고리에서 벗어나는 표현으로 작용한다. 그것은 풍요로운 삶이 아니라 기억에 붙잡힌 인물들의 절박한 내러티브이다. 이 소리는 한 번도 자신을 제대로 드러낼 수 없는, 현재의 얇은 순간을 조건 짓고 있는 과거에 대한 기억의 소리이다. 등장인물들을 괴롭히는, 자신에 대한 심판으로 비유되는 소리이다. 그리고 그것은 어둠과 더불어 표현된다. 그것의 절정이 문둥이인 엄마와 분리되는 공포를 보여주는, "밤은 길지만, 그 밤을 채울" 꿈이다. "꾸, 꾸, 꾸, 꿈에/그, 그, 그 그래서—여, 여, 여, 열어 줘, 줘, 줘, 줬

나?" 인물들은 기억이라는 어둠 속에서 바라보는 이들이다.

「봄이 오면…」을 읽으면 많은 소리를 들을 수 있다. 그 소리들은 수수께 끼처럼 단순하게, 어슴푸레하게 들린다. 소리는 듣는 이에게 들려오지만 그것은 또한 기억에 내재되었다가 외치는 것이 아닌가. 그 소리들은 기억 이라는 과거에서 거슬러 올라온 빛과 같다. 희곡을 읽는 독자들이 혹은 관 객들이 들었던 소리들은 실은 한결같이 외치고 있었던, 어디선가에서 나 는 기억하고 있는 소리였을 것이다. 소리들은 산에서 들리는 외침과 같다. 여기서 들리는 소리들은 과거의 서술문학들이 공통적으로 지닌 운문 형태 의 하나라고 할 수 있다. 소리에 의한 기억은 사실 기억에 의한 순차적 재현 이 불가능할 때, 그러니까 회상적 서술의 존립이 어려울 때 사용되고 있다. 이 희곡을 읽으면 그 소리의 진원지인 산에 가까이 다가서고 싶다는 바람 을 갖게 된다. 소리를 알아들을 수 있다는 것은 소리를 듣는 이의 삶의 질서 안에 끌어들인다는 것을 의미한다. "어두운 불빛, 가끔 샛바람에 불꼬리가 너풀거리"는 진원지, 그곳이 근원 혹은 본질로서의 세계가 아닌가. 그 첫 번째가 "그 말, 시끌짝한 매미 소리"이다. 「봄이 오면…」의 무대는 푹푹 찌 는 한여름, 깊은 산속의 들밭이다. 총각 바우가 밭머리에서 "달내"라고 부 른다. 그리고 산 바깥에서의 성 쌓기, 마을에서 떠도는 사람들을 뽑아가는 "그 말 들었어"라고 말한다. 연극은 '그 말'로 시작한다. 바우는 한 번 뽑혀 가면 언제 돌아올지 몰라 가을에 혼사를 치르고자 한다. "달래 말을 받아내 려구 왔어"라는 바우의 대사로 이어지는 순간, 말이 끊기면서 매미 소리 뚝 멎고, 인물이 사라지고 다시 매미 소리 시끄럽게 들린다. 이렇게 말은 의미 보다 소리로 보다 더 아름답게 울린다. 여기서도 단순한 매미 소리는 들리 지만 매미는 보이지 않는다. 매미 소리는 우리 귀가 흔하게 듣던 기계 소리 와 다르다. 차이가 있다면 매미 소리도 실은 흔한 소리이지만 듣는 이를 멈추게 한다는 점이다. 이때 독자는 기계 소리와 다른 매미 소리를 통하여 매미 소리가 지닌 단순함을 깨우치게 된다. 이를 위해서는 하던 "김매기를 멈추고 들"어야 한다. 이것은, 하이데거식으로 말하면, 단순하기만 한 것에서 뽑아 올려도 다함이 없는 힘을 주는 체념이다. 그래야만 "매미 소리만이 그림에 없는 등장인물인 셈"이라는 지시문의 의미를 이해하게 된다. 매미가 외치는 소리는 관객과 독자들을 근원의 품으로 안기게 하는 힘, 즉 체념 혹은 기억이다.

두 번째는 "아이구 소리"이다. 무대 뒤편에 십장생 같은 무대장치가 후경(무대에 없는 등장인물처럼)으로 자리 잡는다. 등장인물들의 짧고 단아한 대사들은 매미 소리처럼 반복되면서 울린다. 매우 느리게, 말과 뒤따르는 말의, 움직임과 이어지는 움직임의 "오랜 사이"와 반복되는 지루함을 견딜 수 있는 독자와 관객들만이 주의를 집중할 수 있다. 대사에 담긴 이야기, 그것을 옮겨놓는 등장인물들의 행동이 모두 느리다. 느리다 못해 더듬는다. 순간 길은 저만큼 멀리 가 있고, 해는 저 먼 곳으로 저물었다. 아비는 말더듬이이다. 그래서 이들은 "말은 할 수 없고, 그 움직임만으로 무엇인가를 옮겨야 한다". 단순한 그들의 움직임이 왜 신비한가. 독자와 관객들은 왜 등장인물들의 단순한 움직임을 쉽게 알 수 없게 되는 것인가. 그것은 독자나 관객들이 이 부분에서 자신들과 단절해야 하기 때문이다. 이른바 사물과 세계의 근원으로, 근원의 소리를 듣기 위해서는 새로운 전향을 해야 하기 때문이다. 그렇다면 체념이란 얼마나 어려운 일인가. 그것이 바로 "휘파람처럼 날카로운 먼 바람소리, 어느 바위 모서리에 부딪쳐 피 흘리며 한숨 쉬듯 그 겨울 밤의 바람소리"이다. 순간 무대는 한여름(들밭)에서 휘파람처럼 날카로운 바람소리를 타고 겨울(방)로 옮겨간다. 달내와 바우가 아니라 이번에는 아버지와 달내가 관객을 향해서 앉아 있다. 귀를 기울이며, 그것을 감추듯,

쳐다보며, 눈길을 느끼며, 눈길을 되돌리며, 눈길을 거두며 말을 기다린다. 즉 말을 피한다. 말 대신 "흐느끼듯 피 흘리며 한숨 쉬듯 울부 짓는 그 겨울 밤의 바람소리"를 듣는다. 말하기가 힘들다. 꿈을 "꾸, 꾸, 꾸, 꿈"이라고 겨우 말한다. 말하지 않은 채, 기억 속에 빠져 있는 인물들은 이런 언어로 자신을 제3자로 여긴다. 여기서 기억의 무게에 빠진 인물들의 진짜 화자는 표현 방식에 있다. 이들의 내러티브는 겨울바람 소리에 "내, 내, 내, 내, 내, 걱정은, 마, 마, 마, 마, 말구" "에, 에, 에, 에미가, 또, 또, 또, 또, 오, 오, 오, 오면" "네, 네 네, 네가, −떠, 떠, 떠, 떠나고, −나, −나, −나, −나면"과 같이 "힘겹고(pesant), 몸을 굽히고(penchant), 언어 자체는 사용하지 않고(dépensant) 언어 자체로 하는" 표현이다.

말을 더듬는 것은 아비가 우는 소리이며 그의 속이 타는 바람소리이기도 하다. 이 장면에서 인물들은 말을 하지 않고도 고개를 떨구고, 쳐다보지 않고도 고개를 주억거린다. "힘들게, 굼뜨게, 긴 겨울밤과 싸우듯" 단순하게, 말더듬이처럼, 더딘 움직임으로. 밖에서 들리는 흩어진, 목쉰, 들릴락말락한 달내 엄마의 소리를 듣는다. 이런 언어 뒤편에 존재하는 것은 언어와 정반대되는 것, 즉 침묵과 소리를 드러나는 기억이다. 여름내, 가을내 밤마다 와서 새벽이면 돌아간, 점점 느리게, 점점 가깝게 울리는 소리를 듣는다. 이어 "쿵 하고 내려앉은 소리"가 들린다. 포교가 등장해서, 사또가 달내를 원한다는 것을 간단하게, 사흘 후 달내를 데리고 갈 것이라고 빨리 말한 후 사라진다. 벼락을 맞은 사람처럼 멍한 아비는 달내와 바위에게 사립문 밖, 바람소리처럼 도망가도록 한다. 어두워지는 무대, 손을 모아 비는 딸이 있고, 쓰다듬는 아비가 있다. 그리고 그들은 움직이지 않는다. 갑자기 무대에 불길이 치솟는다, "어우러지고 설친다." 달래는 엄마를 두고 갈 수 없어 엎드려 흐느낀다. 엄마는 문둥이이기 때문이다. 이제부터 아비와 딸은 부재하는 엄마가 말하는 것을 소리로 듣는다. 소리의 뒤편에 있는 이는 부재하는, 기억 속 엄마이다. 끝으로 "종달새 울음소리"가 들린다. 무대는 산비탈 꼭대기. 짐승들 노래하며 춤춘다. 산등성이를 김매면서 넘어오는 달내와 바우, 아비, 어미의 머리가 드러난다. 비탈을 천천히, 노을 속을 내려간다. 짐승들도 눈을 닦으며 그들을 쫓아 넘어간다. 네 식구가 문둥이의 탈을 쓰고, 문둥이가 된 것을 겁내지 않고. 모두가 하늘이 내린 문둥이가 된 것이다. 모두가 윤리적 인간에서 벗어나 미학적 인간인 된 것이다. 그곳이 "더 깊은 산속"이다.

이 희곡은 "깊은 산속"에서 시작해서 "더 깊은 산속"에서 끝난다. 깊은 산속이 기억을 안고 살아갈 수밖에 없어 실존적, 미학적 삶이 불가능한 곳이라면, 더 깊은 산속은 과거의 기억을 통해 현재와의 연속성을 찾고 자신의 정체성을 분명하게 드러내는, 기억으로부터 자유로운 미학적 삶이 가능한 결단성이 있는 곳이다. 더 깊은 산속은 문둥이가 된 이들의 유토피아적인 구원의 터와 같다. 그러면서 작가는 삶의 태고성을 더 멀리 아득한 곳으로 옮겨놓고 있다. 기억을 앞세운 내러티브의 특징은 이와 같은 회화적 묘사에 있다. 이 부분도 작가는 "더 깊은 산속/ 봄 /지지배배/ 종달새 울음소리/ 무대를 가로질러 비탈진 능선이 뒤에서 앞으로 흘러내려와 있다/ 토끼, 노루, 멧돼지, 곰이 앞쪽에서 뛰어 다니며 놀고 있다/ 짐승들 노래를 부르며 춤춘다". 깊은 산속과 더 깊은 산속의 차이는 거리로 벌려놓은 것이 아니다. 그것은 가깝다고 해도 늘 같을 수 없는 산이며, 이미 걸어보았다고 해서 늘 같을 수 없는 산의 길을 뜻한다. 시간이 지날수록 기억 속 공간은 더욱 분명해진다. 더 깊은 산속이야말로 어둠의 기억과 반대되는 빛과 같은 우리들의 미래가 아닌가. "우리 장모가 받아 쓴 탈/우리 마누라가 받아 쓴 탈/ 이 내 몸도 받아쓰고"라고 노래하면서 인물들은 기억이 아니라, 망각을 기억하고 있다. 이때 "무대에는 십장생도의 모든 인물이 나와 있다." 작가는 모든 인물들을 인간의 뜻에 따른 기억으로 괴로워하지 않고, 육체의 부패가 없는 이들로, 무대를 무덤도 없는 자연의 아름다움 그 자체로 만들었다.

녹천에 사람이, 집이, 연극이 있다

〈녹천에는 똥이 많다〉에 부치는 글

> … 역사는 아무리 더러운 역사라도 좋다… 놋
> 주발보다 더 쨍쨍 울리는 추억이 있는 한 인간
> 은 영원하고 사랑도 그렇다.
>
> ── 김수영, 「거대한 뿌리」에서

1. 녹천(鹿川)

녹천이란 단어는, 소설의 한 구절처럼, "시적(詩的)"이다. 녹천은 노루가 살
던 개천이란 뜻이지만, 소설 속 그곳은 불빛 하나 찾을 수 없는 초라한 개울
뿐인, 황량한 들판 가운데 내버려진 것 같은 적막하고 캄캄한 어둠뿐인, 공
장 폐수가 흘러 지독한 냄새를 풍기는, 나쁜 삶이 있는 처소이다. 그곳에 세
워진 수직 마을인 아파트, 그 아래 녹천에는 똥이 있다가 아니라 많이 있다.
1992년에 출간된 이창동의 이 소설은 지금 다시 읽어도 감동적이다. 맨 뒷
부분에 이르면 그 울림은 절정을 이룬다. 형인 준식이 수배 중인 동생을 경
찰에 알린 후, 똥구덩이에 앉아 "울기 시작했다. 그의 눈에서 끊임없이 눈물
이 흘러내렸고, 그 눈물이 더욱 그를 서럽게 만들었다…… 너무나 오랜 세
월 그의 몸 안에 뭉쳐져 있던 슬픔, 어찌 할 수 없는 허망함에 완전히 자신을
내맡기고 울었다…… 하지만 생을 압류당한 채 살아가야만 하는 것이 어찌
민우 녀석뿐이겠는가, 이 거대한 오욕의 세상, 이미 모든 순결함과 품위를

잃어버린 이곳에서 나 또한 살아야 하는 것이다." 녹천에는 주저앉은 이들의 눈물이 하염없이, 줄줄 흐른다. 누구도 누구를 사랑하지 않는 곳이 녹천이다.

왜? 이익을 위해서는 삶의 근간을 파헤치고 도려내는 오늘날, 살 곳이 없고, 갈 곳을 찾기 어렵기 때문일 것이다. 소설 속, 연극 속 인물들이 녹천에서 빠져나오지 못하고 있다. 녹천의 주변처럼, 오래된 길은 매일 아파트와 신작로가 되어 사라지고, 숨 쉬고 있는 옛집은 부서지고, 사람들은 쫓겨나서 떠돈다.(준식의 아내가 아파트 거실에 설치하려는 "작은 바다 세계의 풍경"을 담은 유리 수족관과 화분 그리고 오디오 세트는 고향 풍경의 생생한 흔적과 자취, 그것을 시력과 청력으로 회복하려는 것으로 여겨진다.) 이 소설과 연극은 녹천에 널브러진 아파트들이 "진짜 우리 집"이고, 나아가 우리나라가 가짜 선진국이라고 조용하게 말한다. 집과 고향이라는 뜻을 지닌 독일어 하이마트(Heimat), 사람들이 같은 발음을 지닌, 사라진 흔적을 찾아 대형 매장 하이마트(Himart)로 가고 있다. 소설을 원작으로 한 이 연극 〈녹천에는 똥이 많다〉(이창동 원작, 신유청 연출, 두산아트센터)의 제목처럼, 삶이 이루어지는 공간을 집이라고 한다면, 오늘날 '녹천'에는 고향과 같은 아파트뿐이다. 그러나 그 중성적 공간에는 깊이가 없다. 소설과 연극의 얼개는 삶과 집의 뒤엉킴과 진정한 공동체와의 결별이다. 그 사이, 소설과 연극은 인간을 인간으로서 대하지 못하게 된 학교와 사회의 구조를 말하고 있고, 자연과 같은 인간의 얼굴을 버린 채, 시장원리주의로 세워진 주거공간에 대한 욕망을 숨김없이 보여준다. 아도르노의 말처럼, "잘못된 것 안에 올바른 삶은 없다." 인물들을 억류하는 가두리 양식장 같은 아파트가 즐비한 녹천에 똥이 많은 이유일 터이다.

2. 집

소설을 다시 읽고, 연극을 주의 깊게 보면, 주제어인 집에 이르게 된다. 집(oikos, eco) 바깥이 광장이다. 동생 민우는 타자와 함께(sym) 먹기(posium)라는 공동체가 생출한 가장 고귀한 이념 속에 있다가 도망치듯, "신음소리"를 내며, "땅 속에 묻혀 있는 아버지의 얼굴"과 같은, 시간의 원천과 같은 집으로 숨어든다. 이른바 모천회귀. 집이 일상의 유산이라면, 공동체는 정신의 유산일 터이다. 집은 정신의 도피처인 셈이다. 동생은 가출의 역사가 공동체의 역사가 될 수 있음을 실천하는 인물이다. 집을 인간의 육체를 담는 의복과 같은 것으로 본다면, 육체의 환대이며 옛날이란 시간인 집으로 들어오기는 일상적 삶의 궁극인 셈이다. 그 끄트머리에서 동생은 형의 신고로 집에서 감옥으로 잡혀 들어간다. 남아 있는 이들은 울고 만다. 오늘날 건축가들은 구멍이 많은 집짓기. 즉 다공성 건축을 말하는데, 이는 집 바깥을 집 안으로 들이려는 건축으로, 비사회적 자연을 포용하는 건축의 육화이다. 그러나 소설과 연극 속 아파트는 이것과 무관한, 텅 빈 요새와 같다. 집을 나가겠다는 준식의 아내에게서 어떤 비극적 기쁨을 본다. "이게 어디 사는 거예요?"라고 하면서, "사람이 사람답게 사는 거"를 말할 때, 그녀의 과거는 변모되었다. 영혼의 회고가 가출의 시작이다. 소설의 맨 끝, "다시 어둠 속에 혼자 남"은 이는 준식이다. 녹천에 뿌리내린, 꼼짝도 할 수 없는 작은키나무 같은 존재…

〈녹천…〉은 집과 사람 그리고 집 안팎의 이야기이다. 집을 짓고, 집에 살면서 성장하고, 집 바깥에서 타자와 관계 맺고, 삶과 세상을 공부하는 도야는 오래된 교육의 증좌였고, 인문적 성찰의 기원과도 같았다. 정신의 주관적 형성과정, 그 전체를 표현하는 것이 철학이나 문학, 예술의 원천이라면,

집 바깥은 성장, 성숙, 사유를 위한 기조였을 것이다. 사회 운동가인 동생 민우와 교사인 형 준식처럼, 집에서 집 바깥으로 와 그 반대인 회귀는 모두 제자리로 가기 위하여 자기 자신을 다른 사람들로부터 떼어놓는 행동이다. 이때 남긴 기억과 흔적 등은 사는 동안 지속된다. 『논어』(학이편)에서는 "어디로 가려는지 알고 싶거든, 어디서 왔는지 되돌아보라(告諸往而知來者)"라고 했다. 이 연극 속 인물들 모두는 사회와 격리되어 있다. 그저 울면서 "쓰레기와 같은 퇴적층 위, 온갖 오물과 증오와 버려진 꿈들을 발아래에 두고 저 까마득한 허공에 아슬아슬하게 매달린" 채 살고 있을 뿐이다. 살아 있는 자들은 가슴 속 깊은 심연에서 울리는 탄식 소리를 듣는다. "한 장의 낙엽처럼 떨어져 내"리는 이들은 그들만이 아니다.

3. 향수

녹천은 향수이다. 오늘날 집과 집 바깥을 탐닉하는 풍경은 자본윤리의 반영이고, 역습이고, 부조리이다. 집 바깥으로의 이동이 새로운 삶과의 접촉이 아니라, 시장과의 접촉, 욕망의 노예 되는 길목이 되고 있기 때문이다. 형인 준식에게 동생의 얼굴이 "생판 모르는 사람처럼 낯설게 느껴지는" 이유가 여기에 있다. 집과 집 바깥이 과거(동생 민우)가 아니라, 이익과 같은 현재 혹은 미래(형 준식)로 향하고 있다. 신유청이 연출한 이 연극의 대본을 읽으면서, 인물들은 도시로 내려오는 미쳐버린 멧돼지와 같다는 생각을 했다. 개체수가 너무 많은 멧돼지들, 제 삶의 척도를 잃고 헤매는 멧돼지들, 보편적 판단능력을 잃어버린 멧돼지들, 교양을 잃어버린 멧돼지들…… 가출한 멧돼지들은 즉흥적인 흥분으로 집을 빠져나오는 이들과 비슷하다. 감정은 서사적 길이와 폭을 지니는 반면, 흥분은 깊이를 제거한다고 했다. 감정은 이야기가 있는 것이고, 흥분은 이야기를 허용하지 않는다. 산속 집을 떠나 녹천이라 불리는 도시로 내려와 날뛰는 멧돼지들의 서글픈 연극, 그것은 죽은 자들의 귀환이다.

2019년 두산 인문극장의 주제인 아파트. 그것은 집의 소유 그리고 구석구석이 표준화되고 복제되고 있는 아파트와 같은 삶의 형태를 말하면서 어떻게 함께 살아갈 것인가를 고민하는 문제이다. 먹는 것, 입는 것, 집의 형태, 육체, 듣고 보는 모든 감각들, 집뿐만이 아니라, 연극 속 인물들처럼 물화된 타자인 우리들이 자신의 알몸을 보는 셈이다. 집이 고향이라면, 집 바깥은 타향이다. 집 바깥인 고향은 떠나옴이고, 집 안인 귀향은 들어옴이다. 그러나 '녹천'과 같은 고향 파괴, 고향 상실이라는 말을 하자면 정반대가 된다. 가출은 떠나온 고향으로의 되돌아감 즉 귀향이 된다. 이것이 쉽지 않다. 그래서 돌아가는(nostos), 아픔(algos), 향수(nostalgie)라는 단어가 생겼을 것이다. 소설과 연극 속, 녹천은 향수의 상징어이다. 이 연극은 집이 아니라 고향의 상실부터 시작된 것, 무대는 고향을 떠난 이방인들이 사는 세상인 디아스포라이다. 과거가 썩어 문드러진 녹천에서 등장인물들은 미래를 먹고 산다. "시간이 허무의 그림자를 끌"고 가듯 처연하기 이를 데 없는 삶이다.

한국 근대시의 백미인 백석의 시에서처럼, 서럽고 고된 삶이 도피하는 공간이 영혼의 집, 즉 산이기도 했다. 그의 시, 「나와 나타샤와 흰 당나귀」에서, "가난한 내가…… 눈이 푹푹 쌓이는 밤…… 산골로 가"는 집 바깥으로의 탈출은 영혼의 집 속에의 은둔이다. 이 연극에서 밭고랑처럼 굴곡진 삶을 달리 꿈꾸기 위해서 현실을 달리 명명한 곳이 '녹천'이었을 것이다. 불행하게도 "가슴 한쪽이 누구에게 쥐여 박히기라도 한 것처럼 묵지근하게 아픈" 인물들은 "실제는 열여섯 평이든가 일곱 평이든가"하는 "23평짜리의 내 보금자리로" 향할 뿐이다. "알량한 자기만족과 허위 위에 지어진 초라한 모조품" 속으로.

곧 공연이 시작될 것이다. 공연을 보고 나서 이렇게 말하자. 녹천은 시간을 초월하는 것이 아니라 시간을 무시하는 곳이 되어야 한다고. 기억이 말하는 것을 듣는, 자취뿐인 옛길로 가는, 스스로 시간으로부터 이탈하는 곳이어야 한다고. 그리고 관계, 교류 혹은 약속 같은 것에서 벗어나기, 그런 것들로부터 노예가 되지 않는 곳이어야 한다고. 개별적 존재에서 공동체적 존재로, 다시 공동체적 존재에서 개별적 존재가 되어야 하는 곳이다라고. 작곡가 바흐(Bach)란 이름이 흐르는 강을 뜻하듯, 녹천은 바람이 불고, 물이 흘러야 하는 곳이어야 한다고. 그리하여 녹천에는 똥이 없어야 한다고.

(겹따옴표 안의 인용문은 원작인 소설에서 인용한 글이다.)

기국서와 한국 연극

〈찬란한 오후〉의 연극성

1. 기국서 연출의 원리

한국의 현대 연극에서 영향력이 컸던 연출가들은 많다. 그 가운데에 연출가 기국서가 차지하는 자리는 매우 크되 독특했다. 2000년대 들어와 한국 연극의 기억에서 기국서는 거의 잊혀가고 있었다. 그가 연극을 하지 않고 어디서 무엇을 하고 사는지 알기 어려웠다. 간헐적으로 2인극과 같은 소품들을 소극장에서 공연했었지만, 그 공연들은 1970~90년대에 그가 보여주었던 작품들과 크게 달라보였고, 관객들의 관심도 적었다. 그가 다시 연극으로, 극장으로 돌아왔다. 무엇보다도 그가 다시 연극 연출을 한다는 것이 반갑기 그지없있다. 기국서는 한국 현대 연극에서 연출적 개성으로 보자면 첫 번째로 언급되는 연출가이다. 공연 프로그램에는 기국서는 "한국 현대 연극의 충격과 혁명이란 일컬어지는 작품세계"를 지녔다고, 극단 골목길의 대표 박근형이 말하고 있다. 그리고 "전위적인 연출가" "극단 골목길의 정신적 토양을 만들어준 선생님"이라고 덧붙이고 있다. 그만큼 그는 후배들에게 훌륭한 연출의 선배로 기억되고 있었다. 그를 따르는 후배들을 보자면, 그는 쉽게 연극을 그만둘 수 없는 처지가 된 것이다.

이번에 연출하는 작품은 오스트리아 극작가 볼프강 바우어가 쓴 것으로 잘 만들어진 줄거리도, 특별한 사건도 없다. 공연은 프로그램에 소개된 것처럼, 반복되는 일상을 지겨워하는 젊은이들이 어느 여름날 오후 두 시간 동안 방 안에서 벌인 모습을 담아낼 뿐이다. 등장인물들은 담배를 피우고, 음악에 심취하고, 술 마시고, 섹스하고, 무의미한 잡담을 하고, 운 좋게 얻어온 대마초를 피우다 싸우고, 그 와중에 뜻하지 않은 살인을 저지른다. 등장인물들의 말과 행동에 진지함은 찾아볼 수 없다. 작가와 연출가는 오늘날 젊은이들이 할 수 있는 일은 사회에 저항하기보다는 음악과 영화 그리고 마약을 즐기면서 그저 오늘을 견디는 것뿐이라고 말하는 것 같다. 그렇게 살 수밖에 없다고 말하는 것 같다. 공연을 보고 나니 80년대 이후 사회와 젊은이들의 삶에 대한 기국서의 태도는 변함이 없다는 것을 알게 되었다.

기국서는 이번 공연을 통해 "예술과 퇴폐의 경계를 무대 위에서 실험하려한다"며 "등장인물들의 심리를 세밀한 부분까지 추적해 표현하면서 마치 영화의 클로즈업을 보는 느낌이 들도록 할 것"이라고 밝혔다. 이번 공연의 핵심은 "퇴폐"이다. 그의 말대로 공연은 변방에 있는 젊은이들의 일상과 하등 다를 바 없었다. 공연이 젊은이들의 무의미한 일상에서 일어나는 우연과 돌발적인 사건들을 조각처럼 보여주고 있지만, 연극의 의도는 그리 가볍지 않다. 이 연극은 겉으로 우리들의 일상을 그대로 보여주고 있지만, 겉면을 벗기고 숨어 있는 뒷면을 보자면 일상은 이유 없는 불안과 고독의 진열장과 같다는 것을 진술하고 있다. 등장인물들은 그림을 그리는 이, 시나리오를 쓰는 작가, 하릴없이 배회하는 이들이다. 그들은 한결같이 젊고 똑같이 불안하고, 너나없이 충동적이다.

기국서의 연극은 그리 어렵지 않다. 관객들은 쳐다보다가 어느 순간 극중 이야기가 혹시 내 이야기가 아닌지 당혹스러운 경험을 하게 된다. 배우들의 연기라고 보이는 것이 점차 사라지는 순간, 관객들은 불안해진다. 관객들도 배우들처럼 자기 자신을 억압하고 있는 것이 무엇인지 진지하게 생각하게 된다. 기국서는 참으로 오랫동안 연극으로 사회적 억압과 싸우고 있었다. 그가 보여주는 연극 속 사회는 언제나 불안하고 정체되어 있고, 변화되지 않는 억압의 구조를 지니고 있다. 그는 배우들을 통하여 사회가 여러 가지 구속의 형태들을 재생산하고 있다고 말하고 싶어 한다. 그 밑바탕에 폭력성이 잠재되어 있다는 것을 강조한다. 공연의 제목처럼, 겉으로는 찬란한 오후와 같은 일상은 뒤집어보면 가장 어두운 심연이 된다.

　이처럼 삶과 예술의 경계, 예술과 퇴폐의 경계를 연극을 통하여 보여주는 것이야말로 그가 젊은 날부터 해온 연출작업의 중심이라고 할 수 있다. 그런 모습을 오늘 다시 본다. 그런 면에서 기국서는 전혀 실험적이지 않은, 가장 연극다운 정형을 만드는 연출가임에 틀림없다. 그는 연극이야말로 삶과 길항하는 모순어법이라는 것을 말하는 기초적인 연출가이다. 기국서는 연극을 통하여 삶에 저항한다. 그가 힘들게 살았고, 살아가고 있는 것은 천성의 체질 탓도 있지만, 그가 추구하는 연극이 항상 현실의 원칙과 어긋나기 때문이다. 그의 연극과 마찬가지로 그의 삶도 공연과 함께 끝나지 않고 현실과 길항한다. 따라서 그가 연출한 공연을 이해하고 분석한다는 것은 그의 삶을 이해하고 분석하는 것과 같은 맥락이다.

2. 물과 연극 – 극단 76단 〈관객모독〉

모든 물은 바다로 휩쓸려 들어간다. 산의 눈물과도 같은 강물도 바다에 흡수된다. 과거처럼 바다는 모든 물이 모여들지만 넘쳐나는 일이 없다. 물이 모인 바다는 근원이다. 그곳에 오래된 연극이 있다. 그 끝은 침묵이다. 물의 침묵. 한국 현대 연극에서 물과 만나는 연극을 꼽으라고 한다면, 그것은 〈관객모독〉이다. 이 작품은 말이 물이 되어 폭포처럼 흘러내려 비수가 되어 관객들의 정수리에 꽂히는 연극이다. 이 작품은 연극의 근원을 되묻는, 연어들이 물줄기를 거슬러 올라오는 것과 같은 연극이다. 연극이 물에 빠져 알몸이 되어, 그러니까 어떤 연극을 추방하고 최초의 연극으로 되돌아오는 매혹이다.

〈관객모독〉은 상투적인 연극과 순진한 관객과 계몽적인 비평을 모독하는 연극이다. 오늘의 한국 연극과 불화하는 연극이다. 30년 동안 한국 연극의 변방에서 소외를 이겨내며 죽지 않고 있는 연극이다. 한국 연극의 현실은 "썩었고, 미숙하고, 천박하고, 상스럽고, 이기적이며, 소란스럽고 위태롭다"라고 진단하면서 중심에 있는 연극들을 가짜라고 말하면서 해체하고 추락시키는 연극이다. 한국 연극은 관객들을 바보로 만드는 연극을 팔기 위하여 구걸하고 있다고 말하는 연극이다. 관객들로 하여금 극장을 천국으로 여기게 하는 교활함을 고발하는 연극이다. 그리고 자신들의 연극도 역시 가짜임을 고통스럽게 말하면서 자신의 존재마저 추방하는 연극이다. 연극이란 허구로부터 새롭게 시작해야 한다는 것을 말하는 연극이다. 허구의 연극이 현실을 감싸고, 그것보다 훨씬 크다는 것을 증명하는 연극이다.

연극과 물은 나란히 있다. 이때 연극은 물로서 나체가 된다. 연극은 물처럼 자신을 벗어버려 뚜렷하게 부각시킨다. 물처럼 연극이 노출하니까 연극은 관객들의 시선을 요구한다. 그리하여 연극은 사회의 껍질을 벗어던지게 하는 의지이다. 〈관객모독〉(페터 한트케 작, 기국서 연출)은 극단 76단이 창단 이래 지금까지 30년 동안 계속하고 있는 공연이다. 30년 동안 해왔던 공연을 연장하는 실험이다. 신선한 것이 아니라 끊임없이 이어지는 실험처럼, 76년부터 지금까지 극단 76단은 이 작품으로 한국 연극과 관객을 모독했으며 자신들을 학대했다. 그 한구석에 연출가 기국서가 홀로 자리 잡고 있다. 연극에 매혹되고 연극하는 이웃들과 함께, 가진 것 없이.

흔히들 연극에서 메시지를 전달하기 위하여 배우들은 지각 전체의 레퍼토리를 두루 사용한다. 예컨대 손짓, 신체의 자세와 표현, 호흡, 양식화된 제스처, 강요된 침묵, 고정된 움직임, 놀이, 제의 양식 등을 사용한다. 이 작품에서는 이 모든 것이 부정되거나 거꾸로 행해진다. 사건을 재현하는 연극을 부정하고, 재현하는 과정에서의 언어의 허구를 숨김없이 드러내기 때문이다. 이것만으로도 관객들은 즐거워한다.

물은 흐른다. 물은 밤과 낮의 리듬처럼 서로 합쳐지고 흩어지고 넘쳐난다. 그리고 무정형이다. 밀려왔다 밀려가면서 사람들을 덮치기도 하고 무한히 확장되기도 한다. 〈관객모독〉은 서서 상대방에게 말하는 연극이 아니다. 배우들은 힘들고 어렵게 말한다. 말을 비틀고, 자신의 몸을 뛰게 한다. 그리고 말을 하되 달리 한다. 말을 우회시키고, 말의 순서를 바꾸고, 쉽게 말하는 방식을 포기한다. 뛰면서 가파른 숨결을 몰아가며 배우들은 병든 한국 연극의 문법과 화법을 거부하고, 전투적으로 저항한다. 언어연극이라고 불리는 이 연극은 지금까지 합리적인 전통에서 이성의 우위를 전면적으로 부정하는 것과 같은 맥락을 지녔다. 〈관객모독〉은 연극을 허구적으로 재현하는 과정이며, 이것이야말로 언어학과 연극이 겹치거나, 서로 닮거나, 서로 일치하는 부분이란 것을 말한다. 따라서 공연은 쉽게 파악되고,

전달되는 연극과 언어에 대한 이데올로기적 폭압성을 경고한다. 이러한 이데올로기적 왜곡을 피하고, 관객이 비판적인 태도를 견지하기 위해서는 필연적으로 모독을 받아야 한다는 것이다. 그리고 뻣뻣이 앉아 있는 관객들을 향하여 물세례가 이어진다. 모호하고 어렴풋한 세계에 대한 물세례. 관객들은 공연의 끝부분에 물을 뒤집어쓴다. 물이 순수하고 단순하게 관객들을 공격한다. 물세례는 공연의 끝이지만 관객의 시초이다. 관객들이 다시 태어난다. 물에 빠져, 물에 씻겨 벌거벗은 것처럼. 물세례는 관객과 연극이 외피를 벗는 르네상스 즉 다시(re) 태어남(naissance)이다.

〈관객모독〉은 모든 것이 위반의 코드로 된 연극이다. 무대는 텅 비어 있다. 등장하는 배우들은 무대 위에서 패배할 수밖에 없는 싸움을 하고 있는 존재들이다. 새롭게 태어날 연극을 위하여. 물이 모인 바다는 결코 넘쳐나는 법이 없다. 흘러넘치는 일이 없다. 그것이 삶을 위하여 괴로워하고 번민하는 연극이다. 동시에 삶을 확장하는 쾌락의 연극이다.

윤영선 선생에 대하여

참으로 조용하게 왔다가 말없이 그가 갔다. 윤영선 선생. 〈나무는 신발 가게를 찾아가지 않는다〉(2000)의 끝 대사들은 그의 죽음을 예견한 듯하다. "난 이제 아침이 돼도 눈을 뜨지 않을 것이다. 창문을 통해 비치는 햇빛에 눈부셔지도 않고 자명종 소리에 놀라지도 않을 것이다…… 브람스의 음악도 슈베르트의 음악도 듣지 못하고, 누군가에게 안녕이라고 말도 못 하고". 이 희곡은 "죽어가는 살과 세포와 부패하는 내장과 삐걱거리는 뼈와 함께…… 나는 일어나네. 죽음을 저만치 밀쳐내고 나는 가야 할 곳을 향해. 나는 어디까지 걸어가야 하는 거지? 닳아빠진 내 신발을 끌고"라는 대사로 끝난다. 이 부분을 다시 읽어보니 그가 이미 오래전에 죽음의 문턱까지 다녀왔다는 인상을 받았다. 고통을 피하려 서둘러 죽음의 자리로 들어선 것 같다는 생각도 들었다.

언제 그가 "정체 모를 이 세상에 인간으로 태어나"(『윤영선 희곡집 1』 서문) 숨을 쉬고 살았던가? 그는 "말하고 싶어도 말 못"했고, "듣고 싶어도 못 들" 었다. 반대로 그는 "기억하고 기억하고 또 기억하고 기억하려고" 글을 썼다. 그러고도 답답해서 하는 말이 "내 글들이 그 많은 샛길을 찾아 달아날 수 있었으면"이다. 그는 삶의 공포에 대한 내밀한 글쓰기를 좋아했던 작가였다. 그의 인물들은 희곡 제목인 사팔뜨기처럼 곁눈질하는 이들이다. 작품 속에는 공포와 불안의 시선 즉 죽어가는 시선을 지닌 이들이 많이 등장한다.

극작가 윤영선은 연극계 주류로부터 한 발짝 떨어져 있었다. 자유, 불복종 같은 단어가 삶을 정의하는 데 쓰일 수 있는 낱말이라면, 그에게 주고 싶다. "난 문 밖으로 나가지 않을래. 문을 열고 나가면 정글이야."(「나무는…」)라고 말하는 그는 주류로부터 떨어진 덕분에 자신의 삶을 누릴 수 있었다. "나무가 되고 싶었던" 그는 희곡을 쓰면서 자신과 대화할 수 있었다. 그가 쓴 희곡은 중심에서 벗어나 있던 자신이 기거하고, 자기 자신과 대화했던 내면의 집이었다. 이 공간에서 세상의 소리는 소멸되고 자급자족의 언어가 생출된다. 그것은 "상처난 기억, 망가져버린 시간, 봉인된 비명"의 언어이다. 살아 있는 동안 그는 "절망과 희망을 뒤섞으며…… 죽음을 저만치 밀쳐내고" "무엇인가를 움켜쥐려 했"고, "무엇인가를 보려고" 했고, "무엇인가를 들으려" 했고, "뭔가를 먹으려, 무엇인가를 말하려" 했고, "어디론가 가려고" 했었다. 그것은 그가 삶의 긴장을 잃지 않으면서 작품을 쓰고 연출했던 이유가 된다.

윤영선은 2001년에 유일하게 희곡집을 출간했다. 『윤영선 희곡집 1』(평민사). 희곡집 1이라고 이름을 붙인 것으로 보아, 계속해서 출간하려는 의욕을 지녔던 것 같다. 이 희곡집에는 「미생자」(2004), 「여행」(2005), 「임차인」(2006) 이전의 작품들이 고스란히 줄서 있다. 열거하면 「사팔뜨기 선문답―난 나를 모르는데 왜 넌 너를 아니」(1994), 「떠벌이 우리 아버지 암에 걸리셨네」(1996), 「맨하탄 일번지」(1997), 「키스」(1997), 「G코드의 탈출」(1998), 「내

뱃속에 든 생쥐」(1998), 「파티」(1998), 「나무는 신발가게를 찾아가지 않는다」(2000) 등이다. 윤영선에게 연출은 멀리 있었고, 희곡은 가까이 있었다. 그에게 연출은 오래전에 했던 추억과도 같은 것이었다면, 희곡 쓰기는 기억을 유지시켜주는 거주지와 같았다. 첫 작품인 「사팔뜨기 선문답」은 작가 자신의 "내면 속에 떠도는 생각들을 형상화시켜놓은 것"으로, 인물들은 "작가의 내면 속에 억눌려 있던 목소리"들이다. 「떠벌이 우리 아버지…」에 이르러서 내 목소리는 햄릿과 오레스테스의 목소리로, 어머니의 목소리는 거트루드와 클리타임네스트라, 아버지의 목소리는 선왕 햄릿과 아가멤논, 누나의 목소리는 오필리아와 엘렉트라, 그리고 카산드라의 목소리로 합쳐져 분출된다. 이 작품은 세계가 존재하는 한 인물들은 필연적으로든 우연적으로든 반복되는 것이라고 말하고 있다. 이때 이미 그의 "몸은 엉망이 되어버렸다."

윤영선의 대표적 희곡은 「키스」「파티」「나무는…」 등이다. 한결같이 희곡의 전후 맥락을 예측할 수 없다. 돌이킬 수 없는 사랑과 시간에 관한 언어들이 하찮은 것에서부터 불쑥 튀어나온다. 아무래도 그 절정은 「키스」가 될 것이다. 윤영선은 존재의 외로움을 벗어나기 위한 것이 키스라고 말한다. 키스에는 고통과 폭력이 숨어 있다고 말한다. 그의 키스는 열정적이지 않고 스산하다. 텅 빈 무대에 선 남녀 배우는 키스가 아니라 말들을 내뱉는다. 이 인물들은 제 몸이 사로잡혔던 키스를 해본 적이 없다. 몸에 전율을 일으키는 키스는 두려움이자 즐거움이다. 불안하게 떠도는 말들은 키스하고 싶은 두 몸을 위로한다. 그는 망각도 기억도 아닌 키스, 긍정도 부정도 아닌 키스에 이르기 위하여 말들을 희생한다. 그것이 애처롭다.

「여행」(2005)은 여러 면에서 그의 삶과 조우한다. 윤영선은 이 작품에서 자신의 죽음을 맞이하러 떠날 준비를 한 것 같다. 이 작품에 나오는 친구의 죽음은 곧 자기 자신의 죽음이기도 했으며, 죽음이 가져다주는 상실감은 살아 있던 윤영선이 겪어야 했던 불안이기도 했다. 이 작품 이전에 평론가들은 윤영선의 연극을 관념적 연극, 삶에 대한 형이상학적 질문의 연극으로 요약했다. 「여행」은 윤영선이 관념적 세계에서 일상의 삶으로 주거지를 옮긴 작품이지만, 새로 옮긴 주거지에서의 삶은 너무나 부박했다. 그는 첫 희곡에서부터 자신의 그림자를 뛰어넘을 수 없는 불안 속에 있었다. "어느 틈엔가 뒤틀린 장판지처럼 눅눅하게 녹아내린 하오의 햇빛 속에 서 있"었다. 그래서 그는 약했다. "아직 지우지 못한 아픔으로 거기 누가 한숨 쉬고 있느냐"(「사팔뜨기 선문답」)라고 자기 자신에게 물었지만, 그는 대답 대신 "그래 나는 한 죽음을 보았지"라고 말한다. 그는 이미 오래전부터 삶의 길이 아니라 죽음의 길로 들어가는 여행을 해야 했던 셈이다. 삶에서 내쫓기며 죽음으로 들어가 있었던 그때부터 그는 희곡을 쓰기 시작했다. 초기 희곡에 나오는 인물들은 "미친 듯이 이리저리 뛰고, 위로 펄쩍 뛰고 소리 지르고 신문을 찢어서 집어던지"는 "광란적인 태도"를 지닌 이들이다. 그 끝자리에서 윤영선은 다시 말한다. "아직도 희망이 있는 걸까? 어서 빨리 늙어서 죽어버렸으면"이라고.

무엇보다도 그는 좋은 벗들을 만나서 살고 싶었다. 사는 동안 자신을 "떨리게 해주었고, 피폐해진 가슴에 작은 불씨를 살려낸 눈빛을" 지닌 이들을 잊지 않으려 했고, 그들이 준 "따스한 말들을" 가슴에 품고 살고 싶었다. 그러나 그에게 가장 큰 벗은 "산속에 홀로 있을 때 흐느끼지 않도록 도와준 나무와 풀들"이고, "옥수수대를 넘어뜨렸던 바람"이었고, "밤 마당을 환한 꽃으로 장식해준 배나무"였고, "밤하늘 위에 떠 있었던 오징어배의 불빛, 풀벌레들"이었다. 그는 사는 동안 "빈 하늘 가장자리를 스쳐 지나가며 우는 기러기"(서문)와 같았다. 그는 그렇게 외롭게 살다 갔다.

윤영선 선생의 부음을 들은 많은 이웃들은 모두가 한 대 맞은 것 같다고 했다. 나는 불안해졌다. 지난봄에 대학로에서 만난 적이 있었는데, 그는 거두절미하고 내게 산에 같이 가자고, 좋은 시골에 같이 가자고 했다. 그와의 약속은 책임의 소재를 말할 나위 없이 그냥 잊혀졌고, 그것이 그를 본 마지막이 되었다. 한 이웃은 "그를 잃은 허망함, 그동안 그에게 소홀했던 자신에 대한 분노 그리고 떠나버린 사람에 대한 죄책감에 휩싸여 있을 수밖에 없었다"고 했다. 그의 부음을 듣고, 나는 말러가 뤼케르트의 시에다 곡을 붙인, 숭고하고 눈물겨운 이별사인 〈나는 세상에서 잊혀지고(Ich bin der Welt abhanden gekommen)〉를 줄창 들었다. 그 역시 노래하고 있을 것이다. "나는 떠들썩한 세상의 동요로부터 죽었고, 고요의 나라 안에서 평화를 누리네. 나의 하늘 안에서 조용히 쉬고 있다오. 내 사랑의 품에서, 내 노래의 품에서…"라고.

작품과 작가의 권리

1. 삶의 키스

지난봄부터 가을까지 희곡을 쓰며, 연출을 했던 고 윤영선 선생의 유고집을 준비하고 있었다. 그는 정확하게 2007년 8월 24일 이웃들과 세상으로부터 멀어졌다. 그가 남긴 글을 읽다가 알게 된 것들이 많았다. 연극동네에서 희곡을 쓰거나 연출을 했던 이들의 연대기는 대개 비슷하다. 고 윤영선 선생도 다를 바가 없었다. 그는 낮에는 학교에서 학생들을 가르치며 밤에는 대학로 언저리에서 배우들과 연극하고 술 마시면서 사는 삶을 계속했었다. 만약 그가 살아 있다면 자연스레 그의 삶은 집과 학교, 그리고 연극동네를 주 무대로 하고, 산을 좋아했던 탓으로 주말이면 산으로 가거나 시골로 가서 밭을 일구는 것으로 이어졌을 것이다. 우리는 적어도 그에게 그런 삶을 기대했었다. 그러나 좋은 희곡을 쓰고 싶었던 그의 희망은 삶을 비켜갔고, 사회와 불화하고, 사람들과 싸우면서 얻은 그의 절망은 그의 삶을 단축시켰다. 50대 초반, 그렇게 그의 삶은 무너졌다. 그의 죽음에 대한 원인은 병으로 밝혀졌다. 몸에서 생명을 앗아가는 병, 그 원인은 복잡할 수도 있다.

평소에 그는 화를 잘 내는 편이 아니었다. 유고집 원고를 고르기 위하여 그가 남긴 모든 글을 읽어야 했는데, 유독 한 가지 일에 대하여 그는 사람들과 싸웠고, 절망했다. 그가 죽기 일 년 반 전이었다. 고 윤영선은 1995년에 「키스」라는 희곡을 썼다. 그리고 2006년 1월에 영화 〈왕의 남자〉가 자신의 작품 「키스」를 표절했다는 것을 알게 되었고, 2007년 8월에 죽었다. 그 사이 그는 극도로 피폐해졌다. 영화상영중지 소송도 했었고, 연극동네 지인들에게 사실을 알려 작가로서의 권리를 회복하려고도 했었다. 그러나 소송에서 졌고, 아무렇지도 않게 사건은 종결되었다. 그 후 그는 우리 곁을 영원히 떠났다. 법원에서 기각된 결과가 있기 때문에 여기서 그 문제를 재론하려는 것은 아니다. 다만 한 희곡작가가 왜 분노했는지에 대해서는 알아 두어야 할 것 같다.

우선 「키스」라는 작품에 대하여 알아볼 필요가 있겠다. 필자는 윤영선 선생을 추모하는 글에서 「키스」에 대하여 아래와 같이 썼다.

　　고 윤영선의 대표적 희곡은 「키스」「파티」「나무는…」 등이다. 그 절정은 1995년에 윤영선과 이성열 연출로 워크숍을 하고, 그해 5월에 대학로 소극장 혜화동 1번지에서 첫 공연을 한 「키스」가 될 것이다. 이 작품은 그해 좋은 평을 받아 한국연극평론가협회가 주관한 '97 올해의 연극 베스트 3에 선정되었다. 「키스」라는 이름을 지닌 연극이라면 말 대신 들입다 입을 맞추는 연극을 연상할지 모른다. 키스가 저랬었던 거야라고 관객들은 스스로 당황해하거나 자문하게 된다. 키스는 말을 가로막고, 말을 비워 몸을 더듬는다. 삶의 희열, 죽음의 고통을 드러내는 표정은 공통적으로 눈 감은 채 일그러져 있다. 그때 몸은 소리를 질러 희열을 넘고, 고통을 자른다. 키스에 관한 연극은 입맞춤보다는 키스하는 뜨겁고 가벼운 몸이 내지르는 소리의 연극, 키스하는 입에서 나오는 말들을 듣는 언어연극이다. 또한 키스는 두 몸 사이의 거리를 무화시키는 포개짐이며, 둥그런 두 입술의 문지름이다. 물렁물렁한 입술과 달리 키스라는 단어의 울림은 날카롭다. 흔적도 없는 경험이며 얄브스름한 기억과 같다. 키스에 '첫'이라는 접두사가 붙으면 두 번째 것과 비교되지 않을 잔부끄럼과 스스럼이 강조된다. 첫사랑처럼 상대가 아니라 키스, 그 경험을 완벽하게 정의하는 긍정이 된다. 윤영선의 「키스」는 꼭 첫과 끝의 키스만을 주목하는 것이 아니라 익숙한 키스를 낯선 키스로 대체한다.

일반적으로 연극에서 배우들의 키스 장면은 밝을 때 포즈를 취하고 암전되면서 이루어진다. 관객들은 배우들의 어두웠을 때마저 키스를 하는지, 그만 끝내는지 궁금할 때가 있다. 그리고 공연 때마다 정해진 키스를 하는 배우들을 부러워할 때가 있다. 요사이는 배우들이 관객들에게 등을 보이고 이런 장면을 연기하지 않는다. 관객들 앞에서 프로필로 앉거나 서서, 조명을 받고 두 입술이 포개지는 장면을 슬로모션으로 하는 경우도 있다. 이럴 때 연출은 가능한 모든 소음을 제거한다. 침묵 속에서 키스 장면은 두 사람을 돋보이게 하고, 관객들의 시선을 그 장면에 집중시킨다. 키스는 두 몸 사이, 두 입술 사이의 거리가 없어질 때 최고 정점에 도달한다. 말은 상대적으로 거리를 낳는다. 거리가 유지되어야만 말들은 발성되어 들리고 이해되어 존재할 수 있다. 키스는 이 모든 것을 한순간에 무화시킨다. 키스를 하고자 할 때 상대방이 아직 준비가 되어 있지 않다고 말하는 것은 상대방과 거리가 있다는 뜻이다. 제거하지 못한 거리, 유지하고 싶은 거리, 눈에 보이는 거리이다. 키스의 욕망은 직진한다. 그 욕망이 무엇인가에 저항을 받을 때 키스할 입에서 말들이 새어나온다. 저항이 클수록 말들이 많아진다. 말하는 입과 키스하는 입은 같지만 입은 두 가지 다른 욕망을 가지고 있다. 윤영선은 존재의 외로움을 벗어나기 위한 것이 키스라고 말한다. 키스의 상대는 누구라도 좋다. 때와 장소를 가리지 않고 막 하고 싶은 때가 있다. 그의 키스는 정해진 상대와 반복하는 키스가 아니다. 여기서 외로운 존재는 키스 그 자체이다. 키스가 말한다. 말하면서 포개지는 두 입술에 주목한다. 키스는 상대방을 향한 시선과 같고, 두 입술 사이의 거리는 너무 아득하다. 외로운 키스들이 길 위에서 고독에 떨고 열망한다. 키스의 시선과 거리가 거미줄 같다. 끊어지지 않고 방향도 없다. 그러므로 입술과 입술의 접촉이 아니라 키스들끼리의 충돌과 같다. 그것이 허하다. 키스에는 고통과 폭력이 숨어 있다고 말한다. 그의 키스는 열정적이지 않고 스산하다. 텅 빈 무대에 선 남녀 배우는 키스가 아니라 말들을 내뱉는다. 이 인물들은 제 몸이 사로잡혔던 키스를 해본 적이 없다. 몸에 전율을 일으키는 키스는 두려움이자 즐거움이다. 불안하게 떠도는 말들은 키스하고 싶은 두 몸을 위로한다. 그는 망각도 기억도 아닌 키스, 긍정도 부정도 아닌 키스에 이르기 위하여 말들을 희생한다. 그것이 애처롭다.[3]

2. 죽음의 키스

결과적으로 「키스」는 윤영선을 세상에 알렸지만, 그의 인식을 절망의 구렁텅이로 내몰았고, 그의 삶을 단축시켰다. 윤영선은 2006년 1월에 영화 〈왕의 남자〉가 자신의 작품 「키스」를 표절했다는 것을 알게 되었고, 이에 크게 분노했고, 이 문제가 해결되지 않는 것에 낙담하고, 삶의 절망에 깊게 빠져들었다. 이 문제를 제외하면, 그가 남긴 어떤 글도 이와 같은 절망감과 분노를 담고 있지 않다. 그는 「연극동네 벗들이여」라는 제목의 글에서 "어떻게 이런 일이 있을 수가 있을까요. 「키스」의 원작자인 나에게 사전에 양해를 구한 바도 없고 허락을 얻지도 않았고 고지도 하지 않았을 뿐더러, 시나리오 집필 과정에도 심지어는 영화 시사회에도 초대받지 않는데 어떻게 대한민국에서 이런 일이 생길 수가 있을까요?"라고 크게 절망한 듯 쓰

---

3   안치운, 「삶과 글의 무늬」, 『연극포럼』, 한국예술종합학교 연극원, 2007.

고 있다. 그 절망은 깊고 컸다. 그런 탓으로 그는 "영화는 보지 않았습니다. 볼 수가 없었습니다. 아마 영화 보는 도중에 심장이 터져버리거나 미쳐버릴 것 같았습니다"라고 말한다. 그 후 당사자들과 지리멸렬한 과정을 이어가야 했고, 변호사를 통하여 이 사건의 해결을 위해서 영화상영금지 가처분 소송을 했지만 그는 어떠한 결과도 얻지 못했다. 오히려 작가 자신의 존재감을 드러내 과시하기 위하여 소송을 했다는 엄청난 비난과 오해에 관한 저주스런 말까지 들어야 했었다. "나는 경악했다. 그것은 공포였다. 거대산업에 자기 권리를 빼앗긴 소수의 목소리는 이런 식으로 묻혀버리는 것이구나⋯⋯.나는 믿음을 깨뜨려버렸다. 대다수 국민들이 빠져 있는 광기 속에서 내 이야기에 귀를 기울이는 사람은 소수일 것이다."(그의 「글 1」에서)

유고에는 희곡을 빼놓고는 긴 글이 거의 없는 편인데, 유독 이 사건에 관한 글들은 그 양이 많았다. 그 글들은 절차를 밟아 해결하려고 했으나 상식적으로 해결되지 않는 바에 관한 절망, 그리고 이 일이 이렇게 될 수밖에 없는 한국 사회에 관한 절망을 두루 담고 있다. 그는 소송에 이르기까지 무척 고독했고, 참담한 결과에 힘들어했고 절망에 이르렀다. 그는 자신에 대하여 "참 힘들었습니다. 사고무친 천애 고아라도 되는 것 같았습니다"라고 썼다. 이미 영화는 한국 영화 흥행사에 남을 만큼 국민영화라는 이름으로 크게 알려진 다음이라, 인터넷을 비롯한 여론은 그에게 불리하게 만들어지고 있었다. 그는 자신이 제소한, 표절이 영화의 크기와 흥행의 성공에 비해서 하찮은 것으로 여겨지고 있는 바를 감당할 수 없었을 것이다. 그리하여 "맞습니다. 나는 광부이고, 해녀이고 농부입니다. 나는 늘 연극을 '노가다'로 생각하고 있습니다. 그래서 우리는 연극 연습을 작업이라고 하지 않을까요. 다만 우리의 작업이 예술이 되기를 꿈꾸고 있을 뿐입니다." 그는 자신의 작업을 "막장에서 비 오듯 땀을 흘리면서 캐온 석탄, 바다 깊숙이 들어가서 따온 진주, 일 년간 고생해서 수확한 벼"로 여기면서 발뺌만 하는 거대 자본의 영화사와 한국 사회를 향하여 싸우고 있었다.

이 싸움의 시작은 그를 절망하게 했고, 싸움의 결과는 그를 병들게 했다. 그리하여 그는 "나는 깨달았다네. 우리 시대의 징후와 오염과 탐욕이 무엇이고 집단 광기가 무엇인지 그리고 내가 얼마나 한국의 문제에 소홀했던가를. 천성산과 새만금과 평택 미군기지 확장 등이 무엇인지, 힘없는 자들의 삶에 내가 얼마나 무책임했던가를." 이를 통탄하여 그는 자신의 이름을 바꾼다. "벗들이여, 난 이제 이름을 바꿀 거네. 이제 윤영선이 아니라 윤준섭이라 불러주게. 농부 준(畯), 불꽃 섭(燮)이네." 그는 자기 자신을 용서할 수 없었다. 그 후 일 년 반이 지났을 무렵, 그는 아예 일어나지 못했다. 그가 말한 대로, "시간은 모든 것을 바꾸어놓았다. 예전의 밭은 이제 달라져 있었다."(그의 글, 「동해에서」에서) 그가 나약했던 것보다 세상이 더 위악해졌다. 그의 병세는 날로 위급해졌다. 그는 말한다. "절벽에서 뛰어내리고 가시를 삼켰고 제 앞발을 씹어 먹었습니다. 제 심장을 꺼내서 시궁창에 버렸습니다."(「임차인」) 그리고 그는 돌아올 수 없는 길로 떠났다.

이옥과 연극

1. 이옥과 패관소품

가난하게 살면서 예술하는 이들을 일컬어 백수라고 한다. 이 낱말과 동의어가 자유인이다. 자유인인 그들은 멈춰 있지 않고, 흩어져 있는 이들이다. 정확하게 말하면 자신을 세상이란 무대에 "흩어놓는" 이들이다. 흩어놓는다는 것은 풀어놓는 것이 아니라 스스로 세운 원칙을 고수하는 긴장의 소산이라고 보면 좋겠다. 세상의 문법, 사회적 약속 등을 고려하지도 않고, 그것을 규범화하지도 않는 이들은 오히려 자신의 감정을 자연스럽게 드러낸다. 자유인들이 제 삶에 새긴 규칙은 글의 문체뿐만 아니라 삶 속에 숨어 있는 듯 보인다. 그들은 온전하게 자신들이 세운 원칙에 복종한다. 백수의 삶이 도드라지게 보이는 이유는 오늘날의 삶이 경직되어 있고, 거친 책임의식 속에 사로잡혀 있거나 짓눌려 있기 때문일 것이다. 그럴수록 삶은 형식, 체, 투와 같은 것에 빠지기 쉽다. 그 자연스러움을 그들의 삶과 말 그리고 글 속에서 찾아보는 것은 매우 흥미롭고 새롭다.

가난은 없는 것이고, 가난한 이들은 멈춰 있지 않고, 흩어져 있다. 예술가의 가난을 그냥 내놓을 것이 없는 살림살이로 말하면 싱겁기 그지없다. 이들의 가난은 스스로 세운 원칙을 고수하는 긴장의 소산이라고 보면 좋겠다. 세상의 문법, 사회적 약속 등을 고려하지도 않고, 그것을 규범화하지도 않는 가난한 이들은 오히려 자신의 감정을 자연스럽게 드러낸다. 자유인들이 제 삶에 새긴 규칙은 글의 문체에서뿐만 아니라 삶 속에서 숨어 있는 듯 보인다. 그들은 온전하게 자신들이 세운 원칙에 복종한다.

조선 정조 때 소설가이며 백수와 같은 자유문체로 글을 쓰면서 불우하게 산 이옥은 가난한 예술가의 표상이다. 산문 문체의 모든 형식들을 이지러뜨리고 자신의 감정과 신념을 보다 자연스럽게 드러내는 방법을 실험한 사람이다. 과거에 대비해서 연습했던 '부(賦)'도 산문의 문체로 훌륭하게 부활시켰으며, 일반 민중들이 관청에 억울함을 호소하는 소지[장첩(狀牒)]도 인간관계의 실상을 반영하는 허구적 요소를 지닌 산문으로 멋지게 사용하였다. 불경의 어조를 패러디하여 자신의 인생관을 토로하기도 하였다. 그가 곧 이옥(李鈺, 1760~1813)이다.[4]

17세기 조선 후기의 새로운 문풍을 대표하는 작가 이옥은 내가 존경하는 백수 어른이시다. 그의 소설「송실솔」에는 "배에서 노래하면 소리가 돛대 위로 뻗었고, 골짜기 시내에서 노래하면 소리가 구름 사이에 울려 퍼졌고, 소리가 일시 머물 때는 하늘에 구름이 비낀 것"같이 노래하던 소리꾼 송실솔이 등장한다. 또한 책을 좋아하고, 술을 좋아하지만 거처하는 지역이 외지고 흉년이 들어 돈을 꾸어다 술을 사 올 길이 없는 백수가 등장하기도 한다. 그는 "바야흐로 따스한 봄기운이 사람을 취하게 만들므로 그저 아무도

---

4   이옥, 『선생, 세상의 그물을 조심하시오』, 심경호 역, 태학사, 2001, 13쪽.

없고 아무 집기도 없는 빈방 안에서 술도 없이 취할 따름"인 백수이다.(「책에 취하다」). 가난한 백수의 즐거움은 책읽기에 있다. 보라. "기이하여라! 먹은 누룩으로 빚은 술이 결코 아니고, 서책은 술통과 단지가 아니거늘, 이 책이 어찌 나를 취하게 할 수 있으랴? 그 종이로 장독이나 덮을 것인가? 이렇게 생각하면서 그 책을 읽고 또 읽었다. 그렇게 읽기를 사흘이나 오래 하였더니, 눈에서 꽃이 피어나고 입에서 향기가 머금어 나왔다. 위장 안의 비린 피를 깨끗이 쓸어버리고 마음에 쌓인 먼지를 씻어주어, 정신을 기쁘게 하고 온몸을 안온하게 하여주어, 나도 모르는 사이에 무하유(無何有, 이 세상에 존재하지 않는 별천지)의 곳으로 빠져들었다."

「바다를 본 기억」이란 산문에서는 늙은 백수가 해가 기울도록 바다를 바라보면서, 자연과 동화되는 정수를 보여준다. "아아, 내가 흐르지 않으면 산천과 강택은 썩을 것이고, 내가 부드럽지 않으면 물고기와 자라는 집을 삼지 않을 것이며, 내가 유효하지 않다면 배를 이용한 이로움은 널리 미칠 수가 없을 것이고, 내가 그윽하지 않다면 신룡과 큰 고기가 어부에게 업신여김을 당할 것이다. 그러니 내가 어찌 그렇게 하지 않을 수 있겠는가? 소인의 덕은 작고 대인의 덕은 크나니, 그대가 헤아릴 바가 아니다." 이렇게 백수는 넘실거리는 바다를 보면서 자신의 삶을 자연과 일치시키고 있다.

가난한 예술가인 백수, 그들은 자신들의 삶의 경험을 소중하게 여긴다. 일회적 삶이 가져다주는 진실과 역설 그리고 아름다움이 그들에게 있다. 일상의 보이는, 보이지 않는 권력 아래에 살다 보면, 개성은 훼손되기 마련이고, 감정은 억눌리기 십상이다. 가난한 예술가인 백수는 자각한 사람들이다. 고통스러운 소리를 내는 그들의 삶과 글은 누구보다 먼저 경험한 이들의 고백일 터이다. 실은 내 꿈도 글 쓰는 백수가 되는 것이다. 그것도 영원한 백수가 되어 경계 없이 자유롭게 사는 것이다. 읽을 책 몇 권 배낭에

넓고 너른 세상을 두루 걸어 다니는 백수가 되고 싶다.

이옥은 전혀 알려지지 않았던 불우한 작가였다. 아주 오랫동안 그의 문학은 세상에 공표되지 않은 채 묻혀 있었다. 그의 소설을 처음 읽게 된 것은 몇 해 전, 늦가을, 한문학자 안대회 교수 덕분이었다. 그가 「심생전」에 이어 「의협심이 있는 창기」[5]를 몇몇 이웃들을 앉혀놓고 이 짧은 패관(稗官, 민간에서 떠도는 이야기를 주제로 한 소설), 패사(稗史) 소품을 일러주었다. 우리들은 침을 꿀꺽 삼키면서 그가 들려주는 이야기에 빠져들었다. 강원도 홍천에서의 늦은 가을밤이었다. 내용은 이렇다.

서울에 어떤 창기가 있었는데, 자색과 기예가 일세의 최고였다. 손님 가운데 용모와 신책이 아름답고 명성이 드러나고 풍류에 익숙한 사람이어야만 사귀었다. 을해년(1755) 나라에 모역 사건이 있어 멀리 유배된 사람이 많았는데, 이 창기의 정인 한 명이 이 일에 연루되어 홍문관, 예문관 반열에서 제주 관노로 떠나게 되었다는 사실을 듣고 "비록 내가 그와 그저 심상한 하룻저녁 사귄 것에 불과하지만, 지금 그가 제주에서 장차 굶어서 죽게 되었으니, 나의 정인이면서 굶어서 죽는다는 것은 나의 수치입니다. 나는 장차 그를 따라가려 합니다"라고 말한 후 넉넉한 재물을 가지고 바다를 건너 따라갔다.

제주에 이르러 창기는 그 사람에게 지공하기를 지극히 화려하고 풍성하게 했다. 그리고 "나으리께서 한양으로 다시 돌아가지 못할 것은 뻔한 일이니 곤궁하게 살아가는 것이 즐기다가 죽는 것만 같지 못하다"고 하면서 그것을 도모하자고 말한다. 그러니까 매일 화주를 갖추어 잔을 쳐서 취하게 하고 취하면 문득 이끌어 함께 잤는데, 밤과 낮을 가리지 아니했다고 한다.

---

5   이옥, 『이옥 전집』 제2권, 소명출판, 2001, 224~225쪽.

얼마 되지 않아 그가 병이 들어 죽자 창기는 매우 아름답게 장사를 지내주었다. 그리고 스스로 장사지낼 물품을 마련하고 남아 있는 돈을 이웃 사람들에게 전해주었다. 그리고 자신이 죽거들랑 이것으로 염을 하고 강진의 남쪽 언덕으로 보내달라고 한 후, 술을 몹시 마시고 한 번 통곡하고서 절명했다. 많은 이들이 창기의 죽음을 애통해하고, 그 일을 의롭게 여겨 적당한 땅을 구하여 묻어주었다. 사람들은 그제서야 그 창기가 고상한 의기를 가지고 돈과 권력에 추부하는 자가 아님을 알게 되었다. 이옥은 이 창기에 관한 소품을 쓰면서 말미에 이렇게 덧붙이고 있다. "아, 이와 같은 사람은 참으로 자기를 잘 지킨다고 말할 수 있고, 여자 가운데 관부(중국 한나라 때 사람으로, 의협심을 발휘하는 사람을 지칭할 때 쓰인다)이다. 이 어찌 세속에 머리를 분장하고 오직 돈과 재물을 쫓는 기녀들에게 비할 수 있겠는가? 아, 어떻게 하면 그 나머지 분과 나머지 향을 얻어 세간의 시교하는 사람들에게 체득시켜 삶을 영위하게 할 수 있을까? 슬프다!" 이 이야기를 다 듣고 나서 우리들은 모두 입을 다물었다. 그동안 격 없이 술을 마신 것이 마냥 슬펐기 때문이었다. 그리고 다들 그런 창기를 사귈 수 없음을 알고 더더욱 슬퍼했다. 마치 이옥이 쓴 「마상란 보유」에서, 늙은 여인 마상란을 사모하는 소년처럼 안타까웠다.

2. 나는 세상에서 잊혀지고

이 노래는 구스타프 말러가 뤼케르트의 시에다 곡을 붙인, 숭고하고 눈물겨운 이별사이다. 올해 몇몇 지인들을 잃고 〈나는 세상에서 잊혀지고(Ich bin der Welt abhanden gekommen)〉를 줄창 들었다. 이 노래를 부르다 보면 우리들

곁을 떠난 그들 역시 노래하고 있을 것이라는 생각을 하게 된다. "나는 떠들 썩한 세상의 동요로부터 죽었고, 고요의 나라 안에서 평화를 누리네. 나의 하늘 안에서 조용히 쉬고 있다오. 내 사랑의 품에서, 내 노래의 품에서⋯⋯" 라고. 삶의 끝은 침묵이다. 노래가 눈물을 흘린다. 이 노래를 다시 들으며 불우한 생을 살았던 이옥을 떠올렸다. 이옥은 잊혀진 작가일까?

그의 생애는 참으로 슬프기 그지없었다. 패사소품을 쓴다는 이유로 국왕 인 정조의 견책을 수차례 받아야 했고, 두 번의 충군 등 가혹한 처벌을 받아 야만 했었다. 당시 성균관 유생으로서 사족(士族)인 그에게 군대에 가라는 충군의 처분은 가혹한 벌이었다. 그는 1792년 왕에게 올린 응제문(應製文) 이 문제가 되어 문체반정의 파동 속에 휩쓸리게 되었다. 정조가 내린 충군 이란 명령은 이옥이 지닌 괴이한 문체가 불경한 것이라서 고쳐야 하는데, 이를 그대로 두니 군대로 유배를 가라는 것이었다. 문체반정을 겪으면서 그는 더욱 불우한 삶을 살아야 했다. 그는 당대에 '길 잃은 불우한' 작가였 다. 그럼에도 그는 자신의 문학세계를 지켜나갔다. 18세기 말부터 19세기 초는 커다란 역사적 전환기였다. 그런 때에 이옥은 소품체 작품을 통하여 인정, 풍물의 이모저모를 참 그대로 묘사하면서 종래 성리학적 사고와 순 정 문학의 권위에 대한 도전으로 근대적 문학정신에의 가교 역할을 했다.

이 부분이야말로 이옥과 현대 연극이 만나는, 연극과 삶이 만나는 접점 이기도 하다. 이옥의 문학은 조선 후기, 사족의 몰락과 더불어 시정을 중심 으로 한 다양한 인간 군상의 모습을 보여주고 있기 때문이다. 또한 일상에 서 접하는 숱한 사물들을 미시적으로 등장시켜, 이를 매개로 자신의 내적 갈등을 잘 표현하고, 정치현실을 우회적으로 비판하기도 하였기 때문이다. 그가 쓴 희곡으로는「동상기」 한 편이 전한다.

이옥의 패관소품들은 인간의 다양한 삶의 욕구에 대한 관심을 보여준다.

그의 글에는 삶에 대한 참신한 감정과 시각이 들어 있다. 그것은 다른 말로 하면 우리가 살고 있는 "땅과 시대의 정(情)의 진(眞), 실(實)의 진(眞) 그대로"[6]를 보여주는 일이다. 이옥의 글은 연극처럼, 인간의 삶 그리고 세상에 대한 지극한 관심이다. 연극하는 삶도 자신의 문학을 생명처럼 여겼던 이옥의 불우한 삶과 크게 다르지 않을 것이다.

---

6 『이옥 전집』의 해제에서 인용.

어제도 오늘도 읽는「갈매기」

글 제목을 '어제의 체호프, 오늘의 체호프'라고 쓰고, 어제와 오늘이 하등 다르지 않다는 것을 글의 내용으로 하려고 했다. 그러다 '어제도 오늘도 읽는「갈매기」'라고 바꾸었다. 이렇게 쓰고 보니, 글의 내용은 달라졌다. 읽기는 읽되「갈매기」의 이해가 달라져야 했다. 사실 그러했다. 내게「갈매기」는 분석의 대상이기보다는 읽어서 더 깊게 이해하고 싶은 텍스트이다. 그러니 자꾸 읽을 수밖에. 텍스트를 읽다 보면 읽는 내 나이와 비슷한 인물들에게 가까이 다가가기 마련이다. 이제는 소설을 쓰는 뜨리고린이나 의사인 도른 혹은 교사인 메드베젠코와 같은 인물들에게 가까이 다가가는 자신을 발견한다. 좀 더 나이가 들면 아르카디나와 소린 혹은 샴라예프에게 깊은 연민을 지니게 될 것 같다. 물론 젊은 시절에는 트레플레프와 니나의 곁에 있을 수밖에 없었다.

젊은 시절, 이 작품은 참 읽기가 어려웠다. 읽기는 읽되 다 읽기가 어려웠다. "도무지 다른 사람들과 조금도 다른 점이 없는"(니나), 체호프의 거의 모든 작품이 그러했다. 「갈매기」에 나오는 마샤의 첫 대사인 "검은 옷, 내 인생의 상복" "불행한 여자" "검은 느릅나무"가 젊은 시절의 아포리즘처럼 오랫동안 기억에 남아 있었다. 정말이지 대학에 들어가 이 작품을 처음 읽었던 때는 "춥고 추웠으며, 허무하고 허무했으며, 두려웠고 두려웠으며 또 두려웠다."(니나). 체호프는 "나는 고독하다. 백 년에 한 번 말하기 위해 입을 연다…… 나의 목소리는 이 공허 속에서 쓸쓸하게 울리지만 듣는 사람은 없다"(니나)라고 말하지 않았던가! 체호프 작품의 속살에 들어가기 위해서는 참으로 많은 시간이 필요했다. 그 사이 세상은 "떡갈나무 거목"이었다가 "지금은 그루터기뿐"(도른)으로 변했다. 요즘은 체호프가 잘 읽힌다. 그것도 한 줄 한 줄 끝까지. 손에 들고 고개를 낮춰 읽다 보면 어느새 다 읽게 된다. 행복과 불행이 돈 때문이 아니라고 말하는 마샤의 대사는 부자도 불행할 수 있고, 가난한 이도 행복할 수 있다는 것일까? 이론과 실제의 차이처럼, 시골과 도시의 차이처럼.

맨 앞부분부터 이 작품은 장소의 대비와 더불어 일상생활과 인물들에 대한 이항적 대비가 철저하다. 마샤와 그녀를 사랑하지만 서로 영혼이 일치하지 않는다고 말하는 메드베젠코의 일상이 전경이라면 그 후경에 트레플레프와 희곡을 쓰고 연극을 하는 이 아들과 불화하는 어머니인 배우 출신의 아르카디나가 있다. 아들은 어머니를 "악덕에 몸을 맡기고 죄악의 구렁텅이에서 사랑을 찾"는 존재로, 어머니는 아들을 "피투성이 넋으로 치명적인" 존재라고 말한다. 그리고 "요란한 명성을" 원하는 니나와 "갈매기처럼 자유롭"고자 하는 트레플레프의 연극이 자리 잡는다. 전경인 일상과 후경인 연극도 또 다른 모순적 대비일 터이다. "신원도 모르고 무엇 때문에 이 세상에 사는 지도 모르는" 마샤와 "술과 하늘을 좋아하는" 트리고린을 포함하여 등장인물들은 한통속으로 "하고 싶은 대로 살아본 적이 없는 인물들"

과 하고 싶은 대로 살고자 하는 인물들이기도 하다. 생은 얼마나 많이 이런 사람들을 낳고 무시하고 또 반복하는가! 트레플레프의 대사처럼, "사랑하는 것과 사랑하지 않는 것"이 얼마나 반복적으로 구분되는가! 극장을 인정하는 이와 극장을 좋아하는 이, 나이를 생각하는 이와 생각하지 않은 이로 얼마나 극명하게 나눠지는가! 그런데 체호프의 작품은 여기에 그냥 머물지 않는다. 문제는 발자국과 발자국의 경계, 사이의 흔적, 자취에 있다. 이 경계와 사이에 '무거운 시간(Le temps est lourd)'(마샤)과 '어떠한 장치(aucun décor)'도 없는 '빈 공간(espace vide)'(트레플레프), 즉 "틀에 박히고, 인습에 불과"한 세상이 슬쩍 감추어져 있다. 돌이켜보면 젊은 시절 내게는 이런 것들을 알아채고 느낄 만한 깜냥이 없었다. 그저 "진지한 것이 아름답다" "무엇 때문에 쓰는가?"(도른)라는 말들만 가슴속 깊은 우물에 넣어두었을 뿐이었다.

「갈매기」에 등장하는 인물들의 일상적 삶은 감옥이고, 연극(하기)은 그 "감옥을 탈출하는 것만큼이나 어려운 것"이 된다. 트레플레프가 갈구하는 "새로운 형식"의 연극이란 단순히 연극에 머물지 않고, 위에 적은 모든 적대적 관계들이 서로 소통하는, "삶을 재현하되 있는 그대로도 아니고, 그래야만 하는 것으로 보여줘서도 안 되고 오로지 우리들 꿈속에서 보여지는 것"이어야 하는 연극이다. 그리하여 그 연극은 사랑하는 이가 저쪽에서 내가 있는 이쪽으로 다가오는 발자국 소리에 귀를 기울이며, 이를 아름답게 '꿈' 꿀 수 있는 일상으로 확대된다. 그러나 이는 얼마나 힘든 일인가? 그리하여 "여전히 망상과 환영의 혼돈 속에 방황"할 수밖에 없고, "신념을 가질 수도 없고, 무엇이 자기의 사명인지도 모르는"(트레플레프) 이유는 여기에 있다. 어두운 우울에 명징한 절망이 덧붙여지면 그 끝은 자살일 터, 「갈매기」는 그렇게 끝을 맺는다.

5월 하순, 다시 「갈매기」를 읽고 나서 윗글을 쓰기 시작했다. 다 읽고 나니 트레플레프처럼 "생이 어느 날 갑자기 견디기 어려운 것"으로 된 때가 떠오른다. "젊음이 어느 날 갑자기 꺾여 벌써 구십 년이나 산 것"과 같은 기분이 든 때가 상기된다. 그러고도 "사랑하는 이의 이름을 부르고, 사랑하는 이가 걷던 땅에 입을 맞추고, 어디를 보아도 사랑하는 이의 얼굴이 보였고, 한 생애의 가장 즐거웠던 시대를 비춰준 사랑하는 이가 보여주었던 미소"를 기억하게 된다. 그 생은 얼마나 고독하고 추운 것인가. 떠나가는 니나가 정말 깨달은 것일까? 맨 끝부분에서 니나가 하는 고백처럼, "무대에 서는 거나 글을 쓰는 거나 매한가지"라는 것에 동의하겠다. 그러나 정말 "스스로 십자가를 지는 법을 알고" 있어 "그다지 괴로울 것도 없고, 사명을 다하면 인생도 두렵진 않다"고 말하는 것에는 아직 동의하지 못하겠다. 그다음, 니나가 "지금 가까스로 서 있는 거예요"라고 말하는 부분이 내게 더 절실하게 다가온다. 그렇다 「갈매기」를 다시 읽으니, 예전에 읽었던 "기억이 없어"(트리고린) 보였다. 내 생도 젊음의 기억 없이 한순간에 늙어버린 것 같다. 앞으로 얼마나 더 오랫동안 읽어야 하는 것일까?

한국 연극, 한국의 현대 희곡

〈황색여관〉을 중심으로

1.

한국 현대 연극, 한국의 현대 희곡, 그것은 서로 같은 길을 가기도 하고, 다른 길을 어긋난 채 가기도 한다. 교과서적인 진술로 말하자면, 이 둘은 서로 상보적이어야 하고 태생적으로 뿌리가 같아야 한다. 한국 현대 연극은 한국의 현대 희곡과 결코 두동질 수 없다. 그 반대도 마찬가지이다. 하나를 알면 다른 하나를 알 수 있어야 하고, 하나가 다른 하나에 영향을 미쳐야 한다. 그러나 오늘날 한국 현대 연극과 현대 희곡은 서로 마주 보지 않는다. 서로 따로 논다. 한국 현대 연극이 우리말로 쓰여진 현대 희곡을 마주 보지 않는다는 것은 이것 말고도 더 좋은 희곡이 많다는 뜻이다. 새롭게 번역된 외국의 작가가 쓴 희곡도 있고, 얼마든지, 누구든지 공연에 필요한 희곡을 쉽게 쓸 수 있다는 뜻이다. 비록 연극의 권력이 희곡을 쓰는 작가에서 연출과 배우 등으로 옮겨갔다고 하더라도 연극과 희곡의 불통은 큰 문제가 아닐 수 없다. 지난 4월에 공연된 〈황색여관〉(이강백 작, 오태석 연출, 국립극단)은 이러한 괴리 현상을 두드러지게 보여준 사례라고 할 수 있다.

필자는 이 공연을 두 번 보았다. 첫 번째는 봄비가 내리는 날 3월 하순의 오후, 신문사 기자들을 위한 프레스 리허설이었고, 두 번째는 공연이 거의 끝날 무렵이었다. 첫 번째 공연을 본 국립극장 달오름극장에는 공연을 미리 보여주는 달콤한 긴장감이 극장 곳곳에 배어 있었다. 리허설(rehearsal)이란 글자 그대로 다시(re) 세어보고(hercier), 다시(re) 열거한다(count)는 뜻이다. 이것이 일반 관객들을 앞에서 보여주는 연습이란 의미로 굳어져 쓰이고 있다. 극장 로비는 조용한 분위기지만, 기자들은 눈을 크게 뜨고 있었고, 공연을 준비하는 이들은 분주해 보였다. 허기진 배처럼 채워야 할 눈도 있는 법. 공연할 때마다 극장에 모여든 관객들이 이런 긴장감을 지녔으면 좋겠다는 생각을 했다. 사실 요사이 한국 연극의 현장에서 이런 긴장감은 찾아볼 수 없다. 이강백이라는 우리말로 희곡을 쓰는 작가와 오태석이라는 '극단 목화'에서부터 한국의 현대 연극을 대표하는 연출가, 국립극단이라는 잘 훈련된 배우들이 있는 극단이 한 풍경을 이루고 있는 덕분일 것이다. 그런 분위기는 일반 극단에서는 좀처럼 볼 수 없다. 그것은 이런 구성원들의 협력이 국공립단체인 국립극장 밖에서는 재정적으로 불가능하기 때문이다.

리허설을 앞둔 극장의 로비는 사뭇 조용하기까지 하다. 공연을 준비한 이들은 혹시나 실수가 있을까 봐, 준비한 것을 제대로 보여주지 못할까 봐 긴장하고 있어, 무대와 객석 사이를 오가는 그들의 걸음걸이가 바쁘다. 공연은 사실 오랜 세월을 쌓아 올려 이룬 성과일 터이다. 희곡을 쓴 작가의 날들과 연극을 만든 연출가와 배우를 비롯한 더 많은 작가들의 밤이 서로 엮인 그물망이고, 한쪽이 다른 쪽을 추월하며 남긴 흔적과 같다. 자리에 앉자 무대 진행을 살펴보는 이들과 조정실에서 일하는 이들이 주고받는 숨 가쁜 대화들이 간헐적으로 들렸다. 이 모든 것은 리허설 공연에서 얻을 수 있는 망외의 소득이다. 이렇게 공연은 언제나 보는 이들을 설레게 하고, 극장은 사람들을 한데 모은다. 오후 3시가 약속한 리허설 시간인데, 3시 넘어서까지 무대 위는 정리되지 않았다. 여러 사람들이 무대 위를 바삐 오가면서 이 일, 저 일을 하는 들뜬 모습들이 실제 공연처럼 보였다. 연출가도 한두 번 무대를 가로질러 가며 소품들을 제자리에 놓아두고 있었다. 객석에는 이미 초대받은 이들이 모두 앉아 있었다. 그 모습은 그야말로 진을 치고 앉았다는 표현에 걸맞다. 문득 떠오르는 단어 하나, 설득. 공연을 준비한 이들, 공연을 보기 위하여 앉아 있는 이들 모두가 설득의 대상으로 여겨졌기 때문이다. 공연은 설득의 예술이다. 리허설 공연은 설득이 조금 모자란 공연이 아니라 설득이라는 것을 처음부터 숨기지 않고 내세우는, 설득을 관객들에게 구하는 공연일 터이다. 리허설 공연에 초대받은 대부분 관객들은 그래서 좀 더 너그러울 수밖에 없다.

2.

연극은 거짓말이되 위대한 거짓말이다. 그러니까 허구이되 역사보다 조금 혹은 더 진실된 것이라고 2,500년쯤 전에 아리스토텔레스는 썼다. 모든 희곡은 모두 허구이다. 일반적으로 이강백은 엄정한 논리성보다는 추론하는 기쁨을 주는 희곡을 쓰는, 너무나 많이 규정된 '알레고리' 작가로 알려져 있다. 희곡의 제목부터 부차적이지 않고 일상적이지도 않다. 〈황색여관〉은 공연 제목이다. 띄어 쓰지 않고 붙여 썼다. 일반적으로 황색이라는 단어가 여관을 수식하는 관형어라면 '황색'과 '여관'은 띄어쓰기 마련이다. 붙여 썼으므로, 공연 제목 〈황색여관〉은 작가가 내 거는 고유명사이다. 따라서 황색과 여관을 띄어 쓰지 않은 것은 문법적으로 틀린 일은 아니다. 수사학적으로 보면, 이 작품에서 맨 먼저 설득을 위한 논거는 희곡 제목인 황색여관이다. 붙어 있는 황색여관을 읽으면, 이 제목은 의사소통의 회로가 반듯하다는 느낌을 지니게 된다. 황색여관은 여관의 외관을 황색으로 칠한 것이라는 이미지와 그에 관한 상상과 동떨어져 보인다. 여기서 황색여관은 어질어질한 세상, 지리멸렬한 세상의 환유일 듯싶다. 공연 팸플릿에는 연출가의 글이 매우 짧게 실려 있다. 전문을 옮기면, "80년대 말, 회칼이 횡행하던 시절이 있었지요. 대낮에 공중전화 오래 걸던 애 어멈 가슴에 꽂히고, 귀갓길 과년한 딸 희롱하는 청년 말리던 아범 등판에 꽂히고, 무소불위 설쳐대던 그 흉물 십 년 채 못 넘기고 없어졌지요. 이제 식칼이 등장했어요. 그러나 이것 또 십 년 못 가 사라질 겁니다. 당초 우리가 칼을 좋아 안 해요." 여기까지 보면, 이 작품에서 독자와 관객을 위한 설득의 초안들은 여관인데 그냥 여관이 아니고 황색여관이고, 칼인데 회칼이 아니라 식칼이다. 논증을 위한 골격으로 보자면, 서로 어울리는 것이 없어 보인다. 여관과 칼, 황색여관과 식칼이 이 작품이 지니는 설득을 위한 의미의 배열술이다. 이강백 희곡의 특징은 이 배열술이 너무 자의적이고 조화롭지 않다는 사실이다. 한국의 현대 희곡을 공부하는 많은 이들은 이것이 이강백 희곡이 지니는 재미이면서 한계라고 말한다.

3.

〈황색여관〉은 처음부터 욕설로 시작한다. 인물들끼리 욕지거리로 서로 싸우는 것이 아니라 아무렇지도 않게 살짝 웃으며 그냥 내뱉듯이 말한다.

이 작품에서 생경한 욕은 짧은 대사와 더불어 두드러진 표현술이다. 욕은 미사여구와 정반대되는 언어이다. 등장인물인 황색여관의 주인이 상투적으로 욕을 하는데, 그는 욕만큼 세상을 불쾌하게 여기지 않고 오히려 즐기면서 사는 인물이다. 이강백의 전작 희곡에서 좀처럼 볼 수 없었던 이러한 욕설은 평범하고 고상하고 숭고한 것과는 사뭇 다르다. 그 예를 들면 다음과 같다. '좆같이 조용하군', '좆 같군, 정말', '자네 음식 솜씨는 좆 같아', '좆같은 소리 하고 있네', '당신들 좆 같은 호모요?', '좆 같은 맛이야, 좆 같은 맛', '썰렁한 게 좆 같군'. '좆 같은 여관 하나뿐입니다', '좆같이 싸우다가 죽었냐구?', '좆같이 피곤해', '좆같이 시끄럽군'……

대부분 관객들은 처음부터 듣게 되는 이러한 욕설에 대하여 궁금하게 생각하게 된다. 분석하자면 욕과 같은 비속어의 반복은 작가의 의도를 직접적으로 투영한다. "문체가 인간이다"라는 정의를 빌려 말하면, 이 작품에서 자주 들리는 욕은 사회와 역사에 대한 인물의 태도, 관계, 입장을 분명하게 드러내는 수사적 일탈이다. 그것을 관념화하기 위하여 작가는 황색여관의 무대 공간을 지하 공간과 지상 공간으로 나누고, 지상 공간을 다시 "돈이 없어" 가난한 노동자들(배선공, 배관공, 외판원, 대학생)이 머무는 1층 공간과 "윤리도 없고, 도덕도 없이 나이 들면서 몽땅 다 썩"은, 부와 지위를 지닌 이들(은퇴 공직자, 변호사, 사업가)이 머무는 2층 공간으로 구분했다. 장소에 대한 구체적인 지리적 암시에 대해서, 작가는 "허허벌판 가운데 있는 여관"이라고만 쓰고 있다. 그 여관에서 1층과 2층에 머무는 이들이 하룻밤 사이에 큰 이유 없이 서로 싸운다. 이유가 있다면 2층 손님들이 여자들을 독점했다는 것이다. 1층 사람들은 여자를 독점하는 행위를 도덕적으로 분개하는 것이 아니라 독점 과정에서 경제적 능력 부족으로 배제되었다는 소외감으로 식칼을 들고 2층 사람들을 죽인다. 이 점은 작가의 의도를 훨씬 넘어서는,

작품의 가벼움으로 읽혀진다. 그런 탓으로 여기서 죽음이 죽음 같지 않다. "식탁 밑에, 계단 위에, 저 위층 난간 위에…… 화장실과 방 안에" 식칼이 난무하고, 피가 흔연하고, 죽음이 아무렇지도 않다. 이런 야만의 현장은 여관 주인과 그 아내가 극의 첫 장면에서부터 예견했던 일이다. 허구라고 하지만, 어떠한 개연성도 찾아볼 수 없다.

〈황색여관〉의 희곡적 구조로 보자면, 이런 죽음 판은 벌써 오래전부터 이어져 왔고, 작품의 끝머리에서 다시 시작될 것임을 숨기지 않고 있다. 아무렇지도 않게 욕을 하듯이, 아무렇지도 않게 산 목숨들이 죽어 자빠진다. 배선공이 재떨이를 집어 들고 내리쳐 "순진하고 가난한 사람들을 속여서 헐값으로" 집과 땅을 사들여 부자가 된 사업가를 죽이고, 배관공은 고통스럽게 죽을 쥐어 잡고 울컥 피를 토하며 죽고, 외판원은 주전자에 든 독을 먹여 변호사를 죽이고, 공직 은퇴자는 식칼로 배선공의 가슴을 찔러 죽이고, 대학생은 화장실 물통의 물 내리는 줄에 목을 매달아 죽고, 외판원은 다시 묵직한 절단기를 꺼내 들어 공직 은퇴자를 죽이고, 외판원은 공직 은퇴자의 칼에 묻은 독이 퍼져 계단 아래로 굴러떨어져 죽는다. 이렇게 순차적으로 한 사람도 남김없이 죽는다. 작가는 "왜 밤새껏 다투다 죽는지 모르겠어"라고 여관 주인을 통해 말한다. 독자나 관객은 여기서 반문명적이고 야만적인 수사와 내용이 아니라 야만의 역사를 꿰뚫어 보려고 애를 쓰게 된다. 그것이 작가의 의도일 것이라고 지레짐작하게 된다. 죽음이 죽음 같지 않으니까, 아무렇게 사람을 죽이니까, 죽임과 죽음의 이유가 명쾌하게 드러나지 않은 탓에 작가의 의도와 관객의 해석은 앞서 언급한 것처럼 한국 현대 연극과 희곡처럼 평행선을 이룬다.

4.

볼거리인 연극을 만든 작가들에게도 영원한 비밀이 있을까? 이강백의 희곡은 동일한 방식과 구조에 의해서 쓰인다. 그가 쓴 초기의 희곡작품부터 최근작인 〈황색여관〉에 이르기까지 작품의 밑변에는 이 낮은 현실을 저 높은 곳에서 관망하는 불변항들이 있다. 그가 쓴 희곡의 구조에 대한 탐색은 이미 많은 이들이 한 터라 여기서 새삼스럽게 다시 쓸 필요는 없을 것이다. 〈황색여관〉 속, 작가가 보여주는 독특한 글쓰기 방식은 두 가지이다. 하나는 구조의 반복과 언어의 반복이다. 〈황색여관〉도 앞부분과 뒷부분은 같다. 그것은 구조의 반복이면서 기실 사건의 상존이자 반복이며, 수학적으로 말하자면 통계적 사실에 가깝다. 프로그램 속에 담긴 작가의 말을 빌리면, "손님들끼리 싸워 죽는데도, 여관 주인은 그 싸움을 말리지 않는다. 나 역시 여관 주인과 똑같다. 굿이나 보고 떡이나 먹자는 것이 내 삶의 태도이다. 점잖게 꾸짖는 태도로 구경하는 것이 폼도 나고 소위 떡 먹을 기회도 생긴다." 이 희곡의 구조에 대해서 문제를 제기하자면, 구조의 폐쇄성은 여관 주인이 싸움을 말리지 않는 데 있는 것이 아니라 작가가 죽음에 이르는 싸움의 원인을 깊이 있게 말하지 않는 데 있다. 반복이 양적인 전개라면, 통계적 사실은 질적인 확인이다. 희곡을 읽고, 공연을 보고 나면, 우리는 아직도 야만의 역사가 환원된 황색여관에서 살고 있다는 사실을 섬뜩하게 깨닫게 된다. 동시에 연출가의 말대로, 이런 역사가 사라지길 바라게 된다. 이런 인식은 극장에 와서 연극을 보고, 문자로 쓰인 그의 희곡을 읽는 데 훈련된 독자와 관객들의 점잖은 태도 덕분이고 동시에 탓일 수도 있다.

마르셀 마르소의 마임

마임의 언어는 몸의 언어이다. 몸이라는 고밀도 메타포와 같은 망(網) 안에 마임을 기록한다. 이는 마임이 몸으로 사물과 세상을 기록하고 저장하고 표현한다는 것을 의미한다. 색과 음과 문자가 아니라 몸이라는 원초적인 것으로, 안으로 저장하고 밖으로 드러낸다. 마임이스트들은 몸으로 사유하고, 마임이스트의 몸은 몸의 사유가 머무는 거주지 그 자체가 된다. 몸은 마임의 주어이며 술어이다. 사유의 거주지가 넓을수록, 사유의 공간이 깊을수록 마임이스트들의 몸은 우리들의 몸을 풍요롭게 한다. 몸은 상승하는 새의 이미지와 같다. 마임이스트의 몸은 상승의 이미지이다. 마임이스트의 몸이 멀리 높이 날수록, 가벼울수록 땅 위에 있는 것들을 새롭게 명명할 수 있게 된다. 마임은 날고 있는 새의 가벼움과 어린이의 무지와 망각과 새로운 시작을 긍정하는 장르이다. 그러므로 마임이스트들은 몸 바깥에서는 존재하지 않는다. 몸은 그들의 언어이고 무기이고 상징이고 그들 자신이다. 마임이스트의 몸은 늘 새롭게 시작하는 몸이다. 몸의 억압과 무게마저 망각하는 마임은 몸 그 자체로 움직이는 바퀴와 같다. 몸을 떠난 마임은 한마디로 가짜 마임이고 텅 비어 있는 마임이다.

그래서 마임을 사유할 때, 배우도 생애가 있을까, 배우의 육체적 생애가 있고, 예술적 생애가 따로 있는 것인가를 묻게 된다. 또 두 개의 생애가 서로 분리되는가, 겹치는가를 질문하게 된다.

한국 사회에서는 우리 세대만이 마르셀 마르소가 누구인지 알 것이다. 앞 세대가 그를 알기에는 너무 삶이 벅찼고, 우리 다음 세대가 그를 기억할 기회는 거의 없었다. 그럼에도 그가 고국인 프랑스에서 생을 달리하자, 그를 기리고, 그를 정의하는 일이 한창이다. 배우를 더 이상 무대 위에서 볼 수 없게 되자 사회가 긴장한 셈이다. 참으로 놀라운 일이며 부러운 일이다. 예컨대 그를 "예술가, 스승, 레지스탕스"라고 경의를 표하는 문구 앞에서 우리는 한없이 낮아진다. 이제 남긴 삶의 끝자락을 보기 위해서는 그가 '원래의 편안한 모습으로' 누워 있을 파리에 있는 페르 라셰즈 공동묘지에 가야한다. 그의 곁에 모딜리아니, 쇼팽, 아폴리네르, 발자크, 이사도라 덩컨, 오스카 와일드가 있다. 죽어서도 끼리끼리 모여 놀 수 있는 이들이 있다.

마르셀 마르소는 영화, 연극, 퍼포먼스 등을 따지지 않고 마임을 한 배우였지만, 회화, 판화에도 조예가 깊었다. 결혼은 세 번 했다. 자식은 네 명을 두었다. 1923년에 태어나 지난 9월 22일까지, 마임 경력만 60년이었다. 한 생애 동안 쉬지 않고 일을 한 셈이다. 폴란드 유대계 가정에서 태어난 그의 원래 이름은 마르셀 망겔. 그의 아버지는 2차 세계대전 중에 아우슈비츠에서 희생당했다. 1942년에는 프랑스 레지스탕스에 참가했다. 아버지를 잃은 상처는 그의 삶과 작품을 지배한다. 한마디로 그의 작품은 고통스럽게 죽은 아버지에 대한 울부짖음이라고 해도 될 것이다. 그의 마임에 등장하는 전형적인 인물은 비프(Bip). 몸에 붙는 하얀 바지, 하얀 분칠을 한 얼굴에 검

은 눈물 자국과 상처받은 입술을 한 비프는 현대의 피에로와 같다. 머리에
는 빨간 오렌지빛 꽃이 꽂혀 있다. 비프라는 인물에는 죽은 아버지의 아픔
이 서려 있고, 아우슈비츠 학살의 고통이 숨어 있다. 그때가 1947년, 그의
나이 스물네 살 때이다. 조숙하고 영리한 청년이었음이 틀림없다. 전쟁이
끝난 몇 년 후이다. 1995년에는 이스라엘을 방문해서 자신이 유대계 출신
임을 강조한다.

　고통이 크면 말을 잃어버리고 몸이 남는 법. 마임은 몸으로 '앎(pensée)'을
기억하고 표현한다. 몸으로의 '앎'은 '사유하다(cogitare, pensare)'라는 단어가
'모으다'라는 뜻을 어원을 지닌 것처럼, 몸의 기억과 불가분의 관계를 지니
고 있다. 이는 기억에 보관된 것을 표현하기 위해서, 사유하기 위해서 흩어
져 있는 것을 한데 모아야 하기 때문이다. 마르셀 마르소는 마음속 고통을
표현하기 위한 자신만이 말을 찾아야 했다. 그것이 마임이었다. 말을 하지
않는 것이 아니라 말을 넘어서는 움직임만의 표현. 말을 넘어서는 움직임.
그것은 상징적인 시가 될 수밖에 없다. 소리를 내어 말하는 것이 아니므로,
그의 마임은 멈춤과 움직임 사이를 침묵으로 오고 간다. 그는 제 몸으로 침
묵 속에 시를 가져다 놓았다. 그가 유명해진 이유와 마임이 다른 현대 예술
과 어깨를 나란히 할 수 있었던 바는 여기에 있다.

　마임에 대한 역사를 덧붙이자면, 마르셀 마르소 이전에 샤를 뒤랭, 장 루
이 바로, 에티엔 드크루와 같은 전설적인 마임 예술의 거장들이 있었다.[7]

7　그 이전의 마임의 역사는 가혹하다. 17세기 프랑스의 경우, 마임과 춤, 마임과 연
　극은 서로 적대 관계를 유지할 수 밖에 없었다. 춤과 연극이 귀족이나 엘리트 계
　급에 귀속되어 명맥을 유지하고 있을 때 마임은 대중과 저잣거리의 가장 대표적
　인 볼거리였다. 저잣거리에서 마임을 하는 이들은 연극하는 코메디 프랑세즈로

특히 마르셀 마르소의 스승이었던 에티엔 드크루는 그 몫에 비하여 많이 알려져 있지 않았다. 오로지 몸으로 사유했고, 몸과 정신의 이분법적 구분을 아예 인정하지 않았던 현대 마임의 선구자였던 드크루는 거의 수도승과 다를 바가 없었다. 그에 비하면, 마르소는 대중에게 달려갔고, 영화나 텔레비전과 같은 매체와 친했다. 언제나 문제는 삶의 태도에 있다. 나는 마르소의 부음을 듣고, 책으로만 보고 익힌 드크루를 떠올렸다. 세상은 언제나 은둔하면서 사유하는 이의 편이 아니라 친근하게 다가오는 낯익은 얼굴 편이다. 예나 지금이나, 삶이나 예술이나 매한가지이다.

마임은 부끄러움을 지녔다는 뜻을 지닌 함수초와 같다. 노란 꽃아카시아라고 불리는 함수초 혹은 미모사(mimosa)의 어원은 움직이는 배우를 뜻하는 마임(mime), 미무스(mimus)이다. 이 꽃은 콩과의 일년초로서 여름에 다홍색 꽃이 피고, 꼬투리를 맺는다. 잎을 건드리면 곧 아래로 늘어지고, 소엽도 서로 닫아서 마치 부끄러움을 타는 듯하다. 마임은 무엇보다도 배우의 자신의 몸 안팎에서 온 자극에 의한 것이다. 배우의 몸은 예민하고, 섬약한 존재로서 미모사와 같다. 그 언어들이 관객들에게 말을 한다. 마임을 읽는 것은 그 언어들이 낸 길을 따라 조심스럽게 가는 것과 같다.

마임이 위대한 이유는 많다. 오늘날 인간이 고유하게 지녔던 기억 능력은 상대적으로 줄어들 수밖에 없다. 그런 탓으로 인간의 기억 능력은 점차 불연속적인 것이 되고, 순간적인 것이 될 확률은 커지고 있다. 컴퓨터와 같은 외적인 기억장치에 의해서 의식적 기억과 물리적 흔적 사이의 문제가 점

부터 말을 빼앗겼고, 춤을 추는 왕립 무용 아카데미로부터 춤을 저지당했다. 그들에 의하여 연극과 춤이 독점되자 이 시대 마임이스트들은 오로지 몸으로만 마임을 할 수밖에 없었다.

점 수수께끼로 남는다. 몸에 의한 상기력의 상실은 곧 파국에 이르는 길이라고 할 수 있다. 여기에 몸에 의한 기억과 표현의 힘으로 과거를 재현할 수 있는 마임의 매혹이 있다. 오늘날 마임이 존재해야 하는 이유가 더 크게 있다는 것은 사실이다.

마르셀 마르소의 예술의 고유 명칭은 마임에다 드라마를 더한 마임 드라마이다. 대부분 스케치와 같은 소품들이다. 그는 자신의 나라에서보다 일본, 미국, 중국, 한국과 같은 나라에서 더 유명했다. 늙어서도 일하기 좋아하는 그였기에, 그는 여행을 매우 좋아했고, 해외공연을 많이 했다. 그는 1978년, 1994년, 1996년, 2003년 우리나라에 와서 공연을 하기도 했다. 무엇보다도 그는 마임 공연이 자본주의의 시장에서 흥행될 수 있도록 텔레비전, 영화 등의 경계를 넘나들었다.

1955년 미국 순회공연에서는 NBC TV에 출연해서 그의 마임이 전 세계에 알려질 수 있도록 했다. 배우로서의 그의 삶은 자연스럽게 마임을 가르치는 선생의 삶으로 이어졌다. 1978년 그는 처음으로 파리 생마르탱에 '국제 마임 학교'를 세웠다. 1993년에는 '마르셀 마르소 마임 극단'을 만들어, 1995년 미국 공연(여기서 마이클 잭슨을 만나고, 그에게 바람의 반대 방향으로 걷는 이른바 '문워크(moonwalk)'의 계기를 마련해준다), 2002년에는 〈비프의 아뒤〉라는 작품으로 순회공연하고, 2002년에는 〈마르소 마임의 귀향〉이라는 작품으로 순회공연을, 2004년에도 독일을 비롯한 유럽 순회공연을 한다. 마임 공연으로 많이 유명해진 덕분에 마르셀 마르소는 1991년 프랑스 예술원 회원이 되었고, 레지옹 도뇌르와 같은 상의 심사위원 역할도 할 수 있었다. 이제 다시 보니, 그의 마임은 메이드 인 파리의 잘 포장된 마임 같다는 생각이 절로 든다. 성냥갑에도 들어갈 것 같은 그런 소품들, 그곳에서 나와 다시

타오를 그런 작품들.

마르셀 마르소의 죽음이 우리들에게 남긴 것은 많다. 몸이야말로 하나의 우주이며 그 안에 채워진 의미와 같다는 것, 그러므로 몸이 부패하면 더 이상 우리가 기댈 곳이 없다는 것, 몸이 상징을 잃으면 부패하고, 마임이니 몸짓이니 다 헛것에 불과해진다는 것 등등. 마임은 뜨거운 몸의 상징이다. 동시에 마임은 세계를 담아내기 위한 코드화이고 마임이스트의 몸은 그것을 전달하는 세워진 작은 우주이다. 모든 무대 공연은 오로지 몸으로 한다. 몸이 덜컹거리며 울릴 때까지. 그러나 몸은 소멸한다. 몸이여, 몸의 연민이여…… 잔혹하다.

나초 두아토의 춤과 음악

　나초 두아토의 춤에 덧붙이는 글, 짧게 말하자면 나초 앞에 춤이 있고, 그 춤 앞에 음악이 있고, 음악 앞에 텍스트가 있다. 음악과 텍스트는 나초의 춤을 가능하게 하는 원류인 셈이다. 공연의 음악과 텍스트는 나초의 춤과 등가이다. 그가 공연에 관해서 말한 것들을 들춰보니 춤과 텍스트에 대한 언급보다 음악에 대한 언급이 더 많았다. 공연 내내 춤보다 음악이 더 크게 눈과 귀에 다가온 것은 숨길 수 없는 사실이다. 텍스트에 대해서도 나초는 비껴가는 발언을 했다. "영화에서 인간이 되고자 결심하는 다니엘은 〈날개〉에서 제가 맡고 있는 캐릭터와 반드시 일치한다고 볼 수 없어요."(공연 프로그램에서 인용)

　〈날개〉는 사뭇 연극적이다. 무대 가운데 세워진 탑은 높은 곳에서 낮은 곳으로 내려오는 혹은 그 반대로 올라가는 날개와 같다. 이 오브제의 겉은 우유 빛으로, 구름으로, 물방울로 살짝 흐리다. 안에서 바깥이, 바깥에서 안이 잘 보이지 않는다는 설정인데, 공연의 앞부분에서 천사가 날개와 같은 관을 따라 내려올 때 보는 것은 흐릿한 인간의 풍경이고, 공연의 끝에서 인간이 올라갈 때 보는 것은 천사가 인간처럼 고통스러워하는 광경이다. 남는 것은 천사와 인간의 역전이 아니라 이 두 존재가 지닌 흐릿한 시선과 그 안에 잠긴 음울한 잔영이다. 생의 뉘앙스와 같은 춤은 이 지점에서 시작되는데 음악과 필연적으로 함께 간다. 음악은 흐릿함과 음울함의 전생이고, 춤은 그것들을 액정화한 후생이다. 전생과 후생의 만남은 주선율과 부선율의 조화와 격앙으로 대위법처럼 서로 붙어 있다. 몸은 낮은 곳으로 흩어지고 미끄러져 간다.

공연 제목 〈날개(alas)〉는 낮은 곳에서 높은 곳으로 날아가서, 그 높낮이가 존재의 층위를 달리한다는 뜻을 품고 있다. 아침 일찍 하늘나라를 떠나 지상으로 내려와 정사를 보고, 저녁이면 다시 천상으로 올라가는 『삼국유사』에 나오는 해모수처럼, 날개는 지상의 동물을 천상으로 이끄는 도구로 변화를 가져오는 조화의 상징이다. 날개의 라틴어 어원은 알(al)이다. 알은 춤과 음악의 근원이기도 할 터이다. 알은 먼 곳, 다른 곳을 뜻한다. 먼 곳으로 간다는 것은 떨어짐을, 목마름을, 내가 아닌 타자가 되는 것을, 이것에서 저것으로 변화됨을, 그 상처를 뜻한다. 곧 이 작품에 등장하는 인물들의 역할이다.

이번 공연을 자세하기 들여다보기 위한 아이콘들은 많다. 첫 번째 공연 (LG 아트센터)인 〈날개〉에서는 영화 〈베를린 천사의 시〉, 이 영화의 텍스트를 쓴 페터 한트케, 영화를 감독한 빔 벤더스, 이를 매개로 〈날개〉를 연출한 토마스 판두르, 이 작품에서 춤을 안무하고 천사 다니엘을 연기한 나초, 스페인의 현대 무용 등을 꼽을 수 있다. 판두르의 연출에 대해서도 몇 마디 언급하고 싶지만, 그의 〈신곡〉을 통해 본 동구권 연극과 그의 연출에 대한 과장된 헌사 등을 떠올리면 할 말은 줄어든다. 공연을 보면서 판두르를 발견하는 일은 쉽지 않았다.

연출을 맡은 판두르의 나이는 공연 속에 숨을 만큼 늙지도 않았고, 안무를 맡은 나초에게 모든 것을 일임하고 공연사에 제 이름만을 남길 만큼 젊지도 않다. 이런 사설은 무대 뒷이야기에 속하는 것이라 여기서 내놓고 할 처지는 아니다. 아무튼 공연은 온통 나초의 몸이 두드러진 그의 초상화와 같았고, 나초가 너무 컸고, 나머지 배우들이 너무 작아졌다. 그것이 관객의 눈에 강제적인 것으로 보였다면, 음악은 춤보다 더 황홀한 아름다움으로 받아들여졌을 것이다. 〈카스트라티〉〈황금빛 골드베르크〉〈화이트 다크니스〉를 포함한 두 번째 공연(고양 아람누리극장)은 장소를 옮겨서 치른, 음악으로 범벅이 된 나초의 회고전이라고 보면 좋을 것이다. 장소가 다른 두 곳에서 본 두 공연을 모두 합쳐 그냥 나초의 공연이라고 하자면 남는 것은 춤을 만든, 춤의 배경과 같은 음악이 아니라 춤 그 자체라고 할 수 있는 음악과 춤이 남긴 자취와 같은 몸의 꼴이다.

나초는 춤보다 음악에 대해서 많은 말들을 남겼다. 공연 내내 음악은 관객들의 시선을 주도했다. 이번 공연에 쓰인 바흐, 비발디, 카를 젠킨스, 로빈 할러웨이, 아르보 파르트의 음악은 관객들의 시선을 향도하고 있었다. 배우들은 그 음악에서 한 치도 벗어나지 않은 채 앞으로, 뒤로, 옆으로 미끄러져 갔다. 앞으로 갈 때는 매우 빠르게, 뒤로 갈 때는 느리게, 옆으로 갈 때는 빠름과 느림의 중간 속도로, 소나타 형식처럼 음악이 반복될 때는 그 속도의 조합을 그대로 실천했다. 음악을 오랫동안 들은 경험이 있는 관객이라면 나초의 춤은 음악의 현재(現在)화 혹은 현현(顯現)화라고 말할 수도 있겠다. "음악은 제일 중요한 영감의 원천이지요. 악보 없이는 어떤 창작도 시작할 수가 없어요." "언제나 음악을 통해 탐구의 노력을 기울여왔고" "움직임을 느껴보고 그것을 음악과 섞어보아야만 해요"라고 말하는 것처럼, 나초의 몸과 춤은 음악에 기울어져 있다.

그가 음악을 크게 말하는 것은 춤은 음악으로 돌아가라는 뜻이 아니겠는가. 돌아가되 몸을 흔들며, 그 몸의 흔들림 속에, 음악으로 돌아감 속에 춤이 있다는 뜻이 아니겠는가. 그리하여 춤은 음악이라는 시간 속에, 그 시간에 반항하는 몸의 건축물이 된다. 〈날개〉와 〈카스트라티〉에서처럼, 바흐에서 파르트까지 오면 음악의 이야기는 거의 사라진다. 단지 음악의 미세한 결이 몸을 파고든다. 음악을 들을수록 춤은 멀리 나아간다. 그 끝자리에서 모든 춤과 배우들은 음악을 위해서 존재한다. 음악을 극복하지 못하는 나초의 춤은 그래서 너무나 인간적이다. 천사가 그토록 겪어보고 싶어 했던 인간의 아름다운 생애처럼. 이제 지상에 남은 자 누구인가?

낭만, 인형과 겨울 그리고 춤

이 작품에 대한 선입견은 많다. "〈호두까기 인형〉은 차이콥스키의 3대 발레곡 중 하나. 원작은 독일의 낭만파 작가 호프만이 지은 동화「호두까기 인형과 쥐의 왕」. 이 원작을 프랑스 작가 뒤마가 각색을 하고 러시아 마린스키극장의 수석 안무가였던 마리우스 프티파가 다시 발레 대본으로 제작했으며, 프티파의 대본에 차이콥스키가 음악을 입혔다. 1892년 러시아 페테르부르크의 마린스키 극장에서 발레로 초연되었다." 그런데 나는 이 작품을 떠올리면 겨울이 먼저 떠오른다. 겨울만 되면 이 작품은 공연되기 때문이다. 사실 〈호두까기 인형〉은 겨울이란 계절 말고도 여러 가지 배경들을 지니고 있다. 그것들은 차이콥스키 음악, 호프만의 원작 그리고 춤이다.

겨울이 되면 이 작품을 보게 되므로, 이 작품을 좋아하는 이들은 봄부터 가을까지 이 작품을 기다리고 있던 셈이다. 겨울은 매우 추운 계절이고 발레와 어울리지 않을 성싶다. 그러나 〈호두까기 인형〉은 이런 짐작을 뒤엎는다. 겨울의 날들이 추운 것처럼, 이 작품에 나오는 음악은 한결같이 화려하고 춥다. 음악은 춤과 더불어 겨울을 뛰어넘는다. 벨라루스 국립 발레단의 춤을 보지 않아, 뭐라고 말하기 어렵지만, 이 작품의 주된 언어인 발레는 몸으로 만드는 은유의 춤이다. 우선 이 작품과 겨울 그리고 춤을 연관시키면 공통분모는 근원적이고 원초적이라는 데 있다. 겨울은 나무로 치면 홀라당 겉옷을 벗어 가벼워지는, 그러나 화석처럼 근엄해지는 때이다. 제 몸을 가볍게 한 채, 무거운 추위를 견뎌내야 하는 시련의 계절이다. 계절의 시작은 봄이 아니라 겨울일 터이다. 겨울에서 봄이 이어지고, 여름과 가을이 물결처럼 파도친다. 겨울과 춤은 벌거벗었다는 점에서 한 몸이고, 〈호두까기 인형〉과 겨울은 시련과 시작이라는 데에서 떨어질 수 없는 같은 몸이다.

〈호두까기 인형〉은 춤으로 하는 발레극이다. 춤은 한계가 있는 몸으로 하는 예술이다. 춤은 아름답지만, 그것만으로 이어지지 않는다. 여기에 호프만의 이야기가 몸을 춤으로 연장시켜놓는다. 몸으로 하는 춤은 한계가 있으므로, 춤은 이야기를 업고 나가면서 몸의 한계를 극복한다. 나무가 벌거벗은 채 겨울을 이겨내듯이. 그런데 〈호두까기 인형〉은 어린이가 아니라 어른들이 읽는 동화 같은 이야기이다. 아이가 등장하지만 실은 어른이 춤을 추는 동화이다. 그런 이유로 이 작품은 낭만적이다. 여기에 이야기를 줄여 쓰자면, 때는 19세기 초 크리스마스 이브, 장소는 베를린 슈탈바움의 집, 크리스마스 선물로 이야기는 시작된다. 지극히 현실적인 설정이다. 주요한 등장인물은 슈탈바움의 자식들인 크리츠와 마리. 크리츠는 장난감 군인을 받고 싶어 하는 현실적인 인물이다. 마리는 꿈꾸기를 좋아하는 동화 같은 인물인데, 호두까기 인형을 선물로 받는다. 현실과 환상이 구분되듯, 두 인물들의 대비는 분명하다. 크리스마스 이브, 마리는 꿈을 꾸고, 그 속에서 쥐들이 쳐들어와 장난감들과 전쟁을 벌인다. 현실이 환상으로 변모하는 순간이다. 그때 호두까기 인형이 살아나서 마리를 보호하고, 결국 쥐의 왕을 찔러 죽인다. 이야기는 여기서 끝나지 않는다. 인형은 왕자로 변하고, 마리를 눈의 왕국으로 데려간다. 여기까지가 1막인데, 이쯤에서 유명한 〈눈송이 왈츠〉가 빠르게 펼쳐진다. 겨울 눈보라 속에서 군무가 음악을 감싼다. 가장 아름다운 장면이다. 2막은 환상의 나라, 즉 과자의 나라로 이국적인 춤과 꽃들의 춤의 향연이 펼쳐진다. 그리고 인형의 나라에서 환상적 경험을 한 마리는 다시 집이라는 일상적 공간으로 되돌아온다. 낭만주의 작가인 호프만의 태도는 극단적이다. 웬만하면 여기서 이야기가 끝날 것 같은데, 이 작품은 다시 나아간다. 마리는 인형의 나라에서 경험한 것들을 현실에서 계속 꿈꾼다. 현실에 돌아온 마리는 꿈속에 잠겨 호두까기 인형을 바라보는데, 그 순간 호두까기 인형은 잘생긴 청년이 되어 마리에게 청혼을 하고, 결혼하게 된다. 낭만주의는 이와 같은 이야기를 숨김없이 까놓고 한다. 현실이 필요로 하는 것 가운데는 이렇게 비현실적인 꿈도 포함되어 있다고 말한다. 현실이 꿈처럼 되어가는 것, 꿈처럼 현실을 경이롭게 바라볼 수 있게 하는 것이 낭만주의자들의 혁혁한 공로이다. 더구나 꿈은 누구에게나 가능하고 허락된 것이 아닌가. 거칠게 말하면 공짜가 아닌가. 여기서 삶과 꿈은 분리될 수 없는 한 몸이 된다.

원작을 쓴 호프만은 환상은 현실의 너머가 아니라 현실의 한 터, 현실을 미끄러져 가다 보면 나오고, 현실과 스며드는 것으로 본다. 낭만주의는 현실과 허구의 경계를 무화시킨다. 현실과 환상의 구분이 명확하지 않다. 낮과 밤이 다른 것이 아니라 붙어 있고, 현실적 세계와 환상적 세계가 연결되어 있다고 보기 때문이다. 예컨대 마리가 쥐들과의 전쟁에서 다쳐 창상열을 앓게 되는 것이나, 그 후 깊은 죽음의 잠에서 깨어나 침대에 누워 있는 모습은 일상과 환상과의 경계를 무화시키는 상징적 장치들이다. 또한 낮에는 시각을 알려주지만, 밤에는 소리를 내며 살아 있는 존재가 되는 벽시계도, 유리 장롱에 있는 모든 인형들도 마찬가지이다. 이러한 장치들은 단순한 무대장치나 기교가 아닐 터이다. 낭만주의는 현실을 수정하는 틀을 꿈과 동경으로 제시한다. 현실을 조화롭게 만들기 위한 현실 너머의 장치들이 꿈과 같은 동화들인데, 이런 장치들은 현실보다 나은 상위의 세계, 현실이 동경하는 세계, 즉 동화의 세계이다. 낭만주의는 우리들에게 이런 세계를 보여준다. 그런 세계, 즉 진리의 세계 속에서 사는 이들을 시민이라고 말한다. 현실 세계가 유한한 세계라면, 동화의 세계는 무한한 세계이다. 낭만주의자들은 여기 살면서 저곳을 꿈꾸는 이들이다. 지금 여기에 구애받지않고, 저곳을 영원하게 바라보는 눈 밝은 이들이다. 그것이 여기 현실 속에서 가능하다고 믿는 현실주의자들이다. 차이콥스키의 음악은 바로 이 순간을 잇는 바느질과 같은 것으로, 그 세계를 우리들 귀 속으로 옮겨다 놓는다. 그리고 춤은 그것을 우리들 눈앞에 펼쳐놓는다. 귀와 눈도 하나가 된다.

끝으로, 차이콥스키가 추운 러시아 출신이기 때문에 〈호두까기 인형〉이라는 발레 음악을 작곡했다는 것은 아주 싱거운 서술이다. 특히 2막 '인형의 나라'에 나오는 음악들은 앞서 언급한 것처럼, 화려하지만 차가운 편이다. 음악에 대해서 놀라운 식견을 가진 시인인 김정환은 이 부분에 대해서 이렇게 썼다. "그에게는 발레 예술이야말로 어른들의 고통이 없는 세계였던 때문 아니었을까? 이 작품이 차이콥스키의 만년작임을 감안하면 그럴 가능성이 매우 크다……. 차이콥스키 작품에서 절정 부분들은 모두 〈눈송이 왈츠〉를 연상시킨다. 그가 살던 대륙의 엄혹한 추위 때문이었을까 아니면 당대 최고의 명사로서 동성연애자임을 숨겨야 했던 차이콥스키의 얼음처럼 차가운 가슴 때문이었을까? 그러나 그 둘이 합치면 마침내, 성을 극복한 아름다움의 차원이 열리는 것일까?"

극단 76의 〈지피족〉에 대한 단상

연극은 오늘날 어떤 모습을 하고 있는가. 연극을 공부한 사람들이 알고 있는 인물들인 오이디푸스 왕과 안티고네, 심청이와 춘향이처럼 전형적인 인물들이 오늘날 연극에 있는가. 현대 연극은 우리들이 교과서에서 배운 것들과 사뭇 다르다. 인물들의 전형성은 이미 사라지고 없다. 관객들이 극장에서 만나는 극 중 인물들은 개성을 지니지 못했고, 이름조차 없는 경우가 허다하다. 그 이유는 무엇인가.

연극은 언제나 그 사회의 산물이다. 연극은 사회의 영향력 안에 놓이면서 그 밖을 꿈꾼다. 그러므로 연극이 생산하는 인물들은 그 사회를 반영하는 유형이면서 동시에 그 유형을 반대하는 이라고 할 수 있다. 오늘날 한국 연극이 침체해 있는 것은 새로운 유형의 인물들을 창조해내지 못하기 때문이다. 달리 말하면, 새로운 인물을 창조할 만큼 사회가 다양해지지도, 변모하지도 않았기 때문이기도 하다.

〈지피족〉(박근형 작·연출, 왕과시 소극장)은 93년부터 공연되었던 작품이다. 공연이 계속되면서 이야기가 늘기도 했고, 달라지기도 했다. 처음에는 소극장에서 광고도 없이 공연되면서 몇몇 연극의 마니아들이 즐겨 보고, 알음알음 소문이 난 연극이 되었다. 그러다가 1997년 서울 연극제에 공식으로 초청된 작품이 되기도 했다. 여기에 등장하는 인물들은 모두가 불분명하다. 등장인물들은 자신들의 이름을 그대로 이어받았다. 이름이 전수환인 경우 이 연극에서도 전수환이다. 배우와 실제 인물의 차이가 없다는 것은 배우들과 극단의 방향이 작품에 등장하는 실제 인물의 그것들과 크게 다르지 않다는 뜻이다. 일인칭인 내가 맡은 인물이 삼인칭인 그가 될 필요가 없다는 뜻이다. 배우라는 직업을 가진 '나'와 내가 맡은 인물 '그' 사이에 거리가 없다는 것은 곧 현실과 허구 사이에 차이가 없다는 뜻이다.

〈지피족〉에 등장하는 인물들이란 거리를 헤매는 부랑아들이다. 오늘 벌어서 내일을 버틸 수 없는 이들이다. 이름하여 불구의 존재들이다. 〈지피족〉은 불구의 시대가 낳은 불구 인물들의 이야기이다. 무대 공간도 지하철 속이거나 허름한 뒷골목이다. 인물들은 특별하게 갈 곳이 없다. 그들에게 남은 것은 말뿐이다. 말은 그들이 몸으로 지탱하는 유일한 신념과 같다. 몸은 말을 생산하는 것이 아니라 말을 지탱하는 그 무엇이다. 그래서 몸들이 허깨비 같다. 말을 할 수 있다는 것을 확인하기 위해서라도 그들은 말도 되지 않는 말들을 끊임없이 내뱉는다.

말을 하는 순간 적어도 그들은 살아 있는 존재들이다. 살기 위해서가 아니라 살아 있음을 확인하기 위해서 그들은 아무런 말이라도 해야 한다. 뜻이 담겨 있지 않은 말들의 반복, 상대방이 꼭 듣고 있다는 것을 전제로 하지 않는 말들, 그것이 중얼거림이다. 이쯤 되면 인물들은 정상적이지 않고 분열되어 있다는 것을 알게 된다. 이 연극에서 중얼거림은 중요한 표현 기제이다. 허수아비가 녹음된 말들을 반복하는 것, 그런 불구의 사회를 떠올리면 좋을 것이다.

'극단 76'은 한국 연극에서 기이하게 생존하는 집단이다. 연극 하면 오이디푸스를 먼저 생각하는 상식적인 사람들의 입장에서 보면 이 연극은 말도 안 되는 연극이며 남루한 연극이다. 그러나 우리가 살고 있는 도시가 반짝반짝 빛나며 똑같은 사람들로 가득 차 있는 모습을 상정한다는 것은 끔찍한 일이다. 우리 바깥에, 우리 사회 밑바닥에는 우리가 알지 못하는 인물들이 너무나 많다. 이 연극은 그들을 주목하는 따뜻한 시선을 지녔다.

이 연극에 대한 반응은 대개 두 개로 나누어진다. 오늘의 삶, 그 극단의 삶을 가장 잘 조명했다는 평가가 있고, 말도 안 되는 쓰레기와 같은 연극이라는 평가가 또 그 곁에 있다. 앞의 평가는 비교적 젊은 평론가들에 의한 것이고, 뒤의 평가는 희곡을 쓰지만 별로 공연되지 않는 희곡이 많은 작가들과 리얼리즘 연극이라는 것을 숭상하는 연출가들이 내렸다.

〈지피족〉에 대한 평가를 읽으면 한국 연극의 전체적인 모습을 볼 수 있다. 첫째로 한국 연극에서 새로운 연극은 발붙이기가 어렵다. 그것은 연극이 아닌 연극이라는 무수한 오해와 싸워야 하고, 연극은 이래야 한다는 질식할 것 같은 기존의 고답한 연극관과도 한판 겨루어야 한다. 타협을 하거나 밀려날 수밖에 없는 상황에서 기존의 원칙들을 무시하면서 연극을 한다는 것은 매우 힘든 일이 아닐 수 없다. 때로는 그 판에서 쫓겨나는 것을 각오해야 하고, 제명당하기도 한다. 극단 76이 그런 예에 속한다. 왜 그럴까.

한국 연극은 보수적이다. 연극이 그러하고, 연극동네의 헤게모니가 좀처럼 새로운 질서를 허락하지 않기 때문이다. 한국 연극이 가난할수록 헤게모니가 휘두르는 집행력은 크다. 가난한 극단은 헤게모니의 영향력 아래에 놓이면서 그 눈치를 살펴야만 하기 때문이다. 오늘날 한국 연극에 주류의 원칙을 거스르는 변방의 연극들과 연극인들은 찾아보기 힘들다. 신촌, 종로, 인사동, 대학로로 이어지는 연극동네의 개발은 새로운 연극과 자기 세계를 지닌 연극인들의 발을 묶어놓았다.

한마디로 대학로를 벗어난 연극이 오래간다는 것은 생각하기 어렵다. 대학로에 한정된 한국 연극의 지역성은 한국 연극의 보수성과 폐쇄성을 반증한다. 닫힌 대학로에 연극이 닫힌 채 머물고 있다. 그곳에서는 시선이 밖으로 향하지 못한다. 폐쇄된 공간이란 몸을 한정시키고, 시선을 고정시키는 것을 의미한다. 바깥으로 나가지 못하는 시선은 바깥을 보지 못하고, 그 시선은 자기 자신을 보지 못하는 시선이 된다. 시선이 한 곳으로 집중되었다는 것은 시선의 죽음이며, 죽은 시선들이 시선과 의식을 대신하고 있다는 뜻이다.

〈지피족〉은 고정된 시선을 아랑곳하지 않는 연극이다. 이 연극에서 시선은 여러 개이다. 그 시선들은 낮은 곳, 낮은 사람들을 향하여 내려간다. 등장인물들은 그런 시선을 지닌 이들이고, 그런 시선을 찾고자 애쓰는 이들이다. 시선과 시선이 만나는 곳에 숨기고 싶은 삶의 모습들이 풍경처럼 펼쳐진다. 관객들 가운데 더러는 '난 이런 곳에 살지 않아'라고 말하는 것 같다. 고개를 흔들며 '난 저런 사람들을 모르고도 살 수 있어'라고 말하는 것 같다.

〈지피족〉은 시선을 연결하는 연극이다. 배우들의 시선을 그 시선을 피하는 관객들의 시선에다 포개놓는다. 관객들이 회피하는 시선에 배우들의 시선을 연결한다. 시선과 시선의 연결, 그것은 하나하나의 점선이 긴 실선이 되는 것과 같다. 배우들은 곧 등장인물들의 실제이다. 그들 사이에 거리가 없다. 이런 배우들의 움직임과 말하는 것에 대하여 자제를 문제 삼을 수도 있다. 허튼 소리, 과장된 움직임이 그런 원인을 제공한다. 시선이 만나는 곳에 따뜻함이 배어난다. 피하고 싶었던 비를 아예 다 맞아버리고 난 후의 시원함과 같다. 그래서 관객들은 아주 천천히 배우이면서 동시에 자기 자신인 인물들의 시선의 포로가 된다. 이 작품의 매력은 여기에 있다. 그것은 보고 싶지 않은 것과 볼 수 없었던 것의 보고 싶고 볼 수 있는 것으로의 전이를 가능하게 하는 힘이다.

마지막으로 지적할 것은 극단의 태도이다. 〈지피족〉은 처음 공연된 이래 매년 조금씩 변형되고 있다. 작품에 무엇인가가 보태어지고 달라지는 것을 탓할 수는 없지만, 원칙을 훼손하는 것은 용납하기 어렵다. 예컨대 이 작품의 매력은 쓰레기와 같은 말들의 힘에 있다. 살기 위해서 아무 말이나 해야 한다는 것을, 끊임없이 움직여야만 한다는 것을 말하는 것이 인물들이 지닌 원칙이며 이 연극의 매혹이다. 그러나 내용이 보태어지면서 말들은 무의미가 아니라 의미를 가득 채우고 있다. 의미 있는 말들은 누구나 할 수 있고, 정상적인 말이다. 〈지피족〉은 정상적인 세계 속에 사는 정상적인 인물들의 이야기가 아니다. 오히려 정상과 비정상이라는 구분을 훨씬 뛰어넘는, 그 기준이야말로 아무것도 아니라고 조롱하는 이야기의, 인물들의 연극이다. 지켜야 할 것은 바로 이 점이다. 불구의 세계와 불구의 몸들을 옹호하는 연극의 정신을 본받아야 한다. 아니 회복해야 한다.

한국 연극은 좀처럼 변화할 조짐을 보여주지 못하고 있다. 그렇고 그런 연극들이 계속될 전망이다.

화려한 연극은 애초부터 없다. 연극은 가난한 예술이다. 한국 연극은 불구의 몸들을 따뜻하게 바라보고 치유하는 연극을 꿈꾸어야 한다. 그리고 복마전과 같은 시대를 가로질러 시원의 순수성으로 관객들을 불러 모아야 하고, 무엇보다도 연극인들이 먼저 이것을 체험해야 한다. 그리하여 변해야 한다. 아름다움의 빛깔, 소박함의 향기, 참됨의 열정을 연극을 통하여 배워야 한다. 지금 한국 연극에 관객은 없고 지루하고 남루한 연극만이 덕지덕지 화장한 꼴로 추잡하게 있다. 책임지는 이 없는 나라꼴처럼 연극동네도 그 예외가 아니다. 누구를 탓하겠는가.

이강백 연극제에 대하여

1. 공연에 대한 덧붙임

연극제는 글 쓰는 작가로의 여행이다. 그것은 작가의 미래로 가는 것이
아니라 작가가 글 쓴 과거로 가는 여행이다. 이른바 작가의 근원으로 되돌
아가는, 희곡 쓰기의 원천을 확인하는 노정이다. 만약 이번 연극제가 그에
대한 만연된 평가를 반복하는 터가 되었다면 그 대답은 비사실적 희곡, 우
화일 것이다. 그것은 시대와 장소에 대한 구애 없이 해석되었고, 앞으로도
그러할, 그러나 작가의 미래를 보장해주기에는 시들고, 부족한 답안이다.

예술의전당이 주최하는 '오늘의 작가 시리즈'의 세 번째 주인공은 희곡
작가 이강백이다. 그는 거의 매년 희곡을 발표하는 한국 연극의 유일한 전
업 작가이며 독특한 글쓰기를 보여주고 있다. 이강백의 특색은 우리의 현
실을 그대로 재현하지 않고 그것을 비틀어 형체를 달리해서 보여주는 점이
다. 현실을 눌러 그 외관을 왜곡하는 것이야말로 그의 글쓰기가 지닌 개성
이다.

초기의 희곡 「다섯」에서부터 최근작인 「느낌, 극락 같은」 등의 제목에서 알 수 있는 것처럼, 현실을 달리 보여준다는 것은 그 현실의 뒤에 숨은 그 어떤 것을 강조하고자 하는 작가의 의도라고 할 수 있다. 그것은 현실을 조정하는 권력일 수도 있고, 질서정연한 현실 뒤에 박혀 있는 혼돈일 수도 있고 그가 꿈꾸는 새로운 현실일 수도 있다. 그가 1971년 동아일보를 통하여 데뷔한 이래, 한국 연극이 그의 작품들을 통하여 마냥 현실을 직시할 수 있었던 것이나, 연극의 관객과 희곡의 독자들이 그를 만난 것은 모두 행복이다.

이번 '이강백 연극제'(1998.4.16~6.14)는 공연과 연구를 통하여 연극과 우리의 삶을 새롭게 비추는 계기가 될 것이다. 한국 연극에서 한 작가의 작품들로만 연극제를 꾸미는 것은 그리 흔한 일이 아니다. 따라서 이 연극제가 작가의 과거와 현재를 조명하는 것에 그치지 않아야 할 것이다. 그리고 희곡이라는 글쓰기를 통하여 우리의 삶을 송두리째 드러내는 작업이 많은 독자와 관객들에게 수용되는 계기가 되고, 이를 계기로 작가 이강백뿐만 아니라 희곡작가, 나아가 연극예술의 작가에 대한 깊이 있는 논의가 시작되어야 할 것이다.

2. 작가의 주름살과 글쓰기

일상의 삶에 있어서 눈에 보이는, 그러니까 가장 편이한 이해는 주름살이라고 볼 수 있다. 이마에 팬 주름살은 나이를 말할 때 예외가 별로 인정되지 않고, 그의 삶의 굴곡과 연륜을 짐작게 하는 보편적인 상징이라고 할 수 있다. 그러나 작가에게 있어서 주름살은 단순히 시간의 흐름이 각인시켜놓은 흔적만은 아닐 것이다. 작가의 주름살은 다른 이들의 주름살과 다르다. 작가의 주름살은 그가 살았던 시대의 주름살이며 동시에 그를 통해 나 자신을 읽는 내 주름살이기도 하다. 작가의 주름살이 그가 읽고 쓴 어떤 것이라고 한다면, 관객의 주름살은 작가의 그것을 읽고 쓴 것과 같을 것이다.

희곡작가 이강백은 복이 많은 작가임이 틀림없다. 우리들은 그 복이 무엇보다도 그가 희곡이라는 것을 몇십 년째 쓰는 데서 온 것임을 잘 알고 있다. 오랫동안 변함없이 희곡을 썼다는 것이야말로 작가로서 존재하는 첫 번째 미덕이 된다.

오늘날 한국 연극의 작가라는 존재, 글쓰기의 원천으로서 작가의 주름살에 대하여 묻고, 글을 쓰는 일은 흔한 일이 아니다. 연극을 창조하는 작가, 그의 주름살에 대하여 묻는 일은 질문하는 쪽에게도 힘든 일이 아닐 수 없다. 그리고 그 대상이 되는 작가 역시 자신의 모든 존재를 한순간 무시해야만 하기 때문에 반갑게 맞이할 수 없는 일이기도 하다. 그럼에도 그 질문을 포기할 수 없는 것은 연극이 더 이상 고고학적 유물로 남는 것을 원하지 않기 때문이다. 이번 연극제는 연극뿐만 아니라 희곡을 쓰는 작가를 이해하는 데 큰 도움이 될 것이다.

예술의전당이 주최한 '이강백 연극제' 기간에 〈내마〉에서 〈쥬라기 사람들〉을 거쳐 〈영월행 일기〉와 〈느낌, 극락 같은〉에 이르는 그의 대표작들이 공연되었다. 또한 작가와 작품의 연구를 위한 심포지엄이 있었다. 심포지엄이 추구하려 했던 것은 고정된 하나의 모범답안이 아니라 새롭고 다양한 해석의 가능성이었다. 동양 철학과 역사학의 시선으로 그의 작품을 보려 했던 것이 구체적 사례라고 할 수 있다. 이번 심포지엄을 통하여 범위를 넓혀 그의 희곡에 있어서 역사 기술, 삶의 근거, 역사의 진보, 사회적 실천, 역사의 주체를 따져 보고 싶었던 이유는 여기에 있다.

공연된 작품, 극단, 연출가의 결정은 작가가 했다고 해도 과언이 아니다. 이강백 연극제가 끝난 지금, 준비했던 지난 몇 달을 떠올렸다. 필자는 작품과 연출가의 선정, 심포지엄의 주제를 결정하는 운영위원으로 참여했다. 작품 선정에 있어서 작가의 노력은 적극적이었다. 그는 운영위원회에 참석하고, 자신의 작품 가운데 공연되어야 할 것들을 말해주었고, 연출가와 극단의 결정에 대해서도 자신의 의견을 관철시켰다. 예컨대 운영위원회에서 〈쥬라기 사람들〉의 연출과 극단에 대하여 부정적인 의견이 나왔을 때 운영위원을 찾고, 전화해서 이를 자신의 뜻대로 했다. 한마디로 이강백 연극제는 작가 이강백이 결정하는 대로 진행되었다. 연극제가 회갑 혹은 정년퇴임을 기념하면서 헌정하는 것이라면 모르되, 글을 계속해서 써야 할 입장에서 작가는 일정한 거리를 두고 너그러운 자세를 취해야 옳았을 것이다.

결론적으로 초기 단막극들을 야외에서 해보자는 의견은 예산과 작가의 반대로 무산되었고, 다른 작품들의 선택도 작가에 의해서 저지당했고, 연출가의 결정도 작가의 의도에 따를 수밖에 없었다. 작가는 자신이 원하는 대로 연극제를 이끌고 싶었고, 운영위원들은 연극의 풍요로움을 위하여 작가를 달리 해석하고, 공연을 다양하게 만들고 싶었다. 결과는 황폐한 모습이었다. 그 이유는 작가가 스스로를 제작하고 있는 그것과 운영위원들이 그려내고자 하는 그것이 서로 충돌되었다기보다는, 앞의 것이 뒤의 것을 지배하는 한국 연극계의 풍조에서 찾아야 할 것 같다.

네 개의 공연을 한자리에 모아놓은 이번 연극제는 작가의 변함없는 극작법을 증명해주고 있다. 1980년에 쓰인 〈쥬라기의 사람들〉의 대사가 1998년의 〈느낌, 극락 같은〉에서 반복된다. 예컨대 "노래라는 건 입으로 소리를 낸다구 해서 되는 건 아니라구, 중요한 건 마음이야, 마음!" 작가 이강백은 "마음속으로 복숭아꽃 살구꽃을 보면서 불러야 한다"는 것을 강조한다. 몸이 아닌 마음만이, 소리가 아닌 침묵만이 중요한 것이라고 하는 그의 세계는 희곡의 제목 "호모 세파라투스"처럼 70년대에 이미 분리되고, 고정되었는지 모른다. 이것이 1971년 신춘문예로 당선된 후, 오늘날에 이르기까지 작가가 내세우는 희곡의 체계이며, 의미이다. 우리는 그의 희곡을 통하여 70년대 한국 사회를 지배했던 권력과 폭력, 주제와 인물 나아가 삶의 해석에 있어서 이분법 등식을 사용하는 이강백 희곡의 전형적인 틀을 볼 수 있다. 그리고 그것을 가능하게 하고, 허락한 한국 연극의 풍경도 헤아려볼 수 있게 되었다.

공연에 대한 평단의 평가는 새로울 것이 없다는 데 대체로 일치한다. 다시 보는, 다시 하는 작품 그리고 처음 공연하는 작품 사이에 차이가 없다. 그것은 작가가 말하고자 하는 것, 그러니까 "중요한 건 마음이야, 마음"이 모든 작품에서 동어반복 되고 있기 때문이다. 작가의 의도대로라면 초등학교 교실에서 강조되는 마음만큼 실천도 중요하다는 것은 고쳐져야 할 일이 아니다. 〈영월행 일기〉와 〈느낌, 극락 같은〉에 이르러서는 더욱 두드러진다. 이처럼 작가 이강백에게서 발견되는 점은 희곡 안에서의 집착과 그 밖에서의 성마름이다. 집착과 성마름은 어긋나기 마련이다. 많은 이들이 그것을 발견하고 실망한다.

작가의 조급한 태도, 선병질적 반응은 급기야, 심포지엄의 말미에서 드러나고 말았다. 모든 발제와 질의가 끝날 즈음, 사회자는 심포지엄이 시작했을 때부터 끝까지 뒷자리에 있었던 작가에게 예의를 표했다. 그리고 같은 맥락에서 그에게 짧은 인사말을 해주기를 부탁했다. 작가는 이미 심포지엄이 끝나기 전 주최 측에게 발언할 수 있도록 부탁을 해놓은 것이었다. 그는 그 자리에서 말하도록 했음에도 불구하고 단상 앞으로 나왔다. 그의 발언은 교묘했다. "앉아서 고맙다는 말을 하는 것은 예의가 아닐 성싶다."

"오늘 나처럼 즐거운 이가 있다면 나와보라고 해." "예술의전당이 1억 5천만 원 정도 적자를 보면서 나를 위하여 이 연극제를 개최해준 것에 대하여 감사드린다." 그러고 나서 본론적으로 "오늘 이 자리에서 언급된 본인과 본인의 작품에 대한 여섯 가지 부정적인 견해에 대하여 답변을 하고자 한다." 그러면서, 그는 작가의 입장에 대하여 너절하게 늘어놓기 시작했다. 작가의 존재, 태도를 넘어서는 그의 대응은 발제와와 질의자 그리고 청중을 향한 불손한 타격과 같았다. 마지못해 그 자리에 섰다면 설령 기분이 안 좋다고 해도, 고맙다는 말을 간단하게 하고, 그 자리를 뜨는 것이 작가로서의 예의였을 것이다.

3. 이상한 알레고리

'이강백 연극제'의 첫 작품 〈내마〉(예술의전당 자유소극장, 1998.4.16~5.3), 둘째 날 저녁 공연, 극작가 이강백이 무대 정면을 바라보는 앞자리에, 연출가 김아라는 무대 옆면에 마련된 바닥에 앉는다. 필자는 2층 객석에 홀로 앉았다. 무대와 연출가와 극작가의 태도가 내려다보인다.

극작가와 연출가 그리고 비평가가 한데 모여 공연을 보는 기회는 그리 흔한 것이 아니다. 극작가는 자기 자신이라고 할 수 있는 희곡을 향해 시선을 던져놓고 있고, 연출가는 연습 과정에서 수없이 고치고, 고정시켜놓은 공연을 향해 시선을 보내고 있고, 비평가는 희곡에서 공연으로, 그것들이 읽혀지는 과정에 시선을 모으고 있다. 공연 내내 이들 사이에 시선의 교류는 없었다. 한 번쯤 시선을 맞추면서 동의를 구할 수도 있을 법한 태도들이 없다. 연출가는 관객들조차 웃지 않는 장면에서 소리 내 웃고, 작가는 관객들이 웃는 장면에서도 심각하고, 비평가는 그 모든 것을 보면서 표정을 감춘다.

1974년에 초연된 〈내마〉를 25년이 지난 지금 다시 보는 것은 혼란스럽기까지 하다. 이강백은 스스로 "우화적인 희곡을 쓰는 극작가"[8]라고 밝히고 있지만, 쓰이던 때의 모호함은 공연되는 오늘에도 마찬가지이다.

〈내마〉가 지닌 우화란 무엇인가. 우선 때가 없다. 이상한 나라의 이상한 사람들이(사율, 가배, 기택, 눌지 등) 이상하게 권력을 (눌지에게) 잇게 하려고 한다. 갑자기 그것을 방해하는 이웃 나라가 인질로 잡혀 있었던 이상한 사람(실성)을 보내 권력을 행사토록 하고, 그 사람 곁에서 이상한 사람(내마)이 이상한 역사를 기록하고, 이상한 사람들끼리 죽이고(실성이 내마에게 눌지를 죽이려 하고), 죽이려다 죽고(눌지를 죽이고 못하고 실성을 죽이게 되고), (눌지가) 권력을 차지한 후, 모든 염소를 매점매석하게 하는 이상한 사람들이 있고, 죽었던 이가 다시 살아나고(실성이 근위병이 되어), 이상한 사람들의 이상한 의문 하나, "외로운가요?"를 밝히기 위하여 눈먼 걸인, 물감 없는 그림을 그리는 화가, 염소를 비싸게 파는 사람들이 등장한다.

이 '이상함'에 대하여 말해놓고, 거리를 두고 비켜 앉은 이가 작가이고, '이상함'을 해석할 수 있어 즐거웠던 이가 연출가이고, '이상함'이 해석할 만한 것인가를 반추하는 이가 비평가일 터이다. 그러므로 그들은 같은 장소, 같은 시간대에 앉아 있었지만 서로 마주 보지 않았던 것이다. 연출가는 작가에게 '보시오'라고 말하며 작가의 난수표 같은 '이상함'을 풀었다는 자신감을 지닌 것 같고, 작가는 '그래, 괜찮은데'라고 하면서 젊은 날에 씌어진 희곡이 지닌 힘을 인정하는 것 같고, 비평가는 '이상함'의 근원과 근거에 대

---

8   이강백, 『이강백 희곡집 1』, 정민사, 2004.

하여, 그것들의 통일성에 대하여 저어하는 태도로 묻는다.

대개 '이상함'이란 권력의 속성과 억압, 인간성의 상실, 우리의 정치적 상황과 대비되는 것으로 해석되었다. 작가와 작품에 대한 최고의 해석이라고 보여지는 이 틀은 오늘날 작품에 예외 없이 적용되는 신경증적 강박의 소산이기도 하다. 하여 '이상함'이란 분명하지 않은 것, 진부한 것일 수도 있다.

〈내마〉의 공연은 연출가 김아라가 보여준 이전의 다른 작품과 큰 차이가 없다. 연출가가 지닌 마냥 똑같은 양식—많은 오브제, 이상한 의상들, 무대에 세운 커다란 설치물—에 〈내마〉는 통조림의 내용물처럼 들어 있었다. 공연을 생산하는 연출가가 지녀야 하는 첫 번째 의무는 작품과 작가 그리고 관객에 대한 예의이다. 예의는 상대방을 존중하는 태도이다. 김아라가 보여주는 공연의 특징은 눈에 띄는 무대양식인데, 그것은 다름 아닌 연출가 자신이 고수하는 양식이며, 양식으로 모든 것을 덮으려는 의도이기도 하다. 이번 〈내마〉 공연은 양식을 주장하는 연출가와 내용에 집착하는 작가와의 충돌과 같았다. 그런 면에서 그는 작품과 작가 그리고 관객뿐만 아니라 공연 행위에 대해서 다시 한번 자신의 태도를 되돌아볼 필요가 있다.

〈쥬라기 사람들〉은 '새마을 연극'의 부활을 보는 듯했다. 새마을운동은 마을을 새롭게 고쳐놓은 개혁이 아니라 마을과 그 안에 사는 이들마저 황폐하게 만들어놓은 억압이었고 수치였다. 70년대 많은 연극과 연극인들이 여기에 참여했던 부끄러운 역사가 우리에게도 있다. 그것은 공연 내용에 있어서의 낯부끄러움이 아니라 새마을 연극과 같은 조작된 화음, 터무니없는 밝은 미래를 부끄러워하지 않고 드러내는 공연 양식, 그 무지의 힘에 있다. 여기서도 새마을 연극과 같은 양식과 썩어 문드러지는 쥐라기 시대라는 시간과 공간의 내용은 어긋난다. 작가는 애초부터 작품과 극단 그리고 연출가를 잘못 짚어 허방다리에 빠졌다고 말할 수 있다.

〈쥬라기 사람들〉 공연은 오랜 세월 동안 썩어 비로소 그 속에 불타오를 화기를 지닌 석탄과 같은 광부의 삶, 굴의 깊은 어둠과 땅속으로의 떨어짐과 같은 시간과 공간에 대한 해석의 여지를 보여주지 못했다. 특히 탄광촌에서 교사로 근무하는 것을 업신여기고, 시커먼 석탄, 석탄 가루로 뒤덮인 주변 환경을 경멸하는 여선생의 의상은 온통 검은색이었다. 이것을 어떻게 설명할 수 있을까. 이것은 의상에 대한 연출가의 무지라고 할 수밖에 없을 것이다. 한마디로 공연은 무엇을 어떻게 말하려고 하는 것보다는 말하려고 하는 것이 무엇인지에 더 고민해야 했다. 그래서 공연은 폭력적인 새마을 운동과 하등 다르지 않았다.

〈영월행 일기〉는 처음 공연된 것과 다르지 않았다. 공연을 또 한다는 것은 반복이 아니라 달리 한다는 것이 아닌가. 연출가 채윤일은 공연을 만드는 기술자와 같다. 그는 어떤 희곡을 맡아 연출하더라도 이 정도의 수준을 더도 덜도 없이 보여준다. 그것은 연출가의 미덕이 될 수 없다. 대중가요식으로 말하면, 그가 연출한 공연은 '아니'라는 놀랄 때 쓰는 표현을 그에게서 발견하기는 어렵다. 그 대신 '그렇고말고' 하는 평범한 후렴구를 지녔다고 말해도 좋을 것이다. 〈느낌, 극락 같은〉은 공연 전에 있었던 희곡에 대한 작가와 연출가의 불화처럼 불협화음의 진열장과 같았다. 작가는 이 공연에서 무엇을 읽고 보았을까? 숨겨진 의미, 보이지 않는 마음, 형식을 초월하는 내용?

이번 연극제에서 공연된 다시, 또, 처음 보는 희곡들은 부자연스러웠다. 작가 이강백이 힘주어 말하고 있는 것은 오지 않을 미래에 대한 암시일 터이다. 그것은 작가 스스로 즉 "나만 아는 특별한 비법으로 담근"(〈뼈와 살〉) 밀주와 같다. 작가는 인간이 유일하게 의지하는 힘은 미래에 있는 것으로 여기는 것 같다. 그러나 〈느낌, 극락 같은〉에서도 인물들은 그들 각자대로 앞으로 나아갈 뿐, 되돌아다보지 않는다. 또한 형식과 내용, 몸과 마음, 보이는 것과 보이지 않는 것을 철저하게 구분하는 희곡에서 이 둘은 서로 합쳐지지 않는다. 형식이 형식을 뒤돌아보지 않고, 내용은 내용을 뒤돌아보지 않는다. 형식은 형식대로, 내용은 내용대로 제 갈 길을 간다. 그들의 시선은 저 앞을 향한다.

〈영월행 일기〉에서부터 〈뼈와 살〉 그리고 〈느낌, 극락 같은〉에 이르는 작가의 희곡은 앞의 희곡들과 조금 다르다. 공통적으로 인물들은 뒤돌아본다. 앞만을 보는 이들을 향해서 뒤돌아보라고 말한다. 그래야만 한다고 강제한다. 그래서 〈영월행 일기〉는 고서적, 단종의 영월로 뒤돌아가고, 〈뼈와 살〉에서는 물에 잠긴 옛 고향을 물 위에서 내려다보고, 〈느낌, 극락 같은〉에서는 길 위에 버려진 돌에서 부처의 마음을 보아야 한다고 말한다.

〈뼈와 살〉에서조차, 물에 잠긴 마을이 있고, 아내의 배 속에서 다른 이의 생명이 자라고 있어도 그는 그 고통에 빠지지도 않고, 멈추지도 않는다. 마치 산에서 쉽게 내려오는 것처럼 길을 빠져나온다. 그가 뒤돌아보는 것, 예컨대 물 밑, 마음속 등은 잠시뿐이다.

〈느낌, 극락 같은〉에서도, 아들은 아들대로, 아내는 아내대로, 스승은 스승대로, 동연과 서연은 그들 각자대로 앞으로 나아가지 뒤돌아오지 않고, 되돌아보지 않는다.

작가는 보이지 않는 물 밑, 마음속을 보라고 명령한다. 그러면 무엇인가가 보일 것이고, 그것을 기억하라고 강제한다. 그러나 기억은 당위가 아니라 가능성일 뿐이 아닌가. 뒤돌아본다는 것이 자연의 법칙이라면, 그것을 게을리하는 것은 인간의 법칙이다. 작가는 인공적인 희곡의 구조로 삶의 연속성에 대해서 부풀려 말하고 있다. 그것이 알레고리라는 이강백식 희곡의 상표일 것이다.

이강백 희곡의 정답과 같은 알레고리 수법은 과거와 현재 그리고 미래가 혼재된 시제이며 표현이다. 이강백의 희곡에는 과거의 기억이 분명치 않기 때문에 현재의 새로운 탄생도 분명하지 않다. 그것은 기억하는 나와 기억되는 나가 서로 혼재되어 있기 때문이다. 알레고리가 지닌 최댓값은 "기억될 우리"이다. 예언의 신빙성 같은 그것은 우리를 이루는 분자인 "나"와 관계가 없는 우리일 뿐이다. 그 알레고리에는 나와 우리를 매개하는 기억이 없다. 남는 것은 텅 빈 관념들뿐이다. 오늘날 그 풍경은 황폐하기 이를 데 없다.

따라서 그의 희곡을 읽는 독자나, 공연을 보는 관객들은 황폐한 풍경에 자리 잡은 소품에 불과하다. 독자나 관객이 고통스러운 것은 황폐한 풍경에 놓였을 뿐, 기억하는 것이 없기 때문이며, 과거의 나와 현재의 나를 알레고리를 통하여 하나로 일치시키지 못하기 때문이다. 알레고리는 시간의 흐름을 끊어놓는다. 과거가 없기 때문에 현재도 없고 미래도 없다. 감추어진 의미가 해석될 때 작품은 생명체가 되지만, 그렇지 못하면 그것은 밀림 혹은 폐허가 된다. 가면 그만이고, 가지 않아도 될 곳이 되고 만다. 관객이나 연출가들이 해석하고자 하는 노력을 포기할 때, 한 번의 해석으로 끝났다고 여길 때, 작품은 버린, 버릴 것이 되고 만다.

한 존재를 변화시키는 것은 수많은 사건과 시간의 흐름일 것이다. 그것은 작가에게는 글을 씀으로써, 관객에게는 연극을 읽음으로써 내 안으로 되돌아가는 행위와 같다. 어떤 작품을 보든 관객이 되돌아오는 곳은 같다. 그것은 자기 자신을 기억하는 기억의 준거점이 있기 때문이다. 이

번 '이강백 연극제'는 앞서 있었던 최인훈, 오태석 연극제와 달리, 작가의 기억, 그 자전적 화두의 중요성을 한국 연극에게 다시 묻는 계기가 되었다.

공모와 빗장

극단 골목길의 배우들

1.

극단 골목길, 이름부터 반정치적이다. 골목길은 권력이 끌어당기는 큰 길과 같은 각인을 향해 역류하는 길이다. 끌어당겨도 결코 가까이 다가가지 않는 길, 권력으로부터 멀어지는 길이다. 권력이 아니더라도, 더러 골목길을 좋아하는 이들이 있다. 그것도 끼리끼리.

나는 연출가 박근형을 알고 나서부터, 그의 연극을 보고 나서부터 골목길은 그와 잘 어울린다는 생각을 했었다. 박근형뿐만 아니라 그의 배우들과 골목길도 서로 잘 어울린다. 골목길은 무엇인가를 애타게 기다리는 길도, 안절부절못하는 길도 아니다. 골목길은 그저 터벅터벅 걸어가는 길이다. 남의 시선을 아랑곳하지 않고, 생각에 사로잡혀, 추억을 부추기면서 제 스스로 감동을 받아 걸어가는 길이다. 그 길 위에 박근형과 그의 배우들이 있다. 덧붙여 좁은 골목길은 몸 안에 있는 핏줄 같다. 피가 돌아다니는 작은 길들, 몸과 피가 분리될 수 없듯이, 삶과 골목길은 서로 나눠질 수 없다. 연극이 그러하다는 뜻일 게다. 그래서 그들은 골목길을 부르며, 그곳에 놀면서 존재한다.

2.

극단 골목길에서 제 이름을 임신한 배우들은 많다. 엄효섭, 박민규, 윤제문, 고수희, 주인영 등등. 그리고 이제는 김범석, 이호열 등 젊은 배우들도 많다. 크게 보면, 젊은 배우들을 포함해서 극단 골목길 배우들은 모두 자유인인 백수 같고, 뜻을 같이하는 공모자들로 함께 불탄다. 배우로서의 태가 없다. 잘 보이지도 않는다. 이들은 한 곳에 멈춰 있지 않고, 흩어져 있는 특징을 지녔다. 이들은 자신들을 세상이란 무대에 "세워놓는" 배우가 아니라 그 반대로 "흩어놓는" 배우들이다. 도무지 그들이 어디서 어떻게 살고 있는지 알 수가 없다. 그래서 이들이 저 자신을 흩어놓는다는 것은 풀어놓는 것이 아니라 스스로 세운 원칙을 고수하면서 사는 긴장의 소산이라고 보면 좋겠다. 무대에서 이들은 세상의 문법, 사회적, 연극적 약속 등을 고려하지도 않고, 그것을 규범화하지도 않는다. 오히려 그런 것들을 넘어선 채, 더는 아무렇지도 않게 자신의 감정을 자연스럽게 드러낸다. 엄효섭, 박민규, 윤제문은 막연한 배우들이다. 고수희, 주인영은 전혀 보편적인 배우가 아니다. 연극에 입문한 배우 같지 않다. 다른 배우들과 경쟁하지도 않는 배우들이다. 한마디로 이들은 배우가 되어야 한다는 것에 강요되지 않는 배우들이다. 이들은 배우 같지 않게 연극에 접근해서 말하고 속삭인다. 이들은 전원이 끊긴 것처럼 말하는 배우들이다. 그런데 그 언어가 꼭 비밀을 잉태한 것처럼 들린다. 다른 말로 하면 개념 없는 명상을 하는 식으로 말한다. 그러는 순간 관객들은 벙어리가 된다. 관객 입장에서는 시선이 없는 이런 배우들을 보면서 막연할 때가 있다. 배우와 연기가 저럴 수도 있구나 하는 느낌은 낯설되 재미있다. 이 점이 극단 골목길 배우들의 특징이고, 이것을 지휘하는 이가 연출가 박근형이다. 극단 골목길 배우들은 자유인들이라고 말해도 크게 틀리지 않을 듯하다.

그러나 이제는 극단 골목길도 한국 연극의 주류에 속한다. 그래서 이 점이 조금씩 약화되어 보이기 마련인데, 이것은 어쩔 수 없는 노릇이 아니겠는가!

3.

위에서 열거한 배우들의 이름을 바닥에 깔고, 통틀어 극단 골목길 배우들의 연기술이 다른 극단과 다른 것은, 그러니까 이들의 연기 형식이 삶을 꾸미기는커녕 도드라지게 보여주는 이유는 또 있다. 오늘날 연극 바깥의 삶이 경직되어 있고, 거친 책임의식 속에 사로잡혀 있거나 짓눌려 있기 때문일 것이다. 한국 연극의 많은 연기 양식은 오랫동안 삶이라는 형식, 말하는 체, 움직이는 투와 같은 상투적인 것에 빠져 있었다. 극단 골목길은 제 스스로 살아가는 그 자연스러움으로, 예를 들면 그들이 일상에서 겪는 삶과 말 그리고 박근형의 희곡 속 언어로 연기하는 통에 다른 극단들과 구별된다. 이들 연기 양식의 특징은 그들이 살아가는 자신들의 삶의 경험과 가깝다(고수희). 일회적 삶이 가져다주는 진실과 역설, 그리고 아름다움이 그들 연기 밑바닥에 자리 잡고 있다. 삶에도 바닥이 있는 것처럼, 연기에도 발목을 잡는 밑바닥이 있기 마련이다. 그런 면에서 극단 골목길의 젊은 배우들도 눈에 크게 뜨인다(김범석). 그들의 공연이 매번 비평의 대상이 되는 이유는 여기에 있다. 일상의 보이는, 보이지 않는 권력 아래에 살다 보면, 개성은 훼손되기 마련이고, 감정은 억눌리기 십상이다. 그런데 이들은 이것을 자각하고, 자신을 은폐하기보다는 자신을 일으켜 세워 드러내어 흩뿌린다. 그 내용은 이지러지고, 고통스러운 소리를 내는 인물들과 적절하게 어울린다(윤제문). 슬픔과 고통으로 연극을 하고, 사람들을 만나고, 저 자신들이 그렇게 산다. 무엇보다도 극단 배우들이 이러한 삶과 글을 누구보다 먼저 경험한 터이다(박민규).

그러므로 극단 골목길의 연기 양식은 배우들 삶의 고백과 하등 같지 않다. 오늘날 한국 연극은 연기의 양식이 아니라 이에 앞선 연기자들의 제 삶과 그에서 비롯된 연기 양식을 필요로 한다. 그것은 경계 없이 자유롭게 사는 배우들만이 할 수 있을 것이다. 그런 모습이 백수와 같은 그들에게 있다.

4.

15년 전에 박근형에 대해서 아래와 같은 글을 쓴 적이 있다. 1994년 "그가 쓰고 연출했던 〈아스피린〉(예술극장 이화, 1994.5.1~6.30)의 주변에서도 그는 잘 나타나지 않았다. 막이 오른 공연은 연출가가 없어도 매일 계속된다. 도대체 그는 어디에 있는가?" 이 말은 이제 극단 골목길의 배우들에게 돌려주어도 좋겠다. 똑같기 때문이다. 그리고 또 이런 내용도 아울러. "한국 연극의 무대는 변함이 없다. 이 말은 연극 생산자들의 입장에서 보면 달갑지 않은 표현이다. 연극문화의 정황이 별반 나아지지 않았다는 것을 함의하고 있기 때문이다. 그것은 거친 표현에 의존하면 사막의 행로와 같고, 정글의 투쟁과 같다는 뜻이다. 살아남은 이들만이 연극의 곁에 있을 수 있다.

그렇다고 행로를 마친 뜨거운 상징이 있는 것도 아니고 투쟁의 결과물로서 소유할 것이 있는 것도 아니다. 이런 환경에서 젊은 연극인들의 고민은 커질 수밖에 없다. 그러나 이런 정태적 환경 속에서도 연극인들은 세대 교체를 하게 마련이다. 무대는 변함이 없지만 무대를 차지하는 연극인들, 특히 배우들은 시들고 늙어가기 마련이다. 젊은 연극인들은 이들의 빈자리를 차지하게 된다. 같은 모습을 보이기도 하고, 전혀 다른 자태를 보이기도 하면서. 그들의 문제는 유행, 인기, 숭고한 예술로서가 아니라 살아남기 위한 지속에 달려 있다고 해도 무방하다. 어떻게 견뎌낼 것인가가 그들의 가장 커다란 문제일 것이다. '젊음은 곁에 뉘 없어도 자기에게 반항해'. 레어티스는 〈햄릿〉 1막 3장에서 이렇게 말했다. "곁에 뉘 없다는 것을 알면서, 자기 자신에게 반항하면서 젊음은 시작되기 마련이다."

　예전에 쓴 글을 찾아 읽으면서, 그때 박근형의 모습과 오늘날 극단 골목길의 배우들 언어 사이에는 거리가 없다는 것을 알게 되었다. 이들이 연극으로 말하고자 하는 것도 같아진다. "연극은 인물과 장소 그리고 관객이 가장 잘 어울리는 공간이다. 극장은 사람들이 서로 만날 수 있도록 만들어진 공간이다. 관객들은 무엇보다도 극장에서 연극을 통하여 사람을 보게 된다. 연극예술은 사람의 예술이고, 사람이 사람들과 만나는 예술이다. 사람이 있는 곳에 당연하게도 몸이 있고 몸의 이야기가 있다. 연극은 한마디로 사람의 몸의 이야기이다. 상처받은 몸, 아픈 몸, 그리운 몸 등등."

5.

　골목길에는 냄새가 있다. 냄새를 맡는 코는 과거에 복종한다고 했다. 극단 골목길의 배우들은 이제 무엇을 해야 하고, 무엇을 꿈꾸고 살아야 하는 가? 보이지 않은 채 어디에 있어야 하는가, 어떤 연극을 만들어야 하는가? 그리고 그들의 몸은 무엇을 보고 들어야 하는가? 극단 골목길이 배우들을 가두는 동굴이 되지 않기를 바란다. 삶과 더불어 연극의 일부가 골목길 같 은 어둠 속에서 이뤄진다는 것은 사실이지만 말이다. 끝으로 극단 골목길 의 배우들이 눈을 뜨고 조금씩 자신을 잃어버리고 너른 세상으로 나아가기 를 바란다. 골목길에도 더러 빗장이 있을 때가 있기 마련이다.

희곡 읽는 비평가의 아침

1.

더러 예전에 읽었던 희곡을 다시 펼쳐볼 때가 있다. 오랫동안 서재 책꽂이에 두었던 희곡을 꺼내 읽는 심정은 난감하다. 연극 공연이 허다한 대학로의 풍경은 나와 한참 동안 멀어진 상태이다. 공연은 많지만 애써서 보고, 글을 쓰고 싶은 공연은 매우 희박하다. 나는 지금 희박하다고 썼는데, '희박'이란 단어는 특별하다. 희박은 물리적인 가능성이 적다는 뜻으로 쓰이지만, 사전이 정의하는 바에 따르면, 기체나 액체 따위의 밀도나 농도가 짙지 못하고 낮거나 엷다는 뜻을 담고 있다. 그러므로 희박은 확률이나 어떤 일이 이루어질 가능성이 적다는 뜻보다는 훨씬 더 절박한 뜻에 가깝다.

비평가에게 공연이 희박하다는 것은 비평의 절망이다. 마치 높은 산에 올라 희박한 공기를 마시는 것과 같다. 나는 지금 그런 심정이다. 온몸이 흐느적거린다. 머리가 터지는 것 같다. 앞이 보이지 않아 어디로 가야 할지 까마득하다. 비평가에게 공연은 올라야 하는 높은 산과 같다. 오를수록 공기가 희박하지만, 내가 경험하고 있는 희박한 어떤 것은 그런 종류가 아니라 오를 산을 아예 찾아볼 수 없다는 데 있다. 앞의 희박은 즐거운 고통이고, 뒤의 고통은 속절없는 아픔이다. 갈 곳을 잃거나 없어 길 위에 머무는 이의 시선은 얼마나 황량하고 고절한가? 큰 기차역 앞 광장에 뒹굴고 있는 노숙자들의 태도와 시선을 생각하면 좋겠다. 보고 글 쓰는 일을 마감한 비평가는 길에서 뒹굴고 있는 존재와 하등 다를 바 없다.

비평가는 늘 읽고 싶어 안달이 난 사람이다. 손에 책을 들어야 하고, 눈으로는 게걸스럽게 볼 것들을 찾고 새겨야 한다. 그리고 제 집으로 돌아와 모든 것을 글로 써야 하는 존재이다. 글로써 제 삶을 세상에서 본 것들과 이어 볼 수 있어야 하고, 세상의 것들을 잣대로 삼아 제 삶을 저울질해야 한다. 비평가는 공연 앞에서 제 삶을 먼저 반추한다. 공연으로 비평가의 삶이 성숙한다는 말은 참으로 옳다. 여기에 희곡 읽기도 포함된다. 어차피 공연과 희곡은 삶을 반죽한 것이거나, 삽으로 떠서 무대 위에 올려놓은 것임이 틀림없기 때문이다. 책을 읽어도 마찬가지이다. 책을 읽다 밑줄 친 부분은 제 삶이 그곳에서 거울처럼 반추되었다 정지된 흔적이다. 제 삶이 고스란히 타자의 삶을 통해서 비추어졌다는 그 경험은 황홀하기도 하지만 더러 섬뜩하기도 하다. 그것은 파스칼 키냐르의 소설 제목인 「혀끝에서 맴도는 이름」처럼, 제 삶이, 타인의 삶이 혀끝에서, 기억의 자장 안에서 맴도는 것과 같은 현상이다. 읽을 공연이 사라졌다는 것은 거푸 제 삶이 백지장처럼 가벼워졌다는 뜻도 된다. 되비추어 볼 거울이 없으므로 되돌아 울리는 것도 없는 셈이다. 요사이 이렇게 해서 공연을 보고, 희곡을 읽고 글을 써야 하는 비평가로서 나는 텅 빈 요새가 되어가고 있다는 것을 자각하고 있다. 이름만 있을 뿐, 아무것도 할 수 없는 무력함의 본보기가 되고 있다. 아마 이런 존재는 물에 몸을 담가두어도 금세 가라앉을 것이다. 부력조차 없는 존재가 여기에 있다. 이름이 혀끝에서 맴도는 것처럼, 기억들이 눈초리 끝에서 잔상으로 희미할 뿐이다.

2.

다시 책을 읽는다. 헤르만 헤세의 소설 『크눌프』를 읽었고, 위에서 쓴 파스칼 키냐르의 「혀 끝에서 맴도는 이름」을 두 번 읽었고, 유진 오닐의 희곡 「밤으로 긴 여로」를 꺼내 읽었다. 이문구의 소설도 읽으려고 몇 권 구입해서 책상 위에 쌓아놓았다. 나는 미국 작가의 희곡을 별로 좋아하지 않았다. 미국의 희곡에 대해서 별로 아는 것도 없는 편이다. 단 한 작가가 예외로 남는데, 그이가 바로 유진 오닐이다. 이번에는 민음사 세계문학전집 69번으로 출간된 번역본(민승남 옮김)을 손에 들고 읽기 시작했다. 첫 페이지에는 유진 오닐이 그의 아내 칼로타에게 열두 번째 결혼기념일에 보낸 글이 있다. 그 헌사의 첫 번째, 두 번째 구절에 밑줄을 친다. "사랑하는 당신, 내 묵은 슬픔을 눈물로, 피로 쓴 이 극의 원고를 당신에게 바치오." 1942년, 작가 유진 오닐이 슬픔과 피로 희곡을 써야 했던 내용은 다름 아닌 "죽은 가족들을 마주하"는 것이었다. 그의 희곡은 이것을 토대로 한 "깊은 연민과 이해와 용서"를 담고 있다. 아, 이런 글이 희곡의 앞머리에 놓여 있다면, 희곡 읽기가 범상하지 않을 터임을 짐작할 수 있다. 무엇인가가 처음부터 독자를 당기기 시작한다. 작가와 작품 그리고 독자 사이에 끝이 맺어진 셈이다. 나는 이런 희곡과 연극을 그동안 원했었다.

이 희곡을 읽으면서 내가 주목한 것은 희곡의 맨 앞부분이다. 이 희곡은 "1912년 8월의 어느 아침"에 시작된다. 나도 이 희곡을 한여름 아침부터 읽었다. 희곡은 대개 이른 아침부터 읽을거리는 아닐 성싶다. 그러나 공연이 희박하다면 아무 때라도 희곡을 읽어야 했다. 희곡의 장소는 여름 별장 거실이지만, 내가 이 희곡을 읽은 곳은 거실 옆 서재이다. 공통적으로 희곡 속 거실과 독자인 내 서재에 책장이 놓여 있다. 희곡 속 지문을 옮겨 적으면 다음과 같다. "위에는 셰익스피어의 초상화가 있고, 작은 책장에는 발자크, 졸라, 스탕달의 소설들과 쇼펜하우어, 니체, 마르크스, 엥겔스, 크로포트킨, 막스 슈티르너의 철학서와 사회학 서적들, 입센, 버나드 쇼, 스트린드베리의 희곡들, 스윈번, 로제티, 오스카 와일드, 어니스트 다우슨, 키플링 등의 시집들이 꽂혀 있다……. 대형 책장에는 뒤마, 빅토르 위고, 찰스 레버의 전집들과 셰익스피어의 전집 3질, 50권짜리 세계문학전집, 흄의『영국사』, 티에르의『통령정부와 제정의 역사』, 스몰렛의『영국사』, 기번의『로마 제국 흥망사』, 기타 고전 희곡집, 시집, 아일랜드 역사서 몇 권이 들어 있다. 놀라운 것은 이 전집들 모두 읽고 또 읽은 흔적이 있다는 점이다." 작가와 비평가가 쓴 글은 그들이 읽은 흔적이다. 그러니까 글은 저장된 기억, 맴도는 기억을 소환하는 작업이다.

나는 작가 유진 오닐이 위에서 열거한 책들을 "모두 읽고 또 읽"었고, 그 흔적이 「밤으로 긴 여로」라고 여긴다. 희곡 작가 오닐은 많은 책을 읽었음이 틀림없다. 작가는 왜 이렇게 많은 책들을 지문에 써놓은 것일까? 열거된 저자의 이름과 책 제목들은 희곡을 읽는 독자들의 눈과 귀를 자극한다. 이것들은 사실 독자들에게 애원한다. 읽어달라고, 읽어서 소생시켜달라고. 그것들은 독자들에게 이름으로, 책 제목의 단어로 단순하게 남아 있는 것이 아니라 기다리면서 말하는 육체로 존재한다. 책꽂이에 진열된 책들은 이 무대에서 있어도, 없어도 그만인 장식이 아니다. 인물과 사건을 포함한 희곡 속 모든 이야기의 미래이며, 그 흔적이며 징후이다. 문자를 넘어서 견고하게 존재하는 저자와 책들은 말하고 있다. 그렇다면 작가는 어디에 있는가? 책들 사이에, 책들 속에, 책 그 자체로?

　작가 유진 오닐이 열거한 저자와 책들은 우리들에게 크게 낯설지 않다. 책은 그에게 하나의 세상이었을 것이다. 작가는 글을 쓰기 전에 책을 읽는다. 그 점은 비평가에도 마찬가지가 될 것이다. 비평가에게 공연은 세상과 같은 하나의 책이다. 책을 읽고 난 후 다시금 글을 쓸 수 있는 것처럼, 비평가는 쓰기 전에 읽는 일에 목마른 존재이다. 공연으로 돌아가서 보면, 이 책들은 무대 뒤편에 자리 잡고 있다. 무대 앞이 삶이라면, 무대 뒤는 삶의 흔적이 모인 책들이 있는 곳이다. 독자의 입장에서 보자면, 책 맞은편에 삶이 있다. 공연은 서 있는 책들이 누워 있는 삶의 현장을 바라보고 있다. 비유하자면, 책들은 집 안의 대들보처럼 있다. 삶의 바람막이가 아니라 둑처럼, 그물처럼 있는 어떤 존재이다. 무대 위, 주인공들의 삶을 위해서라면 기꺼이 자신들의 내용을 펼쳐 보일 준비가 되어 있는 존재들이다.

3.

　한여름 아침을 나는 이렇게 책을 읽으며 보내고 있다. 가끔 아름다운 문장, 사려 깊은 문장을 읽고 눈물을 훔치는 경우도 있다. 글을 읽으면서 몽상에 이끌려 물끄러미 서재 바깥을 바라볼 때도 있다. 고전이 된 희곡은 흡사할 정도로 세상에 사는 다른 사람들의 삶을 죄다 보여주고 있다. 그런 희곡을 읽다 보면 세상을 사는 이들이 겪고 있는 고민은 단 한 치의 어긋남도 없이 똑같아 보일 때가 있다. 좋은 희곡은 독자들을 갑자기 정지시킨다. 등장인물들의 대사를 내가 먼저 말하고 싶어 온 몸이 휘청거릴 때가 있다. 대사를 침묵으로 읽다가 어떤 순간 소리 내어 말하고 싶을 때가 있다. 독자의 시선과 등장인물의 시선이 서로 마주친다. 어느 한쪽이 금세 굳어지는 모습을 지닌다. 등장인물은 독자인 내게 자신이 할 말을 빼앗김으로써 겪게 되는 경험 때문이고, 독자는 자신이 그토록 원했던, 그러나 찾아내지 못한 말들을 작가와 희곡을 통해서 찾아낸 불가사의한 감동 덕분이다. 말을 빼앗긴 등장인물과 말을 되찾은 독자와의 우발적 만남은 두 존재의 취약성을 드러내 보여준다. 희곡 읽기는 존재들이 말을 빼앗길 수도 있다는 것을, 등장인물이나 독자 모두가 말들의 주인공이 아니라는 것을, 말의 주인은 말들을 내뱉는 혀에 달려 있다는 것을, 나아가 등장인물과 독자 모두가 말들의 궁핍함에 빠져 있는 존재라는 것을 숨김없이 보여준다. 나는 한여름, 극장에 가기 싫어 서재에서 이렇게 한 편의 희곡을 읽고 또 읽고 있다. 이 글은 그 흔적일 따름이다.

다리로서의 연극비평

제1회 PAF 비평상(1996) 수상 소감

　오늘 이 자리는 동숭동 뒤편, 낙산 아래 삼선교라는 다리가 있었던 동소
문동입니다. 동숭동과 동소문동 사이에는 수백 년이 넘은 성벽이 가로놓여
있습니다. 그러니까 동숭동은 성 안이고 동소문동은 성 바깥입니다. 성문
은 안에서 바깥을, 바깥에서 안을 넘나들 수 있는 경계입니다. 한국 연극의
중심지는 성 안이고, 지금 이곳은 성 바깥입니다.

　이 자리에 오면서 저는 글을 쓰는 비평 혹은 비평가의 거주지에 대해서
생각해보았습니다. 피타고라스의 정의에 의하면, 비평가는 바라보는 사람
입니다. 바라보는 비평은 공연을 창조하는 행동도, 공연에 대하여 환호하
고 갈채를 보내는 관객도 아닙니다. 다만 지혜롭게 살피고 헤아리기 위하
여 경계에 있습니다. 그러니까 비평은 공연의 안과 바깥의 경계라고 놓여
있습니다. 경계는 피곤한 몸이 잠시 쉬어 갈 수 있고, 성 안의 동정 – 변화의
움직임 – 을 알기 위하여 긴장을 풀지 않아야 하며, 크게 쓰일 날을 기다리
면서 책을 읽고 또 읽고, 붓을 갈아 글을 쓰고, 일이 여의치 않으면 사방 길
로 떠날 수 있는 터이지요. 경계는 안으로 들어가고, 안에서 바깥으로 나오

는 사이입니다. 경계에 있는 비평은 그러므로 안주할 수 없습니다. 잠시 머물러 있는 것도 결국은 더 멀리, 다른 곳으로 떠나기 위해서입니다.

저는 북한산의 끝자락, 한 산동네에 살고 있습니다. 집 뒤 비봉을 거쳐 주능선을 따라 오르면 시구문이라는 아주 작은 문과 만나게 됩니다. 옛날에는 이 문을 통하여 시신이 좁은 성 안에서 넓은 성 바깥으로 나왔습니다. 문 바깥으로 내 버려져 넓은 대지에 도달하는 주검처럼 삶과 죽음이 경계를 이루는 곳이 시구문입니다. 인도에서는 이를 죽은 사람의 시체를 던져두는 곳이라고 해서 시타림(屍墮林)이라고 불렀습니다. 이런 지역은 조용해서 예로부터 수도자들의 정진 터가 되던 곳입니다. 동시에 무섭고 성가시거나 괴로운 일을 견뎌내야 했던 곳이기도 합니다. 시타림에 들어가는 것 자체가 고행이며, 여기에서 '시달림, 시달리다'라는 단어가 나왔습니다. 경계에 선 자는 타자의 죽음을 통하여 자신을 반성합니다. 자기 자신까지 바라보아야 합니다. 이것이 시타림, 시달림과 같은 경계에 서 있는 비평의 입장이고 태도이고 지혜라고 여깁니다.

북한산에 대동문, 대서문, 대남문, 위문 등과 같이 들어가는 삶의 큰 문들은 많습니다만 나오는 죽음의 작은 문은 시구문 하나뿐입니다. 시구문의 역사는 조선왕조로 거슬러 올라갑니다. 빛 광, 기쁠 희 자가 쓰인 광희문(光熙門)은 숭례문(남대문)과 흥인문(동대문) 사이에 있던 시구문이었습니다. 우리가 여기서 주목할 것은 광(光) 자입니다. 이 문자는 물체의 연소를 뜻하는 불 화(火) 자의 변형에 겸손이나 어짊을 뜻하는 어진 사람 인(人)을 받친 글자로, 즉 불을 어질게 들고 있으니 빛난다는 의미입니다.

연극비평을 시작하면서 저는 이 문과 이 문을 지칭하는 광희(光熙)라는 글자가 지닌 뜻을 생각했습니다. 그곳에 가면 모든 것을 새롭게 볼 수 있습니다. 이 문은 줄리아 크리스테바의 표현대로 "낯선 자"가 되어 "정직하게 존재할 수 있"는 곳입니다. 비평은 작고 좁은 문이지만 이곳을 통과한 연극, 그러니까 연극의 이후는 커지고 새롭게 됩니다. 비평이란 글과 같은 불을 어질게 들고 있어 연극을 빛나게 하는 일이 아닐까요. 글이 쓰이지 않을 때마다, 비평 행위를 질문할 때마다 저는 산에 올라 이곳으로 발길을 돌렸습니다. 시구문 앞에 서면 삶으로 들어가서 죽음으로 나오되 다시 죽음이 삶의 여러 길을 낼 수 있다는 믿음을 가지게 됩니다. 이때 연극은 연극으로만 머물지 않게 됩니다. 저는 이것이야말로 연극을 빛나게 하는 비평이 가야 할 길이라고 생각하고 있습니다. 그 길이 발에 길이 덧붙여져 울림의 아름다움과 열림의 의미를 지니게 되는 발길처럼 될 수 있기를 바라고 있습니다.

연극이 문 안으로 들어가는 삶, 삶을 향한 시선이라면, 비평은 문 바깥으로 나오는 죽음, 부재하는 삶과 연극을 향한 시선이라고 할 수 있습니다. 비평은 글을 써서 삶과 연극을 되살리고, 삶과 연극의 길들을 새롭게 내놓는 일이라고 생각합니다. 이것은 연극의 안과 바깥, 삶과 죽음의 경계, 그 사이에서 가능한 사유에 비유할 수 있습니다. 글쓰기로서의, 사유로서의 연극비평은 삶과 거짓 삶, 죽음과 거짓 죽음을 갈라놓습니다. 그리고 궁극적으로는 자기 자신을 비평의 대상으로 삼습니다. 연극비평은 타자로서 공연을 대상으로 삼는 동시에 자기 자신을 반성하는 성찰 행위라고 생각합니다. 그것이 곧 비평가의 존재 방식이라고 생각합니다.

연극이 삶과 죽음의 경계라고 한다면 PAF 비평상은 공연과 글쓰기를 연결하는 다리이며 문이라고 여기고 싶습니다. 제1회 PAF 비평상 수상은 제게 큰 기쁨이며 상징입니다. 계속해서 좋은 글을 쓰라는, 연극의 안과 바깥 사이에서 어느 한쪽에도 치우치지 말고, 눈감지 말라는 책려로 여기겠습니다. 더 많이 바라보고 글을 쓰겠습니다. 연극 현실과의 접촉을 잃어버리지 않기 위하여 책에만 주저앉지 않고 글을 쓰겠습니다.

심사위원 선생님들, 상을 마련해주신 현대미학사에 감사드립니다. 수상작인 『연극제도와 연극읽기』 등 저의 저작들을 출간해주신 문학과지성사 김병익 선생님께도 감사드립니다. 삶의 그늘 속에 함께 사는 아내와 두 아이들과도 이 기쁨을 나누고 싶습니다.

제1회 여석기 연극평론가상(1997)을 받으며

이 상은 제가 1990년부터 연극에 관한 글을 쓴 이래, 1996년의 '제1회 PAF 비평상'에 이어서 두 번째로 받는 비평, 평론가상입니다. 특히 여석기 연극평론가상은 우리나라 첫 연극평론지이며 유일했던 『연극평론』을 창간, 편집하셨고, 영문학자로, 연극평론가로, 문예정책행정가로 활동하신 여석기 선생님의 공덕을 기리는 상이라, 그리고 이 상의 수상자는 연극 공부와 평론을 하는 선배 동학들이 결정하는바, 제게는 커다란 영광이 아닐 수 없습니다.

70년대 연극을 공부했던 이들은 처음에는 굵은 선으로 얼굴의 명암을 명확하게 한 가면극의 탈이 박히고, 그다음에는 표지 중앙에 원을 만들고 그 안에 연극평론이라고 찍힌 『연극평론』지를 기억할 것입니다. 70년대 후반, 선생님과 아무런 인연이 없었던 저는 전화로 말씀드린 후, 녹번동 선생님 댁으로 찾아가 광에 보관되어 있던 과월호들을 얻은 적이 있었습니다. 창간된 1970년 『연극평론』의 책값은 200원이었습니다. 75년에는 300원이었고, 76년에는 500원이었습니다. 이 『연극평론』을 통하여 유민영 선생님의

『한국 희곡사 연구』, 조동일 선생님의 『가면극 연구』, 이두현, 한상철 선생님들의 귀중한 글들이 연재되었습니다. 또한 동서양의 연극이론서들이 번역되었고, 많은 희곡이 번역, 게재되었습니다.

『연극평론』은 오늘날의 잡지들과 비교하면 헐값이지만 비교할 수 없는 삶의 품격, 연극의 품격, 글의 품격을 갖춘 연극 전문지였습니다. 지금도 이 잡지는 헌책방에서 좀처럼 구할 수 없는, 소장자나 도서관의 서가에 반듯하게 줄서 있는 책이기도 합니다. 저의 연극 공부는 이 잡지를 통해서 시작했다고 해도 지나치지 않을 것입니다.

이 상의 수상자로서, 저는 글쓰기로서의 연극평론에 대하여 다시 한번 생각해보게 됩니다. 글의 종류가 어떠하든 글을 쓰는 이는 글로 숨어 들어가 사는 이를 뜻합니다. 글은 제 삶의 주름살과 같습니다. 종종 이런 질문을 받습니다. 누구의 글을 좋아하는가. 한 번도 이 질문에 대하여 정확하게 대답해 본 적은 없습니다만, 저는 글로 숨어 들어가 사는, 이른바 '은둔의 작가'들을 제 글쓰기의 모범으로 삼고 있습니다. 희곡의 사무엘 베케트가 그랬고, 소설의 프란츠 카프카가 그랬고, 비평의 모리스 블랑쇼가 그러했습니다. 저는 글 속에서 연극을 사유하고자 했고, 연극 속에서 글을 쓰고자 했습니다. 연극이 삶을 비집고 들어가는 문이라고 한다면, 글쓰기는 연극을 통하여 삶을 꿈꾸며 나오는 문이었습니다.

연극평론이란 제게 있어서 삶과 연극을 글쓰기로 묶어놓고, 열어놓고 있는 그 무엇입니다. 연극은 삶의 형식이고 동시에 위대한 책과 같습니다. 희곡작가, 배우, 연출가들은 삶의 형식을 주제하고 책을 만든 저자들입니다. 앞으로도 삶 그리고 책과 같은 연극을 보고, 글로 이 다원적인 세상의 풍경을 말하고 싶습니다. 연극을 보고 사유하고 꿈꾼 것을 글로 쓰고 싶습니다. 그리하여 글은 연극보다 더 오래가고, 더 오래 남는다는 것을 보여주고 싶습니다. 글이 연극의 몰락을 바라지 않는 것처럼, 글도 글이 몰락되는 것을 바라지 않습니다. 언제 몰락해서 읽히지 않을지 모르지만 그러기 때문에 더 글을 씁니다.

제1회 여석기 연극평론가상 심사위원 선생님들께 감사드립니다. 제가 쓴 글들을 꼼꼼하게 읽어준 많은 독자들과 무대 위아래에서 삶을 음미하면서 보이지 않는 자취만을 남기는 이 땅의 배우와 연출가들을 기억하겠습니다. 그리고 연극현장에서 수많은 연극들과 백병전을 치르면서 연극비평의 정도(正道)를 가고 있는 선배 동학 여러분들과 함께 수상의 기쁨을 나누고 싶습니다.

제4부

한국 연극에 대한 해석

한국 연극과 『한국연극』

연극이 날로 왜소함을 더해가고 있는 시대에 들려오는 소리, "『한국연극』이 벌써 발행된 지 40년이 되었네". 그것은 40년의 역사를 단박에 가로질러 들리는 소리이며, 울리되 곧 사라지고 마는 소리의 끝이다. 『한국연극』이 발행된 지 정확하게 40년이 되는 지금, 그 역사를 되돌아보는 우리들에게는 연극과 사회의 변화가 엄청날 만큼 커다란 변화가 있었다. 사회적으로는 이데올로기의 강요가 안겨주었던 수많은 억압과 군사정부와의 지루한 싸움이 있었다. 연극은 '그럼에도 불구하고'와 같은 역리의 예술로 혹은 싸움을 포기한 채 길들여진 예술로 구분되기도 했다.

『한국연극』 1976년 1월호에서 1996년 1월호 사이에는 20년이란 세월이 주름처럼 잡혀져 있다. 책값은 500원에서 2,500원으로 올랐고, 책의 크기는 15×21센티미터에서 21.5×30센티미터로 늘었고, 쪽수는 210쪽에서 78쪽으로 줄어들었다. 그리고 창간호는 광고 없이 백지에 검은색 활자 인쇄로 찍은 것이었지만 최근호에는 재벌 기업들의 광고가 앞뒤로 있고 컬러 인쇄 부분도 많이 있다. 창간호의 겉면에는 한국 연극을 대표하는 하회탈이 반명암 상태로 자리 잡고 있지만 지금은 대중으로부터 상업적인 인기를 누리고 있는 뮤지컬 배우들이 두 팔을 벌려 관객들을 향하고 있는 사진으로 화려하다. 이런 현상만을 보면 20년 동안 『한국연극』은 많이 변했다라고 말할 수 있다.

『한국연극』이 창간된 1976년은 돌이키고 싶지 않은 어두운 시절이었다. 그때를 다시 읽자. 그때의 연극을 다시 보자. 그렇기 위해서는 잠시 1976년으로 돌아가 창간호를 들여다보아야 한다. 그러면 우리는 『한국연극』 창간의 뜻을 알 수 있게 된다. 우선 발행인이었던 이진순은 창간호에 게재된 「연극과 사회의 가교가 되도록」이란 제목의 창간사(12~13쪽)에서 "우리는 지금 어려운 시대에 살고 있다"라고 말하고 있다. 그러나 그의 발언은 여기서 주저앉고 만다. 왜 어려운 시대라고 했을까? 이진순은 그 이유에 대하여 "영화나 TV 드라마의 메커니즘과 상업성의 오염"으로만 말하고 있다. 그밖에 대해서는 그는 말하지 않았다. 오히려 말할 수 없었던 시절이라고 보아야 할 것이다. 그는 연극에 대하여 "사회나 국가에 막중한 정신적 역할을 하"고 있다고 말하고 있다. 여기서 막중한 역할이란 무엇인지 분명하게 언급되고 있지 않다. 언급되지 않은 연극의 막중한 역할은 군사 독재 정권에 대한 침묵이었을 것이고 암묵적 동조였을 것이다. 그런 맥락에서 『한국연극』이 창간된 그때는, 연극은 "고독한 소수의 예술"일 수밖에 없었고, 70년대는 "잃어버렸던 의식을 되찾아 우리 세대가 왜 연극을 해야 하는가에 대한 진정한 발언을 해야 할 때"(창간사에서 인용)였다. 이렇다면 『한국연극』은 어려운 시대, 고독한 소수의 예술을 위하여, 잃어버린 연극 의식을 회복하기 위한 편답이고 깃발이었을 것이다. 그러나 주의할 것. 아직도 우리 세대가 왜 연극을 해야 하는가에 대해서는 언급이 없다. 이 발언이 담고 있는 묵시적인 강요를 반성해야 한다.

그리고 전문지는 연극협회 기관지로서 가장 오랜 연륜을 지니고 있다. 문예진흥원의 지원금, 독자들의 소극적 태도에도 불구하고『한국연극』은 그 나름대로 한국 연극의 현실을 기록하고 비판하는 자세를 지켜왔다고 할 수 있다. 또한 연극 전문지로서 많은 연극인들의 발표의 터전으로, 만남의 장소로 그 역할을 해왔다고 볼 수 있다. 그리고 적잖이 해외 연극의 동향을 소개함으로써 세계 연극을 이해하고 연극예술의 보편성을 일깨우는 데에도 조그만 이바지를 했다고 평가할 수 있다.

이와 같은 긍정적 면에도 불구하고 우리는『한국연극』의 변혁을 기대할 수밖에 없다. 첫째로 필자들의 편중을 지적할 수 있다. 매달 잡지를 펼쳐볼 때마다 고정된 몇몇 사람들의 기고가 눈에 띄고 따라서 새로운 관점, 신선한 글들을 찾아보기 힘들다. 필자들에 대한 낮은 원고료도 그 이유가 될 수 있다. 사실상『한국연극』의 원고료는 다른 잡지의 절반도 되지 않아 필자들의 의욕을 떨어뜨릴 수밖에 없다. 둘째로는 잡지 편성의 특성이 없다는 점이다. 즉, 일관된 편집 기획의 면모를 볼 수 없다. 연재물도 번역에 의지하거나, 시류에 맞지 않고 깊이도 없는 글들이 지면을 차지할 때가 많다. 이는『한국연극』가 연극협회 기관지로서 너무 안이함 속에 빠져 있기 때문일 것이다. 편집 책임자들은 참으로 무엇이 연극인들에게 절실한 것인가를 꿰뚫어 보아야 한다. 읽을 만한 글들이 실려 있지 않을 때는 그달의『한국연극』을 다 읽는 데 그리 오랜 시간이 걸리지 않는다. 지난 몇 달 동안은 100페이지를 넘은 경우가 거의 드물었다.

『한국연극』창간호에 게재된 이진순의 창간사처럼『한국연극』은 연극의 뒷받침이고 길안내이고 밑거름이고 등불이 되기 위해서 협회의 아낌없는 지원과 편집의 쇄신으로 명실공히 한국 유일의 연극 전문지가 될 수 있도록 해야 할 것이다.

창간된 지 40년이 지난『한국연극』은 지금부터 '더욱 어려운 시대'와 연극을 말해야 한다. 1976년처럼 그냥 주저앉지 말고. 만약 그것을 회피한다면 지금도 그때처럼 연극의 불황에 대하여 "영화나 TV 드라마의 메커니즘과 상업성의 오염"으로 밖에 말할 수 없을 것이다. 이것은 진보가 아니라 게으름이며 타성일 수밖에 없다.

우리는 다시금, 땀 흘리며『한국연극』 창간호에서 밝힌 간행 목적을 왼쪽에서 오른쪽으로 페이지를 열어, 다시 위에서 아래로 읽어야 한다. "① 한국 연극의 전반적인 상황을 기록 · 정리 · 보존하는 연극사적 일익을 담당하고, ② 연극 제반의 문제를 체계적이고 학문적인 연구를 통하여 향상시키고 ③ 국내외 연극정보를 조사 · 분석 · 게재함으로써 연극발전의 근원적인 역할을 담당하고, ④ 국내외 창작희곡의 게재로 창작 희곡의 발전을 도모하고, ⑤ 한국 전 연극인의 참여지로서 연극인 상호 간의 친목을 꾀하고, ⑥ 건전한 비평 체계를 확립, 관객의 저변 확대 및 관객교육을 위한 안내 · 계몽자의 역할을 담당하고, ⑦ 중앙과 지방의 연극 정보교환을 통하여 전국적인 연극 문화의 균점화를 노리는 것."[1]

90년대 후반으로 가는 지금, 우리는 이 같은 창간 정신을 다시 읽고 새겨야 할 것이다. 다시 한번『한국연극』 40년의 역사는 하나만의 진리로 길들여진 연극에 대한 모든 생각들을 수정할 것을 말하고 있다. 그러기 위해서는『한국연극』도 정보사회와 과학의 발달에 의한 연극의 다양한 변모를 읽어야 한다. 그리고 문화산업의 팽창, 신세대 연극인들과 독자들을 위하여 지금까지 연극이라고 생각해 온 것들을 수정할 필요가 있다. 이를테면『한국연극』의 숙제는 다음과 같은 경우에 더욱 커진다. 많은 이들이 연극을 삶

---

1   『한국연극』, 창간호, 210쪽.

과 세계의 성찰이 아니라 단순한 오락거리로 삼고 있을 때, 스스로 공연을 심사숙고해서 고르는 것이 아니라 길을 가다가 호객 행위에 몸을 맡기듯 선택할 때, 『한국연극』을 연극에 대한 사유의 광장이 아니라 연극을 하고 난 후 기록을 저장하는 터로 여기고 만족할 때, 무엇이 연극이고 무엇이 연극이 아닌가를 밝힐 경계가 사라질 때, 왜 연극을 해야 하는가를 묻는 연극과 연극인의 생존과 정체성에 대한 물음이 없을 때. 그 질문은 『한국연극』으로부터 나와서 연극과 관계 맺는 모든 이들을 향하여 물 흐르듯 흘러가야 한다. 연극은 어떻게 해야 할 것인가, 그것이야말로 이 시대 연극인들이 지금부터 내내 안고 가야 할 숙제임을 말해야 한다. 연극에 대한 온갖 부정적인 것들과 싸워야 한다. 『한국연극』이 먼저 싸우고, 연극의 현실에 접근하고 해석해야 한다. 그리하여 연극의 넓은 의미를 우리 앞에 다시 환기시켜주어야 한다.

뮤지컬에 대하여

1.

요사이 한국 연극은 지난 시대와 비교해서 별로 나아진 것이 없다는 것을 서글프게 깨닫는다. 1980, 90년대가 정치적으로 암흑 시대였다면 지금은 모든 면에서 더욱 어려운 시대임에 틀림없다. 연극동네에도 한편으로는 창조적 무능력과 다른 한편으로는 천박한 자본주의가 극성을 부리고 있다. 2000년대 한국 연극의 두드러진 특징은 연극은 고독한 소수의 예술이 아니라 고독하지 않는 다수의 잡기(雜技)로 변모했다는 점이다. 그런 통에 연극을 공부하는 사람들 곁에도 연극의 정체성에 대한 물음은 아예 없다. 다들 그런 것에 대한 기억조차 없는 것 같다. 한국 연극에서 참다운 실제비평을 거의 찾아볼 수 없는 것은 이런 이유 때문이다.

한국 연극은 어디로 흘러가고 있는가, 흘러가되 어떻게, 어디로 향하고 있는가를 물어야 한다. 그러나 흘러가되 아예 돌아오고 있지 않다면 문제는 심각하다. 오늘날 연극의 중심은 뮤지컬로 전적으로 이동하고 있다. 대학로를 중심으로 연극상업주의가 팽배하면서 본격 연극이 퇴조하고 있다. 연극은 계급 간의 갈등을 다루기보다는, 분화되는 사회를 통찰하며 그 속에서 고통받는 삶에 대한 것이라기보다는 오로지 일단 웃고 보자는 속류의 작품들이 주종을 이루고 있다. 고전의 재구성이니 실험이니 하면서 원작을 추근대는 공연들이 너무나 많다. 연극은 이제 안팎에서 중심적인 담론의 대상이 되지 못하고 있다. 중앙정부나 지방자치단체의 문예지원금이 없다면 연극은 생존을 위협받게 될 것이다. 그만큼 연극과 연극인들은 무능력해졌다.

2.

오늘날 한국 연극을 주도하는 장르는 뮤지컬이다. 뮤지컬은 연극을 먹어 치우는 공연이다. 수입 물고기 블루길이 토종 물고기를 깡그리 먹어 살이 찌듯. 길 넓은 브로드웨이가 그렇고 복잡한 런던, 징그러운 서울에서도 그렇다. 산이 많고 사막이 많은 지역에서도 그럴까. 다행이다. 고전적으로 연극을 나누는 조건은 말을 건네는 방법, 즉 관객에게 어떻게 전달하는가에 달려 있다. 말로 하는가 아니면 노래로 하는가에 따라서 앞의 것을 담화극, 혹은 화극이라고 정의하고 뒤의 것을 노래극 혹은 뮤지컬이라고 구분한다. 뮤지컬의 또 다른 특징은 춤이다. 손보다 발로 하는 춤이다. 말로 하든, 춤과 노래로 하든 그것은 배우의 몸에 의해서 존재한다. 뮤지컬은 몸을 정형화한다. 비슷비슷한 몸들이다.

뮤지컬의 노래와 춤은 분명 말보다 속도가 빠르다. 노래와 춤의 뮤지컬은 그래서 말이 할 수 있는 사유와 그 사유의 속도를 건너뛰어 간다. 빨리빨리.

그래서 몸은 가벼워야 한다. 말이 고통스런 삶의 속도라면 노래와 춤은 호들갑 떠는 희망의 속도와 같다. 여기서 희망은 위선이다. 그러므로 뮤지컬의 희망은 뜬구름처럼 우울하다. 뮤지컬이 말의 연극보다 현란하고 빠르다는 면에서 뮤지컬은 관객을 사유케 하기보다는, 그래서 고통을 주기보다는 눈으로, 귀로 즐기게 한다. 그것도 빠르게. 뜬구름과 같은 이야기, 구름 잡는 이야기. 이렇게 해서 뮤지컬은 이 시대를 사는 관객의 감각과 일치하고 일상적인 삶과 거리가 없다. 관객에게 부담감을 주지 않고 관객을 즐겁게 할 뿐이다. 뮤지컬에서 과거는 짧고, 기억 속에 희미한 것이라면 희망은 가깝고 분명한 것으로 보인다. 관객들은 당연히 희망 속에 자신을 포함시킨다. 그래서 즐겁고 또 즐겁다.

뮤지컬 스타. 배우 앞에 붙는 이러한 수식어는 이제 낯설지 않다. 뮤지컬만 하는 전문 배우를 뜻하기도 하고, 뮤지컬이야말로 이 시대 최고의 볼거리라는 의미를 담고 있기도 하다. 뮤지컬은 지금 연극을 대체하고 있다. 그렇다고 뮤지컬을 탓해서는 안 된다. 많은 관객들이 교양이라는 이름으로 소비하는 상품이므로, 문화 소비재이므로. 연극이 상상하지 못하는 제작비로 뮤지컬은 만들어진다. 화려한 춤과 장면마다 변화하는 무대 그리고 매혹적인 노래들로 가득 찬 뮤지컬은 여유가 있는 대중들의 호기심을 자극하고, 일상의 가벼움을 무시하지 않는다. 우리들의 꿈과 현실이 노래를 타고 넘실넘실 흘러간다. 탄탄한 연극의 경계를 전쟁도 치르지 않은 채 무화시키면서 질주한다. 연극의 최후 경계는 없는 듯하다.

뮤지컬 하면 1960년대 중반 예그린 악단의 〈살짜기 옵서예〉나 〈배비장전〉보다는 〈오페라의 유령〉 〈아가씨와 건달들〉 〈레미제라블〉 〈캣츠〉 〈명성황후〉 등과 같은 서구에서 수입해온 뮤지컬과 잘 알려진 국내 뮤지컬을 떠올릴 것이다. 한동안 연극판에서 공연된 뮤지컬들은 거의 미국과 영국으로부터의 수입품에 해당한다. 특히 상업적인 브로드웨이에서 공연된 〈지저스 크라이스트 슈퍼스타〉〈사운드 오브 뮤직〉〈넌센스〉〈브로드웨이 42번가〉와 같은 작품들이 대부분을 차지하고 있었다. 그 수입 상품들은 노랫말과 배우만 바뀐 채 그대로 우리나라에서 공연되었다. 이러한 서구의 뮤지컬의 양적 팽창은 정통 뮤지컬이란 곧 서구 뮤지컬이라는 통념을 굳어지게 했다.

최근에는 이에 반하는 새로운 경향이 생겨났다. 이름하여 자생적 뮤지컬들이 많아지고 있기 때문이다. 예를 들면, 〈사랑은 비를 타고〉〈겨울 나그네〉〈지하철 1호선〉〈명성황후〉〈고래사냥〉〈님의 침묵〉〈블루 사이공〉 등등이다. 이러한 뮤지컬 공연의 질적 변화는 종래 순수 연극만이 모든 것을 다할 수 있다는 전제를 벗어나게 한다. 순수 연극이라는 이름으로 제도화된 연극만의 억압에서 벗어나 연극 장르의 다양성을 확인시켜준다. 그리고 우리의 뮤지컬이 만들어지고 있다는 모습을 보여준다. 그것을 서구 뮤지컬의 수입과 번역, 번안의 굴레에서 벗어난 그 무엇으로 해석할 수도 있다. 그러나 자생적 뮤지컬의 속도도 마찬가지로 빠르다. 그 빠른 속도는 관객보다 우선 연기하는 배우들을 더욱 들뜨게 하고 현기증 나게 한다. 춤추던 가쁜 호흡으로 음정을 맞추어 노래하고 그것을 다시 반복해야 하는 작업은 분명 정상적인 삶의 속도와는 터무니없이 다르고 빠르다. 이를 사랑으로 비유하자면, 뮤지컬은 사랑에 관한 사유─이를테면 말(言)에 의한 사유, 그 고통─보다는 사랑해야 하는 육체가 난무하고 더욱 돋보이는 연극이다.

뮤지컬이 우리나라에서 인기를 끌고 있는 것은 여러 가지 면에서 분석될 수 있다. 그 이유를 단순히 우리나라 관객들이 생태적으로 노래와 춤을 좋아하는 민족이기 때문이라고 하는 것은 충분하지 않고 소박하기까지 하다. 뮤지컬은 자본주의 시대와 떨어질 수 없는 예술이다. 자본주의의 지배를 받는 예술이다. 자본주의의 가장 두드러진 특징 가운데 하나는 빨리 가는, 그 속도감에 있다. 정상적인 속도에 가속도를 더하기. 예컨대 남보다 앞서 가기, 유행에 뒤지지 않기 등. 앞에서 말한 뮤지컬의 빠른 속도는 자본주의 가 만들어낸 비정상적인 속도이다. 이것이 우리를 슬프게 한다. 이미 예상 한 것이지만. 한국에서 뮤지컬을 생산하는 이들이 내거는 주장인 승자독식 (勝者獨食)은 최후의 승리가 아니라 이긴 자가 다 먹고 패한 자는 굶는 것을 뜻한다. 관객을 소비 대상으로 보고 자유경쟁의 룰에 따라 승자만이 살아 남는 시장경제 원리에 입각한 예술이 뮤지컬이다. 그들의 주장은 뮤지컬이 야말로 상업연극이고 상업연극은 일차적 목표를 이윤 추구에 둔 기업 활동 과 다름없다고 하는 것이다. 뮤지컬의 광고는 그래서 상품의 광고와 같다.

무엇보다도 한국의 많은 뮤지컬은 자본주의 발전의 연장선상에 놓인 채 이루어지고 있다. 뮤지컬은 자본에 의해서 지배받고 기술의 속도에 의해서 그 내용이 결정된다. 뮤지컬을 일컬어 경박하고 치졸하고 안이하고 선정적 이라고 하는 것도 이런 맥락에서 그 원인을 찾을 수 있다. 그 결과 뮤지컬은 통속적이고 상품화되고 역사의 진행 속에서 늦거나 주춤거린다. 뮤지컬은 적당한 한숨과 사랑의 통한과 분노 같은 것을 거짓으로 담아낸다. 그리고 연극과 삶의 정상적인 속도에서 이탈한다. 우리가 경계해야 할 것은 자생 적 뮤지컬이 많아지는 것을 수입 뮤지컬의 콤플렉스의 극복이라고 보는 점 이다. 문제는 그것을 한국 뮤지컬의 새로운 변모된 모습으로 보는 안일함 에 있다. 자생적 뮤지컬도 연극의 폭을 확장하는 긍정적인 면과 아울러 우 리 삶의 소비성을 확장시키는 부정적인 면을 두루 가지고 있기 때문이다. 나는 후자가 전자보다 훨씬 더 크다고 생각한다.

노래와 악극에 대하여

1.

나는 사람들과 만나 노는 자리에서 노래할 때가 되면 가장 괴롭다. 돌아가면서 노래를 해야 하는 통에 빠질 수가 없기 때문이다. 나는 노래가 싫은 것이 아니라 무조건 노래를 해야 한다는 것이 불편하기 때문에 대충 눈치를 보아서 자리를 떠난다. 우리 사회에서 여럿이 함께 앉아 노는 경우, 노래하기 싫어하는 이들이 있고, 노래를 부르지 못할 수도 있다는 것이 좀처럼 받아들여지지 않는다. 그런 탓으로 모임 장소에서 음식은 한두 가지로 통일해야 하고, 노래하면 다 같이 해야 하는 불문율 같은 것이 생겨난다. 그런 자리가 싫어 빠지는 통에 이웃들은 날 무거운 사람으로 여긴다. 난 이런 평가를 받을 때마다 속수무책이다. 노는 자리에서 자율적인 의사 표시, 행동을 하는 이들은 늘 눈엣가시 같은 존재가 되고 만다. 그렇지만 이러한 암묵적인 폭력 앞에서 내 행동을 바꾸면서 살고 싶지는 않다. 싫으면 싫다고 떳떳하게 말하면서 살고 싶다. 나는 모임에서 그런 사람들이 더 많았으면 좋겠다고 생각한다. 먹고 싶은 것을 주문하고, 싫은 것은 그만둘 수 있는 사람들이 다른 사람들을 배려하면서 모임을 주도했으면 좋겠다.

앞서 말했지만 노래는 참 좋다. 듣기 좋을 때가 있고, 흥과 시름에 겨워 흥얼거릴 수도 있다. 노래는 글자 그대로 얼마나 부드럽게 발음되는가! 노래한다는 동사는 말하다라는 동사에 비해서 가볍다. 「구운몽」 「사씨남정기」를 쓴 서포 김만중(1637~1692)은 "사람의 마음이 입으로 표현된 것이 말이요, 말의 가락이 있는 것이 시가문부"[2]라고 했다. 노래를 하기 위해서는 마음이 있어야 한다. 아무 때나 노래를 해야 한다는 것은 마음과 말이 만나는 것이 아니라 기계적인 반복일 뿐이다. 마지못해 노래를 해야 하는 경우 가락은 얼마나 노래하는 사람을 힘들게 하는가? 이때 가락은 마음과 말로부터 떨어져 있다. 이렇게 되면 노래를 하는 것이 즐거움이 아니라 억압이 될 수도 있다.

나는 노래가 지닌 즐거움과 가벼움을 부정하지 않는다. 노래의 가벼움과 말의 무거움은 서로 대비된다. 가볍기로 한다면 춤도 예외가 아니다. 우리들이 추는 춤은 거칠게 변했다. 넘실넘실, 하얀 고깔을 쓰고 나비처럼 움직이는 춤은 전문가들이나 하는 것으로 굳어졌다. 오늘날 농촌이나 도시를 막론하고 흥에 겨워 추는 춤은 거의 다 막춤이다. 춤도 이제는 상투적으로 굳어졌다. 노래가 말의 절제라면, 춤은 움직임의 정수와 같은 것이 아닌가! 춤은 허튼 움직임 아니라 마음의 길을 수놓는 몸이 절제가 아닌가! 군인들이 추는 춤만이 막춤이 아니다. 막무가내로 살면 말과 행동이 거칠어지듯, 생각이 남루하면 춤도 그렇게 된다. 말이 가닿을 수 없는 곳에 이르면 그러

---

2   "人心之發於口者, 爲言. 言之有節奏者, 爲歌詩文賦." 金萬重, 『서포만필』, 洪寅杓
     譯註, 일지사, 1987, 389쪽.

니까 말로써 다할 수 없는 것들은 노래와 춤으로 이어지는 경우가 많다. 이때 춤과 노래는 함축되고 상징화된다. 사원 같은 곳에서 노래가 울려 퍼지는 것은 어둡고 신비한 말과 장소의 무게를 덜어줄 수 있기 때문이다. 찬양하는 노래들은 성스러운 의식을 강조할 뿐만 아니라 예식에 참여하는 이들의 신앙을 고양시킨다. 우리는 일상생활에서 그런 노래와 춤의 경험을 다 잃어버렸다.

우리 사회에 노래와 춤이 기형적으로 많다는 것은 누구나 아는 사실이다. 그것은 말의 무거움이 우리 삶을 지배하고 있어서라기보다는 말이 말답지 않기 때문이 아니겠는가! 거짓된 말의 무게가 클수록 노래는 더 가볍게 흘러간다. 그런 탓일까? 우리 사회 어디를 가도 노래와 춤이 빠지지 않는다. 시가문부가 아니라 음주가무가 난무한다. 젊은이들, 나이 든 이들이 매한가지이다. 텔레비전을 보아도 젊은 가수들뿐이다. 노래와 춤을 더한 댄스 뮤직들. 이번 설 연휴 기간 동안 은사와 친구가 모이는 행사 때도 노래와 춤은 빠지지 않았다. 지방 도시를 가다 보면 가든이 지천인데, 그곳에는 방마다 예외 없이 노래방 기계들이 있다. 그런 탓으로 누구든지 마이크를 잡고 노래할 수 있다. 문화교실 같은 곳에서도 주부들을 위하여 노래교실을 마련하고 친절하게 노래하는 기술들을 가르치고 있다. 이 땅에 일하러 온 외국 노동자들도 노래방에 가서 마이크를 잡고 우리 노래를 서투른 발음으로 따라 부른다. 한 텔레비전 방송사의 〈전국노래자랑〉은 전국을 돌며 노래하는 이들을 보여주는 장수 프로그램이다. 그곳에 등장하는 이들은 다들 조잡한 짓들을 상투적으로 연기한다. 많은 출연자들은 예의가 없을 뿐만 아니라 천박한 행동들을 거리낌 없이 저지른다. 나이 많은 사회자가 출연하는 이들로부터 당하는 어처구니없는 모습들을 끝까지 볼 수 없을 때가 많다. 그곳에 노래와 춤은 없다.

2.

노래가 울려 퍼지는 현상은 연극동네에서도 똑같다. 그 노래는 기적 소리가 아니다. "어떤 나그네가 가까운 역을 향해 서둘러 가는 황량한 들판을 연상케 해주"는 기적이 아니다. 우리나라 연극동네는 "새로운 고장과 낯선 행위, 밤의 침묵 속에 늘 그를 따라다니는 낯선 램프 아래 최근에 나누었던 잡담과 고별인사, 그리고 귀향에서 느끼게 될 따뜻한 안락감에서 생기는 흥분 때문에, 그의 추억 속에서 아로새겨질"[3] 나그네의 오솔길이 있는 것도 아니다.

1990년대 이후 한국 연극의 큰 부분을 노래하는 연극들이 차지하고 있다. 〈이수일과 심순애〉〈홍도야 우지마라〉〈울고 넘는 박달재〉〈번지 없는 주막〉〈사랑에 속고 돈에 울고〉〈불효자는 웁니다〉〈눈물젖은 두만강〉〈비 내리는 고모령〉 등에 이어서 〈무너진 사랑탑아!〉와 〈여로〉까지 이에 덧붙여진다. 기억의 사다리처럼 보이는 이러한 연극들을 악극이라고 하기도 하고, 한국적 뮤지컬이라고도 부른다. 이러한 노래하는 연극들은 겉으로는 "세월과 세상의 질서인 시간이라는 실타래를 감고 있"[4]는 것처럼 보이지만, 실제로 노래하는 연극의 시간은 멈추어 있다. 문제는 과거 연극의 부활이 아니라 정지된 시간, 그러니까 단순한 과거의 기억이다. "그대는 아는가? 이토록 애절한 사랑"을 운운하는 악극은 자꾸만 과거의 앨범을 펼쳐 보이고, 과거의 기억이 아름답다고 말하면서 오늘을 잊게 한다. 이를 달리 말하면 삶의 보수화, 한국 연극의 보수화라고 할 수 있다.

---

3 마르셀 프루스트, 『잃어버린 시간을 찾아서』 (1), 김인환 역, 학원사, 1989, 14쪽.
4 위의 책, 15쪽.

일본 제국주의 통치 아래 놓인 시절을 배경으로 삼는 악극의 부활을 사뭇 서양 뮤지컬의 유행에 대한 한국적 연극의 대안으로 여기는 이들도 있다. 아울러 배타적 민족주의와 맞물려 우리 고유한 형태의 악극이라고 말하면서 발전시켜야 한다고 주장하는 이들도 있다. 그것은 갑작스런 출현이 아니라 보수적인 한국 사회에서 연극이 취할 수 있는 자연스런 현상이라고 할 수 있다. 그렇다면 악극이란 한국 연극이 기억하고 있는 유일한 언어인지 모른다. 이른바 태생의 언어. 그것을 지우는 일은 반역일 따름이다. 그래서 악극은 눈물과 더불어 과거를 자꾸만 떠올린다. 과거를 기억하는 자신만의 수단을 잃어버린 듯하다. 노래하지 않고, 눈물 흘리지 않고 과거를 기억하는 것이 불가능해진 것 같다.

악극이 지닌 주제와 정서는 관객들에게 부담을 주지 않고, 관객들을 지배하지 않는다. 오히려 관객들이 넉넉하게 지배할 수 있는 편한 오락으로 즐거운 관극을 가능하게 한다. 이미 습관이 되어버렸기 때문이다. 악극을 재현하는 극단들은 지금까지의 연극을 젊은 관객을 위한 것이라고 치부하고, 악극으로 중년층 이상의 (극장에 온 적이 별로 없는) 관객들을 끌어모으고자 한다. 관객들에게는 과거에 대한 향수를 자극하고, 천박하다는 악극에 대한 인식을 멀리하면서. 악극은 관객의 감각을 송두리째 마취시키고 만다. 관객도 실어증에 걸려 있기 때문이다.(그것은 우리 사회도 마찬가지일 것이다. 알고 있는 몇 단어의 반복일 수밖에 없는 것이 실어증의 증상인 것처럼. 그래서 사람이 만나기만 하면 불렀던 노래를 하고 또 하는 것처럼.) 그저 가만히 앉아 볼 수 있게 하는 천박한 연극. 여기에 관객들이 지닌 정서도 강요될 수밖에 없다. 그것은 실제로 국적 없는 감각일 뿐이다. 악극은 그럴수록 자신의 정체성을 강조한다. 이것이 대체로 한국인의 정서를 자극하는 것이라고, 한국적 정서의 체험이라고 말한다. 급기야, 악극을 비판하는 비평에 대하여, 무대가 아니라 객석을 보고 말하라고 한다. 객석에는 눈물 흘리면서 과거에 빠져드는 관객들이 앉아 있기 때문이다. 그러나 현재인 무대가 별로 중요한 것이 아니라면, 관객을 과거에 머물게 하는 연극은 더 이상 할 바가 없는 것이 아닌가. 이것이야말로 노래하는 한국 연극의 탈주체화가 아닌가. 악극의 부활에 앞장선 극단은 객석이 주는 환청, 환상으로부터 벗어나야 한다.

신파극이 일본의 신파 연극을 모방하고, 일본의 소재를 각색하고, 일본식 연기를 한국화한 것인 반면, 악극은 유행가와 연극의 결합이라고 볼 수 있다. 그것들은 이 땅에 연극의 유산이 없다는 것을 전제로 하고 바깥에서 수입한 것을 토착화한 연극 양식이라고 할 수 있다. 나는 오늘날 텔레비전 드라마나 토크쇼에 출연하는 많은 대중예술인들이 보여주는 개인기라는 것은 신파극과 하등 다를 바 없다고 여기고 있다. 그것은 말하는 것이 아니라 기억의 찌꺼기들을 가지고 말장난하는 것이다. 삼행시, 사행시가 유행했던 것도 같은 맥락이다. 역사적으로 보면, 악극과 신파극은 창극, 가무극, 연쇄극 등과 함께 지식인들이 아닌 대중들로부터 인정받고 유지될 수 있었다. 그러나 그 후 새로운 연극(신극)운동을 주도한 이들의 진보주의적 바람에 황급하게 몸을 감추었고, 부끄러운 연극으로 치부되기도 했다. 그런 이유로 악극을 주로 하는 극단들은 "버려진 유물과 같은 악극을 부끄럼 없이 재현"한다고 말한다. "소박한 순정이 담긴 그 옛날의 악극"이라고 말한다. 악극 공연은 소리 없는 소문과 같다. 기억의 파장은 이처럼 크다. 오늘날 재현된 악극은 크고 화려한 극장에서, 상업적인 배우에 의하여 친숙해진 연극일 뿐이다. 음풍농월인가, 감상적 회고인가, 아니면 악극을 지난 시대의 골동품으로 여겨 이를 되새겨볼 때가 되었단 말인가? 쓰임의 용도가 사라진 이후부터 가치를 지니게 되는 골동품이 아닐 것이다. 어떤 젊은 배우는 스스로를 악극 배우가 다 되었다고 말한다. 이 말은 배우가 자신의 정체성을 후회하고 있다는 것을 암시한다. 그렇다면 문제는 악극 자체가 아니라 맹목적인 부활이 가져다 주는 전염이다. 다시 옷소매를 부여잡고 눈물을 흘리는 소리를 낼 수 있게 된 배경, 그 소리를 들으면서 같이 울고, 서로의 몸에 의지하는 이들, 그리고 그 소리가 울려 퍼지는 방향을 확인하는 일이다.

악극은 1930년대에 유행했었고, 한동안 사라졌던 장르였다가 다시 재현되고 있다. 연극은 자본주의 시대에 가장 가난할 수밖에 없는 예술이다. 주목할 것은 연극의 위상이 축소되는 이때, 악극은 상업적으로 부활한다는 점이다. 연극이 자본주의 시대에 반자본주의적으로 생산되고 소비된다면, 악극은 뮤지컬처럼 자본주의적으로 생산 소비된다. 떠도는 유랑극단이 아니라 가장 화려했던 과거의 동양극장이나, 오늘의 예술의전당, 오페라극장에서 TV를 통하여 대중적으로 인기를 얻은 배우들에 의해 공연된다. 옛날 방식으로 노래하고, 그때로 돌아가 사람을 만나고, 감상을 토로하고, 개인의 감정을 피력한다. 새로운 날들을 벼려주는 것이 아니라, 새로운 감각과 창조가 아니라, 과거를 있는 그대로 회고할 뿐이다. 모박이 한 관객들은 즐겁게, 도통한 것처럼 오늘이란 시대를 망실한다. 고통스러운 오늘을 망실하면 즐거움은 배가된다. 슬픈 노래에 기쁨이 소리가 되어 울린다. "오빠-아가 이-이 있-다"라고 노래하면서, 그 노래의 뒤를 질질 이어가면서. 노래는 비판과 반성 대신 한바탕 눈물과 한숨을 자아내되 관객의 삶에 평지풍파를 일으키지 않으면서 퍼질 대로 퍼져나간다. 노래는 안락의자에 등을 기대고 앉아 있는 관객들을 깨어 있게 만드는 것이 노래하면서 잠들게 한다. 잠든 시간만큼 아주 오랜 시간의 공연의 끝에서 관객들은 정신의 긴장을 풀었을까? 과거의 허무 속을 다른 사람들과 함께, 같은 자리에서 노래하면서 빠져나올 수 있었던 것일까? 정말 잊어서는 안 될 것을 되새겨본 것일까? 나는 그렇게 노래하지 않을 것이다. 그 대신 "과거를 충실히 기억하고 있는 내 보호자인 나의 육체"를 다시 볼 것이다.

가능한 연극에 대하여

1. 주름과 매듭

'2001년 제1회 서울공연예술제'가 끝난 후, 들리는 소문은 무성하다. 처음에는 연극과 무용이 공연예술이라는 이름으로 한 곳에 모였다. 그러나 연극과 무용은 서로 마주 보지 않았다. 결국 따로따로 놀았다. 연극 최초의 언어이자 최후의 언어라고 할 수 있고, 연극의 정신이라고도 할 수 있는 연극비평은 어떠했는가? 아무 말도 하지 않았다. 일하는 이들도 그랬다. 싸움으로 사람들이 갈라졌고, 그들의 몸과 기억에는 상처만 남았다. 자신의 의견을 적절한 상징과 결합시켜 말하는 능력은 전적으로 성격의 솔직함, 진실에 대한 호기심, 남에게 전달하고자 하는 욕망에 달려 있다. 욕지기가 난무했던 이유는 솔직함, 호기심, 타자를 위한 욕망을 상실했기 때문이다.

한국 연극이 경험한 지난 시간들은 무엇을 남겼을까? 소설『롤리타』『창백한 불꽃』을 쓴 블라디미르 나보코프는 그의 자서전『말하라, 추억이여 (Speak, memory)』(1966)에서 "지나치게 비대해진 그리움"을 말하고자 했는데,

우리가 경험한 지난 것들은 무엇인가? 우리에게도 그럴 만한 것이 있을까? 공연은 첨예한 뜻과 미정형의 짓이 만나 시간의 노예가 되는 것이 아닌가. 애가 타고, 애가 끊어지는 아픔들이 어간—시간이나 공간의 사이—에 자리 잡고, 그것들이 어간대청으로 나서는 지금의 것이 아닌가. 사람이 타락하면 언어도 타락하고, 모든 진리는 다른 진리와 조화를 이룬다는 말은 옳다. 타락한 언어와 반목 그리고 이해관계의 상충, 그 사이에서 한국 연극은 어려움을 겪을 수밖에 없다.

1990년대와 비교해서 2002년이 지닌 시간의 무게감은 다르다. 많은 이들은 1990년대에 반하여 2000년대는 너무 빠른 시간의 흐름을 지닐 것이라고 예견했다. 손전화의 보급률은 우리나라가 세계 첫 번째라고 한다. 그것도 돈을 벌지 않고 쓰기만 하는 세대가 제일 많이 사용한다. 기계의 편리함이 몸의 소외를 불러일으키는 것처럼, 빠른 속도는 섬뜩한 역설을 낳는다. 1990년대는 2000년대의 역설이고, 그 반대도 역설이라고 말할 수 있을 것이다. 더욱이 지난 1999년 11월 30일, 국회에서 통합방송법이 통과되었다. 그 결과 수신할 수 있는 시청자의 채널 선택권이 늘어난 것이라고 말하지만 수많은 채널은 우리들의 삶의 양식을 변화시킬 수도 있다. 채널이 많다는 것은 오늘의 역설이고 끔찍하고 섬뜩하기만 하다. 그렇다면 한국 연극이 빠른 속도로 변해야 하는 것일까? 볼거리가 많아진 시대가 지닌 역설을 어떻게 받아들여야 할까?

세워야 할 이론과 실천이 있다면, 사라져야 할 이론과 실천도 있다. 우리들에게 고전이란 무엇일까? 고전이란 사라지지 않고 생명으로 존재하는 것을 뜻한다. 한국 연극의 이론과 실천은 방죽에 고인 물처럼 잔잔하다. 새로운 생명은 날로 늘어나지만 결국 방죽에 합쳐지게 된다. 다시 묻자. 한국 연극이 지니는 가치는 무엇인가? 이 질문에 답하기 위해서는 우리가 원하든

원하지 않든 우리 사회의 변화에 개입되어 있다는 것을 전제로 해야 할 것이다. 정치적으로 개방사회의 요구, 경제적으로 풍요와 바른 분배의 실현이라는 요구는 점점 커지고 있다. 이제 이런 문제의 조류는 잠복되어 있지 않고 표층으로 떠올라 있다. 이런 변화는 예술의 발전과 아울러 연극과 같은 공연예술의 비중을 한층 더 인식하게 할 것이다. 교과목으로서 연극의 교육제도화 시도는 같은 맥락에서 촉발된 것으로 볼 수 있다. 연극은 우리 모두가 기대하는 자유로운 상태의 동경과 부자유스런 현실의 극복 기제로서 그 기능이 확대될 것이다. 이는 연극을 포함한 공연예술이 다양한 삶의 통합적 기능을 지니고 있고 물질 생산과 성장에 따른 균형과 질서를 회복하는 데 커다란 기능을 맡아 할 수 있기 때문이다. 따라서 우리 사회의 발전과 연극의 발전은 동전의 앞뒤처럼 짝지어져 있을 수밖에 없다.

앞으로 다가올 시간이 과거의 모든 시간이 지닌 문제를 해결할 수 있는 것은 아닐 것이다. 누구도 그것을 믿을 리 없다. 그러나 어둠은 얼마나 깊고, 여명은 얼마나 엷은가! 어둠이 투명함으로 바뀌는 짧은 순간, 설렘이 물밀 듯 일어선다. 나날이 새롭다라는 말처럼 다가올 미래를 들떠서 받아들이지 않는 것처럼 큰 비극은 없을 것이다. 시간의 흐름은 설렘과 들뜸을 준다. 그러나 전반적으로 이 땅에서 연극을 공부하고 실천하는 우리들에게 그런 뜨거운 질문은 보이지 않고 있다. 공부를 하는 이들이 모인 단체들은 시간의 구획처럼 한국 연극의 이론과 실천을 가늠하고, 연극과 연극인의 존재 방식에 대한 질문을 더 해야 할 것이다.

연극동네는 다른 예술동네처럼 자율성으로 유지되는 곳이다. 예술사회학에서는 예술작품을 상징재(象徵財)라고도 하는데, 이는 작품과 작가는 연극이라는 상징의 틀을 가지고 서로 자신의 견고한 집을 세우기 때문이다. 이때 중요한 것은 기반이고, 기초이고, 터잡기이다. 사람이 중요하고, 삶의 양식이 큰 비중을 차지한다는 것은 옳다. 한국 연극이 우리들 삶의 바탕을 질문하는 터가 되어야 할 것이다. 현장을 몰라라고 비판하는 이들에게 이론으로 현장의 모습을 풀 수 있도록 하고, 근거가 없다고 말하는 이들에게 연극의 뿌리와 연극의 고향을 지닐 수 있도록 할 수 있어야 할 것이다. 그동안 한국 연극은 좋은 환경을 지닌 것도 아니었다. 화려한 결과를 남긴 것도 아니었다.

이러한 문제를 제기하고 사유하는 연극비평으로 돌아가면, 비평의 방법(method)이란 누구나 따라(meta) 갈 수 있는 길(hodos), 즉 모방하고 채택할 수 있는 것이기는 하다. 그런 면에서 비평 그 자체는 누구에게나 열려 있는 일정한 방법이다. 그러나 독특한 화법, 즉 비평가의 개성에 따라 일정한 방법에 머물지 않는 특수하고도, 독특한 어떤 것을 필요로 한다는 면에서 한국 연극비평은 늘 같은 자리에 머물고 있다고 보아도 틀리지 않다. 비평의 독특한 화법은 비평가에 따라 달라질 수 있다고 보는데, 개성이라고 말할 수도 있고, 비평가가 지닌 창조적 일관성이기도 할 것이다. 문제는 비평의 주변에서, 그러니까 같은 비평가들이나 연극비평의 바깥에서 그것을 인정하는 것이다. 인정하면 작품의 세계처럼, 작품으로서 비평(비평가의 세계를 포함해서)에도 일관성이 있다는 것을 받아들이게 될 것이다. 그러나 그런 모습은 찾기 힘들다.

우리 연극은 지금 남이 하는 것을 따라가는 비평만 있을 뿐, 독특한 화법의 비평을 찾기 힘들고, 인정하지 않고 있다. 후자의 경우를 마치 별난 사람쯤으로 취급하는 경향이 너무나 짙다. 독특한 화법의 비평의 특징은 일관성이다. 이것은 제 맘대로, 제멋대로 하는 것을 뜻하지 않는다. 경직된 사회에서 이런 비평가들의 존재, 개성 있는 존재를 찾는 일은 힘들다. 아니 존재하기 힘들다. 작가의 존재처럼, 비평가의 존재는 그가 지닌 개성이란 것에 의해서, 스타일에 의해서 정의되어야 할 것이다. 오늘날 한국 연극비평의 위기는 비평가의 부재가 아니라 비평 스타일의 부재일 것이다. 거칠게 말하면 비평과 비평가는 있지만, 비평의 스타일은 획일적이다. 글을 읽는 연극의 관객—독자들이 기대하는 것은 비평의 스타일이다. 새롭게 공연의 무언가를 보게 하는 가시성, 그런 운동성을 비평이란 글에서 기대하는 것이다. 스타일이란 비평의 물질성보다는 비평의 무늬에 속한다. 무늬란 물질과 물질의 균열과 같은 것이라고 말할 수 있다. 나무의 무늬란 나무가 지닌 내재적 속성이 바깥으로 드러나는 것이 아닌가. 여기서 바깥이란 삶으로 치면, 개인의 주변을 넘어서는 사회적이고 역사적인 장이 될 것이다. 연극비평의 무늬란 연극을 매개로 한 비평가의 개인적이면서 사회적, 역사적 역학관계에서 일어나는 것이다. 그러므로 그것은 개인적인 한계를 넘어서는 어떤 것을 뜻한다.

2. 고뇌와 갈등

프랑스 시인인 보들레르는 예술을 인공낙원이라고 했다. 이를 빌려 연극을 말한다면, 연극예술이란 해에서 내쏘이는 뜨거운 기운으로 덮인 양지마을과 같은 곳으로, 가슴에 붙은 뼈와 살을 통틀어 일컫는 양지머리, 선천적으로 사물을 알고 행할 수 있는 능력인 양지양능(良知良能)과 같은 것으로 비유하고 싶다. 공연이 끝나면 남는 것은 무엇인가? 봄이 되어 땅이 녹아서 풀리기 시작할 해토머리쯤에 어떤 연극들이 등장하겠는가? 인간들의 숲을 가로질러 가는 고독한 연극들은 가능한가?

그동안 서울공연예술제와 같은 큰 행사 주변에 젊은 연극제, 변방 연극제, 비포장 연극제, 이인극 페스티벌, 아프리카 연극 페스티벌, 여성연극제…… 새로운 연극제들이 있었다. 중심의, 기존의 연극 제도와는 다른 연극들이 우리들 주변에 있다. 연극의 형식, 장소, 연극 창작의 의도, 관객의 수용 등에 관한 변화들이 크지는 않지만 일어나고 있다. 이런 현상의 결과를 말하는 것이 이르다고 할지라도 증후는 가시적이다. 보일 듯 보이지 않을 듯, 모락모락 피어오르는 연기와 같은 증후는 아주 천천히 중심을 향하여 다가오고 있다. 요즘 많이 사용하는 용어로 말하면, 연극의 변모는 멀리서 오고 있다. 오고 있는 면에서 이런 연극들은 벤처이고, 모험(adventure)이다.

연극은 더 이상 극장에서 희곡과 관객을 만나는 것으로 끝나지 않는다. 연극예술의 효용은 커져야 하고, 이를 위해서 연극은 주변 예술, 인접 학문과 새롭게 만나야 한다. 연극 공부와 실천의 미래는 벤처로서의 연극에 다름 아닐 것이다. 앞서 언급한 다양한 장르의 연극들이 생성되는 것은 벤처정신의 소산이라고 말할 수 있다. 새로운 길에서 자신을 잃고 다시 발견하는 것처럼, 새로운 연극제는 연극의 자기증식 능력과 새로운 창조를 가능하게 한다. 새로운 길이란 연극 이념을 실천하는 곳인데, 그곳은 연극이 낯선 존재들과 만나고 자신을 낯선 존재로 만드는, 그래서 자기 자신을 달리보게 되고 발견하게 미지의 터이다.

문화적으로 말해서 근대 이후 우리 사회, 우리의 교육을 지배해온 가장 큰 원동력은 서구의 합리주의였다. 이는 전통적 가치관에 대한 새로운 가치관의 우위를 뜻한다. 예컨대 학교와 기존의 예술 교육은 그 합리주의 정신의 물적 증거라고 할 수 있다. 학교는 문화적 결정 작용이 자연스러운 것으로 인식되고 강요되는 곳이 되었다. 그러한 부정적인 결과는 우리들이 학교의 노예가 되었다라는 점이다. 연극, 무용, 미술, 음악 교육에서 서양의 예술은 새로운 가치관의 가장 중요한 축이 되어온 것도 사실이다. 그렇다면 가장 기본적인 의문은 이런 것이라 할 수 있다. 오늘날 예술 교육은 이런 서구적 예술의 연장선에 있는 것인가? 아니면 합리주의의 서양 예술을 폭넓게 뛰어넘으려는 것인가? 하는 것이다. 이런 질문은 오랫동안 일본의 식민지 교육을 통하여 전수받은 동경과 열등감과 더불어 어떻게 우리 교육에서 도려내는가 하는 의지로 바뀐다. 예술 교육적 차원에서는 합리주의 명목으로 예술은 귀족적 반열에서도 서열을 지정받게 되었다. 음악과 미술에 비하여 연극과 같은 예술은 인위적으로 무시된 것이 사실이기 때문이다.

앞에서 어간이라고 한 시간과 공간은 빠른 속도로 우리들의 삶과 예술을 결정짓는 모든 조건들을 변모시킬 수도 있을 것이다. 빠르면 거리가 물리적으로 좁혀진다. 이곳에서 저곳을 가는 시간을 절약할 수 있었지만 이곳에서 저곳으로 이어지는 풍경을 볼 수가 없었다. 갔을 뿐 본 것이 없다. 이것도 역설이다. 공연을 창조하는 실천과 상상력 그리고 공연의 안팎을 결정하는 기획력들은 새로운 포맷을 가져야 할 것이라고 많은 이들이 말하고 있다. 공연의 생명인 시간과 공간에 대한 지난 시대의 경험들은 이제 어리둥절하지 않을 수 없게 되었다. 애가 타고, 애가 끊어지는 바가 아니라 아예 숨과 목숨이 결과에 따라 끝나는 승부가 더욱 가혹해질 수밖에 없을 것이다. 이것은 곧 다가올 삶에 대한 역설이다. 과학은 역설을 다른 어떤 것으로 대체한다. 그 가운데 하나가 미래를 향한 통합이다.

그러나 공연과 삶의 속도는 늘 어긋나게 마련이다. 두동진 삶이라고 말하는 것처럼, 공연도 삶의 속도를 따라잡을 수 없다. 한편으로는 삶보다 더 빨리 갈 수 없는 공연은 애매한 공연, 두동진 공연이라고 말할 수도 있고, 다른 한편으로는 그래, 그거야, 공연은 처음부터 삶의 속도와 경쟁할 수 없는 것임을 깨달을 수도 있다. 그럼에도 불구하고 2000년대를 맞은 한국 연극은 삶의 속도에 발을 맞추려는 태도가 빚은 슬프고, 고단한 풍경과 같다. 한 마디로 공연은 삶의 속도와 함께 가려다 제 모습을 잃어버렸다. 보편적인 의미를 지니고 있으면서 존재 가능한 공연들이 사그라졌다고도 말할 수 있을 것이다. 80년대와 90년대를 젊은 날 내 몸의 한 부분으로 경험한 이로서 요즈음 아름다운 공연을 기억하지 못하고 있다. 그런 탓일까, 아름다운 글을 남겨놓지도 못하고 있다.

3. 향유와 탐색

다시 연극 공부로 돌아가자. 서구 연극을 보면, 정신에 빚진, 정신이 연극에 영향을 준 경우가 많았다. 철학의 그늘에서 나온 연극이 많았다는 뜻이다. 한국 연극에서 중요한 부분을 차지하는 리얼리즘 연극만 하더라도 그 철학적 배경은 가려져 있는 것이 사실이다. 가장 합리적이어야 할 것이 비합리적인 것으로 두루뭉수리처럼 섞여 있다. 연극 공부란 꿈으로 시작하되 미래의 가능성을 지금, 여기로 옮겨놓은 적극적 시도이다. 동시에 현실과 꿈 사이에 놓이는 다리와 같아 현실을 꿈에 인도하고, 꿈을 현실에 되비춘다. 연극 공부를 많이 했지만 연구과 실천에 사랑하는 마음이 없어 부질없이 이것저것 집적이고 해치는 이른바 해찰 부리는 이들은 더 늘어가기만 한다. 그것은 연극을 공부하는 것이 아니라 이해관계를 따지거나 권력 같은 것을 행사하는 것과 조금도 다르지 않다.

한국 연극은, 연극 교육은 과거가 지속적으로 삶의 바탕에 놓여 있지 않는 것처럼 들쭉날쭉이다. 이런저런 이론과 실태들이 실타래처럼 복잡하게 얽혀 있다. 아직도 근거가 애매한 이론들이 판을 치고 있고, 이론과 이론들이 서로 섞이지 못하고 있다. 대학에서의 연극 교육도 너무 가볍게 횡행하고 있다. 이를 밝혀주는 구체적인 정황들은 많다. 우리 사회의 특징적 요소들인 생산과 소비의 발달과 조직 속에서 우리들은 모두 수동적으로 되어가고 있다. 능률적인 것이 학교에서는 입시경쟁률로 표면화되고 그로 인해서 개인 의지가 무력감에 빠져들고 자기합리화에 급급한 순응적 인간들이 양산되고 있다. 고등학교가 대학 입시율에 깊이 빠져 있고, 대학의 연극 교육이 텔레비전과 대중예술 쪽으로 기우는 것은 근원적인 예술 교육의 목표로부터의 도피이고, 다른 말로 하면 자유로부터의 도피일 것이다. 그것은 모든 교육적 가능성에 대한 합리화라고밖에 볼 수 없다.

연극 공부는 기존의 것을 그대로 답습할 수도 있고, 그렇지 않을 수도 있다. 그것은 크게 중요하지 않을 듯하다. 중요한 것은 연극과 연극하는 이들에 대해서 근본적인 물음을 늘 잊지 않아야 한다는 점이다. 그것은 많은 시간을 요구하고, 보이지 않는 공간을 갖추어야 하는 문제이다. 연극 공부는 예술로서 연극과 그것을 실천하는 사람에 대한 교육이다. 그것은 합리적이면서 느리게 갈 수밖에 없다. 문제는 걸음의 속도가 빨라 멀리 가는 것이 아니라 옳은 길을 찾아 걷고 있는가에 달려 있다. 해야 할 일이 아니라 길 찾는 일을 먼저, 아주 오랫동안 말하는 것은 많은 시간과 노력이 있어야 가능하다. 연극 공부는 지금까지 우리가 알고 실천했던 모든 것들의 역설이며, 이를 위해서는 더욱 느리게 가야 할 것이다. 그것은 기존의 비합리적인 한국 연극을 합리적으로 재구성하려는 역설적 태도일 것이다. 그런 면에서 연극 공부는 새로운 교육이 아니라 한국 연극에 대한 전반적인 반성이고 역설이라고 할 수 있다. 쉽게 말하면 운전자 재교육은 운전을 이렇게, 새롭게 하는 것을 말하는 것이 아니라, 지금까지 운전하는 태도에 대한 반성을 이끄는 것이어야 하는 것과 다를 바가 없다. 연극이 아니라 연극하는 입장과 태도를 다시 말할 수 있는 연극 공부가 절실하다.

모든 예술 교육은 박제된 지식에 대한 극복일 수 있다. 그런 맥락에서 예술 교육은 직관과 통찰을 중요한 덕목으로 삼고 있다. 이는 문화적인 것을 자연적인 것으로 뒤집어보는 교육이다. 퇴폐란 뒤집기이다. 이름하여 퇴폐적 행위. 제도교육이 퇴폐를 지원하지 않는 것은 학교가 뒤집히지 않기를 바라는 제도의 선봉에 있기 때문이다. 뒤집음은 자연스러운 것이 문화적인 것이라는 것을 알게 하는 전복적인 힘이다. 비유하자면 문제를 일으키지 않는 학생들만을 원하는 것이야말로 학교가 학생들의 문화적인 훈련을 담당하는 곳으로 여기게 만든다. 학교가 그런 역할을 맡아 하겠다는 것은 학교가 지닌 본래의 역할을 저버린다는 것과 같다. 학교에서 학생들이 아니라 문화가 교양화되고 있는 것이다. 예컨대 학교가 학생 지도란 이름으로 학생들의 자유를 억압하고, 해서는 안 되는 금기 체계를 양산할수록 학교는 학생들에게 억압의 장소로밖에 보이지 않을 것이다. 결국은 학교의 공기는 탁하게 되고 학생들의 학교 생활은 즐겁지 않고 폐쇄적이고, 학교의 노예가 되고 말 것이다. 그런 것이 오래 지속되면 학생들은 편견을 지니게 된다. 음악, 미술 무용, 연극, 영화 등에 차등의 서열이 생기는 것도 그런 탓일 수 있다. 학생들은 불행하게도 백인에 의한 서부 개척사가 뒤집어보면 인디언의 멸망사라는 것을 사유할 줄 모르게 된다.

다시 연극 공부를 말하는 것은 미래의 연극작가들에게 어떠한 삶이 인간적인 삶인가 판단 내릴 수 있는 개인의 비판적인 의식, 인간적인 삶을 실현하는 열정과 같은 주체적인 관심을 일깨우는 데 있다. 모든 것이 지식의 소유와 능률로 인하여 사회적 계급이 형성될 때, 문화는 소외와 억압을 낳는다. 한국 연극의 많은 이들은 스스로 다른 장르에 비해서 소외와 억압을 받고 있다고 여기고 있다. 삶의 양식이 소유 양식으로 변한 지금 이들은 저절로 혹은 학교에서 배운 것을 단단히 기억하고, 고수하면서 새로운 것을 창조하지 않는다.

수동적으로 지식을 소유하기만 하는 사람들은 결코 변화하지 않는다. 극단적으로 주관적인 문제에 대해서 배운 것에 대한 조건반사적인 응답으로 넘겨버린다. 우리에게 절실한 연극 공부는 이런 파행적 현상들을 되돌아보는 자연적 힘이며, 극복의 힘이 되어야 할 것이다. 침묵의 문화를, 재갈 물린 자의 강요된 침묵을 놀이문화로, 즉 표현과 창조 그리고 행동의 문화로 바꾸는 일이다. 연극 공부는 객체로서의 소비된 삶에서 주체로서 비판적 의식을 갖게 만드는 과정이고, 이것은 끊임없이 묻고 생각하고 깨닫고 변화하는 것을 연습하는 것을 깨닫는 것이다. 브레히트는 자신의 연극을 혁명의 예행연습이라고 하지 않았던가. 혁명의 대상은 침묵의 문화, 자연적인 것에 반하여 문화적인 것, 주체로서의 비판적인 교육에 반하는 객체로서의 비합리적인 현상을 말한다.

끝으로 연극하는 우리들 자신을 비추어보고 싶다. 이성이 타락하기 전까지는 합리화가 현실을 통찰하는 하나의 수단이었지만 오늘날의 합리화는 개인이 자기 자신의 속물적인 욕망이나 편협한 감정을 현실과 조화시키는 자기기만에 다르지 않다. 그것은 양심의 가책을 고통스럽게 느껴야 할 사람이 편하게 잠들기 위한 편법과도 같다. 연극사에서 얼마나 많은 사람들이 그 이성의 속박에서 벗어나기 위하여 안간힘을 다하였던가. 그것이 안 돼 정신을 나가게 내버려 둘 수밖에 없었던 이들이 너무도 많았다는 사실은 거짓이 아니다. 반면에 한국 연극동네의 풍경은 너무나 가볍고, 헛되다.

서양 예술사만 보더라도 다다이스트로부터 이어지는 그 수많은 정신적 분열의 양상들을 말할 수 있을 것이다. 이제 이성이라는 속박, 그 괴물 같은 권력 앞에서 우리는 노예와 같은 자신들을 되돌아보아야 한다. 더 이상 정신을 나가게 할 수도 없을 지경의 육체를 소유하기 전에. 연극예술의 몫은 그 정신나간 육체를 이끌고 그래도 버티는 연습이 아닐까. 프루스트가 말한 것처럼, "정신이 그 정신 자체를 넘어선 것이라고 느낄 때마다 생기는 심각한 불안감"(『잃어버린 시간을 찾아서』)과 직면하여, 자기 자신을 되돌아보는 힘든 잔혹함의 과정 말이다. 이 시대 연극예술의 어려움은 여기에 있다. 멈출 것인가? 아니면 끝까지 자신의 몸으로 밀고 나갈 것인가? 그 허깨비 같은 몸에 고통을 새기기, 잔혹함을 그 몸에 새기기 위하여 연극예술은 존재해야 한다. 어렵게, 아주 어렵게, 그리고 끝까지……. 이 냉혹한 시대에.

공연 읽기와 글쓰기

1. 연극의 정의

연극에 대한 정의는 역사 이래 크게 변화하지 않았다. 사회 속, 사람들의 갈등과 염원을 허구를 빌려 극장이라는 장소에서 맺고 푸는 것으로 줄여 말할 수 있겠다. 작게 보면 연극은 극장에서 관객과 만나는 공연이고, 크게 보면 사회를 이루는 풍경이기도 하다. 그것이 가장 잘 보일 때가 더운 여름이다. 많은 연극제가 이때 열리는 이유이기도 하다.

경제적 분배가 민주주의의 척도인 것처럼, 극장과 공연의 형태로 그 나라의 민주주의를 가늠할 수도 있다. 다른 나라에서 열리는 국제적 규모의 연극제에 가서, 극장 앞을 서성거리며 공연을 보는 것은 그 나라의 이해이기도 하다. 그런 연극제들은 국가가 행정적으로 지배하는 경우와 예술가들이 기획하고 운영하는 자발적 축제로 나누어진다. 몇 해 전, 이집트 카이로에서 열리는 국제 실험극 축제에 심사위원 자격으로 간 적이 있었는데, 이 연극제에서 본 연극들은 일상적 언어로 하되 비일상적인 경험을 안겨주었다.

연극은 오아시스처럼 이들의 삶과 사회 속에 일상을 초월하는 예술적 실천으로 자리를 잡고 있었다.

올 여름, 페루의 리마, 에콰도르의 쿠엔카, 콜롬비아 보고타에서 본 언어들은 일상적인 언어로 생동감이 넘쳤다. 삶을 지배하거나 조정하는 우월적 언어와는 거리가 있었다. 꾸차라는 구어, 모국어가 된 스페인어 등이 통합된 라틴 아메리카 연극들은 서양 연극의 중심언어인 말과 달리, 가면과 인형 그리고 노래와 전통 의상 등을 중심에 놓았다. 처음에는 이런 원시적 연극을 하는 것이 놀라웠지만, 보면 볼수록 한국 연극이 잊고 있는 것을 깨닫게 되었다. 남미 연극들의 소재는 일상적 삶의 바닥에서부터 길어 올린 것들에게서 분출된 놀라운 것이었다. 극장에서뿐만 아니라 사람들이 모이는 길에서도 소박한 삶의 면목들을 보여주는 인형극, 가면극, 마임 등이 많았다. 남미의 연극들은 일상의 언어 속에서 삶이 사회 속으로 재통합되는 모습이었다. 연극과 삶이, 일상과 비일상의 경계가 한통속으로 묶여 있었다. 본디 삶과 연극 사이에는 거리가 없다.

남미 연극들은 오랜 식민통치의 잔재 속에서 고통스러운, 혹은 가난한 삶이 허구의 연극 속으로 틈입하고자 하는 열망으로 읽혔다. 연극은 남루한 삶을 껴안고, 가치 있는 삶으로 돌려놓는 예술적 시도였다. 허구의 연극이 실제의 삶을 포용하는 것이야말로 연극이 지닌 사회적 본분임을 여기서 보았다.

한국의 현대 연극은 너무 빨리 서양 연극을 답습한 나머지 우리가 지녔던 전통적 표현 요소들을 소홀하게 다루고 있다. 말로 하고 듣는 데 치중한 연극들이 몸으로 하고 보는 연극을 앞질러 가고 있다. 연극은 몸과 말과 글을 하나로 묶는 예술이다. 우리 연극언어의 회복은 몸과 말과 글의 분리가 아니라 하나로 여기는 데서 출발한다. 몸을 통하여 울려 나오는 말들의 소리와 그것들을 글처럼 새기며 읽는 태도가 필요하다. 교과서에서 연극을 종합예술이라고 정의하는 것은 이것들의 개별적인 분리와 심급을 매기는 것이 아니라 하나로 엮는 것을 뜻한다.

2. 불행한 시대와 연극의 분투

2.1 〈불행〉

오늘날 한국 연극에서 가장 주목을 받은 극단은 '무브먼트 당당'이었고, 그 중심에 연출가 김민정이 있다. 〈불행〉(2016)은 말들의 침묵으로 뜨거웠고, 순수했다. 살점 뜯긴 몸과 폐기된 사물들의 이미지들이 응축된 〈불행〉은 불안한 삶에 대한 울음이었고, 처절한 몸부림 같았다. 작년 9월 서울에서 열린 베세토(한국, 일본, 중국에서 매년 번갈아 열리는 연극제 이름) 국제 연극제의 한국 출품 작품으로 선정되어 공연되었다.

〈불행〉은 불행한 사람들의 삶의 지면과 같은 연극이다. 불행한 사람들의 모습이 따로따로 분리되어 펼쳐져 있지만, 이를 한데 모으면 불행한 시대의 풍경이 된다. 인물들은 짐승들의 가면을 쓰고 있다. 서로를 물어뜯는 인간과 괴물들 사이에 차이가 없다는 뜻이다. 극장에는 관객들을 위한 자리가 아예 없다. 관객들은 무대 위, 불행의 현장을 가로질러 불행의 세계로 편입되어야 한다는 뜻이다. 말들이 거세된 장면들은 파편화되어 있고, 그 어간에 배우들의 비명과 고함이 스며들고 이어진다. 움직임은 간단하거나 복잡한, 그러나 한없이 반복된다. 올 수밖에 없는 불행은 이어지고 있다는 뜻이다. 연출가는 우리들의 삶 속에서 불행은 들어오는 문만 있고 나가는 경계가 없다는 것을 강조한다. 불행에 대한 그의 사유는 소리처럼 사방으로 퍼질 뿐이다.

　김민정의 다른 공연들도 대부분 아픈 역사와 현실에 대한 기억의 재구성이며 환기이다. 그것은 불행이 지닌 슬픔과 공포에 대해 사유하기에 이른다. 물질적인 삶의 불행과 비물질적인 연극 〈불행〉의 사이에는 거리가 없다. 무대 위 모든 풍경들은 동영상으로 전송되어 관객들에게 거푸 보여진다. 고통의 액정화 같은. 어딘가에 숨겨져 있는 타자의 시선과 같은 카메라가 우리들 속내를 읽는 방식이다. 타자의 시선이 자기동일성의 근거가 되는 것이다. 모든 언어들이 처음 태어나는 것처럼, 삶이 다시 시작되어야 하는 것처럼.

　독특하면서 매혹적인 김민정의 연출 작품들은 시간의 건너뜀, 이야기 구조의 부재, 언어보다는 동물적인 표현 형식 등으로 전통적인 연극의 어법을 파괴하고 있다. 이러한 연출방식은 관객들을 저 스스로에게 집중하도록 하는 강렬한 요구일 터이다. 〈불행〉의 끄트머리에 구스타프 말러의 노래 〈나는 세상에서 잊혀지고……〉가 극장에 울려 퍼진다. 도도한 낭만성이 연극과 동거하면서 역사의 심판자 노릇을 하고 있다. 이 노래를 내게 알려준, 시인 김정환이 쓴 것처럼, "슬픔과 힘, 슬픔이 힘으로 되는 과정, 그 과정이 아름다움이었음을…… 음악이 흐르며, 그대와 나 사이를 슬픔의 힘으로, 육감적으로 만들고 있음"을 느낀다. 사람은 늙지만 연극은 음악처럼 결코 늙지 않는다는 것을 보여주는 연출가 김민정과 극단 '무브먼트 당당'의 공연에서 사각지대에 있는 연극의 분투를 본다. 부끄러울 뿐이다.

2.2 서바이벌 연극

2017년 7월, 서울의 대표적인 공공극장인 남산예술센터에서 '창조경제 공공극장 편'이란 제목으로, 네 개의 젊은 극단들이 짧은 공연을 했다. 공연이 끝난 후, 관객들이 줄을 서서 고른 한 극단이 1,800만 원을 홀로 받았다. 전체 구성과 연출을 맡은 전윤환은 "대한민국 최초 연극 서바이벌"이라고 말하면서, 연극이 "창조경제의 새로운 기적"이 되어야 한다고 말한다. 그런 형태의 연극이 연극하는 이들을 "바꿀 마지막 기회"라고 역설한다. 서바이벌 연극은 한 무대에서 극단끼리의 경쟁이고, 연극 창작의 새로운 대안이라고 말하고, '경쟁극'이라는 용어까지 만들어 창조경제와 연극을 이어놓고 있다. 이것이 현대 연극의 새로운 연극언어라고까지 웅변한다. 연출은 살아남을 때까지 경쟁하면서 연대와 공공성을 생각하자고 두동지게 말한다.

과연 승자독식의 연극지위를 누린 극단은 행복한가? 공공자금인 지원금이 경쟁의 상금으로 쓰이는 것이 옳은 일인가? 공연의 결과를 관객투표로 결정하고, 이를 서바이벌 경쟁의 완성, 공연의 최종적 의미라고 말해도 되는 것인가? 이 공연의 틀은 연극하는 젊은이들의 "창조활동이 경제생활에 도움이 되"어야 한다는 절박함의 소산이라고 할 수 있다.

이 서바이벌 연극은 오늘날 한국 연극의 구조가 옳은지를 절박하게 되묻고 있다. 독식의 연극이 결코 비루한 연극이 아니며, 자신들이 추구하는 행복한 삶의 출발이라고 말한다. 문제는 경쟁에 앞장 선 이들이 궁핍한 제작 환경을 내세우고, 연극작가로서 어려운 경제적 생존을 말하지만, 연극의 생존에 대해서는 크게 고민하고 있지 않다는 데 있다. 이들은 약 13분 동안 관객을 향해, 연극의 위기와 무관한 퍼포먼스를 보여준다. 연극의 실존과 생존 사이에서 방황하는 젊은이들에게 극장을 빌려주고, 한 극단에게 상금을 몰아주는 것은 공공극장의 폭력이고, 세금의 낭비일 수도 있다.

연극이 살아남아야 한다는 것은 아주 진부한 이야기일 따름이다. 연극은 언제나 위기의 산물이었다. 연극하기의 어려움은 지난 백 년 동안 한국 연극이 겪어야 했던 연극의 자발적 형식이다. 연극의 존재에서 생존과 잔존으로 이어지는 연대기는 연극하는 이들의 희생을 바탕으로 한 열정적 수행의 결과이다. 연극이 낭비가 아니며, 연극하는 삶이 부끄러움이 아닌 바는 연극과 연극하는 이들의 진정성 덕분이다. 참여한 젊은 극단들은 연극의 공공성, 지원정책 제도, 예술가의 생존권에 대한 고민은 하되, 상금을 얻기 위한 일회적인, 텅 빈 공연은 하지 않았어야 했다.

나는 자기 파괴적인 경쟁을 통한 승자독식의 연극, 게임과 같은 퍼포먼스를 새로운 연극의 대안 혹은 전략이라고도 여기지 않는다. 반대로 연극의 갱신, 연극하는 이들이 삶을 성찰하는 방식은 결코 타자와의 경쟁에 있지 않다고 굳게 믿는다. 연극의 종언을 고하는 신자유주의 시대에 연극의 정신과 윤리를 숙고해야 할 때이다.

2.3 연극이여 응답하라

〈스핀 사이클〉(박재완 작, 연출, 여우별 씨어터, 2017)은 무게가 실린 바퀴로 돌리지만, 앞으로 나아가지 않는 자전거이다. 이 제목으로 연출가 박재완은 작년부터 거푸 연극의 형식을 되묻고 있다. 통틀어 말하면, 무대 위 벽면에 인물들을 상형문자처럼 묶어 두거나, 벽면에 빼곡한 구멍들을 죄다 메우려는 불가능한 행위들을 그린다. 관객들은 이 작품의 균형보다는 어긋남에 혼돈을 겪게 된다. 불안한 삶, 연극을 환대하지 않는 세상, 어떻게 연극을 지속해야 할지 몰라 경악하는 연극작가의 이야기가 조옮김 없이 그대로 전달되기 때문이다.

이 연극을 쓰고 연출한 박재완의 고민은, 연극은 지금, 여기에서 무엇일까?이다. 박재완은 세속사회에서 연극의 운명을 송두리째, 아니 명백하게 보여주고 있다. 이 작품은 두 단락으로 나눌 수 있는데, 첫 번째 단락은 무대 앞부분, 그것도 아주 좁은 공간에서 하늘에서 아그네스라는 이름의 천사가 분필로 벽면에 그린 가느다란 줄을 잡고 내려온다. 어림잡아 저 높은 곳에서 낮은 이 땅으로 오는 연극의 태생을 떠올리게 하고, 귀중한 연극의 귀환을 명시하는 대목이다. 현실은 저 높은 곳의 시선을 한참 능욕한다. 천사뿐만 아니라, 천사가 만난 이 세상에 거주하는 이들은 모두 두려움을 지닌 존재들이다. 무대라는 세상에 안락한 곳은 없어 보인다. 그 사이사이, 멀쩡하게 보이는, 여자 고등학교 교복을 입은 이가 사이렌처럼 나와 노래를 하지만, 그 노래는 누구도 위로하지 않는다. 노래보다 노래하는 젊은 여학생이 생의 깊이를 경험한 이처럼 절망적이고 노련해 보인다. 뜬금없는 노래는 인물들과 아무런 관계가 없어 보이고, 표정 없이 노래하는 가수처럼 노래 역시 반복되는 실행일 뿐이다.

두 번째 단락에 이르면, 난수표 같은 인물들이 막힌 장막을 뚫고 무대 가운데로 들어가려는 절박함이 주조를 이룬다. 세상의 노예인 인물들은 고통스러운 비명을 외치고, 피를 흘린다. 꽉 막힌 장막, 어떤 열쇠로도 열릴 것 같지 않았던 장벽은 손바닥의 접촉만으로 열린다. 닫혀있던 너른 세속에서는 어둠이 통주저음을 이룬다. 우리가 사는 현실사회가 낯선 육지처럼 보인다. 빨래하는 기계들이 즐비한 그곳에서 육체들은 기계 안으로 들어가 제물로 바쳐지고, 익사하고, 다시 나와서는 고양이로 발아하고, 이 모든 이들은 제 얼굴을 잃어 서로 구분되지 않는다. 이렇게 기계 복제 시대와 연극의 운명이 되풀이되고 있다.

박재완의 연극을 보는 재미는 그가 비현실적 차원이라고 말하는 '오래된 연극'의 형식을 보여주는 데 있다. 하늘에서 내려오는 호기심 많은 천사 같은 인물의 등장이나, 알파고가 지배하는 지상에서 바다로 뛰어내리듯 기계 속으로 빠져드는 인물들이나, 말로 다 할 수 없어 노래를 하지만, 노래마저 무력함이 되고 마는 것이 그 증좌이다. 그에게 연극은 세속도시의 산물이다.

2.4 연극과 자전거

연극과 자전거를 한데 묶어 말하면, 그것들은 시대에 뒤떨어진 낡은 구닥다리이다. 200년 전 자전거는 말을 타고 다녔던 역사의 진보 형태로, 앞뒤 나무 바퀴를 잇고, 두 발로 구르는 것이었다. 오늘날 수동식 연극과 자전거는 그 태생과 별반 다르지 않다. 인간의 몸으로 하고, 마음을 위로하면서, 속도와 소유 중심의 세상에서 슬쩍 벗어나 있다.

연극은 영화와 견줄 것이 되지 못하고, 자전거는 자동차와 같은 이동 수단에 밀려났다. 연극동네는 영화나 텔레비전의 연기자들을 공급하는 공장 같아졌고, 자전거는 큰길의 가장자리에서 조심스럽게 페달을 밟아야 한다. 유용성과 같은 것에 길들지 않은 탓이다. 도시의 표상은 자동차와 그 속도이지만, 도시의 무늬는 자전거가 더해져 풍경을 이룰 때 더욱 아름답다는 것은 분명하다. 라틴아메리카 콜롬비아에서도 연극과 자전거는 도시의 풍경, 삶의 복지에 밀접하게 연관되어 있다. 서유럽에서는 중앙정부가 지방자치단체가 만든 자전거 도로에 따라 지원금을 배분하기도 한다. 베트남처럼 대부분 동남아시아에서는 자전거가 출근과 노동의 중심도구로 쓰인다.

박근형 작, 연출의 〈모든 군인은 불쌍하다〉(남산예술센터, 2016)는 극단에 출근하는 연극예술 노동자들이 불러 모은 과거의 이야기이다. 관객들 앞에서 우리들의 아픈 과거를 말하는 이 연극을 보면, 연극은 과거를 사유하는 유물이라는 생각을 갖게 한다. 과거를 현재로 불러들이는 연극은 사라지지 않는 예술로서 생존할 것이라는 믿음을 준다. 마치 자전거가 모양만 달리할 뿐, 두 바퀴로 세상에 흔적을 남기는 고물로 달리면서, "낮게 웅크린 모든 것들을 그윽하게 어루만지며/ 낮은 데로 낮은 데로"(유하의 시, 〈자전거의 노래 3〉에서) 나아가는 것처럼. 사회적 약자들을 위한 일반적이고, 보편적인 도구인 연극과 자전거가 멈추지 않아야 할 이유는 여기에 있다.

〈모든 군인은⋯〉은 "어둔 밤, 페달을 돌려⋯ 전등을 밝히고, 사랑의 편지를 읽"고, "고통을 페달 돌려 자기를 불 밝히는" 자전거의 숙명과 같은 연극의 아름다움을 보여주는 공연이다. 일제 강점기에서부터 오늘에 이르기까지 역사의 현장을 느리게 되밟아가면서, 생의 시간을 확장하는 연극이다. 연극과 자전거를 움직이는 것은 언제나 사람이다.

가장 오래된 교육인 연극, 필요한 것만 있는, 과잉이 없는 사물인 자전거는 우리 일상의 삶으로 귀환해야 한다. 모든 음악이 본질에서 귀향이듯. 연극과 자전거는 인문과 야성의 산물이다. 그것은 거칠고 통제할 수 없는 날것이 아니라 있는 그대로의 자연스러움, 본래의 성징을 고치지 않고 있는 그대로, 제 한계를 온전히 받아들이고 지켜나가는 것을 뜻한다. 쇠로 만든 말인 자전거가 언제나 나와 함께 가는 그림자, '마음의 발전소'라면, 연극은 "주인공이 걸레를 가지고 자신의 빛나는 벗은 몸을 문지르는 반면 깨끗한 수건으로는 무대 바닥을 닦는 것"이라고, 나의 스승은 말했다.

2.5 사라진 여성국극 바라보기

1950년대와 60년대에 여성국극이라는 것이 널리 있었지만, 가뭇없이 사라졌다. 판소리 창법으로 노래하는 이 연극은 여성이 남성 역할까지 도맡았다. 국극이라는 거대한 이름까지 더해진 느닷없는 옛날 연극이었다. 오늘날 젊은 세대들이 잘 알지 못할 사라진 연극으로는 여성국극 말고도 남사당이라는 남성들만의 예인집단의 남사당패 놀이도 있다.

2017년 10월 초, 남산예술센터에서는 〈변칙 판타지〉(정은영 작, 연출)라는 공연이 있었다. 사라진 연극을 다시 되새기려는 새로운 시도가 시간의 여행처럼 펼쳐졌다. 시각예술가인 작가의 창작 의도는 나이 든 여성국극의 배우들이 "무대 위에서 남성으로 존재하므로 일상에서도 남성으로서 계시는 분들도 적지 않"다는 사실에서부터 출발한다. 작가는 여성국극을 공부하고, 이를 통하여 남성 중심의 사회에서 굳어진 여성의 성적 역할에 의문을 제기한다.

프로그램 안에 들어 있는 글은 여성국극에 대한 새로운 해석들이다. 예컨대 여성국극을 "정통 공연으로부터 이탈된 연극"으로, "판소리와 창극 일반으로부터 타자"화 된 연극으로 정의한다. 나아가 한국 연극의 중심이었던 "리얼리즘에의 집착에서 벗어나려 했던 가능성"으로, "남성 중심 공연계의 타자로서 배척되"었지만, 이 "일탈성을 무기 삼아 정상이라고 판별되는 것들이 할 수 없는 것들을 해내려 한" 연극으로 크게 말하기도 한다.

사라진 여성국극이 과거에 어떤 모습을 지녔는지, 배우들의 연기는 어떠했는지를 궁금하게 여기며, 사라진 이 연극의 원천을 기대한 관객들은 〈변칙 판타지〉에 크게 실망했을 것이다. 이 공연은 기원, 출생과 아무런 관계가 없다. 작품의 시도는 여성국극이었지만, 그 전개는 여성국극을 통하여

"여성이라는 이름이 어떻게 부여되고, 여성이라는 사실이 지시하는 것, 그 것이 미치는 영향"에 쏠려 있었기 때문이었다. 작가는 이 작품의 귀결을 여 성국극에 관한 "원칙과 기술들을 통해 여성국극의 역사, 재연과 재현, 성별 과 정치성 사이를 숨 가쁘게 오가는 변칙적 수행들의 향연"이라고 했지만, 그것은 무대 위에 펼쳐진, 즐겁게 노래하고 춤추는 성 소수자의 잔치마당 과 구별된다.

작가의 의도처럼, 이 공연을 여성국극에 관한 은폐된 억압과 미완의 기록 에서 벗어나 "긍정의 서사를 열어주"는 것으로 여기는 것에는 동의할 수 있 다. 문제는 공연의 많은 부분을 차지하는 노래하는 게이 남성들의 출연이 다. 작가는 여성국극이 변칙이었다고 하면서 지금 여기에 이 연극을 통하 여 또 다른 변칙적 존재들을 내세우고 있다. 프로그램은 "게이 남성 합창단 의 동참은 너무나 의외여서 더없이 적절하다"고까지 쓰고 있다. 공연은 여 성으로 남성 역할을 했고, 일상생활에서도 남성으로 살기도 했던 탈바꿈을 여성국극 배우들의 변칙으로, 지금 여기, 성 소수자의 인권을 지키는 것은 여성국극의 판타지라고 말하고 있다. 공연은 여성국극에 관한 의도적 회상 이었고, 글처럼 실하지 않았다.

2.6 연극, 슬픔의 공감

그리스 시대 때부터, 도시국가에서 극장은 광장, 병원, 신전 등과 함께 중 요한 사회적 장치로 만들어졌고 그 역할을 담당했다. 공감하고 토론하는 장소가 극장이고, 이를 실천하는 것이 비극과 희극이었다. 비극은 분명하 게 보는 것과 아름답게 보는 것을 아울러 의미한다. 삶은 악과 불의와 밀접 하게 연결되어 있다는 것을 전제로, 삶의 참된 모습을 보기 위해서는 잘못된 바를 인식할 수 있어야 함을 내세운다.

3월은 우리를 일깨우고, 세상을 새롭게 만나게 하는 바람과 같다. 그 첫날이 뜻깊은 삼일절이다. 3·1 운동 이후 임시정부를 수립했고, 우리나라 이름도 대한민국으로 정할 수 있었다. 우리는 지금, 정부에 등록된 위안부 피해자 총 239명 중 18명만이 생존하고 있고, 생존자들이 점점 줄어들고 있는 바를 잘 알고 있다. 서울시는 일본군 위안부 피해자들이 겪었던 역사를 기억하고, 명예와 인권 회복이 실현되기를 소망하는 "역사를 잊은 민족에게 미래는 없습니다" 문구를 담은 대형 현수막을 도시 곳곳에 게시하고 있다.

동정과 위안, 두려움과 고통, 분노와 정의로 위안부 문제를 다룬 작품들을 열거하면, 〈소리없는 만가〉(1993), 〈반쪽 날개로 날아온 새〉(1995), 〈노을에 와서 노을에 지다〉(1995), 〈나비〉(2005), 〈빨간시〉(2011), 〈봉선화〉(2013), 〈귀향〉(2015), 〈그들만의 진실〉(2015), 〈들리나요〉(2016) 등이다. 삶의 겉치레와 무관하고, 화려한 구경거리와도 거리를 두고 있는 이 작품들은 오로지 인간의 존엄성만을 강조한다.

〈거짓말쟁이 여자, 영자〉(1995, 2014)는 위안부 강제동원의 등의 진실을 알리기 위해, 일본의 연출가 후지타 아사야가 초연한 작품이다. 초연 때, 제주와 동경에서도 공연되었고, 2014년 6월에는 서울에서 재공연되었다. 연출가는 "일본인인 내가 왜 이런 연극을 만들어야 하는지를 알리고 싶었다. 위안부 문제의 진실을 밝혀놓지 않으면 일본에도 결코 밝은 미래가 없다"고 말했지만, 이 연극은 피해자인 여성, 영자를 통해 가해자인 일본인들의 반성을 에둘러 드러내고 있다. 피해자의 고통을 이해하고, 그것에 대한 사죄의 가능성을 간접적으로 말하고 있다. 그런 면에서 이 작품은 비극의 정신에 이르지 못했다. 이를 극복하려는 시도는 한국과 중국의 공연예술인들이 합작해 최초로 위안부 문제를 다룬 〈그들만의 진실〉(2015)이다. 한국에서 낭독공연으로 끝났고, 중국에서 할 공연은 이루어지지 못했다.

위안부에 관한 최근 공연은 〈하나코〉(2017, 김민정 작, 한태숙 연출)이다. 2016년 창작산실 재공연 선정작이었던 이 공연은, 잔인했던 일본군과 치욕적인 위안부 역사를 배경으로 하면서, "그대 조상들이 다른 것을 본 바 없고, 그대 자손들이 다른 것을 볼 바 없으리라"라는 로마의 시인 마닐리우스의 경구를 떠올리게 한다.

2.7 정상과 비정상을 가로지르는

제목부터 낯선 〈이반 검열〉(구성, 연출 이연주, 2017년 4월 극단 전화벨이 울린다)은 남산예술센터의 시즌 프로그램에 속한 공연이었다. 앞세대의 연극 문법과는 다른, 이 연극은 우리 시대 삶에 대한 호소, 꿈꾸는 유토피아에 대한 이념들을 고스란히 담고 있다. 이반은 일반 다음, 일반 너머를 뜻하는 말이다. 일반이 정상이라면 이반은 비정상을 의미한다. 실제로 이반이란 단어는 2000년대 중반 청소년 성 소수자들을 가려내는 용어로 쓰였다.

이 연극에서 이반은 우리 사회에서 정해진 기준에서 벗어났다는 이유만으로 버려진, 소외된, 혐오와 차별의 대상이 된 이들로 그 쓰임과 의미가 확장된다. 공연은 이반의 현상을 검열하는 것이 아니라, 이반을 적대적으로 규정하고 검열하는 사회 구조를 고스란히 보여준다. 등장인물들의 고통스런 개인사는 우리가 겪은 현대사의 이면이다.

오늘날 젊은 연극이란 새로운 연극이기보다는 하고 싶은 말을 제대로 하는 연극이다. 함몰된 역사를 가시 세계로 드러내 다시 바라보게 하는 연극이다. 오랫동안 '사회적 핸디캡을 가진 사람들이 중심이 되어 만든 극단'에서 연극 경험을 쌓은, 연출가 이연주는 이 공연에서 거두절미하고, 오로지 해야 할 말들을 까놓고 한다. 그에게 연극은 하고 싶은 말과 해야 할 말을 하는, 우리가 쫓아낸 이들을 불러내는 치열함의 장소이다. 하고 싶은 말은 역사의 중심부에서 밀려 나간 이들의 삶에 관한 것이고, 해야 할 말을 하는 방식은 매우 단순하고, 분명하고, 날카롭다. 청소년 성 소수자, 세월호 희생자와 생존자, 간첩 조작 사건의 피해자, 이주 노동자 등의 말들이 과거에서부터 시작해서 지금, 여기로 끌어올려지고 있다. 그렇게 해서 익숙한 한국의 현대사를 낯선 방법으로 두루, 달리 훑어간다.

무대는 그들의 말이 시대를 관통해서 지금, 여기로 기어오르는 깊은 우물 같다. 배우들은 서서, 의자에 앉아 관객을 바로 보면서 말한다. 말이 연기이고, 표정이고, 존재를 대변한다. 왜 우리가 혐오와 차별의 대상이 되어야 하는지를 되묻는 배우들은 한 치도 뒤로 물러서지 않는다. 이 작품은 말하는 연극이고, 관극행위는 듣는 데 있다. 외출한 말들이 음악처럼 들리는 것이 아니라 역사의 무시무시한 시비를 가른다.

한국 현대사에서 이반 검열의 대상이 된 이들은 하나같이 혐오와 차별, 비난과 배제의 대상자들이 되었다. 공연은 이들의 꿈이 어디서 좌절되었고, 어떻게 다시 돌이켜야 하는가를 절규한다. 젊은 연출가 이연주는 이들을 무대로 소환해서 그들의 결여가 아니라 그들을 낙인처럼 여긴 우리의 잉여와 마비를 비판한다. 존재를 살아 움직이게 하는 것은 말이다. 말의 연극이라고 할 이 공연은 한 사회가 말살한 작은 사회를 말로 구축한다. 우리 사회의 편견을, 체계가 장악하고 있는 오래된 검열의 허상을 드러낸다. 죽은 자들이 다시 살아온다. 그리하여 말의 연극은 원천의 연극이 된다.

2.8 연극은 삶의 면회

연극의 현장인 대학로에서 중심은 30대 연극인들이다. 두 개의 흐름이 뚜렷하다. 하나는 '권리장전'이라는 표어를 내세워 연극의 본연을 지키며, 자유로운 창작 의지를 굽히지 않는 저항 연극이고, 다른 하나는 소란스럽지 않게 자신의 어두운 내면을 성찰하고, 그 심연을 들여다보는 고백 연극이다. 〈면회〉(이성권 작, 연출, 동숭소극장, 2017)는 후자의 경우에 속하는 연극이다.

고백 연극의 경우, 어두운 극장에서 연극을 보다가 더러 잠이 들 때가 있다. 극장의 어둠은 관객의 졸음과 맞닿아 있다. 연극을 보는 일은 어둠과 졸음 사이에 옅은 길을 내고, 나아가는 일이다. 〈면회〉를 보고 나서, 이 글을 쓰려고 책상에 앉았을 때도 순간 잠이 들었다. 혼절하다시피, 줄에 매어놓은 갯배가 풀려 저 멀리 바다 한가운데로 흘러간 것 같았다. 배우들의 중얼거리는 말들과 함께 숨죽여가며 연극을 본 탓이다. 이 연극은 불안이 지배하는 연극인들의 삶과 연극의 솔기를 꿰매 놓았다.

극단 '연미'의 〈면회〉는 이름을 부르고도, 눈을 뜨고 마주 보아도 사랑할 수 없는 이들의 연극이다. 제목대로 하면, 밖에 있는 사람이 안에 갇혀있는 사람을 만나러 가는 이야기이지만, 실은 어디로든 돌아갈 곳이 없는 사람들의 눈물겨운 노래이다. 이 연극은 억울하게 죽은 이와 그 죽음을 응시하는 살아남은 이들의 삶의 춘추를 고스란히 보여준다. 〈면회〉는 연극의 근원은 언제나 과거의 이야기에 있다는 것을 상기시킨다.

면회는 제한된 곳에 갇혀 있는 이를 만나는 일이고, 산 사람이 죽은 사람을 만나는 일이기도 하다. 〈면회〉의 프로그램은 감옥에 갇힌, 종신형을 받은 여자를 만나는 남자의 이야기라고 쓰고 있다. 그러나 감옥은 죽음의 자리인 과거이면서 삶의 이편, 즉 이곳이기도 하다. 남자는 생을 마칠 때까지 그곳을 향하는 존재이다. 현재인 남자가 죽은 여자를 만날수록 텅 비어가는 자신을 바라본다. 그런 삶의 형국이 반복된다.

극 중에서 감방은 남자가 제 존재를 가두는 지금, 이곳이기도 하다. 남자가 면회하는 곳에 여자가 등장하지만, 실은 살아 있는 남자도 현실 속에 갇혀있는 존재이다. 남자가 말하기 위해서 여자의 과거를 면회하는 것이다. 죽은 여자가 말을 하고 있지만, 실은 살아 있는 남자가 묻고 답하는 것이다. 이쯤 되면 여자와 남자, 죽음과 삶의 경계는 사라진 셈이다. 삶의 종말은 이런 풍경일 것이다.

공연 내내 남자가 옷을 갈아 있고 새로운 인물 혹은 연극처럼 찾아오지만, 두려움과 혼란 그리고 울음만이 남는다. "인생에서 하나밖에 할 일이 없는", 연극에 매혹된 남자가 꽃처럼 시들어 간다. 공연의 끄트머리, 여자는 거울 속 영정사진으로 갇혀 있다. 그 앞에 생의 감옥에서 나올 수 없는, 천천히 죽어가는 또 다른 존재인 남자가 앉아 있다. 감옥이 연극의 현장이고, 죽은 여자가 연극이라는 상상과 해석도 가능하다. 젊은 연극인들 모두가 신음하면서 연극하고 산다. 바른 공공정책이 이들을 주목하고 지원해야 할 이유는 여기에 있다.

2.9 삶의 부자유, 생각의 자유

두산아트센터가 기획제작하고, 인문극장에서 공연된 〈생각은 자유〉(김재엽 작, 연출, 두산 인문극장, 2017)는 우리나라 연극이 새롭게, 달리, 많이 변화하고 있다는 것을, 연극은 일상의 소소한 경험들을 수집해서 보여주는 것임을, 극장은 처음부터 끝까지 공동체를 위한 공간이라는 사실을 깨닫게 한다. 연극을 비롯한 공연예술은 인문적 교양으로 만들어지는 광범위한 텍스트라는 것을, 극장은 우리들의 삶을 기억하는 장소라는 것을 알게 한다.

〈생각은 자유〉는 희곡을 쓰고, 연출하는 김재엽의 기억 연대기라고 해도 될 것 같다. 그것은 작가가 고국을 떠나 베를린에서 살면서 얻은 사유의 확인이며 확장이기도 하다. 기억은 경이로운 시간의 함축이다. 그는 낯선 도시 구석구석을 돌아다니고, 사람을 만나고, 유용한 것, 무용한 것들을 구분하지 않고 수집한다. 그것들이 지닌 다른 가치들을 하나로 묶어 연극을 만들었다. 한 예술가의 성장은 수집된, 흡수된 기억 위에서 시작된다. 수집은 꿈을 꾸는 행위이고, 공연은 그 꿈의 기원과도 같다.

〈생각은 자유〉 속, 작가는 오늘날 세상 사람들을 난민, 이주민, 세계 시민으로 나눈다. 난민은 우리에게도 그대로 적용되는데, 일제강점기와 한국 전쟁을 경험한 불안과 공포를 지닌 세대에 해당한다. 이주민은 경제성장과 더불어 고향을 떠나 다른 도시, 다른 나라에서 살면서 자신들의 꿈을 이룩하려는 세대이다. 세계 시민은 오늘날 첨단의 네트워크와 신자유주의적 삶의 방식으로 살아가는 세대를 말한다. 김재엽은 베를린에서 다양한 부류의 사람들을 만나고, 그곳 연극이 그들의 삶을 어떻게 어루만지고 있는지를 보게 된다. 그것들은 한국 전쟁 이후 독일로 간 간호사, 광부의 역사에 대한 해석으로, 개인의 삶을 구속하는 국가 권력에 대한 사유로, 공공극장에서 정부와 권력을 비판하는 독일 연극에 대한 부러운 시선으로 나타난다. 아울러 예술가들을 검열하고, 작품을 통제했던 현실에 대한 직시가 있다.

이 연극은 김재엽이 바깥에서 본 것들의 수집으로 출발해서, 그것들을 재현해서 묻고 답하는 형식이다. 극장은 무엇을 해야 하는가? 연극은 누구 편을 들어야 하는가? 떠도는 작가는 어디를 지향하는가? 그는 극장은 언제나 공동체를 위한 것이어야 하고, 국가가 문화적 공동체로 세워질 수 있도록 연극이 앞장서야 한다고 말한다. 그리고 가난한 이들, 주거지를 잃고 떠도는 난민들 편에 서야 하고, 이를 위하여 정치사회적 현실에 대하여 적극적으로 발언해야 한다고 말한다. 나는 현실에 깃들고자 하는 그의 연극에 전적으로 동의한다. 연극이 문화적 공동체로서 사회를 생각하고, 국가를 말하는 것은 사실 새로운 것이 아니다.

이 연극에서 김재엽은 달랑 어린 아들의 손을 잡고, 새로운 세계를 모색한다. 말을 하지 못하는 어린 아들에게 연극을 쫓아낸 세상을 보여주고, 연극이 꿈꾸는 세상을 학습하게 한다. 오래된 예술의 기원이 그곳에 있다.

3. 연극의 의무와 윤리

언제나 한국 연극의 생산자들은 창조와 저항 사이에서 통렬하게 고민한다. 구시대의 언어처럼 보였던 검열, 블랙리스트에 온몸으로 저항했던 연극인들에게 올해는 춥고 시린 계절이었다. 이즈음 연극비평도 반성한다. 비평이란 글쓰기는 작가와 텍스트에 관한 옳고 그름의 잣대로 가르는 것을 훨씬 넘어서는 일에 있어야 했다. 무대 공간에서 분투하는 연출가와 배우들처럼 자신을 경계해야 했다. 그것은 비평의 자경을 뜻한다.

이 시대에 연극은 누구의 것인가? 근대 이후, 개인과 사회를 존립하게 한 이론적 근거였던 사적 소유라는 개념처럼, 연극은 무엇보다도 배우, 연출가, 극작가들의 개성적 사유와 언어의 집적물이다. 연극의 완성이 공연인데, 연극에 대한 해석은 작가의 의도에 기초할 수밖에 없다. 연극작가와 작품인 공연이 분리할 수 없는 인격적 동일체와 같다는 이론은 여기서 나왔다. 그다음은 해석의 문제이다. 비평은 복수적 해석의 산물이다. 직물이라는 원래의 뜻처럼, 텍스트는 여러 요소가 상호작용하는 대화의 장이다. 연극은 개인과 사회의 집적물이고, 연극비평은 텍스트에서 새로운 의미를 획득해서 부여하는 의무가 있다. 연극비평의 최댓값은 텍스트인 공연으로부터의 소외가 아니라, 연극을 만드는 또 다른 작가가 되는 것이라고 할 수 있다. 여기에 관객들의 몫도 클 수밖에 없다. 작품에서 무엇을 얻어낼 수 있느냐가 우리의 몫인 셈이다. 연극과 삶의 조화, 실감 나는 연극의 존재와 사회의 실재는 이렇게 이루어진다.

연극은 지금 여기의 현실보다 늘 앞서가고, 그래서 유효한 것이 될 수 있다는 것은 연극의 철학이며 진리이다. 이오네스코의 〈코뿔소〉를 희곡으로 다시 읽는다. 등장인물들이 일하는 법률사무소의 괴물화는 법이 철학을 잃을 때이다. 이때 법은 부당한 권력을 행사하는 무기가 된다. 법이 제 스스로의 종말을 이끄는 것처럼, 인간은 인간의 종말을 이끄는 예비된 괴물이 된다. 억압되고 왜곡된 역사적 현실을 드러내는 것을 연극의 사명으로, 작가의 양심으로 여기고 실천했던 이오네스코는 괴물이 된 인물들의 모습을 보여준다. 시간의 흔적은 지워졌고, 보이는 모든 형체는 파괴되고 있다. 사람들은 아귀처럼 싸워야만 생존할 수 있고, 눈에 보이는 사람살이와 세상이 가증과 억압으로 뒤덮인 가상의 현실처럼 보인다. 많이 배우고, 많이 가진 자들은 거짓말을 밥 먹듯이 하고, 권력을 지닌 이들은 제 이익을 위해서 어떤 짓도 할 것처럼 덤벼든다. 이를 위하여 괴상한 논리를 내세운다. 이오네스코의 일기문인 『과거의 현재, 현재의 과거』(1968)에 쓴 내용이다.

모두 코뿔소와 같은 괴물이 된 세상, 우리는 실천적 정의가 되살아나고, 양심있는 사람들이 생의 복판으로 돌아오는 연극을 꿈꾼다. 실용과 이익이 아닌 아름다운 교양의 연극, 거짓이 아닌 정의의 연극을, 정치적 권력과 철학적 정신의 일치하는 아름다운 사회를 추구하는 연극을.

공연예술 산업의 발전방안

1. 공연, 예술, 산업

예술 가운데, 연극이 있었고, 연극은 공연예술에 속했다. 하여 연극은 공연이었고, 공연은 예술이었고, 연극은 예술이었다. 그런데 연극 혹은 공연이 산업이라고 말한다. 한국 연극계는 아직 연극이 산업이라고 당당하게 내놓고 말하는 것 같지는 않다. 한편으로는 산업이 낯설고, 다른 한편으로는 산업이고 싶지 않기도 할 것이다. 근래 뮤지컬 공연이 커지고, 뮤지컬 공연의 큰 수입과 작은 수출이 이루어지면서 산업이란 용어가 쓰이기 시작했을 수도 있다. 한국 연극은 산업이기에는 아직 크기가 부족하고, 그렇다고 산업이라고 불리는 것을 마다할 수도 없고, 산업이어야만 한다는 자각으로 산업이 되고자 적극적이지도 않다. 오히려 연극 바깥에서 연극을 산업이라고 몰아세우고, 연극을 산업의 하나로, 산업의 잣대로 연극을 저울질하려고 하는 경향이 더 크다. 한 가지 예를 들면, 연극 제작의 큰 부분을 지원(예를 들면, 정부와 지방자치단체, 문예진흥기금, 민간 지원 등)에 의지하고 있는 것만 보아도 생산과 소비의 분리, 독립을 잘라 말하기는 어렵다. 그럼에도 우리는 연극을, 공연을 산업으로 말하려 한다. 여기에 위험한 것은 없는가? 산업일 수 없는 연극이 연극 바깥의 요구로 산업으로서 연극이 되고, 산업으로서 연극을 말하는 것은 가능한 것인가? 그리하여 어느 날, 연극의 '예술' 대신 연극의 '산업'이 자리를 바꾸는 경우에 연극은 온전할 수 있을까? 거의 모든 예술이 산업의 대상이 되고 있는 지금, 그것을 거부하는 일도 쉽지는 않겠다. 관련 산업이라는 것이 있으니까. 연극 주변에 영화, 광고, 뮤지컬, 텔레비전, 문화 기획 및 이벤트, 라디오와 같은 시장이 있으니까 말이다. 문화경제학에서는 이를 두고 가치사슬(value chain)이란 용어를 사용한다. 하나로 독립 존재하는 것이 아니라 잇고, 붙고, 혼성하는 바를 강조한다. 단일한 연극 시장과 가치 사슬에 묶인 연극 이웃 시장을 비교하면 후자의 매매 규모가 더 클 것이다. 그렇다면 연극을 산업으로 잘라 말하는 것은 진단이 아니라 전망일 수밖에 없다. 그것은 이웃이 이미 그러하므로 연극도 그럴 수밖에 없으리라는 짐작과 그렇게 되어야만 한다는 강제를 가능하게 한다. 그러므로 논의는 두 가지로 해야 할 것이다. 단일한 연극 시장을 논하는 산업과 이웃 시장을 겨냥한 연극산업으로.

2. 예술이 산업인가?

공연을 산업이라고 말하기 위해서는 ① 공연을 만드는 생산자, 기획하면서 매개하는 기획자, 그리고 관객들을 일컫는 소비자에 이르기까지 각기 분리, 분업되었다는 것과 ② 공연이 작품으로서, 문화상품으로서 교환될 만큼 인정을 받고 있다는 것이 전제되어야 한다. 그것은 전적으로 자율성을 전제로 한다. 연극도 예술사회학에서 말하는 것처럼 상징재(象徵財)라고 할 수 있다. 이는 작품과 작가는 연극이라는 상징의 틀을 가지고 서로 자신의 견고한 집을 세우기 때문이다. 과연 연극은 상징재로서 존재하고, 교환할 만한 것인가?

연극의 산업을 말하는 지금, 연극동네의 풍경은 쓸쓸하기만 하다. 연극은 원래 산업에 대한 추억이 없다. 실은 추억이 있어서, 그 실오라기를 붙잡고 흘러간 과거를 기억할 때 쓸쓸해하는 법이다. 그러나 연극은 산업에 대한 기억이 없으므로 산업사회에 쩔쩔매는 일이 없어 보인다. 연극하는 사람들에게 흔하고 절대적인 말인 '지원'이라는 것은 연극은 애초부터 산업과 동떨어진 채 출발했다는 증거이기도 하다. 연극의 '지원'은 연극의 '산업'과 대칭된다. 지원이 계속될수록 산업으로 옮겨가는 일은 어렵게 되는 것 아닌가. 지원은 홀로서기가 아니라 의지하기 아닌가. 산업은 앞서 언급한 것처럼 자립을 필요로 하는 일이다. 연극산업으로서의 최댓값은 승자독식일 터이다. 그렇다면 연극은 지원, 산업 가운데 하나를 택해야 하는 것인가? 아니면 지원 이전에 있었던 동인제니 하면서 우정과 인연과 결연을 바탕으로 한 독가촌 모습을 회복해야 하는가? 연극을 위한 지원의 시대가 이어지고 있는 지금, 그렇다고 끝없이 지원할 수 있는 것이 아니라면 연극은 당연히 산업을 귀담아들어야 한다. 다시 예전의 독가촌 시대로 돌아갈 수 없는 것이라면 산업으로의 가담을 수밖에 없을 것이다. 이것은 연극의 입장에서 보면 유혹이되 하기 어려운 결정이다. 지원이 길어질수록 그 끝은 생명줄이 될 수도 있고, 병줄이 될 수도 있을 것이다. 어느 순간 그 줄을 송두리째 놓아야 할 때 쩔쩔매는 일은 불 보듯 뻔한 일이 아닌가? 그렇다면 연극의 '산업'은 결국 지원에서 한 발짝 더 나아가는 것이되, 지원 이전에 행했던 독립살이 즉 독가촌 시대로 되돌아가는 일이기도 하다. 독립살이, 독가촌의 전문화하는 꼴로. 어찌 되었든 갑작스레 지원이 끊겨 소강의 상태에서 곤궁한 환경으로 추락할 것인지, 새로운 연극의 모습을 지니게 될 것인지는 장담하기 어렵다.

3. 단일한 연극의 산업

필자는 개인적으로 연극의 '산업'을 긍정한다. 산업을 단순히 투자를 해서 이익을 내는 가능성을 극대화하는 것으로만 해석하지 않는다면 더더욱 그러하다. 우선은 지원으로 벗어난다는 것 때문이고, 새로운 독립을 할 수 있기 때문이다. '산업'을 연극의 진면목을 드러낼 수 있는 과정으로 본다면 그래야만 한다고 본다. 독가촌의 연극에서 지원의 연극 그리고 산업의 연극으로의 변모는 이단의 길을 걷는 노정도 아니고 별종의 일을 찾는 것도 아니다. 그 길은 미룰 수 없는 필연의 과정일 것이다.

연극은 원래 공부하는 일에 속한다. 마치 서당에서 글을 읽다가 과거에 급제하는 것이 순리에 맞는 것처럼. 예술경영이니, 문화기획이니 하는 학문들이 연극 곁으로 와서 연극이 눈뜨기만을 원했던 것은 그리 오래전이 아니다. 연극이 경영과 기획의 문 안으로 발을 들여놓은 것이 그리 오래된 일이 아니므로, 그런 것들은 아직까지도 신학문처럼 여길 수도 있겠다. 긍정적으로 보면 연극하는 이들이 제대로 대접받지 못했다는 것을 억울하게 생각할 수도 있었을 것이고, 연극의 영역(연극인들의 활동 영역)이 넓다는 사실을 발견할 수도 있었을 것이다. 그뿐 아니라 연극경영이나 기획 나아가 연극산업이라는 것이 다른 나라에서는 크게 발달되었다는 것을 알게 되면서 때늦은 접목과 발견을 조금 후회할 수도 있었겠다. 나아가 연극산업이 연극에게 아름다운 꿈이 될 수도 있을 것이다. 연극을 살리고, 연극인들을 활동을 보장함으로써 직업으로서의 연극에 대한 믿음을 촉진시킬 수도 있을 것이다. 그것이 연극의 진보라고 믿게 되면서, 연극이란 조직을 확대하는 일로 비추어지면서 연극산업의 길은 더욱 진흥시켜야 한다는 것에 동의하게 될 것이다.

그러나 달리 생각해보자. 연극산업이라는 것이 연극 그 자체보다는 연극을 다른 사람들에게 보여주기 위한 전략으로 강제되면서 더 이상의 의미가 되지 못하는 경우를. 연극을 진흥시켜야 한다고 하면서 연극과 그 바깥의 관계를 연구할지언정 연극과 연극인에 대해서는 공부하지 않는 경우를. 이 불길한 추적은 연극산업으로 그럴듯하게 출발했지만 연극과 연극인이 뿔뿔이 사라지는 경우를. 연극산업이란 꿈이 깨어지면 남는 것은 연극과 연극인들이 지닌 제 팔자뿐이 아닌가. 그것으로 제 갈 길을 가야 하는 경우를. 연극산업은 분명 연극의 전진을 부추기는 일이다. 그러나 그 산업의 결과가 불투명하거나, 산업의 진로가 다른 영향으로 반대에 봉착하게 되면 연극은 예전처럼 스스로 자립할 수 있을 것인가? 분명한 것은 연극은 그 어떤 시대보다 더 처절해질 것이고, 고독할 것이라는 사실이다. 연극산업의 전망과 발전 방안을 모색하는 지금, 이 자리에서 나는 무엇보다도 산업의 효과로 연극을 보려고 우르르 관객들이 호응하는 그러한 장면을 연상하기 어렵다는 것을 말하고 싶다. 연극이 산업으로 활로를 찾는 것보다는 연극이 더 고독해지고, 이무기처럼 영혼으로부터 멀어질 수도 있다는 우려가 사라지지 않는다. 이렇듯 연극산업을 말하기 위해서는 연극에 대한 우려나 연극의 지니고 있었던 시대와의 불화 그리고 고독을 제거하지 않을 수 없다. 연극이 지니고 있었던 이런 성향이 내게는 너무나 컸다. 오늘날과 같은 산업사회의 소용돌이 속에 빠지면 빠질수록 나는 연극의 초심이 그립다. 공부도 그런 방향으로 돌아간다. 어쭙잖은 연극산업의 영향 때문인지도 몰라도 연극은 더욱 쓸쓸해지고, 형편없어졌다는 것을 나는 체험하거나 목격했다. 산업 앞에서 큰 역할을 했던 연극 지원으로 원치 않은 아픔이 연극에게 밀려왔다는 것을 솔직하게 고백해야겠다. 쉽게 말하면 좋은 작품은 보기 힘들어졌고, 작가라고 일컬을 수 있는 이들은 줄어들었다. 지원의 결과는 연극에게 머물 수 있는 방을 마련해주었지만 아무도 입주하지 않은 꼴이다. 연극이 메말라 죽지 않도록 지원이 계속될수록 연극 공연의 횟수는 늘어날 수 있었다. 연극이 관객이 아니라 지원과 붙어사는 동안 연극은 시나브로 망가지고 있었다. 연극의 불안한 현재가 지원금 사이로 빠끔히 보였다. 지원을 받았으니까 할 수 없이 공연을 해야 한다는 둥, 이따위를 공연해서 무엇에 쓴담이라고 말하는 이들이 있는 둥 떳떳하지 못한 예가 많았다. 연극산업은 과연 연극의 혼수(昏睡)를 떨치게 할 수 있을까? 그리하여 저 멀리서 오는 연극의 벤처(venture)이며 모험(adventure)일 수 있을까?

4. 연극 이웃의 영향과 연극산업

연극산업은 연극에게 벤처인가 아니면 복종해야 할 군령과 같은가? 벤처(venture)는 우리들이 전혀 예상하지 않을 때 그럼에도 불구하고 무릅쓰는 것이고, 그러한 정황들을 모두 다 허락하고 가능하다고 믿는 모험이다. 연극산업은 연극 바깥의 현상들을 연극 안으로 가지고 와서 연극을 새롭게 만드는 연극의 발명(in/vent)이나, 연극 안에서 만들어 연극 바깥으로 드러내는 이벤트(e/vent) 등을 모두 포함한다. 연극산업은 그런 면에서 연극예술에 대한 벤처라고 보아도 좋을 것이다.

지원과 수혜, 시상과 수상, 의무와 윤리

1. 지원정책의 변모

문화예술 지원정책이 지속되어야 하고 동시에 개선되어야 한다고 말하는 이들이 있다. 생산자인 작가 중심, 소비자인 대중 중심? 문화예술을 위한 소프트웨어 지원과 하드웨어 지원? 단기 지원, 장기 지원, 소액 다건 지원, 다액 소건 지원? 의견은 참 많다. 지원을 받으려는 작가가 있는 반면에 지원을 부정하고 자유롭게 창작하는 작가들도 있다. 2005년에는 공공 지금을 지원받은 작가가 수혜를 포기하는 일까지 있었다. 깜짝 놀란 지원 기관은 상이 지닌 제도상의 문제점을 말하고, 문화예술계 및 언론계의 다양한 의견수렴 과정을 통해 개선함으로써 보다 공정하고 객관적인 지원방안으로서의 예술상을 만들고자 했지만, 이 상은 그 후 사라지고 말았다. 지원정책이 지원을 받는 수혜자의 반대로 폐쇄된 경우가 처음으로 생겨난 것이다. 그 후 지원 제도 개선을 위한 위원회가 구성되어 운영되었고, 여러 가지 토론이 있었다. 그것들은 모두 미래의 지원정책이 가능한가로 모아졌다.

이를 위한 첫 번째 출발은 지원정책이 달라져야 한다는 것을 전제로 했다. 그러나 매년 지원의 대상이 되는 작가와 작품들이 달라져야 한다고 말하는 것은 지원의 심사기준과 평가가 달라져야 한다고 말하는 것 같다. 여기에 달라져야 할 것과 달라지지 않은 것, 정확하게 말하면 달라지지 않아야 하는 것은 잊혀진 채 놓여있다. 달라져야 하는 것은 달라지지 않아야 하는 것을 염두에 두어야 하고, 달라지지 않아야 하는 것은 달라져야 하는 것을 주의해야 한다. 이 글에서는 춤과 연극을 비롯한 공연예술의 지원에 초점을 맞추어 지원정책을 언급하고자 한다.

2. 지원에 대한 시비는 예술행위의 윤리의 문제

위에서 언급한 예술상을 취소하고 폐쇄한 경우는 미래의 지원정책에 큰 변화가 있어야 한다는 것을 예시한다. 춤과 연극행위의 정체성과 예술상 그리고 축제를 비롯한 지원정책의 정체성은 도덕적으로 맞물려 있다. 적지 않은 국민의 세금이 공공 지원금으로 쓰이는 오늘날, 우리는 지원정책의 정당성과 윤리에 대하여 근본적인 반성적 논의를 해야만 할 것이다. 그러니까 앞서 예로 든 "올해의 예술상과 예술축제"에 있어서 수상작을 선정했음에도 불구하고 지원과 같은 상을 부정하고, 수상을 거부하는 이러한 상황의 연원에 대하여 뒤돌아보아야 한다. 심사위원들과 상을 주관하는 곳은 수상작을 내지 못한 것에 대한 죄송한 말씀처럼, 상을 거부하는 것에 대해서도 연극작가들과 관객들에게 무어라 죄송한 말씀을 드려야 할지 모르겠다고 고백하는 것이야말로 올바른 윤리적 절차가 될 것이다. 이것은 한쪽에서는 관객이 없고, 다른 한쪽에서는 거대한 국내외 자본이 휩쓸고 가는 척박한 한국 공연예술계의 상황과 더불어 지원 정책에 대한 전면적인 재검토를 요구하는 일이기도 하다.

이 글은 이런 상황을 계기로 공공 지원정책이 새로운 모습으로 공연예술 작가와 관객들에게 다가갈 수 있도록 여러 가지 차원을 모색하는 데 목적이 있다. 상과 같은 지원방식은 윤리의 문제이되 동시에 동화의 문제이다. 지원은 결코 주는 이와 받는 이로 나눠질 수 없다. 주는 이가 배부른 편이고, 받는 이가 가난하거나 게으름뱅이가 결코 아니다. 문화예술을 위한 지원정책은 주는 이의 잉여가 아니며, 받는 이의 구걸이 아니다. 권위 있는 상, 심의를 통한 지원결정은 주는 이와 받는 이가 똑같이 땀 흘리며 오르는 미련스러움과 억척스러움의 산물이다. 그런 면에서 같이 땀 흘리며 한 발 한 발 옮겨 나아간다는 면에서 상은 객관적이어야 하고, 함께 뾰족한 정점에 오를수록 편견에 이른다는 면에서 권위적이어야 한다. 편견에 이른다는 것은 낭떠러지와 같은 편견 아래 수많은 다른 의견이 있다는 것을 두려워할 줄 아는 깨달음이다. 지원결정에 대한 긍정과 권위는 이러한 객관과 편견의 열정이 확대될 때 가능하다. 그러나 우리는 지금 상보적 객관성이 위협받고 있는 것을 깊게 우려해야 한다. 그리고 한쪽으로 기운 의견이라는 편견을 오해하고 있다.

2000년대 들어 문민정부와 참여정부 이후, 정부의 문예지원정책사업은 그 앞보다 크게 호전되었다. 문화관광부, 문화 예술 위원회, 각 지방자치단체의 문화재단 지원 사업 등이 상당한 공공자금을 투입하고 있다. 이러한 문예 지원사업의 역사는 지원방식과 평가에 대한 세부적 절차들을 크게 발전시킨 반면, 지원을 받는 연극작가들의 윤리적 태도에 대해서는 거의 방관하고 있다. 지원금의 증가에 따른 실행방법과 평가제도는 놀라울 정도로 변화했지만, 그것을 받아 활용하는 춤과 연극을 창조하는 작가들의 태도

변화는 미미할 뿐이라서 놀랍다. 오히려 예술창작에 있어서 안일과 나태로 이어져서 실망스러울 때가 더 많다는 것이 그동안 공적 지원자금을 심사하고 현장에서 평가한 내 확고한 믿음이다. 또한 지원심사나 예술상과 같은 제도에 응모했다가 떨어진 이들의 대부분은 희생자 의식이 너무나 강했다. 그것은 이러한 수상과 지원 대상에서 제외된 작가들과 단체들에게는 전형적인 권력의 세습으로 보여지기 때문일 것이다. 아직도 우리나라 문화예술 지원방식과 정책은 '과도기'라는 말로 스스로를 위로하고 있다. 이것은 지원을 받고 싶었으나 이러저러한 이유로 탈락한 이들이 지닌 집단적 기억 나아가 그들의 정서적 기제를 해결해야 한다는 뜻에 가깝다. 역사학에서 흔히 말하듯, 희생이 세습되면 가해도 세습되는 것 아닌가!

지원금의 외형적 증가만을 갖고 공연 작품들이 더 많이 생산될 수 있겠거니, 공적 자금이 늘어나고 예술상과 지원제도가 많아져서 연극작가들의 활동이 나아졌거니 터무니없이 믿는 것은 아니다. 상당 규모의 지원금이 투입되고 많은 공연이 있었음에도 한국 춤과 연극의 수준과 위상은 크게 나아지지 않고 있다. 이것은 도무지 이해할 수 없는 미스터리이다. 공연예술의 수준을 향상시키는 원동력은 지원금의 증가와는 아주 다른 차원의 것이다. 이를 한국 공연예술의 경쟁력이라고 한다면, 이를 충족시키는 첫 번째 조건은 작가의 역량에 달려있다. 우수한 공연예술 작가를 양성하고 좋은 춤과 연극이 생산되어 나오게 하는 역량은 희곡작가, 배우, 연출가와 같은 작가들의 의연한 몫이다. 한국연극 지원사업의 구조적 결함에 대해서 말할 때 한국 춤과 연극을 지배하고 있는 "한 솥밥 정신"은 의연한 몫을 잃게 했고, 서열화 문제를 낳았다. 서열화는 경쟁조건들을 아예 무시한다. 질적 경쟁력이 아니라 나이와 지위에 따른 서열화가 고정되어 있기 때문이다. 이것은 한국 춤과 연극의 수준을 향상시키는 일차적 경쟁조건에서부터 이미 경쟁력을 약화시키는 요인이 되고 있다. 이것은 급기야 다음 세대의 역량 있는 젊은 예술가들의 빈곤으로 이어질 수밖에 없다. 절차들의 결함이 제거돼지 않는 한, 지원대상 작품의 선정, 수상자 선정은 춤과 연극에 관한 미학적, 비평적 평가 기준 이외의 기준에 영향을 받을 수밖에 없게 된다.

3. 서울문화재단의 젊은 예술가 지원 프로그램(NArT)에

이 사업의 중심어는 젊은 예술가, 새로운 경향이다. 분야도 다양한 편이고, 올해 지원자만 보더라도(연극은 25건, 무용 15건, 음악 5건, 시각은 174건) 그 수요가 점차 늘고 있다. 올해에는 문학이 포함되어 장르는 더 넓어졌다. 서울문화재단이 내건 이 사업 취지에 관한 설명은 분명하다. "NArT는 재능 있는 젊은 예술가들에게 완성도 높은 작품을 창작할 수 있는 제작 여건을 마련해주는 지원 프로그램이다. 기존의 지원 사업은 대부분 오랜 기간 활동한 전문예술단체를 중점적으로 지원해, 활동 경력이 짧지만 신선하고 역량 높은 예술가들은 상대적으로 심사 및 평가 과정에서 차별을 받는 경우가 잦았다. 이런 점을 고려하여 젊은 예술가의 발굴 및 활동 기회 확대를 통하여 재단만의 차별화된 지원 시스템을 구축하고자 젊은 예술가 지원 프로그램 NArT(나트, New Artist Trend)를 2005년 처음 마련했다."

여기서 더 생각해야 할 것은 젊은 예술가들이란 존재와 예술의 새로운 경향이다. 젊은 예술가라는 표현이 존재론적 차원이라면, 새로운 경향은 의미론적 차원이다. 위에서 인용한 설명만 보자면, 젊은 예술가들이란 이미 기존의 예술적 제도를 통해서 승인받은 작가를 뜻한다. 젊은 예술가 지원 프로그램은 이러한 작가들 가운데서 소수 인원을 선발하는 셈이다. 젊은 예술가들이라고 하지만 이것은 나이만 어릴 뿐 승인이라는 절차를 끝낸 기성 예술가인 셈이다. 그런 면에서 재단은 젊은 예술가라는 존재의 범위를 보다 명확하게 할 필요가 있겠다. 이때 '새로운 경향'이라는 조건은 젊은 예술가의 존재를 정의하는 데 있어서 매우 유용할 것이다. 그 이유는 '새로운 경향'이 비교적 '젊은 예술가'의 존재와 일치하기 때문이다. 현재의 관점에서 '젊은 예술가'란 무엇인가? '새로운 경향'이란 어떻게 규정한 결과인가? 여기에 작품의 내용과 형식에 관한 논의가 덧붙여진다. 필자는 '새로운 경향'과 '젊은 예술가'를 따로 구분하지 않는다. 앞의 것이 뒤엣것보다 더 중요하다고 여기지도 않는다. 위의 두 조건은 서로 분리될 수 없는 성질의 것이 아니겠는가. 젊은 예술가이므로 새로운 경향을 지녀야 한다는 것은 예술에 대한 작은 추문이 될 가능성이 있다. 그 반대의 경우, 그러니까 새로운 경향으로 젊은 예술가라는 존재의 타이틀을 줄 수 있는 것은 이 지원 프로그램의 미덕이다.

우리가 다시금 비중을 두어야 할 부분은 젊은 예술가들의 발굴과 그들의 완성도 높은 작품의 창작이다. 젊은 예술가들의 발굴과 수준 높은 작품의 창작은 매우 어려운 조합이다. 두 가지 조건이 한꺼번에 매듭짓는 일은 쉽지 않을 터이다. 이 경우 우리나라를 비롯해서 다른 나라가 내거는 시행규칙은 둘로 나눠진다. 하나는 젊은 예술가를 발굴해서 일회적으로 크게 지원을 하는 것이고, 다른 하나는 수준 높은 작품을 위해서 선발된 젊은 예술가에게 일정 기간 동안 지원하는 것이다. 서울문화재단에 이것은 하나의 숙제가 될 것이다. 현재는 일회적 지원으로 한정되고 작품을 생산할 수 있는 지원금을 주고 있다. 이 지원금은 적지 않다. 씨를 바투 뿌릴 것인가? 바람에 씨를 널리 날릴 것인가? 젊은 예술가 지원 프로그램은 그동안의 지원 프로그램과 구별되는 점은 크다. 앞서 언급된 것처럼, 연륜이 있는 전문예술가 단체나 작가들을 위한 지원 프로그램은 많았다. 이런 변화는 공공지원의 핵심에 해당된다. 문화재단이 실천하려는 큰 의의는 문화의 민주주의라고 할 수 있다. 이 단어는 하도 오래 쓰여 그 본래의 뜻이 둔감해진 감이 있지만, 우리들에게는 아직도 유효한 명제임이 틀림없다. 오늘날은 세속의 시대이다. 작가와 작품을 통하여 이성에 대한 영원함, 감성의 초월성을 말한다는 것은 거의 불가능해졌다. 작가도 작품도 너무 현실적인 그 무엇이 되고 말았다. 정치적 위기, 경제적 타락 앞에서 작가와 작품, 그것도 젊은 예술가와 새로운 경향을 지닌 작품의 탄생은 가능한가를 되물어야 할 것이다. 이런 시대에는 문화민주주의라는 용어도 너무 가볍고, 너무 터무니없어 보인다. 정말이지 예술작품, 예술가의 소외와 타락을 이겨낼 수 있는 지원 프로그램이 되었으면 좋겠다. 이쯤에서 이 지원 프로그램의 심사방법인 실연심사를 재고하면 좋겠다. 실연심사를 위해서 재단은 "극장과 무대에 익숙해질 수 있도록 실연 심사 전날 팀당 2시간의 리허설 시간을 할당"했고, "심사 당일 쇼케이스는 20분, 인터뷰 심사는 10분"으로 한정했다. 중요하게 여겨야 할 것은 심사규정과 심사위원의 다양한 지표이다. 심사란 젊은 예술가와 새로운 예술의 경향을 "정의하는 싸움"이다. 작품도 심사와 함께 이와 같은 투쟁의 산물이다. 물론 여기서 싸움과 투쟁은 모두 예술적 상징이다. 작가와 작품에 대한 고정된 정의와 그 경계를 넘어서는 상징적 투쟁이 심사과정에서도 드러나길 바란다.

4. 지원과 수혜의 윤리

젊은 시절, 글을 쓰거나 무대에 올라 춤과 연극을 했던 바는 세상을 다시 시작하는 힘이 우리 안에 있다는 믿음 덕분이었다. 공연예술은 혼자 할 수 있는 장르가 아닌 터라, 극단이나 무용단과 같은 공동체를 꾸리기 마련이다. 많은 창작 공동체는 무엇보다 한솥밥을 먹는다는 것을 큰 자랑으로 삼는다. 공연예술계의 공동체 전통은 무상의 행위인 예술 활동에 서로 도움을 주면서 구성원 전체가 참된 가족과 이웃으로 존재할 수 있도록 했다. 그러나 도시가 확장됨에 따라 예술의 지방자치화가 이루어지고, 각종 공공지원금과 유상행위에 따른 물질적 부가 늘어나고, 공동체 구성원의 역량보다는 자본과 기술에 의존하는 바가 커지면서 예전과 같은 강한 공동체 의식은 크게 줄어들었다. 자연스런 결과라면 극단과 무용단의 살림은 줄어들고, 구성원들은 나름대로 활동할 수 있는 개인적 자유를 획득하는 대신 각자 사회적, 예술적 고립이라는 대가를 치러야 했다. 그것이 혈연관계가 아닌 시민사회에서 예술가와 창작 공동체가 짊어져야 할 윤리적인 몫이다. 그러나 오늘날 낡은 공동체 정신에 의존한 공연예술이 설 수 있는 심층적 기반이 거의 붕괴되었음에도 불구하고 "한솥밥" 정신은 텅 빈 요새처럼 시도 때도 없이 권력을 행사한다. 지울 수 없는 혈연관계에 버금가는 이 전통은 개인의 체험부터 공동의 창작활동에 이르기까지 예나 지금이나 지배적이다. 우리들에게 절실한 것은 창작과 창작하는 이로서의 윤리일 터이다. "한솥밥" 정신의 존재와 그 권력행사는 아직도 한국의 현대춤과 연극이 한 세대를 넘지 못했다는 자조적인 결과와 맞닿아 있다.

공연예술계를 지배했던 '한솥밥 먹는' 정신은 구성원들끼리 서로 협력하고 친밀감을 밑바탕으로 일치감을 조성하는 것을 전제로 하는데, 그 결과 개인의 상상력과 창조적 행위는 축소될 수밖에 없었다. 공동의 목표를 앞세울수록 창의적 갈등 등을 생략하는 병폐를 낳기 때문이다. 인간적이라는 것, 선후배라는 것, 연극계, 무용계 어른이라는 말들이 낳은 권력은 젊은 작가들에게 재갈을 물리고 있다. 냉정하게 말하면, 그동안 '한솥밥 먹은' 정신은 극단과 무용단 구성원들의 친밀감에 공동체가 맡아야 할 노동 절약형 기술을 얼버무린 융합이라고 해도 틀리지 않다. 그곳에서는 먼저 배운 것을 다른 사람들에게 나누어주는 것이 아니라 먼저 들어온 사람이 다른 사람을 이용할 권리만 부풀려졌다. 공연예술 분야에 큰 선거와 중요한 지원 심사가 있을 때마다 헛된 관행들이 드러나 문제가 되는 것은 한 솥과 같이 집단성에 매몰되어 예술 활동을 하는 작가로서 정체성을 적지 않게 잃어버렸기 때문이다.

이와 같은 현상은 창작과 비평 집단 모두에 해당된다. "한솥밥" 전통은 예술 창작공동체인 극단과 무용단이 유기체(organism)가 되는 것을 봉쇄하는 터라, 창작과 비평은 유기체를 이루는 기관(organ)이 되지 못하고 있다. 그 결과 우리들 대부분은 스스로 대가라고 떠들면서 추하게 늙어가는 이들을 닮아가고 있다. 멧돼지와 같이 고독하게 은둔하며 사는 작가가 아니라 이런저런 자신의 능력을 확장하려는 염치없는 이들이 되어가고 있다. 창작의 고통이란 작가 스스로 자신의 고독을 실현하는 사건이 아닌가! 젊은이들마저 이러한 것을 잊은 채, 점점 한국 공연예술계의 강한 집단주의 성향에 빠져들고 있다. 함정이라는 것을 알면서도 발을 빼놓지 못하고 있을수록 남는 것은 진화와 발전이 아닌 자신의 영역을 지키려는 수구적 본능뿐이다. 춤과 연극을 창조하는 작가들이 도덕적으로, 예술적으로 자기성찰 없이 지원금을 받아야 한다고 주장하는 것만큼 위험한 것은 없을 것이다. 나도 여러 이웃들과 함께 한국의 춤과 연극계, 그 자장 안에 있으면서 비평가로서 균질화되어 가고 있다는 것을 슬프게 깨닫고 있다. 그것도 학생 때부터 같이 공부했던 가장 친한 친구들과 그러하다. 예컨대 한국의 연극동네를 연극공동체라고 말한다면, 그 안에는 분명 연극을 사유하고 비평하는 비평가의 책임과 소임이 있기 마련이다. 오늘날 한국 연극공동체가 연극비평가에게 할당하는 비평(가)의 기능과 역할은 크게 약화되었다. 그것은 전적으로 비평가들의 책임이다. 비평가로서 우리는 연극의 인문학적 가치를 옹호하지 못했다. 곁에서 볼 수 있는 젊은 작가들은 너무 실용적이고 가장 세속적이며 일찍 늙어버렸다. 선비였고, 정신의 귀족이었던 연극과 춤의 작가들은 어디에 있는가?

그렇다. 한국 연극과 춤계에 있는 지원 프로그램과 시상제도를 보면, 매번 비슷비슷한 당선자, 수혜 대상자가 등장한다. 나는 한 번쯤 심사위원들의 유보 없이 동의할 만한 작품을 찾지 못했다는 심사 소감을 보고 싶다. 심사와 지원의 대상이 된 작품과 작가에 대한 감사의 뜻과 상에 대하여 관심을 가진 춤과 연극의 팬들에 대한 죄송함이 묻어 있는 심사평을 보고 싶다. 이런 경우, 심사를 맡은 이들과 상과 지원을 주관하는 입장에서는 상과 지원 프로그램이 새로운 모습으로 한국 춤과 연극에 다가갈 수 있도록 여러 모색을 해나갈 것을 다짐하는 계기가 되기 때문이다. 심사위원들은 심사할 때마다 자못 큰 기대를 가지고 심사에 임하기 마련이다. 춤과 연극 상과 공공자금의 지원 결정은 대개 보아야 할 공연과 읽어야 할 텍스트들로 엉켜 있다. 공연과 텍스트 읽기는 심사위원들에게 큰 부담이다. 그래서 심사위원들에게는 적극적으로 심사에 임해야 할 의무가 뒤따른다. 문제는 이 때부터 심사위원들이 맡아야 할 역할과 책무이다. "적극적인 심사"란 무엇일까? 그것은 기성 춤과 연극의 아류적인 문법에 머물고 있는 공연과 텍스트들을 선택/배제하는 것이 될 터이다. 이를 위해서는 우선 지원에 대한 미학적 선택 기준이 마련되어야 하고, 이 기준으로 심사위원들은 논의할 만한 작품들을 골라내야 한다. 수상작품과 지원대상작품을 내야 한다는 심사위원들의 고민은 상과 지원 프로그램의 다종다양한 미학적 기준 사이에서 무겹게 반복될 수밖에 없는 노릇이다. 이것은 심사의 저울질인데, 심사를 맡아 해 본 내 경우, 심사위원들끼리 깊게 논의를 해 본적이 없다. 앞글에서 언급한 "한솥밥 정신"이 논의를 가로막고 있었기 때문이다.

5. 미래의 지원

지원 사업의 내용은 대부분 공연, 발간, 우수작품 선정 시상과 지원 그리고 축제 개최에 관한 것이다. 현재까지 지원정책은 이 범위를 넘지 못한다. 여기서 주목해야 할 것은 늘 말하는 우수한 작가와 작품의 선정, 그리고 시상과 지원에 관한 기준이다. 이 기준은 기성 공연예술의 낯익은 발상과 장치의 답습, 미적으로 구조화되지 않은 날것의 실험 등에서 벗어난 어느 정도 예술적 성취를 뜻한다고 보여진다. 보탤 것은 작품으로서 고유한 문법과 주제가 주는 강렬한 개성이다. 심사위원들은 작품에 있어서 안정적인 예술적 성취를 보여주는 작가와 작품에 대한 기준을 구체적으로 말할 수 있어야 한다. 이를 위해서 제기할 수 있는 것은 심사위원들의 분석력이다. 자기만의 밀도를 보여주는 심사평이 필요한 것은 당연한 노릇이다. 이를 위해서는 연공 서열이 아니라 최소한의 새로운 해석 코드를 지닌 심사위원의 선출이 필요하다. 그렇지 않으면 심사위원들은 기존의 해석을 비슷한 개념으로 풀어내어 작품을 평가하고 선정하는 작업을 반복할 수밖에 없을 것이다.

심사와 지원 결정에 덧붙이는 것은 문체의 문제이다. 지원의 대상이 되는 작품 선정에 대해서 리포트 수준의 스타일을 연상시키는 문장을 구사하는 심사평은 많다. 심사위원 자신의 언어를 가진 심사평은 참가하는 작가와 상에 관심을 갖는 관객들에게 읽는 재미를 선사할 수도 있을 것이다. 결국 지원 심사에 관한 결정문은 크게는 이 시대, 작게는 한 해가 요구하는 새로운 '비평의 눈'이 주는 서늘한 충격이 되어야 한다. 지원에 대한 작품과 작가의 동의는 이러한 충격을 통해서 새롭게 예술적 정진으로 이어져야 한다. 공연예술에 있어서 지원제도의 궁극적 미래는 한국 춤과 연극의 범위와 방향을 재구성하는 예술적·역사적·사회적 실천이다. 지원 정책은 한국 공연예술의 현재적 지평과 방향성을 밀도 높게 점검하는 것이 우선되어야 한다. 따라서 미래의 지원정책은 작가와 작품에 대한 실증적인 검토를 통해서 단순히 선별한 작품의 집적이 아니라 한국의 공연예술을 다시 사유하고 소통하는 장이 될 수 있어야 한다. 지금까지 공연예술계는 산업화 시대에 끊임없이 위기론이라는 도덕적 명분에 더 치우쳐 있는 것 같다. 그럴수록 정부의 지원금 제도에 의지했던 것이 사실이다. 지원금 제도는 위기를 극복하는 수동적인 대안에 머물 수밖에 없다. 공연예술의 독립과 산업의 갈림길에서 중요한 것은 작가와 단체의 현실적 존립 근거에 대한 성찰이다. 그것은 무엇보다도 시장논리일 터이다. 지원금이 있어야 공연이 가능하다는 것은 시장논리에 기초한 공연예술의 산업화에 반하는 일이다. 지원금의 필요성이 확대되는 것은 물질이 예술동네에서도 가장 큰 영향력을 행사하기 때문이다. 물질과 산업을 떠받치는 가장 큰 요소가 경제적 기반인 것처럼, 작품활동—여기서는 주로 연극과 춤을 대상으로—에 있어서 작가의 창조적 상상력보다는 작품 제작의 물질적 토대가 더 중요하게 여겨지고 있다.

지원정책의 미래에 관하여 이렇게 묻고 싶다. 작가의 고향, 예술의 고향이란 무엇일까? 그리고 인간의 고향은? 내가 이 질문에 관하여 책에서 얻은 답은 단순한 것, 비밀에 찬 것이다. 여기에 본래적 인간의 집, 예술가의 집이 있다. 시장논리와 더불어 또 따른 존립근거는 창작의 자율과 원칙을 존중하는 태도일 것이다. 춤과 연극은 자본주의 사회에서 역설과 같은 것으로 존재한다. 그것은 다들 돈 놓고 돈 먹기 식으로 삶을 저울질 할 때, 삶 속에는 그렇지 않은 것도 존중받아야 한다는 역설이다. 그것은 땅 한 뼘 크기의 유기농법으로 농사를 지으면서 유전자 조작을 통한 대량생산과 유통구조를 지배하고 있는 큰 나라에 저항하고자 하는 노력이라고 해도 좋다. 지금 우리에게는 이런 태도가 필요하다. 지원금이 있어야만 춤과 연극을 할 수 있다고 말하는 것이 적절한가? 이는 어느 정도 사실이지만, 지원금의 지위를 강조할수록 춤과 연극이 존재했고, 존재해야 한다는 가치는 추락할 수밖에 없다. 생활이 안 되는데 춤은 무슨 춤이고, 연극은 무슨 연극이야라고 자조적으로 말하는 이가 많을 것이다. 그 말이 옳은가 그른가를 따지는 것은, 춤과 연극 그리고 공연예술 작가들이 스스로 진정한 가치에 대해 사유하는 것을 방해하는 격이 되어 버린다. 춤과 연극하는 이들이 추구해야 하는 것은 생활이되, 생산해서 이윤을 붙여 파는 유통구조 속의 생활이 아니라 자신과 춤과 연극의 존재를 되묻고 그것을 표현하고자 하는 가난하고 쓸쓸하지만 자유로운 생활이다. 이것이 춤과 연극 그리고 이를 창조하는 작가들이 역사적으로 지녀왔던 역설의 가치이다. 강제로 춤과 연극을 하는 것이 아니라면, 춤과 연극을 하는 것이 자발적인 선택이라면 표현과 자유의 가치를 옹호해야 하는 것도 공연예술 작가들의 몫이 아닐 수 없다. 오늘날 한국 공연예술계에 깊은 세계를 지닌 작가들이 많지 않고, 감동을 주는 작품들이 많지 않다면 이 부분을 되새겨야 할 것이다.

그렇다면 우리는 되물어야 한다. 지원 프로그램 개발, 지원 심의, 지원 정책의 확립 그리고 상에 대한 심사, 상에 대한 오만과 편견 등에 앞서서 창조적 예술 활동이 무엇이고, 그 안에 작가로서, 예술가로서 존재한다는 것이 무엇인지를. 지원이 의무라면 수혜는 윤리라는 것을. 지원제도가 활성화된 이래, 과연 우수한 작가와 작품들이 견고하게 작품활동을 할 수 있게 되었는지를 다시 물어야 한다. 오히려 지원제도가 작가들의 열정을 앗아간 것은 아닌지, 작품의 수준을 균등하게 한 것은 아닌지 반성해야 한다. 많은 이들이 말한다. 90년대 이후 한 시대를 대변하기 위해서 자신의 극한에까지 치달으려고 하는 새로운 극작가와 연출가 그리고 배우들이 없고 새로운 형식을 지닌 춤과 연극, 우리 사회의 복잡한 징후를 드러내는 춤과 연극을 찾아보기 힘들다는 것을. 그렇다고 지원제도가 기존의 한국 춤과 연극에 예각적으로 자리잡고 혹은 배타적으로 등을 돌린 채 작업을 하고 있는 이들을 돕고 있는 것도 아닐 것이다.

문화예술에 관한 공공자금 지원은 결국 무엇을 위한 것인가? 지원이 그런 춤과 연극들이 무리를 이루면서 한국의 공연예술을 평준화하고, 고정화시킬 수 있다는 지적은 새겨들어야 할 바이다. 이 참에 개성있는 비평가들이 새롭게 등장하는 것도 찾아보기 힘들다는 것도 쓰고 싶다. 춤과 연극의 사유가 묻어 있는 책들이 출간되는 것도 찾아보기 힘들다. 결론적으로 이 시대 한국 춤과 연극에는 지원 프로그램의 다양화에 비해서 작품다운 작품이 없다는 증거는 많다. 한국 춤과 연극동네는 서로가 서로에게 무관심하다. 무관심은 서로를 잊고 자신을 망각하는 지름길이다. 춤과 연극을 창조하는 작업이란 결국 무관심을 호기심으로 바꾸어놓는 힘이 아닌가. 불행하게도 공공지원과 그 결정에 대해서는 관심을 지니고 언급을 하지만, 누가 무슨 작품을 하는지, 어떤 작품에 출연하는지, 어떤 평가가 나왔는지에 대해서 말을 할 뿐 기록하거나 분석하지 않는다. 극단이 미술에서 쓰이는 에콜과 같은 것을 형성해서 춤과 연극의 실천에 관한 새로운 이념들을 보여주는 것도 아니다. 지금 우리들 속에는 오류들이 참으로 많다.

창작극 개발과 육성을 위한 공연 레퍼토리 수립

중장기 공연계획 수립을 위한 방안

1. 창작극이란 용어가 아직도 유용한가?

"국립극단은 1950년 국립극장 설립과 함께 창단되어 창작극과 세계 명작 무대로 우리 연극계의 토양을 풍부하게 하는 데 일익을 담당해왔다."(1997 년에 국립중앙극장이 편집한 책자에서 인용), "국립극단은 일반 극단이 시도하기 어려운 대작과 세계적 고전을 국내에 소개하는 역할을 담당할 뿐 아니라 창작극 개발 진흥에도 중요한 몫을 차지하고 있으며⋯⋯"(1994년 〈노부인의 방문〉 공연 팸플릿에서 인용)

우선 한국 연극에 만연한 이분법적 구분을 극복하고자 한다. 실험과 개혁, 보수와 진보, 창작극과 번역극, 우리 연극과 밖에서 온 연극 등. 희곡을 중심으로 해서 창작극과 번역극을 구분한다면, 한국의 희곡작가가 쓰면 창작극이고 되고 외국 작가가 쓴 것을 우리말로 번역하면 번역극이 되는 것 인가? 그리고 왜 창작극은 번역극에 대하여 우선권을 가져야 하는가? 그 이유는 창작극은 서양 연극에 대하여 항상 열등한 연극의 상징으로 존재하기 때문이다. 그 순간부터 창작극은 그 열등감을 극복하기 위하여 지금은 무딘, 그러나 장차 지속적으로 개발되어야 할 무기와 같은 것으로 여겨지기 시작한 것이다. 번역극과 창작극, 번역에서 번안, 번안에서 각색, 각색에서 해체로의 자리 옮김은 한국 현대 연극사에서 두드러지게 나타나고 있는 현상이다. 신극사라고 말해지는 한국 현대 연극사는 이것들끼리의 이종 혹은 동종의 교배 역사라고 해도 좋을 것이다. 분명하게 정의되지 않는 용어들이 연극의 갈래를 규정짓고, 연극이 아니라 연극이라는 권력을 행사하는 것으로 볼 수 있다. 예를 들면, 한국 연극은 번역을 단지 텍스트의 언어를 옮겨놓은 것으로 단정 짓는 반면, 원래의 텍스트와 옮겨놓은 텍스트 사이를 인정하지 않는다. 번역을 달리 쓰인 상태로 다른 장소로 옮겨져 정착한 것으로 여기지 않는다. 그렇기 때문에 달리 옮겨져 정착한 것을 번안이라는 이름으로 말하고 그냥 옮겨진 번역과 구분 지으며 번역에 우선하는 가치로 치환시켜버린다. 옮겨놓고 나서 경계를 세우면 번역이고 지우고 숨기면 번역에서 번안, 번안에서 창작이 되는 것이야말로 한국 현대 연극의 보이지 않는, 잠복한 문제에 속할 것이다. 그러므로 연극에 있어서 창작과 번역의 경쟁 우위는 작품의 근원과 깊이에 따른 것이 아니라 경계의 싸움이다.

2. 연극 고유의 텍스트를 생각한다

연극은 불가피하게 망각될지 모른다. 새로운 매체와 겨뤄 이겨낼 수 없기 때문이다. 연극이 사라진다는 잔인한 일이다. 그럴수록 연극이 지닌 텍스트의 역할은 커진다. 텍스트는 연극을 잊혀지지 않게 한다. 각색이라는 이름으로 원작을 훼손하고, 원작이 아예 없는 경우가 너무나 많다. 텍스트가 없는 어린이 연극에 대한 어른들의 태도는 너무나 관대하다. 텍스트가 없는 연극은 불구의 연극이되 미완성의 연극이다. 원작이 공연 앞에서 훼손당하고, 공연이라고 해서 소설, 다른 나라의 희곡 등을 추근대는 경우에 연극의 고유한 텍스트는 존재하기 어렵다.

연극 고유의 텍스트인 희곡이란 글쓰기이며, 연극하기, 연극 만들기라고 할 수 있다. 이 시대는 연극과 죽음을 고통 없이 말하는 때이다. 연극의 죽음은 연극 바깥의 죽음일 뿐, 연극의 죽음이 아니다. 연극의 죽음을 말하는 것은 연극과 바깥 세상과의 단절을 뜻하지 연극의 몰락을 뜻하는 것은 아니다. 연극 바깥의 세상은 죽음의 세상이다. 그것은 저장 당하는 것을 거부할 뿐 아니라 스스로를 저장하는 새로운 기술을 발명하고 실용화하기 때문이다. 이를 위한 희곡이란 새로운 글쓰기를 뜻한다. 다시 희곡으로. 글쓰기로서의 희곡은 세상을 담아 세상의 죽음을 대신해서 연극이 죽는 예술이다. 희곡을 통하여 연극과 세상은 서로 기호 작용한다.

연극은 세상이자, 세상의 배경이다. 또한 연극은 같지 않은 세상을 생산해낸다. 그리하여 우리는 새로운 연극을 위한 글쓰기, 연극의 전환을 위한 글쓰기를 꿈꿀 수밖에 없다. 희곡과 연극은 단순한 도구도 아니며 장소도 아니다. 사물과 세상은 희곡의 글, 연극의 안으로 들어올 때 변용과 왜곡을 경험한다. 사물과 세상과 희곡과 연극 속의 사물과 세상의 사이, 그 차이를 우리는 설명할 수 있어야 한다. 모든 존재는 차이와 이것들의 반복에 의해서 존재할 수 있다. 연극이 존재하려면 희곡은 사물과 세상의 사이, 그 차이를 반복해야 한다. 변용과 왜곡은 정상을, 있는 그대로를 옮기는 것이 아니라 달리하기이다. 연극이란, 희곡이란 글쓰기는 허구이다. 연극과 희곡은 사물과 현상과 같지 않다. 그것을 허구, 이론적 실재라고 할 수 있다. 그리고 그것을 고정시키지 않고, 사라지게 한다. 사라지게 하기 때문에 실제의 사물과 세상은 더 크고, 그 존재의 양은 증가하게 되는 것 아닌가. 그것이 국립극단이 공연작품을 고르면서 내세워야 할 연극고유의 텍스트, 즉 희곡에 대한 입장일 것이다.

3. 레퍼토리 선정을 다시 생각한다

희곡 속 말들은 인물들이 이 세계에 대하여 쏟는 거대한 속삭임이며 절규와 같다. 속삭임과 절규 위에서 희곡의 언어는 이미지가 되면서 열리기 시작하고, 상상의 것이 되고, 말하는 깊이가 되며, 무대 위에서 울려 공허하면서도 충만한 것이 된다. 희곡 읽기는 이 침묵과 외침의 근원으로 들어가는 일이다. 부끄러움을 지녔다는 뜻을 지닌 함수초(含羞草)처럼. 작가가 쉽게 글을 쓸 수 없다는 것은 다 아는 사실이다. 이것은 작가가 거저 인물을 만들고 인물에 괜히 생명을 줄 수 없다는 뜻이다. 모든 탄생은 신비에 속한다. 마찬가지로 작품은 생명이며 신비일 것이다. 그러나 쉽게 글을 쓰고, 아무렇지도 않게 인물을 만들고 있는 희곡들이 많다. 요사이 등장한 작가들은 너무나 쉽게 글을 쓰면서 자신의 상상력을 과신하고 있다. 글을 쓰는 것은 작가의 권리에 속하는 문제이지만, 창작의 신비를 저잣거리의 흔한 호기심으로 바꿔놓고 있는 것은 우려할 만한 일이다. 쉽게 희곡을 쓸 수 있다는 것은 상투적인 글쓰기에 자신을 고분고분 순종시키는 일이다. 그것은 작가라는 존재와 예술 창작의 신비에 대한 무관심이기도 하다. 이러한 순종과 무관심은 작가로서의 절도를 잃는 일이다. 희곡을 쓰는 작가의 절도는 무엇일까? 그것은 언어이다. 그것도 명징한 언어. 지문이나 인물들의 대화를 읽고 나면 상황과 장면 그리고 내밀한 사유가 한꺼번에 드러나는 미세하고도 끊임없는 유혹과 같은 언어(좋은 작품을 읽고 나면 몸이 떨린다. 몇 차례 되풀이해서 읽게 된다. 읽고 나면 천천히 안정을 되찾게 된다. 누가 이 이야기를 꿈꾸었을까? 어떻게 이런 글을 쓸 수 있었을까? 혹시 내가 아는 이가 아닐까 하고 의심하게 된다. 덧붙여 누가 누구를 위해서 쓴 것은 아닐까 헛된 생각도 하게 된다. 그리하여 현실이 비현실로, 사실이 몽상으로 변하고 있는 순간들을 경험하게 된다).

노발리스는 이렇게 말했다. "우리들은 도대체 어디로 가는가? 항상 집으로". 이 말을 빌려 말하면, 연극은 도대체 어디로 가는가? 항상 희곡으로. 연극의 중심은 희곡이다. 안톤 체호프는 「갈매기」에서 희곡의 대사는 배우가 "백 년에 단 한 번 입을 열고 말해 울리는 것"이라고 유명한 배우가 되고 싶어 하는 니나의 입을 통하여 쓰고 있다. 그런 말들을 지닌 희곡이 쓰이고, 공연 레퍼토리가 되기를 바란다.

4. 공연 레퍼토리 선정에 이것을 생각한다

위에서 열거한 내용들은 국립극장 창작 공모, 정기공연을 위한 희곡을 선정하는 데 두루 관계된 것이다(국립극단은 창작극 개발을 위해서 창작개발 문화가족, 집필계약제, 우수 창작극 공모제, 오늘의 연극 시리즈 등을, 번역극을 위해서 세계명작무대 등을 실시했다. 그 외에 관객층의 다양화와 저변확대를 위한 가족극 개발이 있었다. 그러나 필자는 국립극단의 작품 선정 과정, 그 심사기준을 전혀 알지 못한다). 보들레르의 말처럼, 시를 포함한 예술적 성과라는 것은 삶을 희생한 결과일 것이다. 그러나 오늘날 우리는 공연을 위해서 삶이 아니라 희곡을 희생시키고 있다. 삶을 희생하기는커녕 삶과 희곡을 이용하고 있다. 이 점을 내세우고 싶다. 레퍼토리 선정에 대하여, 필자는 몇 가지 생각을 했다. 우선 연극을 하나의 형식으로, 하나의 위대한 책으로 읽는다는 것, 둘째는 연극은 세계를 하나의 공연으로 남김없이 변형시켜 재흡수하는 것. 이를 위해서 우리는 다음과 같은 질문을 해야 할 것이다. 연극 그 자체가 무엇인가가 아니라 말하고 있는, 연극하고 있는 사람이 누구인가를 인식하는 것이다. 왜냐하면 언어의 완전한 집결지는 언설의 소유자, 말하는 이였기 때문이다. 누가 말하고 있는가라는 질문에 말라르메는 다음과 같은 대답을 한다. "말하고 있는 것은 그것의 고독에 의해서, 그것의 미묘한 떨림에 있어, 그것의 무에 있어 단어 그 자체로서 단어의 의미가 아니라 단어의 수수께끼 같은 자기 자신의 내부에 몰입함으로써 말하고 있는, 질문하는 주체로서의 자기 자신에 토대를 두는 것"이라고. 연극을 보는 이들은 연극을 통하여 언어란 무엇인가, 기호란 무엇인가, 언표되지 않은 것은 무엇인가, 그 모든 것들이 말을 하는가, 만일 그렇다면 무슨 언어로 하며, 무슨 문법에 맞춰서 하는가, 모든 것이 중요한가, 만일 그렇다면 어떤 것이 중요하며, 누구를 위해 중요하며, 어떤 규칙에 따르고 있는가, 언어와 존재 사이에는 무슨 관계가 있는가, 언어가 항상 말하는 것은 존재인가, 그렇다면 아무것도 말하지 않지만 침묵하지도 않는 연극이라고 불리는 이 언어는 무엇인가, 연극이란 언어의 중요한 모습을 고스란히 드러내기 위하여 언어를 우회할 수 있는 방법은 과연 존재하는가, 무엇이 말하고 있는가를 모르는 채, 아니 말하고 있다는 사실조차도 모르는 채 연극을, 그 시간을 말해온 사고가 이제 고스란히 자신으로 돌아가 다시금 존재의 광휘 속에 조명되고 있음을 예감할 수 있을까?

한국 연극의 고전

　우리 입장으로 현대 연극의 미학을 말하고 정의할 수 있는 연극의 에너지, 연극의 잠재성은 무엇인가? 잠재성이란 에너지 – 다시 일어나게 하는 것을 뜻한다. 근원과 뿌리, 민족주의 혹은 민족차별주의자와 같은 단어들의 어원은 같다. 그러므로 한국 연극과 배우 그리고 텍스트의 미학, 그 근원을 말하려는 근원주의자는 항상 스스로에게나 자신의 바깥에 위험할 수밖에 없다. 용기를 필요로 하는 일이고, 위험을 감수해야 하는 일이다. 혁명이라는 것은 다시 돌아가게 하는 것, 그러니까 멈추어 있는 것을 돌아가게 하는 것이다. 근원과 혁명은 가장 가까운 의미망에 속해 있다. 바꾸려면 근원으로 내려가야 한다. 그래야만 돌아가게 할 수 있기 때문이다. 이것이 우리가 한국 연극의 이론, 그 가운데 고전이론을 다시 공부하려는 이유가 될 것이다.

　연극은 우리의 삶과 떨어질 수 없는 매우 소중한 예술이다. 한국 연극에 있어서 고유한 배우의 이론이 있는가? 잊혀지지 않을 고전들은 얼마나 자주 공연되는가? 한국 연극의 미학에 관한 논의는 우리의 삶을 배경으로 삼은 연극의 이해로부터 시작되어야 한다. 연극은 섬세한 감각의 예술이다. 그것은 배우가 지닌 온몸과 숱한 말로 인간과 사회에 대해서 통찰하는 예술이다. 보이는 말이 글이고, 들리는 글이 말인 셈이다. 그 말과 글 속에 진리가 숨겨져 있다면 그것은 예사말과 글이 아니다. 연극이 모든 인문학적 지식을 총괄하고 지성의 산물이라는 것은 의심할 바가 없다. 오래전부터 인문학의 위기와 더불어 연극의 위기를 말하는데, 그것은 두 가지 이유 때문이다. 하나는 인간과 사회를 통찰하는 배우가 제 몫을 하지 못하면서 연극이 삶의 총체성과 멀어진 탓이고, 다른 하나는 그것이 커져 연극이 인문학적 지식과 지성으로부터 동떨어진 채 제 역할이 흔들리거나, 제 할 바를 잃어버렸기 때문이다. 연극이 재미없다는 것은 연극이 우리의 삶에 대하여 어떠한 설득력도, 통찰력도 지니고 있지 않다는 것을 뜻한다. 연극의 상투성, 통속성은 모두 고정된 것에 저항할 수 없는 무력함으로부터 온다.

한국 현대 연극의 미학을 결정짓는 고유한 언어란 지배론적인 전제들인 모든 상투성과 통속성을 덜어낸 언어일 터이다. 그런 뜻에서 보면, 한국 연극의 중심인 대학로는 더 이상 연극의 마을이 아니다. 계속 똑같은 말로 하는 연극, 늘 같은 방식으로 재생산되는 연극들이 있을 뿐이다. 연극이 없는 텅 빈 사막과 같은 그곳에 있는 공연들은 연극의 탈을 쓴 유사 연극이다. 사유가 부재한 오락의 연극만이 풍요롭다. 그곳에서 새로운 연극의 역사를 만드는 작가를 찾기 어렵다. 이른바 가짜 연극들만이 있기 때문이다. 그 위로 사라진 연극들이 유령처럼 배회하고 있다. 순결과 같은 연극 창작의 의지가 사라지고 연극을 지배하는 권력만이 난무한다. 여기에 연극비평마저 침묵하고 있다. 그렇다면 오늘날 절박한 연극이론과 비평은 배회하고 있는 연극 유령들과의 대화가 되어야 할 것이다. 한국 현대 연극의 미학, 그 구경(究竟)은 존재하는 연극이 아니라 부재하는 연극에 관한 것이어야 한다.

나는 오늘날 한국 연극의 지형이 매우 혼란스럽다고 여긴다. 죽이 되든 밥이 되든 연극은 엄격해야 하고, 엘리트주의의 산물이 되어야 한다고 말하고 싶다. 연극의 엄격성은 한국 연극의 뿌리에 관한 것이다. 한국 연극이 보여주는 부챗살과 같은 스펙트럼은 매우 광범위하다. 그 안에서 나는 고유한 연극이 사라지고 없다는 것을 깨닫는다. 한국 현대 연극의 자장 안에는 미국 연극, 유럽 연극, 일본 연극, 중국 연극, 라틴 아메리카 연극, 아프리카 연극들이 섞여 있다. 그리고 서구 연극 중심적이거나 이를 추종하는 포스트모더니즘 연극, 탈식민주의와 연극, 여성주의와 연극, 정보화 사회와 연극, 자본주의의 문화 논리와 뮤지컬, 장르의 해체, 실험과 재구성의 연극들이 이념적으로나 실천적으로 유행하고 있다. 한국 현대 연극의 미학에서 "우리들이 지금까지 서술하여 온, 과거로부터의 동서양 불평등론의 방향으로 왜곡"된 바는 무엇인가? 한국 현대 연극의 미학을 지탱하는 입론의 근거는 무엇인가? 한국의 근대 이후 연극은 많은 부분 서양 연극의 이론이 지배했던 역사가 아니겠는가?

한국 연극은 동서양 모든 연극에 관대하고, 연극의 미래에 대해서 너무나 낙관적이다. 무엇이 한국 연극의 고유함인가? 그것은 연극을 만드는 윤리에서부터 연극의 구조에 이르는 것을 모두 아우르는 질문이다. 80년대 이후, 독창적인 연극 이념들을 내세운 창작들이 없었던 것은 아니었지만 만족할 만한 것은 아니었다. 동양이 지닌 신비적 요소, 보다 대중적인 요소들이 가미된 공연을 통하여 서구 연극과 구별되는 한국 연극, 나아가 세계적인 한국 연극을 위한 시도가 있었지만 그 수준은 기대할 것도 아니었고, 그 시도도 오래 지속되지 못했다. 서구 연극의 주변화에 머물고 만 이것이 한국 현대 연극의 엄연한 현실이다. 예컨대 많은 해외 공연을 한 '극단 자유'의 공연 목록은 한국 연극의 자생적이고 독창적인 전통이란 이름을 내걸고 서구 연극의 주변화에 앞장선 경우라고 할 수 있다. 서구 연극에 대한 편견 혹은 영향력은 오랜 시간을 통해서 우리 연극 안에 자리 잡고 있다.

서구의 현대 연극에서 이러한 반성은 연극 표현기제인 말과 글과 몸 가운데 몸으로부터 비롯되었다. 연극 연구의 대상은 인간의 몸이라는 인식은 우리나라를 비롯한 동양 연극의 미학을 새롭게 조망하는 계기가 되었다. 이것은 연극을 하나의 미시사회로 보고 사물과 세계를 재현하는 배우의 몸과 배우가 재현하는 사물과 세계와의 관계를 규명하기 때문이다. 사물과 세계를 드러내 보이기 위한 배우의 재현기술, 즉 연기법에 관한 연구는 배우의 몸으로부터 시작한다. 이런 관점으로 우리는 연극인류학을 만나게 된다. 『연극과 인류학 사이』에서 리차드 쉐크너가 언급한 것처럼 "모든 연극이 인류화되는 것처럼, 인류학은 모두 연극화된다"는 것은 배우의 몸이 있기 때문이다. 이른바 인간의 몸을 위주로 해서 연극과 문화에 대한 절대주의가 아니라 상대주의를 믿는 태도이다. 그것은 최종적으로 하나만의 연극과 그 제도가 아니라 여러 연극들과 제도들을 믿는 것, 그리하여 연극의 제도(制度)를 제도(諸島)로 만드는 것이다.

90년대에 들어와서, 우리는 자크 데리다의 대표적인 저서인 『글쓰기와 차이(L'écriture et la différence)』에 들어 있는, 앙토냉 아르토에 관한 두 개의 논문(「속삭임(La parole soufflée)」와 「연극과 재현의 울타리(Le théâtre de la cruauté et la clôture de la représentation)」)를 통해서 서구 형이상학을 위협하는 해체주의적 관점과 더불어 서구의 동양 연극 연구를 재빨리 수용할 수 있었다. 이렇게 우리들은 서구의 연극이론의 의해서 더 많이, 더 빨리 동양 연극의 미학에 접근할 수 있었다. 그것은 21세기에 나타나는 또 다른 형식의 서구 연극에 의한 동양 연극의 지배 형태라고 볼 수 있다. 유제니오 바르바와 자크 데리다에 의해서, 동양 연극은 제의적 동작, 제스처, 리듬, 음악을 지각하게 함으로써 가장 깊고 가장 원초적인 본능과 감정을 일깨우는 극형식의 추구로, 관객의 무의식을 자유롭게 하고 문명화된 외관 밑에 숨어 있는 격렬한 원시적 감정과 욕망의 진실을 드러내고자 한 연극으로, 반복되지 않고 단한 번의 의미나 현전의 수수께끼와 같은 연극으로, 연극의 경계에 도달하여 연극적 가능성의 안과 밖을 사유하면서 동시에 그것을 무화시키는 위험한 연극으로 받아들여지게 된다. 그리하여 한국의 현대 연극의 미학은 어느 정도, 원하든, 원하지 않든 아르토의 연극이론처럼 언어의 무대화, 즉 언어의 연출, 순수한 연출의 승리에 동의하게 된다. 그리고 종래 서구 연극의 언어인 분절된 언어와는 전혀 다른(이를 극복하는) 논리와 이성을 벗어난 공간적인 언어를 발견해야 한다는 것을 긍정하게 된다. 즉 시간과 공간, 이성과 감각, 영원과 시간, 이상과 현실, 영혼과 육체와 같은 이분법적 구분, 심리적 특성을 지닌 서구의 연극언어와는 전혀 다른 언어를 추구해야 한다고 여기게 된다.

모든 연극 이념의 분열과 통합 이전에, 새로운 연극 창조의 가능성에 대한 시도에 앞서서, 연극미학의 절정은 연극은 공연을 통해서 시작되지만 공연과 함께 끝난다는 것이다. 한국 연극은 그것을 쉽게 잊고 있다. 방향 부재의 한국 연극. 고립무원의 한국 연극. 한국 연극에는 무언가 큰 것이 빠져 있다. 한국 현대 연극의 미학적 성찰을 위해서는 시간과 장소를 초월해서 연극이란 형식이 지니는 근원적인 성격이 무엇인가를 먼저 말할 수 있어야 한다. 그렇지 않으면, 한국 연극의 정체성은 이미 정해진 것이 되고 만다. 한국 연극이란 이런 것이다, 라고 상정된 것이므로, 그 합의된 것에 새로운 논의를 진행할 수 없게 된다. 다른 나라의 연극의 이론과 실천에 있어서 관대했다는 것은 한국 연극이 연극을 만드는 방법에 매달려 있다는 증거이다. 그 묵시적 관행은 아직도 유지되고 있다. 깊이 없는 젊은 연출가들이 서양의 연극에 추근대며 선배들처럼 실험이란 이름으로 재구성, 재창작, 각색하는 데 앞장서고 있다. 이 결과 진리와 같은 원작이 사라지고 위작만이 난무한다.

이 경우, 동양 연극의 고전이론의 공부도 마찬가지이다. 그 이론을 한국 연극과의 유기적 연관성을 말하는 것이 아니라 한국 연극의 바깥에서 온 신비화된 이론으로 자족하고 있다. 그것이야말로 서구 연극의 주변화 과정을 겪는 한국 연극의 모습이다. 그리하여 지배적인 서구 연극과 구별되는 것이 아니라 서구 연극이라는 지배론적 범주에 스스로 동화되고 만다. 서양 연극의 미학을 연극의 원형처럼 여기고, 그것에 의지하는 역사적, 미학적 시뮬라시옹은 동양 연극의 미학 연구에 있어서도 그대로 유지된다. 보라, 한국 연극에 다른 나라 고전 희곡과 이론에 관한 책들이 얼마나 번역되었는지를. 그런 현상은 한국 연극의 고전에 있어서도 마찬가지이다. 텍스트가 부재한 연극의 이론들이 넘쳐나고 있다. 깊이 살피지 않고 삼키는 이론들이 너무나 많다. 고전 번역이란 우리 입장에서 읽고 우리 자신을 설명하는 일이다. 해석학적 반성을 거듭하는 노력이다. 이것이 시급하다.

연극 살아남기

 시대가 달라졌다. 턱없이, 덧없이 너무 빠르게, 모든 것이 헉헉 가쁜 숨을 내쉬며 쉴 새 없이 가기만 한다. 연극 역시. 연극인도 아울러. 거리에 붙은 포스터 위에 다른 것이 덧붙여지는 순간처럼. 실은 고민하는 연극인 앞에 연극이 더 먼저 말 못 할 고민을 하고 있었던 것이 아닐까? 놀랄 만한 속도감 앞에서 연극인은 그것을 몰랐을 뿐이다. 그렇기 때문에 연극보다는 연극인이 먼저 아무렇지도 않게, 연극의 저항도 없이, 물론 주저함도 없이 고민을 말한다. 연극과 연극인 고민의 앞과 뒤에 서로 섞이고 서로 찢어지고, 흩어지고, 바람에 날리는 연극 포스터들이 지나가는 이들의 발길에 밟히고, 구석에 쓰레기 더미로 쌓이고…… 그래 연극과 함께도, 연극 없이도 살기가 힘들구나.

 그럼에도 불구하고 연극이 살아남을 수 있는 길에 대하여 써야 한다. 다가올, 너무도 빨리 올, 아니면 이미 와 있을지도 모르는 보일 듯 보이지 않는 연극이 가고 놓일 길에 대하여. 오늘의 길에 연결되는 미래의 연극은 무엇일까? 적게 잡아 5년 후의 연극? 미래의 연극은 과거와 오늘의 연극과 단절되지 않고 줄줄이 이어질 뿐이 아닌가? 이어지면서 주름이 잡히고 흔적이 보이고 상처가 나고 길이 생기는 것. 그러므로 미래의 연극은 오늘의 연극을 넘어서가 아니라 이미 오늘의 곁에 가까이 와 있는 연극일 것이다. 오늘의 연극을 따라. 이 글은 그 길을 따라가면서 쓰여진다. 막힌 연극의 길을 따라 끊이지 않는 끊이지 않을 길을 이어가면서.

앞서 연극인보다 연극이 더 먼저 고민하고 더 많이 괴롭다고 했다. 진지한 연극이 퇴색하는 시대에 우리는 놓여 있기 때문이다. 연극예술이 진지해질 수 없는 시대, 연극이 놀고 있는 시대라고 해야 더 옳을 것이다. 연극이 등 돌리고 가볍게 울리고 있는 시대, 연극예술이 별 볼일 없는 시대라고 해야 더 옳을 것이다. 연극인보다 연극이 더 고민하는 절박한 시대에 연극예술이 중앙에 있지 못하고 점차 변두리화되고 있다. 그 변두리에서 연극은 돈벌이에 혈안이 되면서 상업화되고, 허명에 시달리면서 놀고 있다. 연극이 놀고 있는 시대는 연극이 우리에게 주는 전망마저 희미한 불행한 시대이다. 시대에 대항하지도 못하고, 이 세계를 부정하지도 못하면서 연극은 저절로 세상과 한통속이 된다. 그 책임의 가장 커다란 부분은, 아니 그 결과는 배우들의 천박함에서 찾아볼 수 있다. 연극적으로 보면 시시한 세상이란 배우라는 것이 가장 흔한 직업이 되는 세상이다. 누구나 배우가 될 수 있는 세상(어쩌면 이 말은 맞는 말일 수도 있으리라), 어쩌다 눈에 띄면 갑작스럽게 배우가 될 수 있는 세상에서 연극이 제대로 될 턱이 없다. 필자는 이에 저항하고 싶다. 우리나라에는 배우가 너무나 많다. 길을 가다가도 연출가의 눈에 들면 당장에 유명한 배우가 될 수가 있는 경우는 한심한 후진국에서나 볼 수 있는 일이다(그런 말을 듣는 즉시 자신이 배우가 되어도 좋다고, 배우가 될 수 있다고 믿는 세상은 그야말로 황당한 세상이다. 우리는 그런 황당한 세상에서 멋모르고, 아무렇지도 않게 살고 있다. 이런 세계에서는 위기가 위기로 보여지지 않고 감쳐진다).

배우가 시시해질 때 연극도, 세상도 다 별 볼일 없어진다. 연극배우들은 몸을 만들어 몸으로 글을 써서, 그 몸의 글로 세계를 번역하고 다른 이들과 소통하는 이들이다. 요즈음 배우들은 기억하고 저장하는 몸의 고통스런 상처 대신 자유와 풍요로움으로 이것저것 따지지 않고 몸을 복제 가능한 것으로 쪼개 판다. 몸을 학대하는 것이 아니라 몸을 상품화한다. 배우들은 몸값을 받아가며 광고, 무대, TV, 영화, 라디오 등 가리지 않고 이름만으로, 얼굴만으로 등장한다. 이름과 얼굴은 배우의 몸의 존재가 아니라 몸이라는 상품, 즉 몸의 부재이다. 배우가 상품화되면 배우는 몸을 무시하게 되고 상품화된 자신의 얼굴과 이름만을 (유명한 배우와 비슷한, 모방한 얼굴들을 볼 때마다) 가치 있게 여긴다. 몸의 부재를 통하여 배우의 이름을 확대하는 것이 가능해지는 거품의 시대에 연극이 고민하는 것은 당연한 노릇이다. 연극에서 다른 장르로까지 배우의 쓰임새가 확대되는 현상은 연극과 기타 예술을 구분하는 경계의 와해를 뜻하기도 하지만 무엇보다도 진지한 연극, 진지한 배우의 부재를 말해주고, 연극예술만이 지닌 허구적 강제권에 의한 전복과 재현의 자유를 말살한다. 이것이야말로 연극과 연극인의 위기이다. 덧붙인다면 이것 말고도 진지한 연출가들이 부재한다.

연극의 새로운 패러다임을 위해서 무엇보다도 진지한 연극을 부활시켜야 하는데 이에 비평의 역할은 매우 중요하다. 우리에게 필요한 것은 '연극을 보는 것'이 아니라 '연극을 새롭게 보는 비평의 역할'이다. 연극비평이 담아내야 하는 중요한 것은 당연히 목적어인 '연극을'에 대한, 둘째로는 '새롭게 보는 것'에 대한 방법론적 논의일 것이다. '연극을'은 연극을 만드는 이들 (연극 생산자, 혹은 연극예술가)에 관한 것과 연극에 관한 것(연극이론과 같은)을 동시에 포함한다. '새롭게 보는 것'이란 연극을 보는 이들(연극 소비자, 혹은 연극 관객)에 관한 것과 연극을 어떻게 볼 것인가(연극 읽기와 그 방법)를 설명하는 일이다. 이를 위해서는 연극에 대한 잘못된 관행과 상식들을 하나씩 들추어내어 결국에는 없애버리는 것이 필요하다.

이런 태도가 연극을 하는 입장에서는 연극다운 연극을 만들어 대접받을 수 있는 일이고, 관객 입장에서는 관객으로서 연극을 즐길 수 있는 처지가 마련되는 일이다. 앞서 언급한 새로운 연극의 패러다임 역시 이런 출발로 가능할 것이다. 결론적으로 연극과 연극인이 살아남기 위한 고민은 연극의 새로운 패러다임을 찾기 위함일 것이다.

연극열전에 대하여

    2000년 이후 한국 연극은 오리무중이고, 속수무책이다. 연극으로부터 무엇을 배울 수 있었던가? 연극으로 내 삶의 어떤 결핍을 채울 수 있었던가? 공연도, 연극하는 동네도 모두 추해졌다. 치졸한 경쟁이 끊이지 않고, 연극에 대한 글쓰기와 말하기에도 거짓말과 얄팍한 글들이 많다. 많은 연극이 예술이란 이름으로 치장했지만 내용은 별 볼일 없는 저질의 것들이었다. 배우들의 몸과 말에 향기가 없었다. 거친 언어와 행동들이 무대 위에 그대로 드러나는 경우가 많았다. 상투적이고, 비루한 몸짓들이 사라지지 않았다. 제대로 된 연극에 대한 담론은 볼 수도, 들을 수도 없었고, 연극을 공부하는 많은 이들이 연극에 기생충처럼 붙어 살아가고 있다. 싸움은 왜 그리 많은가? 공연하고 나면 적자 나서 망했다고 말하면서, 또 술이고 공연이다. 돈은 어디서 나는지? 연극동네에도 귀족은 있다. 그들은 예술과 경영의 줄다리기를 교묘하게 잘해서 품위 있게 산다. 국민의 세금으로 낸 공공 지원금을 받아 공연하는 일이 많은데 개중에 좋은 작품은 드물다. 정말 연극은 아름다운 예술인가? 정말 연극은 사람 냄새가 나는 인간적인, 너무나 인간적인 예술인가? 아니라고 말하고 싶다. 대학원 시절 처음 만났지만 지금은 은퇴하신, 평론을 하셨던 선생님은 이렇게 말씀하셨다. "내가 어리석었지." 나도 어리석었다.

〈연극열전〉, 기획사는 이렇게 말한다. "2004년 한국 연극 최고의 프로젝트". "20년간 소멸되지 않는 생명력으로 관객을 사로잡는 장난 아닌 연극 모음전". 기간은 2004년 1월부터 12월까지. 장소는 동숭아트센터. 참가작 품은 "에쿠우스, 남자충동, 햄릿, 허삼관 매혈기, 택스 드리벌, 백마강 달 밤에, 오구, 피의 결혼, 한씨 연대기, 관객모독, 판타스틱스, 나잇 마더, 불 쫌 꺼주세요, 청춘예찬, 이발사 박봉구". 우선 관객들은 속지 말아야 한다. 프로젝트라고 말하는 '연극열전'은 기획사의 기획상품이다. 모둠전과 같은 "모음전"이다. 공연 작품들도 기획사가 정한 것일 뿐, "보석과도 같은 작품" 이라고 말하는 것은 지나친 표현이다. 그래서 〈연극열전〉은 기획사의 광고 문구대로 "演劇列傳도 되고, 演劇熱戰도 되고, 연극열쩐"도 된다. 다 말 장난일 뿐이다.

이렇듯 한국 연극계의 커다란 변화를 한마디로 한다면 연극동네에서 연 극시장으로의 옮김이다. 자본의 논리와는 거리를 둔 연극동네에서 천박한 연극시장으로의 변화는 연극에 대한 고민의 새로운 상수이다. 시장이랄 수 없는 제도적 협소함에도 불구하고 어느덧 연극동네는 자본의 논리가 활개 치는 시장이 되었음은 누구도 부인할 수 없는 사실이다. 어느 날 갑자기 연 극동네가 제 모습을 잃고 있음을 연극과 연극인들은 발견한다. 요즘의 용 어를 빌리면 연극동네는 졸부들이 지닌 천민자본의 투기 장소와 같다. 연 극사업을 기획력으로 결정지을 수 있다고 믿고 실천하는 이들이 늘어났다. 이들에 의지해서 공연을 성사시키는 일은 가난했던 옛일을 갑자기 잃어버 린 기억으로 삼고 대신 뭔가를 채우는 저급한 보상 행위들에 다름 아니다.

〈연극열전〉을 더러 보면서, 나는 80년대 공연된 작품들이 그 후 견뎌내야 했던 20년이라는 시간의 켜를 주목했다. 연극은 시간과 어떻게 싸우는가? 연극은 기획사의 광고대로, "소멸되지 않는 생명력"을 지닌 예술인가? 한마디로 〈연극열전〉의 공연들은 80년대 처음 공연되었던 것과 크게 변모하지 않았다. 〈남자충동〉과 같은 작품은 처음 공연했던 그때와 하등 다르지 않았다. 다만 처음 출연했던 배우들이 늙어간 것 이외에는. 연극은 공연되고 나서 소멸되어야 하고, 다시 공연될 때 시간의 무게를 지닌 채 다시 태어나야 하는 숙명을 지닌 예술이다. 그러나 오래전 흥행이 잘 되었던 상품으로서 그대로 유지되기 위해서 〈연극열전〉의 작품들은 "새로운 모습"이 아니라 그때 그 모습을 지니고 있어야 했다. "최고의 연극들이 새롭게 태어납니다"라는 언급도 참 위험한 진술이다. 최고의 연극이란 결코 고정되어 있는 것이 아니기 때문이다. 크게 보면, 다른 작품들도 이와 같은 비평에서 벗어나기 힘들다.

이참에 짚고 넘어가야 할 것이 있다. 오늘날 공연의 대부분은 정부나 지방자치단체의 문예지원금의 지원금과 기획사의 투자로 이루어진다. 그 지원금액과 투자금액은 적은 것은 아니다. 지원의 경우, 작가와 극단은 기획사에게 지원금 신청을 위임하는 경우도 있고, 스스로 지원신청을 하는 경우도 있다. 그러니까 작품생산의 기원이 작가의 창조적 본능에서 지원금 수령으로 바뀌었다. 그 결과 작품을 하지 않으면 안 된다는 절체절명의 의식 대신 지원금을 받으면 하고, 받지 못하면 하지 않는 무책임한 꼴들이 연출되고 있다. 〈연극열전〉의 작품들 가운데 몇몇은 기획사에 의해서 수천만 원씩 정부의 문예지원금을 받았다. 이처럼 연극의 주최가 극단이 아니라 기획사로 바뀌었다. 연극의 본질을 무례하게 바꾸어놓는 이 문제는 심각한 연극의 위기를 말해주는 단면이다. 이렇게 연극으로 돈을 벌자고 하면 무슨 짓인들 못 할까? 90년대 초만 하더라도 한국 연극계는 주변의 무용과는 달리 그리 크지 않았다. 연극동네라고 할 만큼 연극인들의 숫자 역시 많지 않았다. 많지 않았다는 것은 두 가지 특징을 지닌다. 하나는 전문화되지 않았고 모두들 연극동지처럼 서로 간을 구분할 필요성을 지니지 못했다는 것이고, 다른 하나는 돈벌이를 염두에 두지 않고 뭔가 의무감을 지니고 했다는 점이다. 동네는 인연으로 만나는 곳이라면 시장은 이익으로 만나는 곳이다. 이제 한국 연극은 연극동네와 연극시장을 구분해서 연극의 위상을 달리 보아야 할 시점에 와 있다. 연극동네에서의 고민과 연극시장에서의 그것은 다를 수밖에 없다.

한국 연극의 동향

1. 한국 연극의 동향

1996년 이후 한국 연극의 두드러진 특징은 뮤지컬의 유행, 고전작품의 재해석, 창작극의 활성화, 상업주의 연극의 범람이 될 것이다. 뮤지컬은 기성과 신인을 막론하고, 한국의 극장을 대표하는 문예회관과 예술의전당, 그리고 많은 소극장을 포함한 연극의 중심과 변두리에서 공연되었다. 수입된 뮤지컬로는 〈레미제라블〉이 비싼 관람료에도 불구하고 흥행에 성공했다. 한 재벌그룹에 의한 뮤지컬 〈브로드웨이 42번가〉의 투자와 세계적으로 인기를 모으고 있는 〈스톰프〉와 같은 공연의 수입은 계속될 전망이다. 1996년에 주목할 만한 국내 뮤지컬 작품으로는 서울 뮤지컬 컴퍼니의 〈사랑은 비를 타고〉(오은희 작, 배해일 연출)를 들 수 있다. 살롱 뮤지컬이라는 이름이 붙여진 이 작품은, 춤과 노래가 섞이고 엉켜서, 아가씨와 건달들이 서로 포개져서, 말보로 담배, 코카콜라, 맥도널드 햄버거 광고판이 무대장치로 둔갑하는 기존의 뮤지컬들과 조금 다르다. 공연은 세 명의 배우가 들려주는 노래와 춤으로 진행되면서 "찬란한 무지개"와 같은 희망과 "지금 이 순간 한없는 행복"을 말한다. 뮤지컬은 사랑에 관한 사유, 이를테면 말에 의한 사유, 그 고통보다는 사랑해야 하는 육체를 더욱 돋보이게 한다. 일반적으로 뮤지컬에서 배우들과 이야기는 날고뛰면서 정상적인 삶의 속도보다 더 빨리 간다. 뮤지컬이 빨리 가는 것이 아니라 자본주의가 뮤지컬의 속도를 빠르게 한다. 한국 연극도 그러한 영향력 아래에 놓여 있다.

또 다른 뮤지컬로 〈지하철 1호선〉(1986년 독일 그립스 극단의 작품, 김민기 번안 · 연출)을 꼽을 수 있다. 이 연극에서 노래는 지하철과 그 주변에서 살아가는 이들의 지옥 같은 삶을 실어 나른다. 군사혁명에서 문민정부에 이르는 세월을 역사적 배경으로 세워놓고 삶의 역겨움과 고달픔을 울려 퍼지게 하는 노래들은 아름답지만 감동은 쓰리다. 공연은 노래가 가진 것 없는 이들의 가난한 삶과 몸의 상처를 읽어주고, 썩은 세상을 위로하고, 더럽고, 음란하고, 위선뿐인 지금, 이곳에서 사는 이들의 삶의 아픔은 반복되지만 그래도 살아 있어 행복하다는 것을 눈물겹게 말하고 있다. 그리고 지식인이야말로 허울을 벗고 거듭나야 한다는 것을 고발하고 있다. 비평가들로부터 1970년대 이래 세상은 나아지기는커녕 오히려 더 악순환의 고리가 연장되고 있다는 것을 고통스럽게 고백하고, 동시에 관객들로 하여금 즐겁게 반성하도록 한 수작이라는 평가를 얻었다. 이 밖의 뮤지컬로서 〈명성황후〉 〈쇼 코메디〉 〈고래사냥〉(최인호 원작, 이윤택 연출)이 있었다.

1996년 서울연극제 작품상 수상작 〈블루 사이공 ─ 월남에서 돌아온 김상사에 대한 보고서〉(김정숙 작, 권호성 연출)도 적지 않은 부분을 노래로 전달하고 있다. 공연은 전쟁이라는 지워지지 않는 상처가 주는 아픔이며, 조금도 수정되지 않고 반복되는 지루한 역사이며, 그 속에서 살아갈 수밖에 없는 이들의 처절한 삶을 잘 보여주었다.

올해에는 지방 극단의 서울 진출도 활발한 편이었다. 그중에서도 광주에서 활동하는 극단 토박이의 〈모란꽃〉(박효선 작 · 연출)은 "광주 5월항쟁에 참여한 한 여인의 심리적 충격"을 담아 "광주에서 서울로 보내는 눈물과 희망의 메시지"이며, 연극을 통한 "광주 시민의 자존심"을 보여주고 있다. 1980년부터 지금, 여기에 이르도록 광주의 역사적 상흔은 아직도 치료되지 않고 있다는 것을 말하고 있다. 이 연극은 광주항쟁의 슬픔과 고통을 잊지 말자고, 잊어서는 안 된다고 절규하고 있다. 여기서 광주 5월항쟁은 단순한 도구도, 고정된 장소도 아닐 것이다. 이 연극은 오히려 그것들을 초월한다. 초월하는 그곳에 〈모란꽃〉은 피어난다.

1996년 공연된 번역극의 특징은 주로 현대 연극의 고전작품들을 대상으로 하고 있다는 점이다. 특히 한국 연극에서 브레히트의 작품을 공연할 수 있는 것은 연출가의 행운이며, 그것을 볼 수 있는 것은 관객의 기쁨이다. 그 이유는 브레히트의 연극이 매우 힘들게 공연되기 때문이다. 〈사천 사는 착한 사람〉은 극단 미추가 창단 10주년을 기념하기 위한 공연이었다. 아직까지도 한국 연극 연출가들에게 브레히트 연극은 넘어야 할 거대한 산과 같다. 이 공연은 브레히트 연극 속에서의 브레히트가 아니라, 브레히트 속으로 들어가 브레히트로 나오지 않고 한 연출가의 작품으로 나오는 것을 볼 수 있다는 면에서 의미를 지닌다. 이학순의 무대장치는 굶주리고 헐벗은 이들의 집들을 축소시켜 포개놓고 이어놓은 무대의 배경 막은 사실적인 수준을 넘어 전복적이라고 할 만큼 상징적이었다. 이 공연은 보다 나은 세상을 원하는 한 브레히트의 연극은 여전히 유효하다는 사실을 보여주고 있다. 동시에 아직도 브레히트의 연극은 더욱 가벼워질 필요가 있다는 것을 말해주고 있다. 또 다른 브레히트 작품은 극단 목화의 〈서푼짜리 오페라〉(오태석 번안 · 연출)였다. 연출가는 거지들, 사기꾼들, 창녀들, 이들과 한

패인 경찰서장 등을 등장시켜 한결같이 되묻는다. 공연은 모두들 착하게 살고 싶지만 "다른 인간을 괴롭히고, 벗겨 먹고, 덮치고, 목 조르고, 잡아먹으며 사는" 상황을 문제 삼는다. 그러니 독하게 살 수밖에 없다고 말하는 인물들을 앞에 내세운다. 인간은 악행으로 사는 것이라고 노래한다. 브레히트를 통하여 우리 사회의 부패와 폭력을 드러낸 작품이었다.

또 다른 번역극 공연은 극단 우리극장의 〈카스파〉(페터 한트케 작, 고금석 연출)이다. 이 작품은 유산 상속의 희생자로 15년 동안 동굴 속에 갇혀 있던 카스파의 언어 습득 이야기이며, 동굴과 세상과 말에 관한 연극이다. 공연은 카스파가 동굴에서 극장인 세상으로 나오고, 관객들이 세상에서 극장인 동굴로 들어가면서 시작한다. 극장은 카스파에게는 세상이며, 관객들에게는 동굴인 셈이다. 동굴이란 언어가 부재하는 언어 이전의 자궁과 같은 터를, 세상이란 언어가 실재하는 도시를 뜻한다. 동굴과 세상의 경계, 언어부재와 언어의 차이, 말들의 풍경과 말들의 고문 사이에 카스파와 관객들이 놓여 있다. 주목할 번역극 공연으로는 여성의 죽음에 대한 〈키 큰 세 여자〉(에드워드 올비 작, 강유정 연출)를 더할 수 있다.

한국의 고전작품을 재해석하는 대표적 공연으로는 국립극단의 〈춘향아, 춘향아〉(이근삼 작, 김광림 연출)를 들 수 있다. 이 연극의 원작은 〈춘향전〉이고, 이를 한국 현대 희곡의 원로라고 할 수 있는 이근삼이 〈몽룡과 춘향〉으로 다시 썼다. 공연은 춘향과 몽룡의 사랑과 그들 앞에 놓인 현실을 교차시키고 있다. 연출가는 진실한 사랑의 존재 방식과 이를 방해하는 봉건 지배권력의 악습을 현실적 또는 비현실적으로 그려놓았다. 이 밖에도 〈춘향전〉을 각색한 〈여시아문〉(장윤환 작, 심재찬 연출), 〈정선 아리랑〉을 극화한 〈아리랑 정선〉(이하륜 작, 김태수 연출) 등이 있었다.

1996년에는 창작극 공연이 많은 부분을 차지하고 있었다. 한 여인을 등장시켜 한국의 현대사와 질곡의 삶을 보여준 〈어머니〉(이윤택 작, 김명곤 연출), 조상의 죽음을 통하여 살아 있는 자식들과 그 이웃들과의 이해와 관용을 그린 〈뼈와 살〉(이강백 작, 김철리 연출), 연변의 조선족 동포를 통하여 황폐해진 우리의 삶을 반성하는 〈여우와 사랑을〉(오태석 작, 연출), 과거 군사독재의 악몽이 오늘날 우리들에게 어떤 악몽으로 작용하는가를 보여주는 〈슬픔의 노래〉(정찬 작, 김동수 연출) 등이 이에 속한다. 특히 관객들의 많은 호응을 받은 공연은 극단 연우의 〈날 보러와요〉(김광림 작, 연출)였다. 이 작품은 범인을 잡지 못한 채 미궁에 빠져 있던 '화성 연쇄살인 사건'을 패러디화하고 있다. 공연은 이 사건을 통하여 실체의 부재를 확인시킨다. 사건 현장이 슬라이드로 투영되고, 범인을 쫓는 경찰 수사본부의 형사들을 등장인물로 만들어 당시 상황부터 수사를 계속하고 있는 오늘에 이르기까지를 통째로 보여주고 있다. 살인사건을 다루고 있지만, 관객들을 즐겁게 한다. 〈날 보러와요〉가 다루고 있는 '화성 연쇄살인 사건'은 분명한, 있었던 현실이다. 반면에 공연은 현실을 말하려고 하는 것이 아니라 현실의 허구성을 증명하려한다. 그러니까 이 작품은 범인 색출에 아무런 도움도 되지 못하지만, 흔한 사물과 세상을 달리 보게 하는 연극만의 재미를 주고 있다.

극단의 정기적인 공연과 달리, 새로운 공연 형태는 일정 기간 한 극작가의 여러 작품을 공연하는 연극제라고 할 수 있다. 예술의전당에서는 극작가 최인훈 연극제가 열렸다. 〈봄이 오면 산에 들에〉(손진책 연출), 〈옛날 옛적 훠어이 훠이〉(마뉴엘 루트겐홀스트 연출), 〈둥둥 낙랑둥〉(손진책 연출). 그 가운데서 두 번째 작품인 〈옛날 옛적 훠어이 훠이〉는 감동적이었다. 무대는 산골짜기, 세간이랄 것이 없는 오두막집이다. 바늘 끝으로 심지를 들어 올리는 흐릿한 등잔불, 화로가 전부이다. 그 뒤로 깊은 산, 높은 하늘, 저 세상이 감싸고 있다. 때는 귀 기울이며 바람소리 듣는 눈 내리는 저녁 무렵. 무대 오른편에 기다란 솟대—실은 관가의 기둥—가 세워져 있고, 그 위에 목 잘린 얼굴 하나 걸려 있다. 어지러운 세상에 도적이 되었다 잡혀 죽은 이의 이야기를 전한다. 관객들은 눈송이 내리는 기척, 바람소리, 동물들 우는 소리, 아기 울음소리, 사물들 흔들리는 소리, 많은 그림자들을 듣고 본다. 예컨대 "창호지에 비치는 그림자" "작은 사람의 그림자" "작은 그림자를 눕히는 큰 그림자" "문풍지에 비치는 그림자" "포개어지는 그림자" "움직이지 않게 된 그림자" 등등. 이처럼 보이는 것은 기척과 소리와 그림자일 뿐, 극히 미세하다. 그렇다면 관객들은 텅 빈 무대, 텅 빈 배우의 몸을 보고 있는 자기 자신을, 내면의 풍경과 같은 것을 읽는다. 최종적으로는 자기 자신마저 텅 비어 있게 되는 과정을 체험한다. 그것은 세간이랄 것이 없는 텅 빈 방, 흐릿한 등잔불, 등잔 심지를 바늘 끝으로 들어 올려 어두워진 방을 밝히려는, 아무렇지 않게, 뜻 없이 나물을 뒤적거리고, 주저앉아 새끼를 꼬는, 손길을 따라 눈길을 옮기는 순하고도 가벼운 행위와 같다. 희곡작가가 바투 붙여놓은 지문인 "속의 무서움을 꼬듯이, 그런 몸짓"이다.

희곡작가의 작품들을 집중적으로 공연한 것으로는 장정일을 더할 수 있다. 〈이 세상 끝〉은 장정일이 쓴 〈실내극〉을 김철리가, 〈어머니〉를 채승훈이, 〈긴 여행〉을 김아라가 연출한 작품이다. 작가의 3부작을 세 명의 연출가가 각기 연출하고 이를 한 무대에 묶어놓은 형식이다. 공연은 암전만으로 막을 달리하는 것처럼 이 세 작품을 하나로 연결하고 있다. 주된 인물인 남녀 한 명씩이 그대로 반복되고 그리고 세 명이 더 등장한다. 하나의 공연이 세 편의 짧은 희곡, 세 명의 연출가, 한 명의 희곡작가 그리고 다섯 명의 배우로 이루어졌다.

〈너만 봐〉〈마지막 시도〉와 같은 포르노에 가까운 상업주의 연극의 범람은 순수연극과 상업연극의 구분을 분명하게 가져왔다. 상업주의 연극은 연극동네의 뒷골목에서 복판으로 나오고 있다. 그러나 이에 대한 거친 공방만 있었을 뿐 정교한 논쟁은 없다. 한국 연극은 이제 만연한 상업주의 연극에 대한 논의를 필요로 하고 있다. 첫째로는 상업주의 혹은 포르노 연극이라고 분류해놓는 그 순간부터, 분류하는 주체들의 연극은 과연 정당하고, 순수한가를 물어야 하는 곤혹한 논의이고, 둘째로는 순수연극과 사이비연극과의 지난한 싸움이다. 그것은 연극의 순수성과 원시성을 잃지 않기 위하여 치러야 하는 도저한 투쟁과 같다. 상업주의 혹은 포르노 연극에 대한 논의는 그 대상이 되는 연극뿐만 아니라 우리가 옹호하는 순수연극과 이를 서술하는 담론의 순수성을 유지시켜야 하기 때문이다. 아직까지 이런 논쟁은 없다. 그것은 연극이 사이비연극으로부터 도전을 받고 있다는 것을 뜻한다.

1996년 한국 연극의 역량은 1997년에 열린 '97 세계 연극제' 개최를 위해서 모아졌다. 그러나 한국연극협회와 국제극예술협회 한국본부가 계획한 경기도 의왕시와 가평군을 중심으로 한 세계 연극제는 그린벨트 해제 문제에 부딪혀 무산되고 말았다. 1997년 국제극예술협회의 세계총회를 유치한 기념으로 계획된 세계 연극제는 120만 평 그린벨트 해제 문제로 인하여 연극과 자연환경 파괴가 첨예하게 대립하는 논쟁으로 이어졌다. 정부와 여론은 연극제로 인한 인간과 삶의 미래를 위한 자연녹지와 환경 파괴를 허락할 수 없었기 때문이었다. 대신 기존의 시설을 이용한 '97 세계 마당극 큰잔치'를 열기로 했다.

2. 1997년 한국 연극의 동향

1997년 한국 연극의 대표적인 행사는 서울과 과천에서 열렸던 '97 세계 연극제'였다. 사상 유례를 찾을 수 없었던 이 연극제는 "몸의 언어로 만드는 예술인 공연예술을 통하여 우리 문화가 세계 속에 반영되고, 다른 나라의 공연예술을 우리의 그릇 속에 담는 것"을 강조했고, "공연예술이 우리의 사회와 문화에서 중심으로 자리 잡지 못한 것"이 사실이라고 지적하며, "개방과 너그러운 만남과 수용을 통하여 우리가 21세기를 주도해 나아가야 할 것"이라고 말했고, 동서양 연극의 문화적 교량을 구축하기 위한 한국 연극의 세계화"를 말했고, "우리 공연예술의 현주소를 가늠하는 자리"와 "동양과 서양이 서로의 경험과 지혜를 바탕으로 하나의 지구촌 문화를 창조"하는 것을 말했다. 그리고 "시대를 개혁하고 인류를 구원할 수 있는 원초적인 힘을 지닌" 연극을 주장했고, 연극에 대한 인식의 폭이 넓어지고 연극인들의 인식 또한 전환되는 기회가 만들어졌으면" 한다고 말했다.

한국 연극은 이 연극제를 통하여 몸의 언어, 세계 속의 한국 연극, 중심의 연극, 21세기 주도형 연극, 한국 연극의 세계화, 동양과 서양의 만남, 지구촌 문화, 인류를 구원하는 연극 등을 강조했다. 그러나 이런 말들은 뜻이 모호했고, 그 실천 가능성을 전혀 드러내지 않는 공허한 거대 담론들이라고 할 수 있다.

대중적인 관심을 모은 연극은 신파극과 악극의 재현이라고 할 수 있다. 이것은 전혀 예기치 못했던 사건과 같다. 공연된 작품으로는 〈이수일과 심순애〉〈홍도야 우지마라〉〈울고 넘는 박달재〉〈번지 없는 주막〉 등이 악극이란 이름으로 다시 공연되었다. 신파극과 악극이 지닌 주제와 정서는 관객들에게 부담을 주지 않고, 관객들을 지배하지 않는다는 특징을 지녔다.

따라서 관객들이 넉넉하게 지배할 수 있는 편한 오락으로 즐거운 관극을 가능하게 했다. 악극을 재현하는 극단들은 오늘날 연극을 젊은 관객들을 위한 것이라고 치부하고, 악극으로 중년층 이상의 관객들을 극장으로 끌어들이고자 했다.

1997년 처음 창단된 서울 시립극단은 첫 작품인 〈아버지〉(김정현 소설, 표재순 연출)을 시민연극이라고 정의하였다. 그러나 이 작품에서 시민계급의 정체성은 불분명하고, 연극의 체계는 흔한 멜로드라마와 다르지 않았다. 시민연극이란 이름으로 공연된 〈아버지〉는 오히려 시민사회로의 전환기에서 잃어버린 아버지의 존재를 되찾고자 애쓴다. 익숙한 가족과 피할 수 없는 혈연으로의 회귀. 그러나 아버지란 존재의 상처가 시민의 불행과 사회의 파행으로 대표되면서 연극은 주저앉고 말았다. 공연은 기술도시의 신기원으로 옮겨가는 시민연극이 아니라 늘 있어온 부부의 불화, 자식들과의 갈등만을 복사했기 때문이다.

자본주의와 기술 그리고 연극의 합작품인 뮤지컬로서는 미국에서 공연된 〈명성황후〉(이문열 작, 윤호진 연출)가 있었다. 조선조 말 비운의 명성황후를 통하여 경제적 외세에 대항하는 우리들의 삶을 되돌아볼 수 있게 한 작품으로 뮤지컬의 대형화, 해외 수출을 가능하게 했다는 면에서 각광을 받았다. 〈개똥이〉(윤기현 작, 김민기 각색·연출)는 자연과 인간의 관계를 아름답게 보여주면서 오늘날 자본주의의 횡포를 고발한 작품으로 각광을 받았다. 원작이 지닌 "이 세상에서 밤도 낮처럼 환하게 비출 수 있는 것은 사랑밖에 없다. 사랑은 모든 어둠을 몰아내고, 고통, 외로움, 슬픔, 이런 것들도 함께 몰아낸다. 사랑의 빛이 비추는 곳에 아픔도 고통이 없음"이라는 주제를 뮤지컬 〈개똥이〉는 원작을 더욱 확대해서 보여주었다.

또한 〈모스키토〉(폴커 루드비히 원작, 이상범 각색, 박광정 연출)를 꼽을 수 있다. 이 연극은 독일 그립스 극단이 1994년에 초연한 작품이다. "어린이와 청소년들의 눈에 비친 독일의 정치 상황을 풍자하고 있"는 공연이다. 극단 학전이 소개하는 것처럼, 공연은 "한국 청소년들의 생각과 고민 그리고 그들의 바라본 정치 사회상을 통해 지금 우리의 위치와 방향을 새롭게 찾아보고자 한 작품"이면서 혼탁한 정치판을 아낌없이 즐긴다. 그것도 말이 모자라 노래와 춤을 격렬한 리듬에 싣는다. 그러나 연극 속 정치판과 정치가의 모습은 현실정치의 그것들보다 훨씬 낫다. 관객들은 비록 연극이지만 정치에 대하여 처음으로 즐거움을 맛본다. 이 공연의 미덕은 정치가 주는 가능성을 말하고 있는 점이다.

실험적인 작품으로는 〈키스〉(윤영선 작, 윤영선·박상현·이성열 연출, 혜화동 1번지 연극실험실)가 탁월했다. 이 작품은 재미있는 발상을 지닌 연극이다. 이 연극을 보면 키스 장면이 황홀하기도 하고, 키스를 하기 위해서 저렇게 애를 써야 하는 것인가, 키스는 때로는 폭력일 수도 있구나를 알게 된다. 그것을 세 명의 연출가가 달리해서 보여주었다. 하나의 희곡에 공연은 세 개가 되는 셈이다. 즉 연출가에 따라 키스에 대한 해석이 다르다. 혜화동 연극실험실에서 1997년 5월 1일 공연이 시작되어 5월 31일까지 공연했다. 대본은 윤영선, 연출은 윤영선, 박상현, 이성렬이 각기 했다.

97년 가장 많은 관객을 불러 모은 작품은 〈남자충동〉(조광화 작·연출, 동숭아트센터 소극장)이었다. 이 연극은 연극평론가들에 의해서 97년 상반기에 공연된 작품들 가운데서 가장 좋은 작품으로 선정되기도 했다. 희곡을 쓰고 연출한 조광화는 30대 초반의 젊은 연극인이다. 그가 숱한 연극과 연극인들을 제치고 좋은 연극/연극인으로 뽑힌 것은 한국 연극계의 새로운 변화 조짐이라고 보아도 무리가 없다. 이 연극은, 작가의 말을 빌리면, "남자, 아버지 그리고 콤플렉스"에 관한 연극이다. 장소는 목포이고, 등장인물들은 전형적인 전라도 사투리를 구사한다. 조직 폭력배들이 무대를 휘감고 있고, 그 배경으로 그 우두머리(배우 안석환)의 가정이 자리 잡고 있다. 아들은 오로지 가정을 위하여 조직폭력배를 만들어 우두머리 노릇을 한다. 그가 말하는 패밀리는 가정이며 동시에 조직폭력 집단을 뜻한다. 노름꾼인 아버지에게 세상은 내기 노름과 같다. 그의 삶에 있어서 노동과 노름은 일치한다. 어머니는 남편의 폭력에서 벗어나고자 가출을 시도하고, 딸은 실성해서 말을 잃어버린 채 단조로운 멜로디만을 반복해서 노래한다. 여성 등장인물들은 한결같이 상처받고 그 아픔을 어찌하지 못한 채 살아가는 인물들이다. 여성들에게 삶은 상처로 뒤엉킨 채 연속된다. 그 고통은 삶처럼 질기고 단절이 없다. 하나뿐인 남동생은 남성을 포기하고 여성이 되고자 한다. 남성의 여성화는 자신의 삶을 전복시키는 강력한 방법이면서 동시에 밖으로부터는 전혀 인정받지 못한 채 자신을 지켜나가는 외로운 전술이다. 공연은 남성성은 항상 폭력적이고 여성성은 피해자가 지닐 수밖에 없는 오늘날 삶의 흔적을 잘 보여주었다.

　그 밖에 국립극단의 〈파우스트〉(괴테 작, 이윤택 연출)도 기억할 만한 작품이었다. 국립극단의 세계명작무대 시리즈로 공연된 공연은 괴테의 것도, 연기생활 50년이 되는 배우 장민호의 것도 아니고, 원전을 뜯어고쳐 패러디한 연출가의 〈파우스트〉이다. 주인공은 과거의 파우스트가 아니라 〈이 몸이 새라면〉 〈돌아오라 소렌토로〉 등을 노래하는 지금, 여기의 파우스트이다. 그러므로 괴테 시대, 오리지널 파우스트의 신화는 공연에서 사라지고 없다. 대신 현재화된 파우스트, 몽니를 부리는 메피스토펠레스, 대입 삼수생인 그레트헨 등과 같은 인물들이 등장한다. 과거의 신화는 오늘의 반성과 약간의 미래를 위한 설계로 대체되었다. 무대 앞에서는 국립극단 배우들이 〈파우스트〉를 서서 말로 하고, 뒤에서는 연출가가 이끄는 푸서리 같은 배우들이 절망적인 현실을 몸으로 말한 것이 특이했다.

크게 주목을 받지는 못했지만 다음의 두 가지 연극 형태는 한국 연극의 잠재력을 보여주었다. 하나는 극단 산울림의 〈고도를 기다리며〉(베케트 작, 임영웅 연출)이다. 연출가는 이 작품을 28년 동안 열 번 연출했다. 한국의 현대 연극은 〈고도를 기다리며〉와 그리고 희곡을 쓴 베케트와 무관하지 않을 터이다. 등장인물들이 '고도'를 기다리는 것처럼, 연출가도 완성된 연극을 만들고자 하지만 그것은 늘 연기되었던 것이 아닌가. 연출가는 무대 밖에서 기다린다. 다만 보이지 않을 뿐, 그에게도 기다림은 있다. 그것은 '고도'가 아니라 연극 그 자체였을 것이다.

나머지 하나는 〈지피족〉(기국서 작, 박근형 연출)이다. 이 작품에 대한 반응은 대개 두 개로 나누어진다. 오늘의 삶, 그 극단의 삶을 가장 잘 조명했다는 평가가 있고, 말도 안 되는 쓰레기와 같은 연극이라는 평가가 또 그 곁에 있다. 이 작품은 고전적인 작법으로 보면 거칠고 말도 안 되는 연극이다. 등장인물들과 배우들의 이름이 동일하다. 배우의 실체가 등장인물이고, 그 반대의 경우도 가능하다. 그러므로 그들 사이에 거리가 없다. 그들은 중심이 아닌 변방에서 서성대고 있는 인물들이다. 〈지피족〉은 정상적인 세계 속에 사는 정상적인 인물들의 이야기가 아니다. 오히려 정상과 비정상이라는 구분을 훨씬 뛰어넘는, 그 기준이야말로 아무것도 아니라고 조롱하는 이야기의, 인물들의 연극이다. 극단 산울림의 〈고도를 기다리며〉가 중앙의 연극을 대표한다면, 〈지피족〉은 변방의 연극을 대표한다.

전반적으로 97년 한국 연극의 모습은 나아지지 않았다. 좀처럼 변화할 조짐을 보여주지 못하고 있기 때문이다. 34억이라는 국민의 세금을 쓴 화려했던 '97 세계 연극제'가 실패와 적자로 끝났음에도 불구하고 이를 문제 삼는 이들이 없는 것도 문제라고 할 수 있다. 적당한 변명과 두둔, 그리고 아프지 않은 질책만이 있을 뿐이다. 이해관계에 빠져 연극과 그 언저리를 분명하게 보지 못한다. 행사 위주의 잔치들은 언제나 끝날 것인가. 글자 그대로 조촐한 연극제는 언제 경험할 수 있는가.

　연극은 가난한 예술이다. 한국 연극은 불구의 몸들을 따뜻하게 바라보고 치유하는 연극을 꿈꾸어야 한다. 그리고 복마전과 같은 시대를 가로질러 시원의 순수성으로 관객들을 불러 모아야 하고, 무엇보다도 연극인들이 먼저 이것을 체험해야 한다. 그리하여 변해야 한다. 아름다움의 빛깔, 소박함의 향기, 참됨의 열정과 같은 것을 연극을 통하여 배워야 한다. 97년 한국 연극의 풍경은 겉은 화려했지만 속은 텅 비어 있었다.

방송과 연극

　방송과 연극과의 관계는 서로 갈등하는 물음을 낳는다. 방송에 비하면, 연극은 쓸모없고 비이성적인 것이며 초라하다. 과거에 연극이 지녔던 도도했던 자부심은 이제 거의 없다. 연극은 무용성의 예술이다. 연극은 환금성이 전혀 없는 장르의 예술이다. 대신 연극은 삶의 흔적을 기억하고 더듬는다. 사라져가는 망각, 붙잡을 수 없는 기억들의 한 켠에서 안타깝게 그것들을 무대 위에서, 배우의 몸으로, 관객과 함께 복기한다. 연극은 삶과 더불어 기생적으로, 삶을 뒤집어 전복적으로, 삶을 말하되 모순어법적으로 존재한다.

　유용성, 공공성, 상업성을 내세우는 방송이 무용성, 전문성, 예술성에 의하여 존재하는 연극을 위하여 할 수 있는 일이 무엇인가. 드물게 교육방송이 연극을 녹화해서 보여줄 때가 있다. 방송을 통하여 공연을 다시 보는 경우의 감흥은 놀랍기 그지없다. 그것은 방송이 황금 같은 시간을 쪼개 연극을 녹화 방영한다는 것과 아울러 카메라 시선의 단순함과 느림이 가져다주는 놀라움이다. 방송의 많은 프로그램에서 카메라는 놀라운 속도감을 보여주고 있지 않은가. 시청자들이 지루하지 않도록 카메라는 이리저리 돌려

찍는 것을 마다하지 않는다. 방송은 전통적 시간의 속도감으로는 도저히 잡을 수 없는 아찔한 환상과 악몽의 속도로 펼쳐진다.

반면에 녹화된 연극에서의 카메라 시선은 속도감 있는 프로그램의 그것과 상반된다. 이것은 한편으로 연극의 내용을 떠나 우리 삶의 속도, 그것을 조장 혹은 방조하는 방송매체의 속도를 반성하게 한다. 느리게 움직이는 것으로 보이는 녹화된 연극은 그래서 이상한 느낌을 줄 수밖에 없다. 녹화 방영되는 연극은 고물이나 기념비 등과 같은 과거의 형태로 존재하게 된다. 동시에 느린 속도감은 연극이 오늘날 방송의 프로그램으로 적절하지 않다는 것을 말해준다.

공연을 녹화해서 보여주는 것은 여러 가지 문제점을 안고 있다. 연극의 방송화는 한국 연극의 상업화와 더불어 연극이 무용성에서 유용성의 산물로 변모될 우려를 낳는다. 녹화된 연극과 그렇지 못한 연극의 차이는 크기 때문이다. 방영되는 연극은, 그 연극에 출연하는 배우들과 더불어 상품이 되기 때문이다. 일차적으로 연극의 방송화는 연극이 보다 널리 퍼지는 면에서 연극의 이익을 낳는 반면, 대중성을 지닌 방송의 선정 기준을 볼 때 불이익을 낳을 수밖에 없다. 즉, 연극예술의 물적 기반이 문제 되는 것이다. 연극이 방송이라는 자본 속으로 들어가 자본의 논리에 의하여 생산 혹은 재생산될 때, 문제는 연극이 방송과 같은 산업화된 매체 속으로 들어가 그 자율적 능력을 지탱해낼 수 있을까에 있다.

오늘날 연극의 무용성을 강조하면서, 그 근원으로 돌아가는 것과 방송과 연극이 관계를 전면적으로 부정하는 것은 시대의 조류를 거스르는 일로 보인다. 동숭동 한국 연극의 대부분은 유용성의 값을 극대화하고 있기 때문이다. 무용성의 시선이 삶의 과거, 연극의 근원으로 향한다면, 유용성의 시선은 오늘과 근접한 미래의 삶을 향한다. 그리고 더 나은, 더 발전한 등의 수사를 동원해서 연극이 살아남기 위한 이러한 변모를 스스로 정당화한다. 여기에 일조하는 것이 연극 특히 뮤지컬을 제작하는 방송사의 태도라고 볼 수 있다. 공연된 많은 뮤지컬의 제작은 TV 방송국이었다. 방송은 자사가 만든 과거 지향적인 뮤지컬을 녹화해서 방영하였다.

1. 방송, 연극, 뮤지컬

이렇게 되면 한국 연극에서 연극의 무용성은 사라지고 연극의 유용성만이 증가된다. 연극인들은 창조적 역량을 지닌 연극예술가가 아니라 연극을 파는 시장에 종사하는 전문인으로 자족할 수밖에 없다. 오늘날 한국 연극의 상업성 문제는 절대적인 비중을 차지하고 있는 유용성의 연극이 낳은 산물이라고 할 수 있다.

긍정적으로 보면 유용성의 연극은 무엇보다도 연극하는 이들의 생존을 충족시키면서 연극의 생명을 연장시킨다. 그런 면에서 연극에 대하여 방송이 지닌 유용성은 연극의 생명을 기록하고 보존할 수 있다는 점에 있다. 동시에 방송에서 녹화된 연극은 순간적으로 명멸하는 네온사인 글씨들과 같게 된다. 익명의 시청자들 눈앞에서 사라지는 기호들과 같아지게 된다. 그러므로 녹화된 연극은 괴로워할 것이다.

한국 연극은 방송과 아주 멀다. 연극이 녹화되어 방영되는 기회가 많지 않기 때문이다. 우리가 질문해야 하는 것은 방송이 연극을 많이 방영하는 것이 좋은가에 앞서 연극과 방송의 친연성, 방영되는 연극의 문제점들이다. 그것은 구체적으로 어떻게 텔레비전의 수신자가 녹화된 연극 앞에서 관객으로서 창조에 참여할 수 있을까, 방송 자체가 연극에 대하여 비판력을 갖출 수 있는 방법은 무엇일까, 관점의 다양한 제시, 혹은 제시하는 새로운 형식은 가능한가에 대한 질문이다.

한 정직한 연출가는 관객들이 날것과 같고, 가벼워진 동숭동 연극의 입장권을 구입하는 것을 연극에 대한 부의금, 조의금이라고 자조적으로 말한다. 이 시대 방송과 연극과의 관계에서 우려해야 할 사항은 첫 번째로 연극인들이 방송으로 길을 트고자 하는 문제이다. 대부분의 연극배우들은 TV 드라마에 출연하고 싶어 한다. 실제로 많은 연극인들이 방송에서 일하고 있다. 그것이 심해지면 연극 무대는 방송을 위한 교두보 역할에 지나지 않을 것이다.

두 번째는 방송과 유행하는 뮤지컬, 모노드라마와의 관계이다. 한국 연극과 연극인의 생존을 가능하게 하는 대표적 장르는 뮤지컬과 모노드라마이다. 이 두 장르는 연극의 영역을 넓히고, 유용성의 기능을 크게 확장시켜놓았다. 뮤지컬은 노래와 춤으로 재미있다는 것, 오늘날의 재빠른 삶의 감각과 일치한다는 것, 충분한 자본으로 무대 위에 볼거리를 만들 수 있다는 것 등을 장점으로 내세운다. 방송이 내세우는 대중성과 뮤지컬의 상업성은 일치한다. 그러므로 방송사는 뮤지컬을 제작생산하고 그것을 방영한다.

모노드라마는 관객 입장에서 좋아하는 배우를 무대에서 실컷 볼 수 있다는 것, 배우로서는 관객들에게 자신의 모든 것을 한꺼번에 보여줄 수 있다는 것, 제작자로서는 등장하는 모노 배우의 경비만을 책임짐으로써 제작이 수월하다는 점들을 장점으로 들 수 있다. 뮤지컬의 유행은 소비사회를 사는 관객들의 욕망을 채워주면서, 여러 나라에서 볼 수 있는 공통된 추세임을 내세워 계속될 것이다.

모노드라마의 공연도 배우가 자신의 능력을 확인받는 통과의례로 여길 만큼 많아질 것이다. 배우의 연륜, 사생활의 전환기 등을 내세워. 이처럼 방송사가 뮤지컬을 제작하는 경우가 늘었고, 모노드라마에 출연하는 배우들은 방송에서 인기를 얻은 대중적인 배우들인 것도 지적해야 할 점이다.

90년대 들어와, 연극을 녹화해서 보여주는 프로그램이 없음에도 불구하고 방송은 연극을 기이하게 변모시켜놓고 있다. 정확하게 말하면, 많은 연극인들이 방송에 입문하기 위해서 노력하고 있고, 그것이 곧 대중적인 인기를 누리는 방편이 되었기 때문이다. 이것은 이미 오래전 텔레비전 방송이 시작되면서 많은 연극인들이 연극판을 떠나 TV 브라운관으로 간 것과 하등 다르지 않다.

많은 탤런트들이 비록 몸은 여기에 있지만 마음은 항상 연극에 있다고 말하던 것은 연극이 방송매체보다 훨씬 고급한 평가를 받았을 때 가능했다. 지금은 그런 말들을 하지 않는다. 오히려 연극이 인기 있는 방송 연기자들을 무대로 끌어모은다. 연극은 그들이 지닌 대중적 인기에 의지하고자 하기 때문이다. 오늘날 연극은 방송 연기자들이 유명해지기 전에 연기력을 향상시키는 발판에 지나지 않는다.

2. 방송에 곁눈질하는 연극배우들

대중은 텔레비전과 같은 방송매체를 통해서 녹화된 연극을 보기 원하는가? 그래야만 방송은 대중매체로서 제 몫을 다하는 것인가. 연극을 녹화해서 방영하는 것은 현실적이지 못하다. 두 시간 가까이 되는 공연을 보여준다는 것은 영화 한 편을 보여준다는 것과 같아 상업적일 수 없기 때문이다.

방송은 연극을 공연으로 전달하는 것이 불가능한 반면 연극을 올바르게 전달하는 데 커다란 역할을 할 수 있다. 예컨대 암에 걸린 한 여자 배우가 모노드라마를 하는데, 방송은 극단과 배우가 내건 자서극이라는 용어를 그대로 사용하고 있다. 시청자와 관객들은 자서극이 무엇을 뜻하는지 알 수 없다. 유추하면 자서전과 같은 뜻을 지닌 자서극(自敍劇) 정도로 추측할 수 있을 것이다. 스스로(auto) 자신의 삶(bio)에 대하여 쓴 기록(graphie)이 자서전이라면 자서극은 자신의 삶을 말하는 연극이라는 뜻이 될 것이다.

　방송이 연극과의 관계에서 우선 맡아야 역할은 이와 같은 연극의 녹화 방영에 앞서 자서극과 같은 용어에 대하여 분명한 해석을 전달하는 일이다. 자서극은 자신의 삶을 진솔하게 말하는, 가짜가 아닌 진짜의 연극이라는 뜻을 강조하는 낯선 용어이다. 방송은 배우가 자신의 삶, 즉 유방암의 고통에 대하여, 그로 인하여 죽음에 가까이 다가갔던 경험을 솔직하게 말하는 것을 보여주기보다는, 자서극은 허구가 아닌, 사실의 연극, 그리하여 연극이 아닐 수도 있다는 것을 알려주어야 한다. 그리고 모노드라마에서 자서극으로의 전이, 아니 자서극으로서의 모노드라마의 유행은 오늘날 한국 연극이 허구의 연극을 포기하고, 진실과 사실만을 말하고 있는 것으로 문제삼아야 한다. 자서극은 분명한 착각의 연극이다. 모노드라마에 의지한 자서극이란 사실과 진실을 껴안은 허구의 크기를 축소시키고, 개인의 사실과 진실을 표방하면서 연극 본래의 허구적 진실을 부정하는 위험한 일이다. 스스로(自) 그러니까 저절로(auto) 연극이 되는 것에 아무런 이의를 제기하지 않기 때문이다.

　연극은 허구이다. 허구는 진실을 껴안는다. 자서전은 사실과 진실의 기록이기보다는 오히려 그것들의 왜곡을 허락하는 글쓰기라고 할 수도 있을 것이다. 스스로 자신의 삶을 기록할 때는 얼마든지 왜곡 혹은 가감할 수 있기 때문이다. 자서전은 그것을 허락하는 터에 다름 아니다. 거칠게 말하면 자서전에는 글쓴이의 지난 삶의 흔적과 이루지 못한 삶의 흔적 사이에 거리가 없다. 그런 면에서 자서전은 허구가 아니라 사실과 진실을 내세워 자신의 삶을 위로하고, 위장할 수 있게 한다. 반면에 허구의 연극은 사실과 진실을 포용하면서 덧붙이고, 달리하고, 새롭게 해서 삶의 결핍을 드러낸다. 자서극에는 결핍된 욕망 대신 배우 자신만이 존재한다.

그 외에도 방송은 포르노 연극, 성인연극이라고 하고, 사전에도 없는 용어인 에로 연극에 정통 에로극으로 맞불을 놓은 동숭동 연극의 풍경들에 대해서 진지하게 알려주어야 한다. 방송은 이렇게 동숭동 연극시장에서 얼토당토아니한 용어들이 만들어지고 활용되고 있는 것을 문제 삼아야 한다. 그것이 새로운 용어라서 이의를 제기하는 것이 아니라 용인되지 않은 용어들이 아무렇지도 않게 쓰이고 있다는 것을 밝히는 것도 방송의 역할이라고 본다.

연극을 정의하는 용어는 일반적인 동의와 절차를 얻어야 한다. 이것은 누구보다도 연극을 연구하는 이들의 몫이다. 정확한 용어와 뜻은 곧 연극에 대한 정치한 사유를 뜻한다. 말은 생각을 담는 그릇이다. 동시에 규칙과 약속을 지니고 있다. 그래야만 통용될 수 있다. 허튼 연극에 허튼 용어들이 끼어들 수 있다. 방송은 연극과의 관계에서 이것을 방임하고 있다.

방송과 연극의 최종적 관계는 연극이 방송되는 것으로 상정해볼 수 있다. 연극이 방송된다면? 지금까지 방송이 연극을 전달한 것은 공연이 아니라 공연 이전과 이후의 부분이다. 방송은 공연을 미리 알려주고, 공연의 결과를 평가하는 기능을 담당했다고 볼 수 있다.

연극배우와 방송 연기자들 사이에 차이가 없는 지금, 방송과 연극의 관계는 낯설고 동시에 친하다. 방송이 익명의 대중을 향해서 넓게 보내는 일이라고 한다면 연극은 좁은 극장에서 정해진 관객들에게 보여주는 예술이다. 방송과 연극은 공히 익명의 대중을 상대로 한다. 다만 방송을 접하는 대중의 수와 범위가 연극의 그것보다 훨씬 크다.

3. 방송과 연극의 익명성

연극의 관객들도 물론 익명의 존재들이다. 방송의 시청자들과 비교하면 연극의 관객들은 익명과 유명으로 나누어지는 것이 아니라 익명과 더 큰 익명의 존재들로 말해야 할 것이다. 그런 면에서 방송과 연극의 특징은 익명의 존재들을 향해 존재한다는 점이다. 연극에서 익명의 존재들은 연극의 생산자들 바로 앞에 자리 잡는다. 여기서 소통과 교감이 즉각적으로 교환 생산된다. 반면에 방송은 그 부분에 대해서 민감하지만 사후약방문격이다. 시청률이란 것이 있는데 그것은 이미 지난 방송에 대한 평가일 뿐이다.

방송에서의 연극의 소비 형태는 가령 극장에서 수백 명이 다른 관객들과 함께 어두운 공간 앞에 앉는 것과는 사뭇 다르다. 무엇보다도 타인의 반응을 확인하고 그것과 교류하지 못하는 것이다. TV 시청자는 고립된 채 녹화된 연극을 짐작할 뿐이고, 방송은 그 짐작을 유도한다. 텔레비전의 코미디 프로그램에 의도적으로 삽입되는 웃음소리 같은 것에서 볼 수 있듯이, 텔레비전은 판단을 시청자들에게 맡기는 것이 아니라 오히려 시청자들을 길들여 프로그램 공급자가 원하는 대중을 만들어가는 것이다. 녹화된 연극도 마찬가지가 아니겠는가. 방송은 이 부분에서 연극의 익명성을 이용하고 있다. 그 한 예가 프로그램을 제작할 때 방청객들을 자리에 앉혀놓고 그들의 반응을 보여주는 것이다. 대담과 쇼 프로그램에서 보여지는 이러한 방식은 연극의 요소인 무대와 객석의 상호 소통을 빌려온 것이라고 할 수 있다. 이럴 때 방송은 프로그램에 방청객들의 반응을 클로즈업해서 보여주거나, 프로그램 안에 끌어들여 참여토록 한다.

긍정적으로 보면, 이것은 보이지 않는 익명의 시청자들의 가상적 참여와 동일시된다. 보이지 않는 시청자들의 반응을 지금 여기서 확인할 수 있고, 그것에 만족할 수 있기 때문이다. 동시에 이것이 조작된다면 방송은 스스로의 함정에 빠지는 부정적인 결과를 낳을 수도 있다. 예컨대 미국에서 있었던, 출연자들이 서로 싸우는 장면이 있어 유명해진 프로그램이 알고 보니 사전에 조작된 것임이 밝혀졌을 때의 허망함과 같다. 대중의 입장에서 볼 때 방송을 선택하는 것이 우연적이라면 연극의 선택은 필연적이다. 방송과 연극의 관계는 우연과 필연의 만남과 같다.

한 시대 한국 연극 공연의 모습

〈흐르지 않는 시간〉(원제 Cloud Tectonics, 호세 리베라 작, 김국희 연출, 2004.8.27~9.26, 청아소극장)을 보고 나서 나는 번역극의 의미를 다시 생각했다. 하나의 언어가 하나의 '민족'을 동여맨 한국에서 '번역극'이란 무엇인가? 언어는 집단의 사고 체계와 공동 운명이다. 외국어를 번역하는 것은 그 언어의 터를 탐색하고 얻어진 사상을 이곳의 언어로 옮겨오는 일이다. 이 작품에서는 무엇이 '번역'되어 있는가. 미국에서 활동하고 있는, (중남미) 이민자 가정 출신의 극작가 호세 리베라(Jose Rivera)는 극 속에 시와 환상을 불어넣는 작가이다. 그는 자신이 잃어버린 모국어 속에서 문명 이전의 힘을 길어 올린다. 한국 사람들이 〈Cloud Tectonics〉를 대학로 무대에 올릴 때 번역해야 할 것은 그 상상력과 분위기일 것이다. 그런데 〈흐르지 않는 시간〉은 어떤 강요를 관객에게 들이민다. 길에서 마주치는 보통 한국 젊은이들처럼 생긴 배우들은 셀레스티나, 아니발, 넬슨이라는 이름으로 서로를 부른다. 지하 소극장의 조명기가 노출된 무대는 처음엔 번화한 로스앤젤레스의 외곽 도로였다가, 나중엔 깔끔하고 고급스러운 아파트 구실을 한다. 그런데 하나도 그렇게 보이지 않는다는 것이 문제다. 그들이 먹는 음식은 퀘사디야이고, 그들이 기억하는 언어도 스페인어이다. 그러나 이곳 무대에서 보이는 상황은 임시 설정에 지나지 않는다. 원작은 미국의 거대도시에서 고향을 상실한 채로 살아가는 히스패닉 인물들의 외로움에서 출발하고, 〈흐르지 않는 시간〉 역시 그 상황을 그대로 따르고 있지만, 이렇게 외피를 입은 대학로의 무대가 과연 어떤 진실을 살리고 있는가는 의문으로 남는다. 셀레스티나의 말투는 불안한 백인 여성을 외화 더빙한 성우의 목소리처럼 들리고, 아파트의 문을 열 때마다 문 앞에서 들려오는 사이렌 소리는 괴상하다.

〈젠더 크리에이티브 페스티벌(gender creative festival)〉(최진아 작·연출, 여성문화예술기획 제작, 2004.9.13~9.26, 연우소극장). 젊은 창작자들의 길지 않은 소품들을 모아 페스티벌의 이름으로 공연하는 것은 양쪽의 외면 사이에 있다. 전문가 집단은 이들의 아마추어리즘에서 설익은 완성도를 보려 할 것이고, 대중은 대중대로 '자기들끼리의 축제'로 비껴볼 것이다. 여성문화예술기획이 주관한 〈젠더 크리에이티브 페스티벌〉은 '맹랑한 배꼽들 놀까? 놀자, 놀자!'라는 부제를 안고 있다. 그 안에 여섯 개의 프로그램이 있는데 빨간 배꼽, 노란 배꼽, 녹색 배꼽, 파란 배꼽, 하얀 배꼽Ⅰ, 하얀 배꼽Ⅱ이다. 빨, 노, 녹, 파가 연극 계열이고 하얀 Ⅰ·Ⅱ는 춤이다. 〈젠더 크리에이티브 페스티벌〉의 관람자는 객석에 앉는 순간 여자 아니면 남자다. 이 벗어날 길 없는 기준선 위에서 공연을, 세상을 생각해야 한다. 파란 배꼽이 상연된 그날, 연극 제목은 〈연애얘기아님〉이었다. 보험회사에서 일하는 미혼여성이 자아를 확장해가는 이야기를 담고 있다. 그녀는 사랑하는 남자가 있지만, 이별을 통고한다. 그리고 회사 일에 몰두하려 노력한다. 주인공이 애인을 거부하는 이유는 그의 품이 너무 따뜻해서이다. 세상은 이렇게 차갑고 경쟁적인데, 연애는 달콤하다, 그 달콤함은 사람을 세상으로부터 도피시키기 때문에 거부해야 한다는 것이다. 그 틈틈이 동료 남자 직원과의 경쟁, 물레 방아라는 고향의 상실, 친구 남편이 죽은 얘기가 끼어든다. 이 연극은 자아 독립의 문제를 탐구한다. 그러나 독립이 어떤 상태인가를 통찰하는 데까지 는 나아가지 못한다. 작가는 사랑에 빠진 여성이 남성보다 의존적이라는 판단을 해왔음이 틀림없다. 그래서 연애와 결혼은 독립과는 거리가 먼 단 어임을 주장한다. 하지만 주인공 여성을 항상 따뜻하게 맞아주는 상대 남 성을 볼 때, 그 관계를 굳이 종료하려는 주인공의 심리는 이상하게 비친다. 그 이상함은 주인공과 그의 친구가 상부(喪夫)의 고통마저 독립의 기쁨으로 치환하는 장면에서 확장된다. 〈연애얘기아님〉은 부르주아의 낭만주의가 축조한 연애의 환상을 의심하고는 있지만, 거기서 어떤 사랑으로 나아가야 할지에 대해서는 알지 못한다. 그래서 이것은 어린 여자의 짧은 자기 고백 처럼 읽힌다.

〈바다와 양산〉(마쓰다 마사타카 작, 송선호 연출, 2004.9.9~9.26, 아룽구지 소극 장). 이 작품의 시간은 배우들의 걸음을 따라 흐른다. 찻상을 보러 가고, 밥 상을 내오고, 비질을 하러 집 안을 걷는 부부. 할 말을 건네려고, 가지무침 을 나누어 먹으려고 오고 가는 주인집 사람들. 문 닫힌 방 안에서 환자를 보 고 돌아가는 의사와 간호사의 마루를 가로지르는 걸음…… 배우가 무대 위 를 걷지 않는 연극이 없을진대, 이 연극은 배우의 걸음에 주목하게 한다. 〈바다와 양산〉에서 배우들의 걸음은 사물의 정지, 혹은 말의 정지(말 없음)와 함께 일어난다. 걸음이라는 동(動)의 맞은편에서 정(靜)의 영역을 장악하고 있는 것은 문(門)이다. 부엌으로 통하는 열린 문, 안방을 두르고 있는 창호 문, 마당을 향해 활짝 열린 마루문, 그리고 현관으로 통하는 좁은 입구. 문이란 열린 것만은 아니어서, 또 하나의 문이 이 연극에는 있는데, 그것은 무너지기 전에는 결코 밖을 향해 열리지 않을 담벼락이다. 이쪽과 저쪽을 이어주거나 막고 있는 이 문들을 인물들이 드나들고 넘본다. 이 별난 것 없는 '드나듦' 속에 서서히 죽음이 깃들인다. 늦여름 오후, 관객을 등지고 마당을 향해 앉아, 딱딱 소리를 내며 발톱을 깎는 남자에서 시작되는 이 연극의 출발은 현실적이되, 현실의 생기와는 거리가 멀다. 관객의 시선은 대청마루를 넘어 뒤편의 마당과 담장에 이른다. 마당을 향해 가로로 길게 난 직사각형 문틀은 관객의 눈앞에 하나의 프레임을 이루는데, 회색 담벼락을 배경으로 삼고 있다. 이 틀 안으로 발이 보이지 않는 인물들이 나타나고 사라진다. 배우의 몸짓과 말짓이 자연스러운 만큼, 틀 안의 풍경은 기이하다. 거기 쏟아지고 있을 늦여름 햇살은 지나간 염천(炎天)의 추억을 배우의 입을 빌려 말하지만, 지금은 흔적의 빛이 되어 일상을 탈색한다. 프레임에 갇힌, 게다가 견고한 시멘트 담장 앞의 햇살. 무대 한가운데를 차지한 널찍한 마루는 상이 하나 놓여 있을 뿐, 지나치다 싶게 말끔하다. 때로 밥그릇이나 찻잔이 그 위에 얹히지만, 이 '먹고 마심'에서마저 소독약 냄새가 풍기는 것 같다. 이 집은 '무언가'를 숨기고 있는 것이다. 빛이 빛을 잃은 나른한 오후의 한 자락, 보이지 않는 오른쪽 벽 안에서 아내는 쓰러진다.

그리고 장면이 바뀌면 창호문이 닫혀진 왼쪽 안방으로 옮겨져 있다. 닫힌 창호문 안에서 오랫동안 들려오는 대화는 속 시원히 비밀을 털어놓지 않는 삶처럼 어떤 것을 유예하고 있다. 시간이 흐르면서 이 연극이 나선형 계단을 돌듯 감싸고 있는 텅 빈 중심은 죽음이라는 것을 관객은 알게 된다. 우리가 삶에서 그렇게 하듯, 무대는 죽음을 한쪽으로 치워둔다(부엌에서 쓰러져 안방으로 옮겨진 아내는 몇십 분 동안 모습이 보이지 않는다). 죽어가는 자는 자기의 죽음을 말하지 않고, 보내는 자는 사랑하는 자의 죽음을 말하지 않는다. 그러나 역설적으로, 말하지 않음으로써 죽음을 끌어안는다. 〈바다와 양산〉은 인물들의 말과 몸을 자연스러움으로 채우면서 그 틈과 틈은 비워놓는다. 보이지 않는 것들이 빈자리에 끼어든다.

그것들은 말로 토해지지 않은 감정, 지나간 시간의 흔적, 인간의 운명 같은 것들이다. 말과 몸 사이에 빈자리가 많다면 행위의 외피보다는 내면이 넓다는 이야기가 된다. 내면은 다짐하고 결심하기도 하지만, 외부 자극에 긁히고 패이기도 하다. 수동성은 능동성의 하위가 아니라 짝이다. 수동성은 인간이 세상을 이해하기 위해 채택해야 하는 하나의 방편이다.

〈거기〉(코너 맥퍼슨 작, 이상우 연출, 2004.11.3~11.21, 예술극장 나무와물)는 초대의 연극이다. 관객이 무대를 바라보면 생맥주 꼭지가 달려 있는 목재 바(bar), 맥주병이 들어찬 업소용 냉장고와 박스들, 반쯤 벗은 모델이 웃고 있는 달력 등 익숙한 술집 풍경이 펼쳐져 있다. 보이지 않는 주방 쪽에서는 발자국 소리, 무엇인가를 옮기거나 만지는 소리가 들려오고, 실내에는 단순한 선율의 재즈가 흐른다. 관객은, 극장에 들어서는 순간 '거기' 술집에 자리 잡은 손님이 된다. 이윽고 인물들이 모두 모여 여자 하나에 남자 넷, 호기심과 능청, 환대와 견제가 뒤섞인 술자리가 이루어진다. 이 연극은 '거기'로 관객을 집중시킨다. 관객을 술자리에 참여시키는 이 연극의 힘은 극 초반, 술집 주인이 여자 손님을 위해 술병을 따는 장면에 대표적으로 드러난다. 〈거기〉는 '말하는' 연극이다. 서울에서 이사 온 여자 손님을 위해 마을을 소개한다고 시작한 이야기는 각자가 겪은 이상한 일들로 옮아간다. 이야기 속에 둥지를 튼 비현실적 존재들은 하나같이 사랑의 대상을 못 잊는 애틋한 존재들이다. 웃음을 띠며 시작된 술자리에 삶의 비의(祕義)가 무게를 살포시 얹자, 이들은 분위기를 수습하려 쑥스러운 미소를 짓기도 한다. 그렇게 해서 한 사람, 두 사람 이야기를 털며 돌아간 자리에 서울서 온 여자의 숨은 이야기가 마지막으로 흘러나온다.

〈거기〉는 좀 싱거운 듯한 공연 이름 속에 시공간을 집중한 일치의 연극이 된다. 관객은 공연 내내 배우들과 함께 술집에 머무르며 흐르는 시간을 겪어낸다. 시간을 따라 멋쩍은 웃음과 사소한 치기, 견딜 수 없는 그리움 같은 것들이 스쳐 지나가고, 주인이 손님들과 함께 나가며 술집의 불을 끄면 실내는 거짓말처럼 텅 빈다. 이 연극은 관객을 하나의 장소에 붙들어 매고는 그 흐르는 것들, 채움과 비움을 살갗으로 느끼게 한다.

용어 및 인명

작품 및 도서

저자 안치운 安致雲

중앙대학교 연극학과를 졸업하고 프랑스 정부장학생 시험에 합격한 뒤 국립 파리 제3
대학(누벨소르본대학) 연극연구원(Institut d'études théârales)에서 연극학 박사 학위를 취
득했다. 저서로『베르나르–마리 콜테스』『연극과 기억』『공연예술과 실제비평』『연극제
도와 연극읽기』『한국연극의 지형학』『연극, 반연극, 비연극』『옛길』『시냇물에 책이 있다』
『연극교육제도론』『추송웅 연구』『연극, 몸과 언어의 시학』『연극, 기억의 현상학』등이 있
으며, 역서로『한국 사람들–희곡과 공연』『종이로 만든 배: 연극인류학』등이 있다. PAF
공연예술 비평상, 여석기 연극평론가상을 수상하였다. 파리 3대학과 브장송 대학 초빙
교수,『교수신문』편집기획위원, 삼성문학상, 대산문학상 심사위원 등을 역임하였으며,
현재 한국연극학회 회장, 국제대학연극학회 이사로 있다. 현재 호서대학교 예술학부 연
극학과 교수로 재직 중이다.

연극비평의 미래

초판 1쇄 인쇄 · 2020년 3월 26일
초판 1쇄 발행 · 2020년 3월 31일

지은이 · 안치운
펴낸이 · 한봉숙
펴낸곳 · 푸른사상사

주간 · 맹문재 | 편집 · 지순이 | 교정 · 김수란
등록 · 1999년 7월 8일 제2-2876호
주소 · 경기도 파주시 회동길 337-16(서패동 470-6)
대표전화 · 031) 955-9111~2 | 팩시밀리 · 031) 955-9114
이메일 · prun21c@hanmail.net
홈페이지 · http://www.prun21c.com

ⓒ 안치운, 2020

ISBN 979-11-308-1649-4   93680
값 32,000원